Günther Wytrzens

Bibliographie der literarwissenschaftlichen Slawistik 1970–1980

Günther Wytrzens

BIBLIOGRAPHIE
DER LITERARWISSENSCHAFTLICHEN SLAWISTIK
1970–1980

VITTORIO KLOSTERMANN FRANKFURT AM MAIN

ZEITSCHRIFT FÜR BIBLIOTHEKSWESEN UND BIBLIOGRAPHIE

SONDERHEFT 36

CIP-Kurztitelaufnahme der Deutschen Bibliothek

Wytrzens, Günther:
Bibliographie der literarwissenschaftlichen Slawistik : 1970–1980 / Günther Wytrzens. – Frankfurt am Main : Klostermann, 1982. – (Zeitschrift für Bibliothekswesen und Bibliographie : Sonderh. ; 36)
ISBN 3-465-01504-5
NE: Zeitschrift für Bibliothekswesen und Bibliographie / Sonderheft; HST

Gesamtherstellung: Druckerei Hubert & Co., Göttingen

Printed in Germany

INHALTSVERZEICHNIS

VORWORT

Die überwiegend wohlwollende Aufnahme meiner „Bibliographischen Einführung in das Studium des slavischen Literaturen“ bei der Kritik und vor allem durch die Benützer hat mich ermutigt, eine Fortsetzung für die Jahre 1970 bis 1980 zu erarbeiten. Gelegentlich, jedoch keineswegs systematisch, habe ich Titel aus früheren Jahren eingearbeitet, wenn mir dies sinnvoll oder notwendig erschien. Mit einiger Folgerichtigkeit ist die Berücksichtigung bei neuen Nachdrucken erfolgt. Auch Neuauflagen wurden aufgenommen.

Den berechtigten Wünschen der Rezensenten bin ich nach Möglichkeit nachgekommen, beanstandete Mängel habe ich zu vermeiden getrachtet. So sind die bibliographischen Angaben vollständiger, ebenso das Inhaltsverzeichnis; die Gliederung des Stoffes (weitaus das schwierigste Problem) wurde, so hoffe ich, übersichtlicher und konsequenter, mit Abkürzungen bin ich etwas sparsamer umgegangen.

Eine stärkere Beschränkung auf den slavischen Raum erschien bei den allgemeinen Teilen unausweichlich und auch sinnvoll. Vollständigkeit konnte bei der Überfülle an erschienener einschlägiger Literatur nicht erstrebt, geschweige denn erreicht werden. Ebensowenig konnte ich alle aufgenommenen Positionen de visu verifizieren.

Abschließend darf ich hoffen, daß auch das vorliegende bibliographische Hilfsmittel manche guten Dienste leisten wird.

ABKÜRZUNGEN

A	Ausgabe; Acta
ATS	Arbeiten und Texte zur Slawistik (München: Sagner i. K.)
BN	Biblioteka Narodowa (Wrocław usw.: Ossolineum)
BPBS	Biblioteka poeta. Bol'šaja serija. (Leningrad: Sovetskij pisatel')
FAS	Frankfurter Abhandlungen zur Slavistik (Gießen: W. Schmitz)
FF	Philosophische Fakultät (in der jeweiligen Sprache)
FS	Forum Slavicum (München: Fink)
Hg.	Herausgeber
KI	Knigoizdatel'stvo
LP	Literaturnye pamjatniki (Moskau u. Leningrad: Nauka)
N	Nachwort
PI	Pedagogičeskij institut
R	Reprint
SB	Slawistische Forschungen (Köln: Böhlau)
Skr.	Skriptum, nicht im Buchhandel
SKZ	Srpska književna zadruga (Beograd)
SPR	Slavistic Printings and Reprintings (The Hague: Mouton)
TN	Towarzystwo Naukowe
TPN	Towarzystwo Przyjaciol Nauk
U	Universität (in der jeweiligen Sprache)
V	Vorwort
VASL	Veröffentlichungen der Abteilung für Slavische Sprachen und Literaturen der FU Berlin (Wiesbaden: Harrassowitz i. K.)
VIS	Veröffentlichungen des Instituts für Slawistik (Berlin: Akademieverlag)
ZN	Zeszyty Naukowe

I. ALLGEMEINES

Es wurden Werke slavischer Verfasser und in slavischen Ländern erschienene Titel berücksichtigt, andere nur dann, wenn sie näher auch auf Slavica eingehen.

1. Allgemeine Werke zur Theorie der Literatur

1 POSPELOV G. N.: Teorija literatury. Moskva: Vysšaja škola 1978, 351 S.

2 POSPELOV G. N. u. a.: Vvedenie v literaturovedenie. Moskva: Vysšaja škola 1976, 422 S.

3 GULJAEV N. A.: Teorija literatury. Moskva: Vysšaja škola 1977, 278 S.

4 ABRAMOVIČ G. L.: Vvedenie v literaturovedenie. Moskva: Prosveščenie ^{7}1979, 352 S.

5 TIMOFEEV L. I.: Osnovy teorii literatury. Moskva: Prosveščenie ^{6}1976, 448 S.

6 GEJ N. K.: Iskusstvo slova. Moskva: AN SSSR 1967, 362 S.

7 GEJ N. K.: Chudožestvennost' literatury. Poetika. Stil'. Moskva: Nauka 1975, 471 S.

8 Analiz literaturnogo proizvedenija. Leningrad: Nauka 1976, 236 S.

9 BUŠMIN A. S.: Nauka o literature. Problemy, suždenija, spory. Moskva: Sovremennik 1980, 334 S.

10 ŠČEPILOVA L. V.: Vvedenie v literaturovedenie. Moskva: Vysšaja škola ^{2}1968, 375 S.

11 WELLEK R., WARREN A.: Teorija literatury. Moskva: Progress 1979, 326 S.

12 Teorija literatury. Kyjiv: Vyšča škola 1975 , 400 S.

13 Theory of Literature in Poland. Wrocław: Ossolineum 1978, 181 S.

14 GŁOWIŃSKI M. u. a.: Zarys teorii literatury. Warszawa: WSP ^{4}1975, 543 S.

15 MARKIEWICZ H.: Główne problemy wiedzy o literaturze. Kraków: WL ^{5}1980, 402 S. (*russ.* Moskva: Progress 1980, 376 S.; *sloven.* Ljubljana: DZS 1977, 344 S.)

16 KRIDL M.: Wstęp do badań nad dzielem literackim. Würzburg: jal 1978, 215 S. (RdA Wilno 1936)

17 KRZYŻANOWSKI J.: Sztuka słowa. Rzecz o zjawiskach literackich. Warszawa: WAiF 1972, 296 S.
18 FARYNO J.: Vvedenie v literaturovedenie. 3 Bde. Katowice: U 1978–1980, 338 + 230 + 286 S.
19 MARKIEWICZ H. (Hg.): Współczesna teoria badań literackich za granicą. 3 Bde. Kraków: WL 1976, 451 + 396 + 437 S.
20 DĄBROWSKI St.: Literatura i literackość. Kraków: WL 1977, 318 S.
21 SOLAR M.: Teorija književnosti. Zagreb: Školjska knjiga [5]1979, 263 S.
22 OCVIRK A.: Literarna teorija. Ljubljana: SAZU 1979, 101 S.
23 KMECL M.: Mala literarna teorija. Ljubljana: Borec [2]1977, 346 S.
24 ZAREV P.: Teorija na literaturata. 2 Bde. Sofija: Nauka i izkustvo 1980ff.
25 MAJMIN E. A.: Opyty literaturnogo analiza. Moskva: Prosveščenie 1972, 207 S.
26 KUNICYN G. I.: Obščečelovečeskoe v literature. Moskva: Sov. pisatel' 1980. 583 S.
27 ČERNOV I. (Hg.): Chrestomatija po teoretičeskomu literaturovedeniju. Tartu: U 1978ff.
28 Studia z teorii literatury. Archiwum przekładów „Pamiętnika Literackiego". Wrocław: Ossolineum 1977ff.

2. Allgemeine Stilistik

29 Teorija literaturnych stilej. Moskva: Nauka 1976, 494 S.
30 FEDOROV A. V.: Očerki obščej i sopostavitel'noj stilistiki. Moskva: Vysšaja škola 1971, 195 S.
31 Stylistyka teoretyczna w Polsce. Würzburg: jal 1978, 406 S. (RdA 1946)

3. Allgemeine strukturalistische Arbeiten

32 LOTMAN Ju. M.: Die Struktur literarischer Texte. München: Fink 1972, 430 S.
33 SMIRNOV I. P.: Chudožestvennyi smysl i evoljucija poetičeskich sistem. Moskva: Nauka 1977, 203 S.
34 VODIČKA F.: Die Struktur der literarischen Entwicklung. München: Fink 1976, 103 + 319 S.
35 ČERVENKA M.: Der Bedeutungsaufbau des literarischen Werkes. München: Fink 1978, 252 S.

4. Wertprobleme

36 BOJTÁR E.: Wert und Wertung des literarischen Werkes. In: *Zagadnienia Rodzajów Literackich* 15, 1972, 1, 71–108.

37 STOLOVIČ L. N.: Der ästhetische Wert. Berlin: Dietz 1975, 182 S.

5. Vergleichende Literaturwissenschaft

38 ĎURIŠIN D.: Vergleichende Literaturforschung. Versuch eines methodisch-theoretischen Grundrisses. Bratislava: SAV 1972, 188 S.

39 ĎURIŠIN D.: Teória literárnej komparatistiky. Bratislava: Slovenský spisovatel 1975, 400 S. (*Russisch:* Teorija sravnitel'nogo izučenija literatury. Moskva: Progress 1979, 320 S.).

40 ĎURIŠIN D.: O literárnych vzt'ahoch. Bratislava: Veda 1976, 309 S.

41 Problemi na sravnitelnoto literaturoznanie. Sofija: BAN 1978, 322 S.

42 ĎURIŠIN D.: Z dejín a teórie literárnej komparatistiky. Bratislava: SAV 1970, 403 S.

43 HRABÁK J.: Literární komparatistika. Praha: SPN 1976, 206 S.

44 DIMA A.: Principy stravnitel'nogo literaturovedenija. Moskva: Progress 1977, 229 S. *(Übersetzung a. d. Rumänischen).*

45 KAISER G. R.: Einführung in die vergleichende Literaturwissenschaft. Darmstadt: Wissensch. Buchgesellschaft 1980, 237 S.

50 KONSTANTINOVIĆ Z.: O savremenim teorijama o uporednom proučavanju književnosti. In: *Uporedna istraživanja* 1, 1975, 5–36

51 JANASZEK-IVANIČKOVÁ H.: O współczesnej komparatystyce literackiej. Warszawa: PWN 1980, 253 S.

52 ĎURIŠIN D.: Dejiny slovenskej literárnej komparatistiky. Bratislava: Veda 1979, 238 S.

53 OCVIRK A.: Teorija primerjalne literarne zgodovine. Ljubljana: Partizanska knjiga 1975, 203 S. (RdA Ljubljana 1936)

54 ŽIRMUNSKIJ V. M.: Sravnitel'noe literaturovedenie. Leningrad: Nauka 1979, 493 S.

6. Textologie, Editionstechnik

55 GÓRSKI K.: Tekstologia i edytorstwo dzieł literackich. Warszawa: PWN ^{2}1978, 304 S.

56 STARNAWSKI J.: Praca wydawcy naukowego. Wrocław: Ossolineum 1979, 170 S.

57 Texte und Varianten. Probleme ihrer Edition und Interpretation. München: Beck 1971, 451 S.

58 REJSER S. A.: Osnovy tekstologii. Leningrad: Prosveščenie ²1978, 176 S.
59 TRZYNADŁOWSKI J.: Edytorstwo. Warszawa: WNT 1976, 154 S.
60 VAŠÁK P.: Metody určování autorvstí. Praha: Academia 1979, 293 S.
61 BARYKIN V. E.: Spravočnyj apparat izdanij chudožestvennoj literatury. Moskva: Knigą 1978, 143 S.

7. Übersetzungstheorie

62 Teorija perevoda i naučnye osnovy podgotovki perevodčikov. Moskva: PI im. Thorez 1975, 184 + 192 S.
63 KOPANEV P. I.: Voprosy istorii i teorii chudožestvennogo perevoda. Minsk: U 1972, 295 S.
64 KOMISSAROV V. N.: Slovo o perevode. Moskva: Meždunarodnye otnošenija 1973, 213 S.
65 Chudožestvennyj perevod. Erevan: U 1973, 534 S.
66 Przekład artystyczny. Wrocław: Ossolineum 1975, 407 S.
67 Z teorii i historii przekładu artystycznego. Kraków: U 1974, 122 S.
68 ROSNEROWA H.: Jedność filozofii i wielość języków. Warszawa: Pax 1975, 184 S.
69 POPOVIČ A.: Teória umeleckého prekladu. Bratislava: Tatran ²1975, 293 S.
70 Izkustvoto na prevoda. Sofija: Narodna kultura 1976ff.
71 TOROP P. Ch.: Principy postroenija istorii perevoda. In: *Učenye zap. U Tartu* 491, 1979, 107–132
72 VLACHOV S., FLORIN S.: Neperevodimoe v perevode. Moskva: Meždunarodnye otnošenija 1980, 342 S.
73 GAČEČILADZE G. R.: Chudožestvennyj perevod i literaturnye vzaimosvjazi. Moskva: Sov. pisatel' ²1980, 255 S.
74 KOPTILOV V. V.: Peršotvir i pereklad. Kyjiv: Dnipro 1972, 215 S.
75 KUNDŽIČ O. L.: Tvorči problemy perekladu. Kyjiv: Dnipro 1973, 264 S.
76 LEVÝ J.: Iskusstvo perevoda. Moskva: Progress 1974, 397 S.
77 Teorija i praktyka perekladu. Kyjiv 1979f.
78 STOJNIĆ M.: O prevodjenju književnog teksta. Sarajevo: Svjetlost 1980, 200 S.
79 VINOGRADOV B. S.: Leksičeskie voprosy perevoda chudožestvennoj prozy. Moskva: U 1978, 174 S.
80 IVANOVIĆ R.: Teškoće tumačenja književnog dela. Priština: Jedinstvo 1980, 236 S.

81 BARCHUDAROV L.: Sprache und Übersetzung. Moskau: Progress und Leipzig: Enzyklopädie 1979, 262 S. (*russ.* 1975)

8. Gattungstheorie

82 MISTRÍK J.: Exakte Typologie von Texten. München: Sagner 1973, 157 S. (*ATS* 3)

83 HVIŠČ J.: Problémy literárnej genológie. Bratislava: Veda 1979, 144 S.

84 PAVLIČIĆ P.: Metodološki problemi književne genologije. In: *Umjetnost riječi* 23, 1979, 3, 143–172

85 TRZYNADŁOWSKI J.: Małe formy literackie. Wrocław: Ossolineum 1977, 144 S. (*Prace WrTN* A/197)

8.1. Lyrik

86 TROCZYŃSKI K.: Zagadnienia dynamiki poezji. Würzburg: jal 1972, 101 S. (RdA Poznań 1934)

87 MICHAŁOWSKA T.: The Notion of Lyrics and the Category of Genre in Ancient and Later Theory of Poetry. In: *Zagadnienia Rodzajów Literackich* 15, 1972, 1, 47–69

88 POSPELOV G. N.: Lirika sredi literaturnych rodov. Moskva: U 1976, 208 S.

89 BEGIAŠVILI A. F.: Filosofija i poezija. Filosofskie problemy poetičeskoj reči. Tbilisi: Mecniereba 1973, 79 S.

90 STAMAC A.: Slikovno i pojmovno pjesništvo. Zagreb: Liber 1977, 212 S.

91 ŠPAKOŬSKI I. S.: Typizacyja u lirycy: formy i srodki. Minsk: Navuka i technika 1980, 144 S.

8.2. Prosagattungen

92 SOLAR M.: Ideja i priča. Aspekte teorije proze. Zagreb: Liber 1974, 285 S.

93 LASIĆ S.: Probleme narativne strukture. Zagreb: Liber 1977, 223 S.

94 TRZYNADŁOWSKI J.: Rozważania nad semiologią powieści. Wrocław: Ossolineum 1976, 109 S.

95 GŁOWIŃSKI M.: Gry powieściowe. Szkice z teorii i historii form narracyjnych. Warszawa: PWN 1973, 348 S.

96 GINZBURG L. Ja.: Ustnaja reč' i chudožestvennaja proza. In: *Učenye zapiski U Tartu* 481, 1979, 54–88

97 PIĘCZKA B.: Teoria i typologia opowiadania 1945–1963. Wrocław: Ossolineum 1975, 191 S.

98 EILE St.: Światopogląd powieści. Wrocław: Ossolineum 1973, 258 S.

99 KRAUSOVÁ N.: Príspevky k literárnej teórii. Poetika románu. Bratislava: Slovenský spisovatel 1967, 254 S.

100 ČIČERIN A. V.: Vozniknovenie romana-epopei. Moskva: Sov. pisatel' ²1975, 376 S.

101 KMECL M.: Novela v literarni teorii. Maribor: Obzorja 1975, 86 S.

102 MAKAROVSKAJA G. V.: Tipy istoričeskogo povestvovanija. Saratov: U 1972, 236 S.

103 VARFOLOMEEV I. P.: Tipologičeskie osnovy istoričeskoj romanistiki. Taškent: Fan 1979, 168 S.

104 LASIĆ S.: Poetika kriminalističkog romana. Zagreb: Liber 1973, 176 S. (*Poln.* Warszawa: PWN 1976, 181 S.)

105 RAJNOV B.: Černyj roman. Moskva: Progress 1975, 285 S.

106 SIEWIERSKI J.: Powieść kryminalna. Warszawa: KAW 1979, 163 S.

107 KAGARLICKIJ Ju. J.: Čto takoe fantastika. Moskva: Chudožestvennaja literatura 1974, 349 S. (*poln.* 1977, 504 S.)

108 TODOROV C.: The Fantastic. Ithaca: Cornell UP 1975, 191 S.

109 ZGORZELSKI A.: Fantastyka, utopia, science fiction. Warszawa: PWN 1980, 207 S.

110 MISTRÍK J.: Žánre vecnej literatúry. Bratislava: SPN 1975, 212 S.

111 STJUFLJAEVA M. I.: Poetika publicistiki. Voronež: U 1975, 154 S.

112 ZDOROVEGA V. I.: Slovo tože est' delo. Nekotorye voprosy teorii publicistiki. Moskva: Mysl' 1979, 174 S.

113 ŽUKOV D.: Biografija biografii. Moskva: Sovetskaja Rossija 1980, 135 S.

8.3. Drama, Theater

114 MISTRÍK J.: Dramatický text. Bratislava: SlPN 1979, 221 S.

115 ZICH O.: Estetika dramatického umění. Würzburg: jal 1978, 408 S. (RdA Praha 1931)

116 CHALIZEV V. E.: Drama kak javlenie iskusstva. Moskva: Iskusstvo 1978, 240 S.

117 KOSTELJANEC B. O.: Lekcii po teorii dramy. Leningrad: Gos. Institut teatra 1976, 169 S.

118 LEŠIĆ Z.: Teorija drame kroz stoljeća. Sarajevo: Svjetlost 1977ff.

119 ŠVACOV V.: Temelji dramaturgije. Zagreb: Školjska knjiga 1976, 255 S.

120 KOWZAN T.: Littérature et spectacle. The Hague: Mouton 1975, 240 S.

121 KARJAGIN A.A.: Drama kak estetičeskaja problema. Moskva: Nauka 1971, 224 S.
122 STEFANOV V.: Absurdizmъt ili teatъr na otčuždenieto. Sofija: Nauka i iskustvo 1977, 247 S.
123 FED' N. M.: Iskusstvo komedii ili mir skvoź smech. Moskva: Nauka 1978, 215 S.
124 LEWAŃSKI J.: Komedia elegijna. Wrocław: Ossolineum 1968, 115 S.
125 CINCURA A.: „Märchen-Drama": A Paradox-in-Progress. Diss. Riverside 1973, 243 S.
126 SŁAWIŃSKA I.: Współczesna refleksja o teatrze. Kraków: WL 1979, 482 S.
127 KULEŠOVA G. G.: Voprosy dramaturgii opery. Minsk: Nauka i technika 1979, 231 S.
128 SINKO G.: Kryzys języka w dramacie współczesnym. Wrocław: Ossolineum 1977, 138 S.

8.4. Kritik

129 BURSOV V. I.: Kritika kak literatura. Leningrad: Lenizdat 1976, 320 S.
130 Sovremenata literaturna kritika i marksizmot. Titov Veles: Sovet na Racinovi sredbi 1974, 284 S.
131 Metodologičeskie problemy sovremennoj literaturnoj kritiki. Moskva: Mysl' 1976, 350 S.
132 ŠČUKINA T.S.: Teoretičeskie problemy chudožestvennoj kritiki. Moskva: Mysl' 1979, 144 S.
133 PETROVIĆ S.: Priroda kritike. Zagreb: Liber 1972, 363 S.
134 SOLAR M.: Književna kritika i filozofija književnosti. Zagreb: Školjska knjiga 1976, 199 S.
135 LUK'JANOV B. G.: Metodologičeskie problemy chudožestvennoj kritiki. Moskva: Nauka 1980, 333 S.
136 Problemy teorii literaturnoj kritiki. Moskva: U 1980, 262 S.
137 EGOROV B. F.: O masterstve literaturnoj kritiki. Žanry, kompozicija, stil'. Leningrad: Sov. pisatel' 1980, 318 S.

II. POETIK

1. Allgemeine Werke

138 MIODOŃSKA-BROOKES E. u.a.: Zarys poetyki. Warszawa: PWN ^{4}1980, 566 S.

139 HRABÁK J.: Poetika. Praha: Čs. spisovatel ^{2}1977, 366 S. (^{1}1973)

140 CZAPLEJEWICZ E.: Wstęp do poetyki pragmatycznej. Warszawa: U 1977, 197 S.

141 Problemy poetyki pragmatycznej. Warszawa: U 1977, 167 S.

142 ŽURAVLEV V.P.: Voprosy poetiki. Minsk: Navuka i technika 1974, 221 S.

143 POLJAKOV M. Ja.: Voprosy poetiki i chudožestvennoj semantiki. Moskva: Sov. pisatel' ^{2}1979, 446 S.

144 STEBLIN-KAMENSKIJ M. I.: Istoričeskaja poetika. Leningrad: U 1978, 174 S.

145 MAYENOWA M. R.: Poetyka teoretyczna. Zagadnienia języka. Wrocław: Ossolineum ^{2}1979, 451 S. (^{1}1974)

146 Ritm, prostranstvo i vremja v literature i iskusstve. Leningrad: Nauka 1974, 298 S.

2. Spezialfragen

147 SAVČENKO A. N.: Obrazno-emocional'naja funkcija reči i poetičeskaja reč'. Rostov: U 1978, 128 S.

148 MUŠČENKO E. G. u.a.: Poetika skaza. Voronež: U 1978, 287 S.

149 TARASOV L. F.: Poetičeskaja reč'. Chaŕkov: U 1976, 139 S.

150 PETKOVIĆ N.: Jezički sloj književnog dela. In: *Izraz* 18, 1974, 1–6, zus. 189 S.

151 MARCUS S.: Matematička poetika. Beograd: Nolit 1974, 373 S.

152 DOBRZYŃSKA T.: Delimitacja tekstu literackiego. Wrocław: Ossolineum 1974, 163 S.

153 Semiotyka i struktura tekstu. Wrocław: Ossolineum 1973, 374 S.

154 Dialog w literaturze. Warszawa: PWN 1978, 320 S.

155 GALANOV B. E.: Živopiś slovom. Portret. Pejsaž. Vešč'. Moskva: Sov. pisatel' 1974, 343 S.

156 DIKLIĆ Z.: Pejsaž v književnom djelu. Sarajevo: Svjetlost 1974, 140 S.

157 Przestrzeń i literatura. Wrocław: Ossolineum 1978, 333 S.

158 KROLL W., FLAKER A.: Literaturtheoretische Modelle und kommunikatives System. Zur aktuellen Diskussion in der polnischen Literaturwissenschaft. Kronberg: Scriptor 1974, 418 S.

159 RIŽANIŠVILI U. I.: Estetičeskaja informacija. Tbilisi: Mecniereba 1975, 114 S.

160 MARGVELAŠVILI G. T.: Sjužetnoe vremja i vremja ekzistencii. Tbilisi: Mecniereba 1976, 73 S.

161 DOBIN E.: Sjužet i dejstvitel'nost'. Leningrad: Sov. pisatel' 1976, 494 S.

162 PETROV S. M.: Osnovnye voprosy teorii realizma. Moskva: Prosveščenie 1975, 308 S.

163 TARNAVEĆKA I.: Nazovnyćtvo v poetyčnomu tvori. München UVU 1969, 146 S.

164 ANDRONIKOVA M. I.: Ot prototipa k obrazu. K probleme portreta v literature i kino. Moskva: Nauka 1974, 231 S.

165 Dzieło literackie jako źródło historyczne. Warszawa: Czytelnik 1978, 386 S.

166 VOROB'EVA N. N.: Princip istorizma v izobraženii charakterov. Moskva: Nauka 1978, 264 S.

167 Problemy teorii literatury. 2. Wrocław: Ossolineum 1976, 321 S.

168 VULETIĆ B.: Fonetika književnosti. Zagreb: Liber 1976, 238 S.

169 NIKOLAEV P. A.: Realizm kak tvorčeskij metod. Moskva: U 1975, 278 S.

170 PALIEVSKIJ P. V.: Literatura i teorija. Moskva: Sovremennik 1979 287 S.

171 Lingvistika i poetika. Moskva: Nauka 1979, 309 S.

172 SOLAR M.: Pitanja poetike. Zagreb: Školjska knjiga 1971, 199 S.

173 GERIGK H.-J.: Entwurf einer Theorie des literarischen Gebildes. Berlin-New York: de Gruyter 1976, 216 S.

174 MAGAZANIK E. B.: Onomapoetika, ili „govorjaščie imena" v literature. Taškent: Fan 1978, 146 S.

175 DNEPROV V.: Idea vremeni i formy vremeni. Leningrad: Sovetskij pisatel' 1980, 598 S.

175a Metafora (= *Teksty* 6, 1980, 54, 199 S. *Aufsätze*)

175b Studia o metaforze. Wrocław: Ossolineum 1980, 154 S.

175c Tekst i fabula. Wrocław: Ossolineum 1979, 234 S.

176 MISTRÍK J.: Retorika. Bratislava: SPN 1978, 205 S.

3. Aufsatzsammlungen, Nachdrucke

177 TOMAŠEVSKIJ B. V.: Kratkij kurs poetiki. Letchworth: Prideaux 1971, 159 S. (RdA Leningrad 1930)

178 POTEBNJA A. A.: Estetika i poetika. Moskva: Iskusstvo 1976, 614 S.

179 ŽIRMUNSKIJ V. M.: Teorija literatury. Poetika. Stilistika. Leningrad: Nauka 1977, 407 S.

180 JAKOBSON R.: Aufsätze zur Linguistik und Poetik. München: Nymphenburger 1975, 289 S.

181 JAKOBSON R.: Questions de poétique. Paris: Seuil 1973, 507 S.

182 TYNJANOV Ju. N.: Poetika. Istorija literatury. Kino. Moskva: Nauka 1977, 574 S.

183 Tekst, język, poetyka. Wrocław: Ossolineum 1978, 343 S.

184 LOTMAN Ju. M.: Aufsätze zur Theorie und Methodologie der Literatur und Kultur. Kronberg: Scriptor 1974, 477 S.

185 BACHTIN M. M.: Voprosy literatury i estetiki. Moskva: Chud. lit. 1975, 502 S.

186 POTEBNJA A. A.: Iz zapisok po teorii slovesnosti. The Hague: Mouton 1970, 652 S. (RdA Chaŕkov 1905)

187 VESELOVSKIJ A. N.: Istoričeskaja poetika. The Hague: Mouton 1971, 646 S. (RdA Leningrad: 1940)

188 KROLL W. (Hg.): književna komunikacija. Antologija poljske znanosti o književnosti. Zagreb: Hrvatsko filološko društvo (1979), 465 S. (*Umjetnost Riječi* 18, 1974, 2–4)

189 OCVIRK A.: Literarna umetnina med zgodovino in teorije. 2 Bde. Ljubljana: DZS 1978–1979, 548 + 691 S.

4. Humor, Komik

190 LUK A. N.: Jumor, ostroumie, tvorčestvo. Moskva: Iskusstvo 1977, 184 S.

191 PROPP V. Ja.: Problemy komizma i smecha. Moskva: Iskusstvo 1976, 183 S.

192 DZEMIDOK B.: O komičeskom. Moskva: Progress 1974, 234 S.

193 ŻYGULSKI K.: Wspólnota śmiechu. Studium socjologiczne komizmu. Warszawa: PIW 1976, 232 S.

194 POPIVANOV I.: Tragikomičnoto v literaturata. Sofija: Nauka i izkustvo 1978, 294 S.

195 PASI I.: Powaga śmieszności. Warszawa: PWN 1980, 331 S. *(Übersetzung aus dem Bulgarischen)*

196 TKAČEV P. I.: „Satiry zloj zvenjaščaja stroka“. Priroda smecha v pamflete. Minsk: U 1980, 175 S.

III. ÄSTHETIK

1. Allgemeine Werke

197 TATARKIEWICZ W.: History of Aesthetics. 3 Bde. The Hague: Mouton 1970–1973

198 Lekcii po istorii estetiki. 4. Leningrad: U 1980, 231 S.

199 SAVILOVA T. A.: Estetičeskie kategorii. Kyjiv-Odesa: Vyšča škola 1977, 102 S.

200 BOREV Ju. B.: Estetika. Moskva: Politizdat ^{2}1975, 423 S.

201 ZIŚ A. Ja.: Iskusstvo i estetika. Moskva: Iskusstvo ^{2}1975, 447 S.

202 BACHTIN M. M.: Estetika slovesnogo tvorčestva. Moskva: Iskusstvo 1979, 423 S. (*deutsch* Frankfurt: Suhrkamp 1979)

203 TATARKIEWICZ W.: A History of Six Ideas. Warszawa: PWN 1980, 396 S.

204 Crisis of Aesthetics? Kraków: UJ 1979, 334 S. *(Referate)*

2. Rezeptionsästhetik, Literatursoziologie

205 LALEWICZ J.: Komunikacja językowa i literatura. Wrocław: Ossolineum 1975, 164 S.

206 ŻÓŁKIEWSKI St.: Wiedza o kulturze literackiej. Warszawa: WP 1980, 306 S.

207 Literatura i sociologija. Moskva: Chud. lit. 1977, 414 S.

208 Społeczne funkcje tekstów literackich i paraliterackich. Wrocław: Ossolineum 1974, 400 S.

209 Rezeptionsästhetik und Literaturgeschichte. Zagreb: Hrvatsko filološko društvo 1977, 283 S. *(Umjetnost Riječi Sonderheft, Bibliographie ab S. 220)*

210 GŁOWIŃSKI M.: Style odbioru. Kraków: WL 1977, 258 S.

211 Literárna komunikácia. Martin: Matica 1973, 201 S.

212 Sociologija chudožestvennoj literatury v sovremennom zarubežnom literaturovedenii. Moskva: AN-INION 1976, 226 S.

213 ŽMEGAČ V.: Književno stvaralaštvo i povijest društva. Zagreb: Liber 1976, 243 S.

214 BUŠMIN A. S.: Preemstvennost' v razvitii literatury. Leningrad: Nauka 1975, 159 S.

215 NIKIFOROVA O. I.: Psichologija vosprijatija chudožestvennoj literatury. Moskva: Kniga 1972, 152 S.

216 Sociology of Literature in Poland. Wrocław: Ossolineum 1978, 177 S.
217 ZAREV P.: Narodopsichologija i literatura. Sofija: Bъlg. pisatel [2]1976, 376 S.
218 Elitarnye predstavlenija ob iskusstve i sovremennyj mir. Kiev: Naukova dumka 1980, 298 S.
219 MIKO F., POPOVIČ A.: Tvorba a recepcia. Estetická komunikácia a metakomunikácia. Bratislava: Tatran 1979

IV. VOLKSDICHTUNG

220 BOŠKOVIĆ-STULLI M.: Usmena književnost kao umjetnost riječi. Zagreb: Mladost 1975, 266 S.
221 PROPP V. Ja.: Fol'klor i dejstvitel'nost'. Moskva: Nauka 1976, 325 S.
222 PUTILOV B. N.: Metodologija sravnitel'no-istoričeskogo izučenija fol'klora. Leningrad: Nauka 1976, 244 S.
223 EMEL'JANOV L. M.: Metodologičeskie voprosy fol'kloristiki. Leningrad: Nauka 1978, 206 S.
224 Problemy istoričeskoj poetiki fol'klora. Moskva: AN SSSR 1977
225 MELETINSKIJ E. M.: Geroj volšebnoj skazki. Moskva: Izdatel'stvo vostočnoj literatury 1958, 264 S.
226 MELETINSKIJ E. M.: Poetika mifa. Moskva: Nauka 1976, 407 S.
227 Heroic Epic and Saga. Bloomington: U 1978, 381 S.
228 COCCHIARA G.: Dzieje folklorystyki w Europie. Warszawa: PIW 1971, 691 S. *(Für Polen von J. Krzyżanowski ergänzt.)*
229 VESTERHOLT O.: Tradition and Individuality. A Study in Slavonic Oral Epic Poetry. København: Rosenkilde og Bagger 1973, 92 S.
230 BOWRA C. M.: Heldendichtung. Eine vergleichende Phänomenologie der heroischen Poesie aller Völker und Zeiten. Stuttgart: Metzler 1964, 656 S.
231 FOLEY J. M.: The Ritual Nature of Traditional Oral Poetry. Diss. U of Massachussets 1974, 449 S.
232 Mif – fol'klor – literatura. Leningrad: Nauka 1978, 248 S.
233 ROŞIANU N.: Tradicionnye formuly skazki. Moskva: Nauka 1974, 215 S.
234 BYNUM D. E.: The Daemon in the Wood. A Study of Oral Narrative Patterns. Cambridge: U 1978, 472 S.
235 Paremiologičeskij sbornik. Moskva: Nauka 1978, 320 S.

236 HORÁLEK K.: Folklór a světová literatura. Praha: Academia 1979, 219 S.

237 HORÁLEK K.: Folk Poetry. History and Typology. In: *Current Trends in Linguistics,* vol. 12, 1974, 741–807 (*Bibliographie* ab S. 790)

238 PERMJAKOV G. L.: From proverb to folk-tale. Notes on the general theory of cliché. Moskva: Nauka 1979, 287 S.

V. METHODOLOGIE DER LITERATURWISSENSCHAFT

1. Allgemeine Werke

239 STRELKA J.: Methodologie der Literaturwissenschaft. Tübingen: Niemeyer 1978, 445 S.

240 Metodologija sovremennogo literaturovedenija. Problemy istorizma. Moskva: Nauka 1978, 367 S.

241 Teorii, školy, koncepcii. Moskva: Nauka 1975, 231 S.

242 EL'SBERG Ja. E.: Sovremennaja buržuaznaja literaturnaja teorija. Moskva: Vysšaja škola 1972, 126 S.

243 FOKKEMA D. W., KUNNE-IBSCH E.: Theories of Literature in the 20th Century. London: Hurst 1977, 231 S.

244 Konteksty nauki o literaturze. Wrocław: Ossolineum 1973, 157 S.

245 Problemy metodologiczne współczesnego literaturoznawstwa. Kraków: WL 1976, 547 S.

246 Positionen polnischer Literaturwissenschaft der Gegenwart. Methodenfragen. Berlin: Akademie-Verlag 1976, 292 S.

247 BARABAŠ Ju.: Algebra i garmonija. O metodologii. Moskva: Chud. lit. 1977, 224 S.

248 STOJANOVIĆ D.: Fenomenologija i višeznačnost književnog dela. Ingardenova teoria opalizacije. Beograd: Vuk Karadžić 1977, 289 S.

250 IVANOV V. V.: Očerki po istorii semiotiki v SSSR. Moskva: Nauka 1976, 303 S.

251 MARKIEWICZ H. (Hg.): Współczesna teoria badań literackich za granicą. Kraków: WL 1976, 450 + 396 + 486 S.

252 PETRŮ E.: Exaktní metody v literárněvědné práci. Olomouc: U 1968, 144 S. *(Skr.)*

253 LEVÝ J.: Bude literární věda exaktní vědou? Praha: Čs. spisovatel 1971, 459 S.

254 DOLINAR D.: Pozitivizem v literarni vedi. Ljubljana: SAZU 1979, 134 S.

255 LEVČUK L. T.: Psichoanaliz i chudožestvennoe tvorčestvo. Kiev: U 1980, 159 S.

2. Formalismus. Strukturalismus

256 HANSEN-LÖVE A. A.: Der russische Formalismus. Wien: Österr. Akademie d. Wiss. 1978, 637 S.

257 AMBROGIO I.: Formalizam i avangarda u Rusiji. Zagreb: Stvarnost 1977, 261 S.

258 RIBNIKAR-PERIŠIĆ V.: Ruski formalizem i književna istorija. Beograd: Mladost 1977, 273 S.

259 FLAKER A., ŽMEGAČ V. (Hg.): Formalismus, Strukturalismus und Geschichte. Kronberg: Scriptor 1974, 265 S.

260 CULLER J.: Structuralist Poetics. London: Routledge + Kegan 1975, 301 S.

261 GÜNTHER H. (Hg.): Marxismus und Formalismus. München: Hanser 1973, 168 S.

262 THOMPSON E. M.: Russian Formalism and Anglo-American New Criticism. The Hague: Mouton 1971, 160 S.

263 JAMESON F.: The Prison- House of Language. A Critical Account of Structuralism and Russian Formalism. Princeton: U 1972, 230 S.

264 SCHOLES R.: Structuralism in Literature. New Haven: Yale UP 1974, 221 S.

265 MEDVEDEV P. N.: Formalizm i formalisty. Hildesheim: Olms 1973, 212 S. (RdA Leningrad 1934)

266 Strukturalizm: „za" i „protiv". Moskva: Progress 1975, 468 S.

267 EIMERMACHER K. (Hg.): Texte des sowjetischen literaturwissenschaftlichen Strukturalismus. München: Fink 1971, 648 S. *(Texte russisch)*

268 EIMERMACHER K.: Entwicklung, Charakter und Probleme des sowjetischen Strukturalismus in der Literaturwissenschaft. In: *Sprache im technischen Zeitalter* 30, 1969, 126–157

269 KARBUSICKÝ V.: Widerspiegelungstheorie und Strukturalismus. Zur Entstehungsgeschichte und Kritik der marxistisch-leninistischen Ästhetik. München: Fink 1973, 130 S.

270 Tschechischer Strukturalismus. Ergebnisse und Einwände. In: *Alternative 80,* 1971, 165–215

271 GÜNTHER H.: Struktur als Prozeß. Studien zur Ästhetik und Literaturtheorie des tschechischen Strukturalismus. München: Fink 1973, 100 S.

272 STEINER P.: From Formalism to Structuralism. Diss. Yale 1976, 271 S.
273 JAMESON F.: Marxism and Formalism. 20th Century Dialectal Theories of Literature. Princeton: U 1971, 616 S.
274 ROSE A.: Sowjetische Beiträge zur Theorie des Erzählens. Die Prosatheorie des russischen Formalismus. Diss. Wien 1977, 308 S.
275 SEGAL D.: Aspects of Structuralism in Soviet Philology. Tel-Aviv: U 1974, 148 S. *(Skr.)*
276 ENGEL'GARDT B. M.: Formal'nyj metod v istorii literatury. Würzburg: jal 1972, 118 S. (RdA 1927)
277 MEDVEDEV P. N.: Formal'nyj metod v literaturovedenii. Hildesheim: Olms 1974, 232 S. (RdA 1928) (*Deutsch* Stuttgart: Metzler 1976, 55 + 253 S.)
278 SŁAWIŃSKI J.: Literatur als System und Prozeß. München: Nymphenburger 1975, 219 S. (*Slg. Dialog* 76)
279 HOLENSTEIN E.: Roman Jakobsons phänomenologischer Strukturalismus. Frankkfurt: Suhrkamp 1975, 213 S. (*TB Wiss.* 116)

3. Marxismus

280 NIKOLAEV P. A.: Vozniknovenie marksistskogo literaturovedenija v Rossii. Moskva: U 1970, 312 S.
281 VINOGRADOV I.: Voprosy marksistskoj poetiki. Moskva: Sov. pisatel' ^{2}1972, 423 S. (^{1}1936)
282 Sovremennaja sovetskaja istoriko-literaturnaja nauka. Leningrad: Nauka 1975, 347 S.
283 ŠTOLL L.: O tvar a strukturu v slovesném umění. Praha: Čs. spisovatel ^{2}1972, 185 S.

4. Interpretation

284 MARKIEWICZ H. (Hg.): Sztuka interpretacji. 2 Bde. Wrocław: Ossolineum 1971–1973
285 Zagadnienia literaturoznawczej interpretacji. Wrocław: Ossolineum 1979, 264 S.

VI. ARBEITSTECHNIK. EINFÜHRUNG IN DAS STUDIUM

286 ŠKREB Z.: Studij književnosti. Zagreb: Školjska knjiga 1976, 155 S.

287 HRABÁK J.: Úvod do studia literatury. Praha: SPN 1977, 151 S.

288 KESSLER W.: Das Studium der Slavistik und Russistik. Paderborn: Schöningh 1973, 197 S.

289 MÜLLER L.: Die äußere Form wissenschaftlicher Arbeiten auf dem Gebiet der russischen Philologie. Tübingen: U 1975, 124 S. *(Skr.)*

290 KIRILJUK Z. V.: Diplomnoe sočinenie po russkoj literature. Kiev: Vyšča škola 1977, 78 S.

291 BARYKIN V. E.: Spravočnyj apparat izdanij chudožestvennoj literatury. Moskva: Kniga 1978, 143 S.

292 BEL'ČIKOV N. F.: Puti i navyki literaturovedčeskogo truda. Moskva: Vysšaja škola ^{2}1975, 238 S.

293 BINDER A.: Einführung in die Techniken literaturwissenschaftlichen Arbeitens. Kronberg: Scriptor ^{2}1975, 130 S.

294 PERUS J.: Méthodes et techniques de travail en histoire littéraire. Paris: Ed. sociales 1972, 199 S.

VII. ALLGEMEINE LITERATURGESCHICHTE

1. Allgemeines

295 FLAKER A.: Stilske formacije. Zagreb: Liber 1976, 359 S.

296 SOKOŁOWSKA J.: Dwie nieskończności. Szkice o literaturze barokowej Europy. Warszawa: PIW 1978, 313 S.

297 NEUPOKOEVA I. G.: Revoljucionno-romantičeskaja poema pervoj poloviny 19 veka. Opyt tipologii žanra. Moskva: Nauka 1971, 520 S.

298 SUČKOV B. L.: Istoričeskie sud'by realizma. Moskva: Sovetskij pisatel' ^{4}1977, 526 S.

299 Expressionism as an International Literary Phenomenon. Paris: Didier 1973, 360 S.

300 HUTNIKIEWICZ A.: Od czystej formy do literatury faktu. Warszawa: WP ^{4}1976, 316 S.

301 FOLEJEWSKI Z.: Futurism and its Place in the Development of Modern Poetry. Ottawa: U 1980, 288 S. *(mit Texten)*

302 Futuryzm i jego warianty w kulturze europejskiej. Wrocław: U 1977, 172 S.

303 RYE J.: Futurism. London: Studio Vista 1972, 159 S.

304 NOR M. N.: Literaten und Literatur im Sozialismus. München: Delp 1975, 232 S.

305 WILPERT G. v., IVASK I. (Hg.): Moderne Weltliteratur. Die Gegenwartsliteraturen Europas und Amerikas. Stuttgart: Kröner 1972, 918 S.

306 SEYMOUR-SMITH M.: Guide to Modern World Literature. London: Wolfe P. 1973, 1228 S.

307 OVČARENKO A. I.: Socialističeskaja literatura i sovremennyj literaturnyj process. Moskva: Sovremennik ^{3}1975, 623 S.

308 Multinationale Sowjetliteratur. Kulturrevolution, Menschenbild, weltliterarische Leistung. 1917–1972. Berlin-Weimar: Aufbau 1975, 754 S.

2. Allgemeine Literaturgeschichte. Stoffe

309 BRODY E. C.: The Demetrius Legend and Its Literary Treatment in the Age of the Baroque. Rutherford: UP 1972, 323 S.

310 KIELL N.: Varieties of Sexual Experience: Psychosexuality in Literature. New York: International UP 1976, 753 S.

311 TOPER P. M.: Radi žizni na zemle. Literatura i vojna. Moskva: Sov. pisatel' ^{2}1975, 568 S.

312 INGOLD F. Ph.: Literatur und Aviatik. Europäische Flugdichtung 1909–1927. Frankfurt: Suhrkamp 1980, 510 S. (*ST* 576)

313 Historycznoliterackie znaczenie wojny hiszpańskiej 1936–1939. Lublin: UMCS 1977, 270 S.

314 BRUECK K. T.: Treatments of poverty in realistic fiction. Diss. Urbana-Champaign 1979, 227 S.

315 KNAPP S. M.: The Self-Made Napoleon. A Challenge to Fiction. Diss. Stanford 1978, 407 S.

3. Allgemeine Literaturgeschichte. Varia

316 O progresse v literature. Leningrad: Nauka 1977, 263 S.

317 DAVYDOV Ju. N.: Begstvo ot svobody. Filosofskoe mifotvorčestvo i literaturnyj avangard. Moskva: Chud. literatura 1978, 365 S.

318 GINZBURG L. Ja.: O literaturnom geroe. Leningrad: Sov. pisatel' 1979, 222 S.

VIII. LEXIKA

1. Allgemeine Lexika aus slavischen Ländern

319 Bol'šaja sovetskaja enciklopedija. 30 Bde. Moskva: Sovetskaja enciklopedija [3]1970–1978

320 Sovetskij enciklopedičeskij slovaŕ. Moskva: Sov. enciklopedija 1980, 1600 S.

321 Ukrainskaja sovetskaja enciklopedija. Kiew: URE 1977ff.

322 Encyklopedia powszechna. 4 Bde. Warszawa: PWN 1973–1976

323 Leksykon PWN. Warszawa 1972, 1354 S.

324 Ilustrovaný encyklopedický slovník. Praha: Academia 1980ff.

325 Opća enciklopedija Jugoslavenskoga leksikografskoga zavoda. Zagreb 1977ff.

326 Leksikon JLZ. Zagreb: Jugoslavenski leksikogr. zavod 1974, 1137 S.

327 Popularna enciklopedija. Beograd: BIGZ 1976, 1246 S.

328 Mala enciklopedija „Prosvete". 3 Bde. Beograd [2]1978–1980

329 Nova enciklopedija u boji. Beograd: Vuk Karadžić 1977–1978, 1989 S.

330 Mala splošna enciklopedija. 3 Bde. Ljubljana: DZS 1973–1976

331 Leksikon Cankarjeve založbe. Ljubljana [2]1976, 1080 S. ([1]1973)

332 Enciklopedia A-Ja. Sofija: BAN 1974, 976 S.

2. Spezial-Lexika aus slavischen Ländern

333 ROTY M.: Dictionnaire russe-français des termes en usage dans l'église russe. Paris: Institut d'Etudes Slaves 1980, 159 S. (*Lexiques* 4)

334 Sovetskaja voennaja enciklopedija. 8 Bde. M.: Voenizdat 1977–1980

335 Encyklopedia katolicka. Lublin: KUL 1973ff.

336 BADURINA A. (Hg.): Leksikon ikonografije, liturgike i simbolike zapadnog kršćanstva. Zagreb: Liber usw. 1979, 621 S.

337 VIŠŇOVSKÝ M.: Malý teologický lexikon. Trnava 1977, 512 S.

338 GRMIČ V.: Mali teološki slovar. Celje: Mohorjeva družba 1973, 144 S.

339 Mały słownik kultury dawnych Słowian. Warszawa: WP 1972, 650 S.

340 Encyklopedia wiedzy o prasie. Wrocław: Ossolineum 1976, 284 S.

341 Leksikon novinarstva. Beograd: Savremena administracija 1979, 427 S.

342 Encyklopedia muzyczna. Kraków: PWM 1979ff.
343 Vojna enciklopedija. 11 Bde. Zagreb: Grafički zavod Hrvatske 1971–1976
344 Enciklopedija fizičke kulture. 2 Bde. Zagreb: Jugoslavenski leksikografski zavod 1976–1977
345 Enciklopedija samoupravljanja. Beograd: Savr. administracija 1979, 1143 S.

3. Nationale Lexika

346 Encyklopédia Slovenska. Bratislava: Veda 1977ff.
347 Vlastivedný slovník obcí na Slovensku. 3 Bde. Bratislava: Veda 1977–1978
348 Enciklopedija hrvatske povijesti i kulture. Zagreb: Školjska knjiga 1980, 912 S.
349 Enciklopedija Bъlgarija. Sofia: BAN 1978ff.
350 Belorusskaja SSR. Kratkaja enciklopedija. 4 Bde. Minsk: Glavnaja redakcija BSE 1979ff.

4. Nationale Speziallexika

351 Sovetskaja istoričeskaja enciklopedia. 16 Bde. Moskva: Sovetskaja enciklopedija 1961–1976
352 The Modern Encyclopedia of Russian and Soviet History. Gulf Breeze: Academic International Press 1976ff.
353 Moskva. Enciklopedija. Moskva: Sov. enciklopedija 1980, 688 S.
354 Radjanśka encyklopedija istoriji Ukrajiny. 4 Bde. Kyjiv: Naukova dumka 1969–1972
355 Encyklopedie českého výtvarného umění. Praha: Academia 1975, 633 S.
356 Encyklopedia Warszawy. Warszawa: PWN 1975, 848 S.
357 Encyklopedia współczesnego bibliotekarstwa polskiego. Wrocław: Ossolineum 1976, 337 S.
358 HERTZ P., KOPALIŃSKI W.: Księga cytatów z polskiej literatury pięknej od 14 do 20 wieku. Warszawa: PIW 1975, 911 S.

5. Literaturlexika

5.1. Reallexika, Terminologie

359 Encyclopedia of Poetry and Poetics. Princeton: U [3]1975, 1024 S.
360 TIMOFEEV L.I., TURAEV S.V.: Slovaŕ literaturovedčeskich terminov. Moskva: Prosveščenie 1974, 509 S.

361 Kratkij slovaŕ tradicionnych simvolov russkoj poezii. In: *Russkij jazyk v škole* 1977, 4 + 5, 73–85, 86–95.

362 LESIN V. M., PULINEĆ O. S.: Slovnyk literaturoznavčych terminiv. Kyjiv: Radj. škola ^{3}1971, 486 S.

363 RAHOJŠA V. P.: Paetyčny sloŭnik. Minsk: Vyšejšaja škola 1979, 320 S.

364 Słownik terminów literackich. Wrocław: Ossolineum 1976, 578 S.

365 Słownik literatury polskiego Oświecenia. Wrocław: Ossolineum 1977, 853 S.

366 Slovník literární teorie. Praha: Českosl. spisovatel 1977, 471 S.

367 Slovník literarních směrů a skupin. Praha: Orbis 1976, 349 S.

368 FINDRA J. u. a.: Slovník literárnovedných terminov. Bratislava: SPN 1979, 352 S.

369 ČUBELIĆ T.: Književni leksikon. Osnovni teorijsko-književni pojmovi i bio-bibliografijske bilješke. Zagreb: ohne Verl. ^{3}1972, 557 S.

370 JOVANOVIĆ S. A.: Rečnik književnih izraza. Beograd: IGZ 1972, 190 S.

371 TRIFUNOVIĆ Đ.: Azbučnik srpskih srednjevekovnih književnih pojmova. Beograd: Vuk Karadžić 1974, 360 S.

372 MILOŠEVIĆ-ĐORĐEVIĆ N.: Rečnik usmenih književnih rodova i vrsta. In: *Književna istorija* 1975 ff.

373 TARITAŠ M.: Rječnik književne interpretacije. Zagreb: Selbstv. 1975, 160 S.

374 Literarni leksikon. Ljubljana DZS 1978 ff.

375 Literatura. Ljubljana: Cankarjeva založba 1977, 265 S.

376 Rečnik na literaturnite termini. Sofija: Nauka i izk. ^{3}1973, 1112 S.

377 FRENZEL E.: Motive der Weltliteratur. Stuttgart: Kröner 1976, 807 S.

378 SANCAN J.: Dictionnaire des œuvres et des thèmes de la littérature russe. Paris: Hachette 1973, 245 S.

379 Enzyklopädie des Märchens. Berlin-New York: de Gruyter 1975 ff.

5.2. Literaturlexika. Personalia

5.2.1. allgemein

380 Malá encyklopédia spisovatel'ov sveta. Bratislava: Obzor 1978, 644 S.

381 Strani pisci – književni leksikon. Zagreb: Školjska knjiga ^{2}1968., 848 S.

382 Pisateli-laureaty premij SSSR i sojuznych respublik. L'vov: Vyšča škola 1980, 239 S.

383 Mały słownik pisarzy zachodnio-słowiańskich i południowo-słowiańskich. Warszawa: WP 1973, 505 S.

5.2.2. Rußland

384 WEBER H. B. (Hg.): The Modern Encyclopedia of Russian and Soviet Literature. Gulf Breeze: Academic International Press 1977 ff.

385 Slovník spisovatelů. Sovětský svaz. Praha: Odeon 1977, 642 + 770 S.

386 Handbuch der Sowjetliteratur 1917–1972. Leipzig: Bibliogr. Institut 1975, 616 S. *(Mit Titelregister)*

387 Sojuz pisatelej SSSR. Spravočnik. Moskva: Sov. pisatel' 1976, 767 S.

388 Slovník ruských spisovatelů od počátku ruské literatury do roku 1917. Praha: Lidové naklad. ²1978, 357 S. (¹1972)

389 KRHOUN M.: Malý slovník ruských spisovatelů 1750–1917. Brno: U 1972, 659 S. *(Skr.)*

390 KASACK W.: Lexikon der russischen Literatur ab 1917. Stuttgart: Kröner 1976, 530 S. (*KTA* 451)

391 Sovetskie pisateli. Avtobiografii. 4. Moskva: Chud. lit. 1972, 719 S.

392 Laureaty Rossii. Avtobiografii rossijskich pisatelej. 3 Bde. Moskva: Sovremennik 1973–1980, 534 + 397 + 432 S.

393 BOLCHOVITINOV E. A.: Slovaŕ istoričeskij o byvšich v Rossii pisateljach duchovnogo čina ... Leipzig: Zentralantiquariat 1971, 343 + 358 S. (RdA St. Pbg. 1827)

5.2.2.1. Rußland regional

394 Pisateli Dona. Rostov: KI 1976, 287 S.

395 MURAV'EVA E. A.: Pisateli-gorkovčane. Gorkij: Volgo-Vjatskoe KI ²1976, 200 S. (¹1970)

396 BOBROVA A. A.: Kaliningradskie pisateli. Kaliningrad: KI 1976, 111 S.

397 Literaturnyj Kirov. Kirov: Volgo-Vjatskoe KI 1972, 120 S.

398 TOLKAČ M. Ja., RODINA L. F.: Kujbyševskie pisateli. Kujbyšev: Obl. biblioteka 1974, 182 S.

399 Pisateli Saratova. Saratov: Privolžskoe KI 1977, 231 S.

400 Pisateli Karelii. Petrozavodsk: Karelija ³1980, 199 S.

401 Pisateli Marijskoj ASSR. Joškar-Ola: Marijskoe KI 1976, 366 S.

402 KOLOBANOV V. A., MAŠTAFAROV V. N.: Russkie pisateli na Vladimirskoj zemle. Vladimir: PI 1971, 61 S.

403 TROFIMOV I. T.: Pisateli Smolenščiny. Moskva: Mosk. rabočij ²1973, 359 S.

404 IŠUTINOVA N.: Pisateli Voroneža. Voronež: CČKI 1969, 169 S.
405 Literaturnaja Sibiŕ. Pisateli Vostočnoj Sibiri. Irkutsk: Vost.-Sib. KI 1971, 336 S.
406 ZDOBNOV N. V.: Materialy dlja sibirskogo slovarja pisatelej. Letchworth: Prideaux 1972, 62 S. (RdA Moskva 1927)
407 BOCHRYŠEVA M. u. a.: Pisateli Altaja. Barnaul: Altajskoe KI ^{2}1974, 179 S.
408 ZAPLAVNAJA T. A.: Tomskie pisateli. Tomsk: Zap.-Sib. KI 1975, 125 S.

5.2.3. Ukraine, Weißrußland

409 KYLYMNYK O., PETROVŚKYJ O.: Pyśmennyky Radjanśkoji Ukrajiny. Kyjiv: Rad. pyśmennyk 1976, 416 S.
410 Piśmenniki Saveckaj Belarusi. Minsk: Belaruś 1970, 438 S.
411 Vytoki pesni. Autabijahrafii belaruskich piśmennikaŭ. Minsk: Mastackaja litaratura 1973, 336 S.
412 Ab čase i ab sabe. Minsk: Belaruś 1966, 392 S. *(Autobiographien)*

5.2.4. Polen

413 Slovník spisovatelů. Polsko. Praha: Odeon 1974, 520 S.
414 BARTELSKI L. M.: Polscy pisarze współcześni 1944–1974. Warszawa: WP ^{5}1977, 423 S.
415 Słownik biograficzny teatru polskiego. 1765–1965. Warszawa: PWN 1973, 921 + 64 S.
416 MARCINIAK R., WĄGIEL W.: Informator biobibliograficzny Korespondencyjnego Klubu Młodych Pisarzy 1959–1974. Warszawa: KKMP 1974, 167 S.
417 Nowy słownik literatury dla dzieci i młodzieży. Warszawa: Wiedza Powszechna 1979, 799 S.
418 Pamiętnik Literacki (London) Bd. 3, 1980 (Związek Pisarzy Polskich na Obczyźnie)

5.2.4.1. Polen. regional

419 WILCZEK S.: Środowisko literackie Katowic. Katowice: Związek Literatów Polskich 1978, 50 S.
420 Współcześni pisarze Kielecczyzny. Radom: Miejska Rada Narodowa 1973, 79 S.
421 Pisarze ziemi Krakowskiej. Kraków: WL 1976, 254 S.

422 BECHCZYC-RUDNICKA M.: Słowniczek bio-bibliograficzny pisarzy należących do Lubelskiego oddziału ZLP. Lublin 1964, 51 S.

423 WAŚKIEWICZ A.: Lubuskie środowisko literackie. Lubsko: Tow. Kultury 1970, 100 S.

424 Współcześni pisarze województwa olsztyńskiego. Olsztyn: Pojezierze 1972, 186 S.

425 POŚPIECHOWA L.: Pisarze Opolszczyzny. Opole: Instytut Śląski 1975, 112 S.

426 BOŻYCHOWSKI J.: Pisarze Pomorza Gdańskiego. Gdańsk: Wojew. Biblioteka 1975, 116 S.

427 MOSKAL J., WILCZEK S.: Album pisarzy śląskich. Opole: Instytut Śląski ^{2}1975, 159 S. (^{1}1972)

428 Szczecin literacki. 1946–1974. Szczecin: Wojew. Biblioteka 1975, 144 S.

429 Pisarze Dolnego Ślaşka. Wrocław: Biblioteka Miejska ^{5}1977, 41 S.

429a SMOLARZ J.: Pisarze lubelscy. Lublin: WBP: 1980, 70 S.

5.2.5. Tschechoslowakei

430 KUNC J.: Kdy zemřeli 1971–1974. Praha: Orbis 1974, 282 S. *dasselbe* für 1975–1979. Praha: Státní knihovna 1980, 192 S.

431 ŠŤASTNÝ R.: Čeští spisovatelé deseti století. Praha: SPN 1974, 293 S.

432 Čeští spisovatelé 19 století. Praha: Českosl. spisovatel 1971, 187 S.

433 Čeští spisovatelé z přelomu 19 a 20 století. Praha: Českosl. spisovatel 1972, 256 S. *(Mit Titelregister)*

434 Čeští spisovatelé 19 a počátku 20 století. Praha: Českosl. spisovatel ^{2}1973, 381 S. *(Mit Titelregister)*

435 FORST V. u. a.: Lexikon české literatury. In: *Česká literatura* 1978 ff.

436 KUZMÍK J.: Slovník autorov slovenských a so slovenskými vzťahmi za humanizmu. Martin: Matica 1976, 969 S.

437 SLIACKÝ O.: Slovník slovenských spisovateľov pre deti a mládež. Bratislava: Mladé léta ^{2}1978, 347 S.

5.2.6. Jugoslavien

438 Leksikon pisaca Jugoslavije. Novi Sad. Matica Srpska 1972 ff. *(Bd. 2, Đ-J, 1979)*

439 KVAPIL M.: Malý lexikon srbské a charvatské literatury. Praha: U 1976, 168 S. *(Skr.)*

440 Detskie pisateli Jugoslavii. In: *Detskaja literatura* 1977, 6, 46–55

441 Savremeni književni prevodioci Jugoslavije. Beograd: Savez knjiž. prevod. Jugosl. 1970, 280 S.

442 MALETIN P.: Iz istorije Matice Srpske. Književno odelenje. In: *Rad Matice Srpske* 9 (1973)–11 (1975)
443 GOLOB Z. u. a.: Suvremeni pisci Hrvatske. Zagreb: Društvo književnika Hrvatske 1979, 309 S.
444 Slovenski gledališki leksikon. Ljubljana: Mestno gledališče 1972, 866 S.

5.2.7. Bulgarien

445 SESTRIMSKI I. (Hrsg.): Bъlgarski pisateli. Biografii. Sofija: Bъlgarski pisatel 1973, 504 S.
446 Rečnik na bъlgarskata literatura. Sofija: BAN 1976 ff.
447 Slovník spisovatelů. Bulharsko. Praha: Odeon 1978, 502 S.

5.2.8. Lausitz

447a KALTŠMIT H.: Leksikon awtorow serbskich knihow. 1945–1978. Bautzen: Domowina 1979, 142 S.

6. Pseudonymenlexika

448 Russkie anonimnye i podpisannye psevdonimami proizvedenija pečati 1801–1926 godov. Bibliografičeskij ukazatel'. Leningrad: Publičnaja biblioteka 1978 ff.
449 PETRJAEV E. D.: Psevdonimy literatorov-sibirjakov. Novosibirsk: Nauka 1973, 22 S.
450 DMITRIEV V. G.: Skryvšie svoe imja. Moskva: Nauka ^{2}1977, 312 S.
451 MASANOV I. F.: Slovaŕ psevdonimov russkich pisatelej ... Leipzig: Zentralantiquariat 1973 (RdA Moskva 1956–1960)
452 PIVTORADNI V.: Etjudy pro psevdonimy. In: *Radjanśke literaturoznavstvo* 1971, 11, 19–29.
453 VOPRAVIL J.: Slovník pseudonymů v české a slovenské literatuře. Praha: SPN 1973, 1541 S. *(auch Autorenlexikon)*
454 KORMUTH D.: Slovník slovenských pseudonymov 1919–1944. Martin: Matica 1974, 602 S. *(Skr.)*
455 OREŠKOVIĆ M.: Anonimi, pseudonimi, inicijali i šifre hrvatskih književnika i drugih kulturnih radnika u knjigama i periodičkim publikacijama. In: *Građa* 32, 1978, 217–294
456 BOGDANOV I.: Rečnik na bъlgarskite psevdonimi. Sofija: Nauka i izkustvo ^{2}1978, 575 S. *(mit Autorenregister)*

7. Biographische Lexika

457 LEWYTZKYJ B., STROYNOWSKY J.: Who's Who in the Socialist Countries. New York: Saur 1978, 736 S.

458 Who was Who in the USSR. Metuchen: Scarecrow P. 1972, 677 S.

459 Slavjanovedenie v dorevoljucionnoj Rossii. Bio-bibliografičeskij slovaŕ. Moskva: Nauka 1979, 430 S.

460 BULACHOV M. G.: Vostočnoslavjanskie jazykovedy. 3 Bde. Minsk: U 1976–1978

461 Dejateli revoljucionnogo dviženija v Rossii. Leipzig: Zentralantiquariat 1973, 3010 S. (RdA Moskva 1927–1934)

462 Materialy dlja biografičeskogo slovarja dejstvitel'nych členov Imperatorskoj Akademii Nauk. Leipzig: Zentralantiquariat 1978, 783 S. (RdA Petrograd 1915–1917)

463 MODZALEVSKIJ B. L.: Spisok členov Imperatorskoj Akademii Nauk. 1725–1907. Leipzig: Zentralantiquariat 1971, 412 S. (RdA St. Pbg. 1908)

464 Chudožniki narodov SSSR. Moskva: Iskusstvo 1970 ff.

465 KULJABKO E. S.: Zamečatel'nye pitomcy akademičeskogo universiteta. Leningrad: Nauka 1977, 228 S.

466 Slovnyk chudožnykiv Ukrajiny. Kyjiv: URE 1973, 272 S.

467 Ukrainians in North America. Champaign: Association for the Advancement of Ukrainian Studies 1975, 448 S.

468 Dictionary of Ukrainian Canadian Biography. Toronto: Ukrainian Canadian Research Foundation 1975 ff.

469 Polski Słownik Biograficzny. Bd. 1–7. Warszawa: WAF 1977 (RdA 1935–1958)

470 GERBER R.: Studenci Uniwersytetu Warszawskiego 1808–1831. Wrocław: Ossolineum 1977, 68 + 506 S.

471 Słownik artystów polskich i obcych w Polsce działającyh. Wrocław: Ossolineum 1972 ff.

472 NIECIOWA E. H.: Członkowie Akademii Umiejętności oraz Polskiej Akademii Umiejętności 1872–1952. Kraków: PAN 1973, 169 S.

473 Słownik biograficzny działaczy polskiego ruchu robotniczego. Warszawa: KiW 1978 ff.

474 Słownik pracowników książki polskiej. Łódź: PWN 1972, 1060 S.

475 Śląski słownik biograficzny. Katowice: Śląski Instytut Naukowy 1978 ff.

476 Wielkopolanie 19 wieku. Poznań: WPn 1966–1969, 332 + 496 S.

477 WANDYCZ D. S.: Register of Polish American Scholars, Scientists, Writers and Artists. New York: The Polish Institute of Arts and Sciences in America 1969, 80 S.

478 Československé práce o jazyce, dějinách a kultuře slovanských národů od r. 1760. Biograficko-bibliografický slovník. Praha: SPN 1972, 561 S.

479 Biographisches Lexikon zur Geschichte der Böhmischen Länder. München: Oldenbourg 1979 ff.

480 ĎUROVČÍKOVÁ M.: Nekrology v slovenských periodikách 1970–1974. In: *Biografické štúdie* 7, 1978, 351–380

481 HALAŠA P., BUKOVSKÁ Ž.: Sprievodca po Národnom cintoríne. Martin: Matica 1974, 206 S.

482 DOBIŠ P. G.: Slovenská biografia. Pasching: Selbstverl. 1973/74, 179 S.

483 Biographisches Lexikon zur Geschichte Südosteuropas. München: Oldenbourg 1974 ff.

484 MAZALIĆ D.: Leksikon umjetnika ... koji su radili u Bosni i Hercegovini. Sarajevo: Veselin Masleša 1967, 156 S.

485 MERŠIĆ M.: Znameniti i zaslužni Gradišćanski Hrvati. Rijeka: Čakavski sabor 1972, 123 S.

486 Primorski slovenski biografski leksikon. Gorica: Goriška Mohorjeva Družba 1974 ff.

IX. GESCHICHTE DER SLAVISCHEN LITERATUREN

1. allgemeine Werke

487 GEORGIEV E.: Očerki po istorija na slavjanskite literaturi. Sofija: Nauka i izkustvo ³1977, 403 + 530 S.

488 KRAVCOV N. I.: Problemy sravnitel'nogo izučenija slavjanskich literatur. Moskva: U 1973, 363 S.

489 Typalohija i ŭzaemadzejanne slavjanskich moŭ i litaratur. Minsk: U 1973, 234 S.

490 Typalohija slavjanskich moŭ i ŭzaemadzejanne slavjanskich litaratur. Minsk: U 1977, 312 S.

491 Povijest svjetske književnosti. t. 7, Zagreb: Liber 1976, 658 S. *(West- und Ostslaven)*

492 Literaturite na malite narodi. Titov Veles: Sovet na Racinovite sredbi 1971, 240 S.

493 BIRNBAUM H.: On Medieval and Renaissance Slavic Writing. The Hague: Mouton 1971, 381 S. *(SPR 266)*

494 GOLENIŠČEV-KUTUZOV I. N.: Il Rinascimento italiano e le letterature slave dei secoli 15 e 16. Milano: Vita e pensiero 1973, 431 + 286 S. *(Bd. 2 Bibliographie)*

495 Slavjanskoe barokko. Moskva: Nauka 1979, 375 S.

496 MOROZOV A.: Osnovnye zadači izučenija slavjanskogo barokko. In: *Sovetskoe slavjanovedenie* 1971, 4, 54–66

497 ČIŽEVSKIJ D.: K problemam literatury barokko u Slavjan. In: *Literárny barok,* Bratislava 1971, 5–59 *(Litteraria 13)*

498 Les Lumières en Hongrie, en Europe Centrale et en Europe Orientale. Budapest: Akadémiai Kiádo 1971, 125 S.

499 Slavjanskie kul'tury v epochu formirovanija i razvitija slavjanskich nacij 18–19 vekov. Moskva: Nauka 1978, 399 S.

500 Romantizm v slavjanskich literaturach. Moskva: U 1973, 372 S.

501 KRAVCOV N. I.: Romantizm v slavjanskich literaturach i fol'klor. In: *Slavjanskaja filologija,* 8, Moskva: U 1973, 97–157

502 FLAKER A.: Die slavischen Literaturen 1870–1900. Die slavischen Literaturen zur Zeit des Modernismus. In: *Neues Handbuch der Literaturwissenschaft,* Bd. 19, 1976, 1, 311–358; 2, 391–428

503 CHADŽIKOSEV S.: Bъlgarskijat simvolizm i Mlada Polša v sravnitelen aspekt. In: *Literaturna misъl* 17, 1973, 2, 42–63

504 KONSTANTINOVIĆ Z. (Hg.): „Expressionismus" im europäischen Zwischenfeld. Innsbruck: U 1978, 133 S.

505 Les Futurismes. Russie. Pologne. In: *Europe,* avril 1975, 259 S.

506 Literatury słowiańskie w okresie awangardowego przełomu. Wrocław: Ossolineum 1979, 160 S.

507 Literaturen europäischer sozialistischer Länder. Universeller Charakter und nationale Eigenart sozialistischer Literatur. Berlin-Weimar: Aufbau 1975, 659 S.

508 Aktual'nye problemy sravnitel'nogo izučenija literatur socialističeskich stran. Moskva: Nauka 1978, 311 S.

509 Moderne slavisk literatur 1945–1970. København: Ejlers 1972, 345 S.

510 Sovremennye slavjanskie kul'tury. Kiev: Naukova dumka 1979, 167 S.

511 TIMOFEEVA V. M.: Literatura evropejskich socialističeskich stran. Minsk: U 1979, 262 S.

512 LUBOS A.: Geschichte der Literatur Schlesiens. 3 Bde. München: Korn 1975

513 Ethnic Literatures Since 1776. The Many Voices of America. Lubbock: Texas Tech Press 1978, 641 S. (*Kroaten* 147–160, *Tschechen* 161–174, *Russen* 455–502, *Karpatoruthenen* 503–520, *Serben* 521–546, *Slovenen* 548–568, *Ukrainer* 569–590).

2. Volksdichtung

514 KRAVCOV N. I.: Slavjanskij fol'klor. Moskva: U 1976, 263 S.

515 BOGATYREV P. G.: Voprosy teorii narodnogo iskusstva. Moskva: Iskusstvo 1971, 550 S.

516 BOGATYREV P. G.: Semiotyka kultury ludowej. Warszawa: PIW 1975, 231 S.

517 KRAVCOV N. I.: Problemy slavjanskogo fol'klora. Moskva: Nauka 1972, 359 S.

518 Slavjanskij fol'klor. Moskva: Nauka 1972, 328 S.

519 Slavjanskie literatury i fol'klor. = *Russkij fol'klor* 18, 1978, 224 S.

520 Slavjanskij i balkanskij fol'klor. Genesis – archaika – tradicii. Moskva: Nauka 1978, 270 S.

521 PEUKERT H.: Gibt es eine „slawische" Volksdichtung? Berlin: Akademie-Verlag 1972, 70 S.

522 Slavjanskij i balkanskij fol'klor. Moskva: Nauka 1971, 252 S.

523 Razvitie i vzaimootnošenija žanrov slavjanskogo fol'klora. Kiev: Naukova dumka 1973, 151 S.

524 VESTERHOLT O.: Tradition and Individuality. A Study in Slavonic Oral Epic Poetry. Copenhague: Rosenkilde + Bagger 1973, 92 S.

525 SMIRNOV Ju. I.: Slavjanskie epičeskie tradicii. Moskva: Nauka 1974, 263 S.

526 KRUT' Ju Z.: Chliborobśka obrjadova poezija Slov'jan. Kyjiv: Naukova dumka 1973, 211 S.

527 JUZVENKO V. A.: Žanrovi osoblyvosti poetyčnoji systemy slov'janśkoji fantastyčnoji kazky. In: *Narodna tvorčist' ta etnohrafija* 1978, 3, 22–32

528 KAUFMAN N.: Njakoi obšti čerti meždu narodnata pesen na bъlgarite i iztočnite slavjani. Sofija: BAN 1968, 215 S.

529 HAJDAJ M. M.: Narodna etyka u fol'klori schidnych i zachidnych Slov'jan. Problema dobra i zla. Kyjiv: Naukova dumka 1972, 199 S.

530 ROMANSKA C.: Les chansons populaires des Haïdouks bulgares comparées aux chansons à thèmes semblables des autres peuples slaves et balkaniques. In: *Actes du premier congrès international des études balkaniques et sud-est européennes,* 7, Sofia: BAN 1971, 755–770

531 Vyzvol'ny ruch slov'jan u narodnij pisennij tvorčosti. 17–19 stol. Kyjiv: Naukova dumka 1971, 264 S.

532 ŠUMADA N. S.: Specyfika korotkych pisennych žanriv sučasnoho slov'janskoho fol'kloru. Kyjiv: Naukova dumka 1973, 17 S.

533 GUSEV V. E.: Slavjanskie partizanskie pesni. Leningrad: Nauka 1979, 176 S.

534 Internacional'ne ta nacional'ne v sučasnomu slov'janskomu fol'klori. Kyjiv: Naukova dumka 1977, 221 S.

535 ZILYNSKYJ O.: Lidové balady v oblasti západných Karpat. Praha: Academia 1978, 138 S.

536 Studies in East European Folk Narrative. Bloomington: U 1978, 696 S.

3. Gattungen

3.1. Lyrik

537 WITKOWSKA A.: Słowianie, my lubim sielanki ... Warszawa: PIW 1972, 192 S.

538 KLÁTIK Z.: Lyricko-epická poéma v slovanskom romantizme. In: *Slovenská literatúra* 20, 1973, 2, 154–169

539 HVIŠČ J.: Epické literárne druhy v slovenskom a pol'skom romantizme. Bratislava: SAV 1971, 344 S.

540 WINCZER P.: Poetika básnických smerov v pol'skej a slovenskej poézii 20 storočia. Bratislava: Veda 1974, 175 S.

541 BECHYŇOVÁ V.: Balada. In: *Příspěvky k morfologii a sémantice literárněvědných termínů*, Praha: ČSAV 1974, 129–170

542 RIPELLINO A. M.: Saggi in forma di ballate. Divagazioni su temi di letteratura russa, ceca e polacca. Torino: Einaudi 1978, 283 S.

543 RUSAKIEV S.: Obšti tipologični tendencii v razvitieto na poemata v sъvetskata i bъlgarskata literatura. In: *Slavjanska filologija* 16, 1978, 212–224

3.2. Prosa

544 BAUMANN W.: Der frühe Roman. Untersuchungen deutscher und slawischer Texte. Frankfurt: Lang 1977, 233 S.

546 KRAVCOV N. I., CYBENKO E. Z.: Roman v sovremennych literaturach južnych i zapadnych slavjan. Moskva: U 1973, 155 S.

547 FLAKER A.: Proza u trapericama. Zagreb: Liber 1976, 278 S. (*deutsch:* Modelle der Jeans-Prosa, Kronberg 1975).

545 KLATÍK Z.: Srbská, ukrainská a slovenská realistická poviedka. In: *Slavica Slovaca* 12, 1977, 2, 149–161

548 KASPER K.: Multinationale sowjetische Erzählung 1945–1975. Berlin: Akademie-Verlag 1978, 230 S.

3.3. Drama, Theater

549 LANGER D.: Die Technik der Figurendarstellung in den polnischen, weißrussischen und ukrainischen Intermedien. Frankfurt: U 1972, 228 S.

550 Dramat i teatr narodów słowiańskich w 20 wieku. Wrocław: Ossolineum 1979, 210 S.

3.4. Kritik

551 Formirovanie marksistskoj literaturnoj kritiki v zarubežnych slavjanskich stranach. Moskva: Nauka 1972, 351 S.

552 MIHAILOVICH V. D.: Modern Slavic Literatures. A Library of Literatury Criticism. New York: Ungar 1972–1976, 436 + 736 S.

4. Stoffe

553 JECHOVÁ H.: La part du mystique et du subconscient dans l'imagination slave au commencement du 19 siècle. In: *Revue de Littérature Comparée* 1972, 3, 323–349

554 BEGUNOV Ju. K.: Greko-slavjanskaja tradicija počitanija Dimitrija Solunskogo i russkij duchovnyj stich o nem. In: *Byzantino-Slavica* 35, 1975, 149–172

555 KUEV K.M.: Azbučnata molitva v slavjanskite literaturi. Sofija: BAN 1974, 361 S.

556 OLOF K. D.: Philologische und literarische Aspekte slavischer Alphabetakrostichis nebst einem Exkurs über die slavischen Buchstabennamen. Amsterdam: Hakkert 1973, 214 S.

557 KOSTJUCHIN E. A.: Aleksandr Makedonskij v literaturnoj i fol'klornoj tradicii. Moskva: Nauka 1972, 188 S.

558 BAUMANN W.: Die Sage von Heinrich dem Löwen bei den Slaven. München: Sagner 1975, 185 S. (*SB* 83)

559 CHITIMIJA I.: L'histoire de Skinder en Europe et surtout dans le sudest européen. In: *Actes du premier congrès international des études balkaniques et sud-est européennes,* 7, Sofija: BAN 1971, 129–138

560 DUJČEV I.: Georgi Kastrioti-Skenderbeg v slavjanskata literatura ot 15–17 v. In: *Georgi Kastrioti-Skenderbeg,* Sofija 1970, 79–109

561 NANDRIŞ G.: The historical Dracula. The theme of his legend in the Western and in the Eastern literatures of Europe. In: *Comparative Literature. Matter and Method,* Urbana 1969, 109–143

563 GRABOWICZ G. G.: The History and Myth of the Cossack Ukraine in Polish and Russian Romantic Literature. Diss. Harvard 1975

564 ŚLIZIŃSKI J.: Jan III Sobieski w literaturze narodów Europy. Warszawa: MON 1979, 438 S.

565 ŚLIZIŃSKI J.: Jan III Sobieski i odsiecz wiedeńska w folklorze narodów słowiańskich. In: *Literatura Ludowa* 1976, 4/5, 43–55

566 BABINSKI H. F.: The Mazeppa Legend in European Romanticism. New York: Columbia UP 1974, 164 S.

567 KRAUS O. M.: Ivan Mazepa as a Literary Character in Representative Ukrainian, Polish and Russian Works. Diss. Syracuse 1975

568 JORDANOVA K.: Kъm vъprosa za bъlgarskite sjužeti v slavjanskata dramaturgija. In: *Godišnik U Sofija Slavj. filol.* 62, 1974, 2, 365–401

569 GEORGIEV E.: Epopeja na osvoboditelnata borba na bъlgarskija narod v slavjanskite literaturi. Sofija: Narodna prosveta ²1976, 303 S.

570 GEORGIEV E.: Osvoboditelnata rusko-turska vojna v slavjanskite literaturi. In: *Ezik i literatura* 33, 1978, 1, 1–22

571 FILIPČIKOVÁ S.: Dělnické a revoluční hnutí v české a bulharské literatuře. In: *Česká literatura* 1976, 5, 417–436

572 Literatury słowiańskie o drugiej wojnie światowej. Wrocław: Ossolineum 1973, 341 + 179 S.

573 POPOVA F.: Motivot na rodoskrvnata ljubov vo narodnata poezija na južnoslavjanskite narodi. In: *Godišen zbornik FF Skopje* 1, 1975, 359–375

574 ČIŽEVSKIJ D.: Evgemerizm v staroslavjanskich literaturach. In: *Novyj žurnal* 92, 1968, 254–272

575 KLÁTIK Z.: Od invariantu k variantom v slovanskej romantickej balade. Pokus o typológiu „lenórskej" balady. In: *Slavica Slovaca* 9, 1974. 378–406

576 HORÁLEK K.: Der weise Achikar und verwandte Erzählungen bei den Slaven. In: *Folklorica Pragensia* 1, 1969, 75–123

577 GESEMANN W.: Zum Stellenwert der slavischen Versionen des Vater-Sohn-Kampfmotivs in der Heldenlieddichtung. In: *Gedenkschrift f. Josef Matl*, Graz 1977, 59–75

579 KARPIAK R.: Don Juan in Slavic Drama. Diss. Ottawa 1978

5. Beziehungen

580 Očerki po istorii slavjanskich literaturnych svjazej. L'vov: Vysšaja škola 1978, 152 S.

581 Mežslavjanskie kul'turnye svjazi. Moskva: Nauka 1971, 239 S.

582 Kul'turnye svjazi narodov Vostočnoj Evropy. Moskva: Nauka 1976, 360 S.

583 WASILEWSKI T.: Bizancjum i Słowianie w 9 wieku. Warszawa: PWN-U 1972, 233 S.

584 HORÁLEK K.: Zur Frage der byzantinischen und orientalischen Elemente in der slavischen Literatur und Volksdichtung. In: *Byzantino-Slavica* 23, 1962, 285–316

585 Wechselbeziehungen zwischen deutscher und slawischer Literatur. Köln: Böhlau 1978, 161 S.

586 Slavische Literaturen. Einfluß auf die deutsche Literatur. In: *Reallexikon der deutschen Literaturgeschichte*, 2. Aufl., 4. Band, Berlin-New York: de Gruyter 1979, 1–57

587 HOEFERT S.: Die slawischen Übersetzungen der Werke Gerhart Hauptmanns. In: *Studia historica. Slavo-germanica* Poznań 8, 1979, 95–128

588 EEKMAN T.: Walt Whitman's Role in Slavic Poetry. In: *American Contributions 1978*, vol. 2, 166–191

589 OINAS F.: Studies in Finnic-Slavic Folklore Relations. Helsinki: Suom. Tiedeakat. 1969, 213 S.

590 PICCHIO R.: Etudes littéraires slavo-romanes. Firenze: Licosa 1978, 209 S.

591 Petrarca i petrarkizam u slavenskim zemljama. Zagreb-Dubrovnik: JAZU 1978, 574 S.

592 Raporturi literare româno-slave. Bucureşti: TUB 1976, 407 S.

6. Varia

593 MARKOV D. F.: Teoretičeski i metodologičeski vъprosi na sravnitelnoto izučavane na slavjanskite literaturi. In: *Literaturna misъl* 16, 1972, 1, 45–65

594 GEORGIEV E.: Osnovi na slavistikata i bъlgaristikata. Sofija: Nauka i izkustvo 1979, 356 S.

595 Tekstologija slavjanskich literatur. Leningrad: Nauka 1973, 240 S.

596 Über Literaturmuseen der sozialistischen Länder. In: *Literárnomúzejný letopis* 8, 1974, 166 S. (Matica Martin)

X. KIRCHENSLAVISCHE LITERATUR

597 BOEVA Lj.: Žitijnye povesti i stanovlenie biografičeskich povestvovatel'nych žanrov v trech slavjanskich literaturach. In: *Godišnik na Sofijskija Univ. Slav. filol.* 68, 1975, 2, 89–144

598 MEŠČERSKIJ N. A.: Istočniki i sostav drevnej slavjano-russkoj perevodnoj piśmennosti 9–15 vekov. Leningrad: U 1978, 112 S.

599 ZAGIBA F.: Das Geistesleben der Slaven im frühen Mittelalter. Wien: Böhlau 1971, 246 S.

600 STANISLAV J.: Staroslovienský jazyk. 1. Bratislava: SPN 1978, 371 S. *(kulturhistorische Einleitung)*

601 ŽUKOVSKAJA L. P.: Tekstologija i jazyk drevneslavjanskich pamjatnikov. Moskva: Nauka 1976, 368 S.

602 NARBUTT O.: Historia i typologia ksiąg liturgicznych bizantyńsko-słowiańskich. Warszawa: Akademia Teologii Katolickiej 1979, 147 S.

603 NAUMOV A. E.: Apokryfy w systemie literatury cerkiewnosłowiańskiej. Wrocław: Ossolineum 1976, 123 S.

604 SANTOS O.: Die handschriftliche Überlieferung der altslavischen Apokryphen. Berlin: de Gruyter 1978 ff.

605 GRANSTREM E. Z.: Ioann Zlatoust v drevnej russkoj i južnoslavjanskoj piśmennosti (11–15 vv.) In: *Trudy Otd. drevner. lit.* 35, 1980, 345–375

606 DELETANT D. J.: Slavonic Letters in Moldavia, Wallachia and Transylvania from the tenth to the seventeenth centuries. In: *Slavonic and EE Review* 58, 1980, 1–21

607 HANNICK C. (Hg.): Fundamental Problems of Early Slavic Music and Poetry. Copenhagen: Munksgaard 1978, 237 S.

XI. OSTSLAVISCHE LITERATUR

608 ROTHE H. (Hg.): Die älteste ostslavische Kunstdichtung 1575 bis 1647. Gießen: Schmitz 1976–1977, 235 u. 533 S. (*Bausteine* 7)

609 KRUTIKOVA N. E.: Revoljucionnyj romantizm v vostočnoslavjanskich literaturach konca 19 – načala 20 veka. Kiev: Naukova dumka 1973, 26 S.

610 Tipologija i vzaimosvjazi fol'klora narodov SSSR: Poetika i stilistika. Moskva: Nauka 1980, 343 S.

611 ELATOV V. I.: Pesni vostočno-slavjanskoj obščnosti. Minsk: Navuka i technika 1977, 244 S. *(mit Texten und Noten)*

612 VASILEVIČ V. A.: Vostočnoslavjanskaja jumorističeskaja pesnja. Minsk: Navuka i technika 1979, 141 S.

613 Sravnitel'nyj ukazatel' sjužetov. Vostočnoslavjanskaja skazka. Leningrad: Nauka 1979, 438 S.

614 NOVIKOV N. V.: Obrazy vostočnoslavjanskoj volšebnoj skazki. Leningrad: Nauka 1974, 255 S.

615 DAHLKE M.: Das Sujet vom stolzen Kaiser in den ostslavischen Volks- und Kunstliteraturen. Amsterdam: Hakkert 1973, 153 S.

616 LÜBBE I.: Die ostslavischen Aeneistravestien. München: Fink 1971, 177 S.

XII. GESCHICHTE DER RUSSISCHEN LITERATUR

1.1. allgemeine Darstellungen

617 Russische Literatur im Überblick. Leipzig: Reclam 1974, 500 S. (*RUB* 109)

618 LAVRIN J.: A Panorama of Russian Literature. London: Oxford UP 1973, 354 S.

619 LO GATTO E.: Profilo della letteratura russa delle origine a Solženicyn. Milano: Mondadori 1975, 526 S.

620 Literatura rosyjska w zarysie. Warszawa: PWN 1975, 834 S.

621 Historia literatury rosyjskiej. Red.: M. JAKÓBIEC. Warszawa: PWN ²1976, 784 + 938 S.

622 Přehled ruské literatury od nejstarších dob po dnešek. Praha: Lidové nakl. 1973, 294 S.

623 Istorija russkoj literatury. 4 Bde. Leningrad: Nauka 1980ff.

624 AUTY R., OBOLENSKY D. (Hg.): An Introduction to Russian Language and Literature. Cambridge: UP 1977, 312 S.

625 STENDER-PETERSEN A.: Geschichte der russischen Literatur. München: Beck ³1978, 623 S. (²1974)

626 TSCHIŽEWSKIJ D.: Russische Geistesgeschichte. München: Fink ²1974, 359 S. (*engl.* Ann Arbor: Ardis 1978)

627 POLEVOJ P.N.: Istorija russkoj slovesnosti. West Vancouver: Herculaneum 1973, 692 S. (RdA St.Ptbg. 1872)

1.2. spezielle Probleme

628 NEDELJKOVIĆ D.: Univerzalne poruke ruske književnosti. Novi Sad: Matica srpska 1973, 370 S.

629 BERKOVSKIJ N. Ja.: O mirovom značenii russkoj literatury. Leningrad: Nauka 1975, 184 S.

630 KUPREJANOVA E. N., MAKOGONENKO G. P.: Nacional'noe svoeobrazie russkoj literatury. Leningrad: Nauka 1976, 415 S.

631 Kulturologičeskie aspekty teorii i istorii russkoj literatury. Moskva: U 1978, 77 S.

632 VINOGRADOV V. V.: Poetika russkoj literatury *(Aufs.)*. Moskva: Nauka 1976, 511 S.

1.3. Forschungsgeschichte, Methodologie

633 Vozniknovenie russkoj nauki o literature. Moskva: Nauka 1975, 464 S.

634 Akademičeskie školy v russkom literaturovedenii. Moskva: Nauka 1975, 515 S.

635 GONCZAROV L.: Développement de l'histoire de la littérature russe: des origines à Buslaev. Diss. Montréal 1972

636 BORŠČUKOV V. I.: Istorija literatury i sovremennost'. Metodologičeskie problemy izučenija istorii russkoj literatury. Moskva: Nauka 1972, 339 S.

637 Sovremennaja sovetskaja istoriko-literaturnaja nauka. Leningrad: Nauka 1975, 345 S.

638 BELJAEV A. A.: Ideologičeskaja bor'ba i literatura. Kritičeskij analiz amerikanskoj sovetologii. Moskva: Sov. pisatel' ^{2}1977, 390 S. (^{1}1976)

639 DYMŠIC A. L.: Niščeta sovetologii i revizionizma. Moskva: Chud. literatura 1975, 350 S.

640 FERRARIO E.: Teorie della letteratura in Russia 1900–1934. Roma: Editori Riuniti 1977, 444 S.

641 NIKOLAEV P. A. u. a.: Istorija russkogo literaturovedenija. Moskva: Vysšaja škola 1980, 347 S.

642 BASKAKOV V. N.: Puškinskij Dom. 1905–1930–1980. Leningrad: Nauka 1980, 319 S.

2. Geschichte der altrussischen Literatur

2.1. allgemeine Darstellungen

643 ROBINSON A. N.: Literatura Drevnej Rusi v literaturnom processe Srednevekov'ja. Moskva: Nauka 1980, 336 S.

644 FENNELL J., STOKES A.: Early Russian Literature. London: Faber + Faber 1974, 295 S.

645 TRUBETZKOY N. S.: Vorlesungen über die altrussische Literatur. N: R. Jakobson. Firenze: Licosa-Sansoni 1973, 176 S.

646 LICHAČEV D. S.: Razvitie russkoj literatury X–XVII vekov. Leningrad: Nauka 1973, 254 S. (*dt.* Russische Literatur und europäische Kultur des 10.–17. Jahrhunderts. Berlin: Akademie-Verl. 1977, 254 S.)

647 LICHAČEV D. S.: Velikoe nasledie. Moskva: Sovremennik 1976, 367 S. (^{2}1980, 412 S.)

648 GLUCHOV A. G.: Ruś knižnaja. Moskva: Sovetskaja Rossija 1979, 223 S.

649 LICHAČEV D. S.: Poetika drevnerusskoj literatury. Moskva: Nauka ^{3}1979, 353 S.

650 Istorija russkoj literatury 10–17 vekov. Moskva: Prosveščenie 1980, 462 S.

651 ORLOV A. S.: Drevnjaja russkaja literatura 11–17 vekov. The Hague: Mouton 1971, 340 S. (RdA Moskva-Lgd. 1945)

652 ORLOV A. S.: Lekcii po istorii drevnerusskoj literatury. West Vancouver: Herculaneum 1973, 248 S. (RdA Moskva 1916)

2.2. Teilepochen

653 ISTRIN V.: Očerk istorii drevnerusskoj literatury domongol'skogo perioda. Leipzig: Zentralantiquariat 1976, 248 S. (RdA Petrograd 1922)

654 SREZNEVSKIJ I. I.: Drevnie pamjatniki russkogo piśma i jazyka X–XIV vekov. Obščee povremennoe obozrenie. Leipzig: Zentralantiquariat 1974, IV, 392 Sp. (RdA St.Ptbg. ^{2}1882)

655 BEGENIŠIĆ B.D.: Dva veka ruske književnosti (1380–1580). Priština: Jedinstvo ^{2}1976, 412 S.

656 BROWN W. E.: A History of 17th century Russian Literature. Ann Arbor: Ardis 1979, 190 S.

657 PUŠKAREV L., ŽUKOV D.: Russkie pisateli 17 veka. Moskva: Molodaja gvardija 1972, 336 S. (*ŽZL* 511)

658 ROBINSON A.N.: Boŕba idej v russkoj literature 17 veka. Moskva: Nauka 1974, 407 S.

659 DEMIN A.S.: Russkaja literatura vtoroj poloviny 17 – načala 18 veka. Moskva: Nauka 1977, 296 S.

660 TSCHIŽEWSKIJ D.: Das Barock in der russischen Literatur. In: *Slavische Barockliteratur,* München 1970, 9–39

661 Novye čerty v russkoj literature i iskusstve. Moskva: Nauka 1974, 286 S.

2.3. Genres

662 TICHOMIROV M.N.: Russkoe letopisanie. Moskva: Nauka 1979, 386 S.

663 Letopisi i chroniki. Moskva: Nauka 1976, 360 S.

664 MEŠČERSKIJ N. A.: Istočniki i sostav drevnej slavjano-russkoj perevodnoj piśmennosti 9–15 vekov. Leningrad: U 1978, 112 S.

665 ORLOV A. S.: Perevodnye povesti feodal'noj Rusi i Moskovskogo gosudarstva 12–17 vekov. Leipzig: Zentralantiquariat 1974, 171 S. (RdA Leningrad 1934)

666 KLJUČEVSKIJ V. O.: Drevnerusskie žitija kak istoričeskij istočnik. Leipzig: Zentralantiquariat 1977, 472 S. (RdA Moskau 1871)

667 DMITRIEV L. A.: Žitijnye povesti russkogo Severa kak pamjatniki literatury 12–17 vekov. Leningrad: Nauka 1973, 303 S.

668 BØRTNES J.: Det gammelrussiske helgenvita. Oslo: U 1975, 470 S. *(Diss.)*

669 SEEMANN K.-D.: Die altrussische Wallfahrtsliteratur. München: Fink 1976, 484 S.

670 VROON G.D.L.: The Making of the Medieval Russian Journey. Diss. U. of Michigan 1978, 273 S.

671 POPOV A.: Istoriko-literaturnyj obzor drevnerusskich polemičeskich sočinenij protiv latinjan 11–15 vekov. London: Variorum Reprints 1972, 430 S. (RdA Moskva 1875)

672 SIELICKI F.: Podróż bojarzyna Borysa Szeremetiewa. Wrocław: Ossolineum 1975, 344 S.

673 SCHMIDT W.-H.: Gattungstheoretische Untersuchungen zur altrussischen Kriegserzählung. Zur Soziologie literarischer Gattungen. Wiesbaden: Harrassowitz 1975, 158 S. (*VASL* 44)

674 ADRIANOVA-PERETC V. P.: Russkaja demokratičeskaja satira 17 veka *(mit Texten)*. Moskva: Nauka 1977, 254 S. *(LP)*

675 BUDOVNIC I.U.: Russkaja publicistika 16 veka. The Hague: Mouton 1971, 312 S. (RdA Moskva-Leningrad 1947)

676 ELEONSKAJA A.S.: Russkaja publicistika vtoroj poloviny 17 veka. Moskva: Nauka 1978, 269 S.

677 FOJTÍKOVÁ E.: Russkaja bytovaja povest' nakanune novogo vremeni. Praha: U 1977, 131 S.

2.4. altrussische Literatur. Varia

678 ADRIANOVA-PERETC V. P.: Čelovek v učitel'noj literature drevnej Rusi. In: *Trudy Otd. drevne-russkoj lit.* 27, 1972, 3–68

679 LICHAČEV D.S.: Nacional'noe samosoznanie drevnej Rusi. The Hague: Mouton 1970, 120 S. (RdA Moskva 1945)

680 LICHAČEV D. S., PANČENKO A.M.: „Smechovoj mir" drevnej Rusi. Leningrad: Nauka 1976, 204 S.

681 KORŽEVA L. B.: Jazyk jumora i satiry. Alma-Ata: Mektep 1979, 120 S.

682 ADRIANOVA-PERETC V. P.: Drevne-russkaja literatura i fol'klor. Leningrad: Nauka 1974, 171 S.

683 KOLOBANOV V. A.: Vladimiro-Suzdal'skaja literatura 14–16 vekov. Vladimir: Ped.Inst. 1975–1978, 126 + 71 + 103 S.

684 MOISEEVA G. N.: Drevnerusskaja literatura v chudožestvennom soznanii i istoričeskoj mysli Rossii 18 veka. Leningrad: Nauka 1980, 261 S.

685 SAPUNOV B. V.: Kniga v Rossii v 11–13 vekach. Leningrad: Nauka 1978, 231 S.

686 SEEBOHM Th. M.: Ratio und Charisma. Ansätze und Ausbildung eines philosophischen und wissenschaftlichen Weltverständnisses im Moskauer Rußland. Bonn: Bouvier 1977, 780 S. (*Mainzer Philosophische Forschungen* 17)

3. Geschichte der russischen Literatur im 18. Jahrhundert

3.1. allgemein

687 BROWN W.E.: A History of 18th Century Russian Literature. Ann Arbor: Ardis 1979, 620 S.

688 IGLOY E.: Istorija russkoj literatury 18 veka. Budapest: Tankönyvkiadó 1972, 265 S.

689 ORLOV O. V., FEDOROV V.I.: Russkaja literatura 18 veka. Moskva: Prosveščenie 1973, 304 S.

690 SIELICKI F.: Russkaja literatura 18 veka. Wrocław: U 1977, 132 S.

691 TAMARINOVA L.E.: Istorija russkoj literatury i žurnalistiki 18 veka. Moskva: U 1975, 334 S.

692 GUKOVSKIJ G. A.: Russkaja poezija 18 veka. Würzburg: jal 1972, 212 S. (RdA Leningrad 1927)

693 Problemy izučenija russkoj literatury 18 veka. Leningrad: PI 1974 ff.

694 The 18th Century in Russia. Oxford: Clarendon P. 1973, 356 S.

695 GRASSHOFF H., LAUCH A., LEHMANN U.: Humanistische Tradition der russischen Aufklärung. Berlin: Akademie-Verl. 1973, 249 S.

696 FEDOROV V. I.: Literaturnye napravlenija v russkoj literature 18 veka. Moskva: Prosveščenie 1979, 154 S.

697 LAUER R.: Die russische Literatur im 18. Jahrhundert. In: *Europäische Aufklärung III*, Wiesbaden: Athenaion 1980, 391–438 *(Neues Handbuch der Literaturwissenschaft)*

3.2. Teilepochen

698 Problemy literaturnogo razvitija v Rossii pervoj treti 18 veka. Leningrad: Nauka 1974, 354 S. (*XVIII vek* 9)
699 SERMAN I. Z.: Russkij klassicizm. Poezija, drama, satira. Leningrad: Nauka 1973, 284 S.
700 MOSKVIČEVA G. V.: Russkij klassicizm. Moskva: Prosveščenie 1978, 128 S.
701 MOSKVIČEVA G. V.: Žanry russkogo klassicizma. Gor'kij: U 1974, 110 S.
702 MOROZOV A. A.: Sud'by russkogo klassicizma. In: *Russkaja literatura* 17, 1974, 1, 3–27
703 Russian Literature in the Age of Catherine the Great. Oxford: Meeuws 1976, 229 S.
704 ORLOV P. A.: Russkij sentimentalizm. Moskva: U 1977, 271 S.
705 NEUHÄUSER R.: Towards the Romantic Age. The Hague: Nijhoff 1974, XIII + 250 S.
706 GLUCHOV V. I.: Stanovlenie realizma v russkoj literature 18 – načala 19 veka. Volgograd: PI 1976, 232 S.

4. Geschichte der russischen Literatur im 19. Jahrhundert (bis 1917)

4.1. allgemein

707 PAROLEK R., HONZÍK J.: Ruská klasická literatura. Praha: Svoboda 1977, 629 S.
708 Literature and Society in Imperial Russia 1800–1914. Stanford: U 1978, 316 S.
709 Nineteenth-Century Russian Literature. Studies of 10 Russian Writers. H: J. FENNELL. London: Faber + Faber 1973, 356 S.
710 GIUSTI W.: Russi dell'Ottocento. Roma: E. Abete 1970, 462 S.
711 OLGIN M.: Guide to Russian Literature 1820–1917. N. York: Russell + Russell 1971, XIV + 323 S. (RdA 1920)
712 ROZANOV I. N.: Putevoditel' po russkoj literature 19 veka. Leipzig: Zentralantiquariat 1974, 336 S. (RdA Moskva 1929)
713 Tipologija stilevogo razvitija 19 veka. Moskva: Nauka 1977, 496 S.
714 FREEBORN R.: Russian Literary Attitudes from Pushkin to Solženicyn. London: McMillan 1976, 166 S.
715 HINGLEY R.: Russian Writers and Society in the 19th Century. London: Weidenfeld + Nicolson ^{2}1977, 204 S.

716 ANČEV A.: Ruska klasičeska literatura. Sofija: Nauka i iskustvo 1979, 366 S.

717 KOVACS A.: Istoria literaturii ruse a secolului al 19–lea. Bucureşti: TUB 1978.

718 NICOLESCU T.: Istoria literaturii ruse din secolul al 19-lea. Bucureşti: TUB 1976, 251 S.

719 STRADA V.: Tradizione e rivoluzione nella letteratura russa. Torino: Einaudi ²1980, 420 S. (*Saggi* 444)

720 RIPELLINO A. M.: Les chemins du merveilleux. Paris: Denoël 1977, 328 S.

4.2. Romantik

721 MANN Ju. V.: Poetika russkogo romantizma. Moskva: Nauka 1976, 375 S.

722 MAJMIN E. A.: O russkom romantizme. Moskva: Prosveščenie 1975, 239 S.

723 LEIGHTON L. G.: Russian Romanticism. The Hague: Mouton 1975, 128 S. *(SPR 291)*

724 Istorija romantizma v russkoj literature. Moskva: Nauka 1979, 312 + 328 S.

725 Russkij romantizm. *(Aufsätze)*. Leningrad: Nauka 1978, 285 S.

726 ZELINSKY B.: Russische Romantik. Köln: Böhlau 1975, 522 S. (*SF* 15)

727 Russian Romanticism. Stockholm: Almqvist + Wicksell 1979, 226 S. (*AUS* 10)

728 Romantizm v russkoj i zarubežnoj literature. Kalinin: U 1979, 187 S.

729 K istorii russkogo romantizma. Moskva: Nauka 1973, 551 S.

730 Iz istorii russkogo romantizma. Kemerovo: PI 1971, 367 S.

731 MIKEŠIN A. M.: Istoričeskie sud'by russkoj romantičeskoj poezii. Kemerovo: PI 1974, 203 S.

732 Russkij romantizm. Leipzig: Zentralantiquariat 1974, 151 S. (RdA Leningrad 1924)

733 KOTLJAREVSKIJ N. A.: Literaturnye napravlenija Aleksandrovskoj epochi. Leipzig: Zentralantiquariat 1973, 405 S. (RdA Petrograd 1917)

4.3. Natural'naja škola

734 ŽUK A. A.: Satira natural'noj školy. Saratov: U 1979, 233 S.

4.4. Realismus, Neo-Realismus

735 STÄDTKE K.: Studien zum russischen Realismus des 19. Jhdt.s Berlin: Akademie-Verlag 1973, 220 S.

736 CALDER A.: Russia Discovered. 19th Century Fiction. London: Heinemann 1976, 315 S.

737 Razvitie realizma v russkoj literature. 3 Bde. Moskva: Nauka 1972–1974

738 FRIDLENDER G. M.: Poetika russkogo realizma. Leningrad: Nauka 1971, 291 S.

739 BABOVIĆ M.: Ruska književnost 19 veka. Realizam. Beograd: Naučna knjiga 1971, 399 S.

740 ŠATALOV S.E.: Vremja-metod-charakter. Obraz čeloveka v chudožestvennom mire russkich klassikov. Moskva: Prosveščenie 1976, 159 S.

741 MAKOGONENKO G.P.: Ot Fonvizina do Puškina. Iz istorii russkogo realizma. Moskva: Chud. lit. 1969, 508 S.

742 LOTMAN L. M.: Realizm russkoj literatury 60ch godov. Leningrad: Nauka 1974, 350 S.

743 KELDYŠ V.A.: Russkij realizm načala 20 veka. Moskva: Nauka 1975, 280 S.

744 BOTURA M.: Z dějin ruského realismu na přelomu 19 a 20 století. Praha: ČSAV 1971, 121 S.

745 KLUGE R.-D.: Vom kritischen zum sozialistischen Realismus. Die literarische Tradition in Rußland 1880–1925. München: List 1973, 255 S.

746 KAMINSKIJ V. I.: Puti razvitija realizma v russkoj literature konca 19 veka. Leningrad: Nauka 1979, 197 S.

747 Sud'by russkogo realizma načala 20 veka. Leningrad: Nauka 1972, 283 S.

748 BJALYJ G.A.: Russkij realizm konca 19 veka. Leningrad: U 1973, 168 S.

749 PETROV S.M.: Kritičeskij realizm. Moskva: Vysš. škola ^{2}1980, 359 S.

750 Tipologija russkogo realizma vtoroj poloviny 19 veka. Moskva: Nauka 1979, 350 S.

751 ANDREW J.: Writers and Society during the Rise of Russian Realism. London: Macmillan 1980, 208 S.

4.5. Revolutionäre Bewegungen (Dekabristen, Petraševcy, „revolutionäre Demokraten", Narodniki, Nihilisten, Anarchisten)

752 BESPALOVA L.G.: I dum vysokoe stremlen'e. Dekabristy-literatory na poselenii v Tobol'skoj gubernii. Sverdlovsk: SrUKI 1980, 162 S.

753 Literaturnoe nasledie dekabristov. Leningrad: Nauka 1975, 400 S.
754 RABKINA N. A.: Otčizny vnemlem prizyvanie. Moskva: Sovetskaja Rossija 1976, 256 S.
755 GESSEN A.I.: Vo glubine sibirskich rud. Novosibirsk: Zapadno-Sibirskoe KI 1977, 567 S.
756 Dekabristy i Sibiŕ. Novosibirsk: Nauka 1977, 261 S.
757 KOROLEVA V.: Dekabristy i teatr. Leningrad: Iskusstvo 1975, 263 S.
758 Le 14 décembre 1825. Origine et héritage du mouvement des décembristes. Paris: Institut d'Etudes Slaves 1980, 186 S. (*Collection historique* 27)
759 WEIDER G.: The Petrashevsky Circle and the Rise of Opposition... Diss. Berkeley 1974, 395 S.
760 EVANS J.L.: The Petraševskij Circle. 1845–1849. The Hague: Mouton 1974, 114 S.
761 ŚLIWOWSKA W.: W kręgu poprzedników Hercena. Wrocław: Ossolineum 1977, 364 S. *(Emigration vor Herzen)*
762 JANKOVSKIJ Ju. Z.: Iz istorii russkoj obščestvenno-literaturnoj mysli 40–50ch godov. Kiev: U 1972, 160 S.
763 STEPANIŠČEV S. S.: Razvitie obščestvennoj mysli v trudach russkich revoljucionnych demokratov. Minsk: Vyššaja škola 1975, 478 S.
764 NOVIKOV A. I.: Nigilizm i nigilisty. Opyt kritičeskoj charakteristiki. Leningrad: Lenizdat 1972, 296 S.
765 BANNOUR W.: Les nihilistes russes. Paris: Anthropos 1978, 450 S.
766 SLADKEVIČ N. G.: Boŕba obščestvennych tečenij v russkoj publicistike konca 50ch – nač. 60ch gg. 19 veka. Leningrad: U 1979, 127 S.
767 VENTURI F.: Les intellectuels, le peuple et la révolution. Paris: Gallimard 1972, 1172 S.
768 Russkie pisateli i narodničestvo. Goŕkij: U 1975 ff.
769 NEUMANN B.: O literatuře v epoše narodnictví. Praha: U 1974, 101 S.
770 SPASIBENKO A. P.: Svoeobrazie jazyka i stilja narodničeskoj literatury. Čeboksary: U 1972, 113 S.
771 ŠREJDER A.: Očerki filosofii narodničestva. Paris: YMCA 1976, 157 S. (RdA Berlin 1923)
772 MALININ V. A.: Filosofija revoljucionnogo narodničestva. Moskva: Nauka 1972, 340 S.
773 BEL'ČIKOV N. F.: Narodničestvo v literature i kritike. Moskva: Sovetskaja literatura 1934, 241 S.
774 AVRICH P.: The Russian Anarchists. Princeton: U 1967, 307 S.

775 ULAM A.B.: Ideologies and Illusions. Revolutionary Thought from Herzen to Solženicyn. Cambridge, Mass.: U 1976, 355 S.
776 ACKELSBERG M. A.: The Possibility of Anarchism. Diss. Princeton 1976
777 NEČKINA M.V.: Vstreča dvuch pokolenij: Iz istorii russkogo revoljucionnogo dviženija konca 50ch – načala 60ch gg. 19 st. Moskva: Nauka 1980, 566 S. *(Aufsätze)*

4.6. Slavophile

778 KULEŠOV V.I.: Slavjanofily i russkaja literatura. Moskva: Chud. literatura 1976, 288 S.
779 Literaturnye vzgljady i tvorčestvo slavjanofilov. Moskva: Nauka 1978, 502 S.
780 WALICKI A.: The Slavophile Controversy. Oxford: Clarendon P. 1975, 617 S. (*poln.* 1964)
781 REJFMAN P.S.: K istorii slavjanofil'skoj žurnalistiki 1840ch – 1850ch godov. In: *Učen. zapiski U Tartu* 491, 1979, 35–56

4.7. Symbolismus, Futurismus, Akmeismus, Avantgarde, Imaginismus

782 POLLAK S.: Srebrny Wiek i później. Warszawa: Czytelnik 1971, 349 S.
783 KOBYLINSKIJ-ELLIS L.: Russkie simvolisty. Letchworth: Bradda 1972, 336 S. (RdA Moskva 1910)
784 ILIEV St.: Estetičeskite programi na frenskite i ruskite simvolisti. Sofija: BAN 1979, 306 S.
785 Literaturno-estetičeskie koncepcii v Rossii konca 19 – načala 20 v. Moskva: Nauka 1975, 416 S.
786 DOLGOPOLOV L.K.: Na rubeže vekov. Leningrad: Sov. pisatel' 1977, 366 S.
787 MOORE H.T., PARRY A.: 20th Century Russian Literature. Carbondale: U 1974, 194 S.
788 Russkaja literatura konca 19 – načala 20 vekov. 1908–1917. Moskva: Nauka 1972, 736 S.
789 VOLKOV A.A., SMIRNOVA L.A.: Istorija russkoj literatury 20 veka. Moskva: Prosveščenie ^{6}1977, 383 S.
790 KULEŠOVA F.I.: Lekcii po istorii russkoj literatury konca 19 – načala 20 veka. Minsk: U 1976, 366 S.
791 KOVALEV V.A.: Russkaja literatura konca 19 veka. Moskva: U 1979, 114 S.

792 SOKOLOV A. G.: Istorija russkoj literatury konca 19 – načala 20 veka. Moskva: Vysšaja škola 1979, 399 S.

793 Russkaja literatura poslednej treti 19 veka. Kazań: U 1980, 192 S.

794 BAROOSHIAN V. D.: Russian Cubo-Futurism 1910–1930. The Hague: Mouton 1974, 176 S.

795 ZIEGLER R.: Die Manifeste, Programme und theoretischen Schriften der Kubofuturisten. Diss. Wien 1971, 301 S.

796 COMPTON S. P.: The World Backwards. Russian Futurist Books 1912–1916. London: The British Library 1978, 136 S.

797 SCHOLZ F.: Die Anfänge des russischen Futurismus in sprachwissenschaftlicher Sicht. In: *Poetica* 2, 1968, 477–500

798 ČUKOVSKIJ K. I.: Les Futuristes. Lausanne: Age de l'homme 1976, 154 S.

799 KOČNOV V. Utracona Inonija. Łódź: Wyd. Ł. 1976, 222 S.

800 Towards a Definition of Acmeism. East Lansing: U 1975, 105 S.

801 KLIMOV A.: Three Faces of Russian Acmeism. Diss. New York U 1973, 204 S.

802 STRAKHOVSKY L.: Craftsmen of the Word. Westport: Greenwood P. 1969, 114 S. (RdA 1949)

803 PIOTROWSKI W.: Imażynizm rosyjski. Kraków: U 1977, 164 S.

804 MARKOV V.: Russian Imagism 1919–1924. Gießen: Schmitz 1980, 144 + 330 S. (*Bausteine* 15, *mit Texten*)

805 WILLIAMS R. C.: Artists in Revolution. Portraits of the Russian Avant-Garde, 1905–1925. Bloomington: Indiana UP 1977, 263 S.

806 Tradicii i novatorstvo russkoj literatury 20 veka. Moskva: Obl. PI 1973, 180 S.

807 GALLAGHER D. P.: The Surrealist Mode in 20th Century Russian Literature. Diss. U of Kansas 1975, 275 S.

808 RUNDZJO K. H.: Surrealizm rossijskij. Diss. Brown U 1976, 223 S.

809 HANSEN-LOEVE A. A.: Wissenschaftliche Theoretisierung künstlerischer Modelle und künstlerische Realisierung (Literarisierung) theoretischer Modelle – dargestellt am Beispiel des russischen Formalismus. In: *Wiener Slavist. Jahrb.* 24, 1978, 60–107

5. Russische Literatur in der Emigration

810 Russian Literature and Culture in the West. Evanston: U 1973, 612 S. (*Tri Quarterly* 27 u. 28)

811 BEYSSAC M.: La vie culturelle de l'émigration russe en France. Chronique (1920–1930). Paris: PUF 1971, 344 S.

812 Russkaja literatura v emigracii. H: N. POLTORACKIJ. Pittsburgh: U 1972, 422 S.

813 OZERECKOVSKIJ G. E.: Russkij blistatel'nyj Pariž do vojny. Paris: Beresniak 1973, 209 S.

814 KARLINSKY S., APPEL A.: The Bitter Air of Exile. Berkeley: U 1977, 473 S.

815 MAL'CEV Ju. V.: Vol'naja russkaja literatura 1955–1975. Frankfurt: Posev 1976, 473 S.

6. Sowjetliteratur

6.1. allgemein

816 Geschichte der russischen Sowjetliteratur. Berlin: Akademie-Verlag 1973–1975, 674 + 608 S.

817 SLONIM M.: Die Sowjetliteratur. Stuttgart: Kröner 1972, 432 S.

818 HOLTHUSEN J.: Russische Literatur im 20. Jahrhundert. München: Francke 1978, 330 S.

819 VYCHODCEV P. S. (Hg.): Istorija russkoj sovetskoj literatury. Moskva: Vysš. škola ^{3}1979, 694 S. *Polnisch:* Warszawa PWN 1977, 994 S. *(mit Titelindex)*

820 BROWN E. J.: Major Soviet Writers. London: Oxford UP 1973, 439 S.

821 ALEXANDROVA V.: A History of Soviet Literature. Westport: Greenwood P. ^{2}1971, 369 S.

822 AUCOUTURIER M.: Écrivains soviétiques. Paris: Larousse 1978, 127 S.

823 PRÉCHAC A.: La littérature soviétique. Paris: PUF 1977, 126 S.

824 LUKIĆ S.: Ruska književnost u socijalizmu. Beograd: Nolit 1971, 303 S.

825 NOVICOV M.: Russkaja sovetskaja literatura. Bucureşti: U 1975, 372 S.

826 HINGLEY R.: Russian Writers and Soviet Society 1917–1978. New York: Random House 1979, 320 S.

6.2. Teilepochen *(Futurismus und Imaginismus s. 4.7.)*

827 DIKUŠINA N. I.: Oktjabŕ i novye puti literatury (1917–1920). Moskva: Nauka 1978, 271 S.

828 THUN N.: Das erste Jahrzehnt. Berlin: Akademie-Verlag 1973, 235 S.

829 CHOMA V.: Od futurizmu k literatúre faktu. Bratislava: Tatran 1972, 221 S.

830 ČUŽAK N. F. (Hg.): Literatura fakta. München: Fink 1972, XVII + 271 S. (RdA Moskva 1929)

831 GORSEN P., KNÖDLER-BUNTE E.: Proletkult. Stuttgart: Frommann-Holzboog 1974/75, 272 + 190 S.

832 MIKULÁŠEK M.: Socialistická revoluce a sovětská literatura. Praha: Horizont 1979, 172 S.

833 EIMERMACHER K.: Zur Frage des Zusammenhanges von literaturpolitischen Entscheidungen und den Kulturkonzeptionen literarischer Gruppen in der ersten Hälfte der 20er Jahre. In: *Russian Literature* IV, 1978, 2, 103–154

834 EIMERMACHER K.: Dokumente zur sowjetischen Literaturpolitik 1917–1932. Stuttgart: Kohlhammer 1972, 457 S.

835 KRATZ G.: Die Geschichte der „Kuznica" 1920–1932. Gießen: W. Schmitz 1979, 393 S. (*FAS* 27)

836 ERŠOV L. F. u.a.: Russkaja sovetskaja literatura 30ch godov. Moskva: Vysšaja škola 1978, 232 S.

837 EASTMAN M.: Artists in Uniform. New York: Octagon 1972, 260 S. (RdA 1934)

838 THOMSON B.: The Premature Revolution. Russian Literature and Society 1917–1946. London: Weidenfeld + Nicolson 1972, 325 S.

839 STRUVE G.: Russian Literature under Lenin and Stalin. 1917–1953. Norman: U of Oklahoma P. 1971, 454 S.

840 FRADKINA S. Ja.: Russkaja sovetskaja literatura perioda Velikoj Otečestvennoj Vojny. Perḿ: U 1975, 317 S.

841 BROWN D.: Soviet Russian Literature since Stalin. Cambridge: U 1978, 400 S.

842 GUSEV V.: V predčuvstvii novogo (1960–1970). Moskva: Sov.pisatel' 1974, 378 S.

843 SMIRNOVA L. A.: Očerki sovremennoj sovetskoj literatury (konca 50 – načala 70ch godov) Moskva: Obl.PI 1974, 124 S.

844 NOVIKOV V.: Sovetskaja literatura na sovremennom etape. Moskva: Chud. lit. 1978, 159 S.

845 SVIRSKIJ G.: A History of Post-War Soviet Writing. Ann Arbor: Ardis 1979, 380 S. (*russ.* Na lobnom meste. Literatura nravstvennogo soprotivlenija (1946–1976 godov) London: Overseas Public. 1979, 623 S.)

846 LINDEMANN G. (Hg.): Sowjetliteratur heute. München: Beck 1979, 273 S.

847 SHNEIDMAN N. N.: Soviet Literature in the 1970s. Toronto: U 1979, 141 S.

848 KASACK W.: Die russische Literatur 1945–1976. München: Sagner i. K. 1980, 70 S. (*Verzeichnis der Übersetzungen 1945–1979,* 53 ff.) (*ATS* 23)

849 Istorija russkoj sovetskoj literatury. 40–70e gody. M.: Pv. 1980, 496 S.

850 PANKOV V. K.: Vremja i knigi. Problemy i geroi sovetskoj literatury 1945–1973 gg. Moskva: Prosveščenie 1975, 529 S.

851 EVENTOV I. S.: V načale semidesjatych. Leningrad: Lenizd. 1973, 304 S.

852 Sovremennaja sovetskaja literatura v duchovnoj žizni obščestva razvitogo socializma. Moskva: Nauka 1980, 383 S.

6.3. Sowjetliteratur. Varia

853 ZALESSKAJA L.: O romantičeskom tečenii v sovetskoj literature. Moskva: Nauka 1973, 272 S.

854 HIERSCHE A.: Sowjetliteratur und wissenschaftlich-technische Revolution. Berlin: Akademie-Verlag 1976, 242 S.

855 Jazykovye processy sovremennoj russkoj chudožestvennoj literatury. Moskva: Nauka 1977, 336 S.

856 EL'JAŠEVIČ A.: Edinstvo celi – mnogoobrazie poiskov. O stilevych tečenijach v sovremennoj literature. Leningrad: Sov. pisatel' 1980, 542 S.

857 KOMPANEEC V. V.: Chudožestvennyj psichologizm v sovetskoj literature. Leningrad: Nauka 1980, 112 S.

6.4. Sozialistischer Realismus. Partijnost'

858 JAMES C. V.: Soviet Socialist Realism. Origins and Theory. London: McMillan 1973, 159 S.

859 CORBET Ch.: Une littérature aux fers. Le pseudoréalisme soviétique. Paris: La Pensée Universelle 1975, 373 S.

860 MOŻEJKO E.: Der sozialistische Realismus – Theorie, Entwicklung und Versagen einer Literatur-Methode. Bonn: Bouvier 1977, 308 S.

861 PARCHOMENKO M. N.: Vsegda v dviženii, v razvitii. Moskva: Znanie 1977, 120 S.

862 MARKOV D. F.: Problemy teorii socialističeskogo realizma. Moskva: Chud. lit. ^{2}1978, 412 S.

863 IVANOV V. I.: Idejno-estetičeskie principy sovetskoj literatury. Moskva: Chud. lit. ^{2}1975, 510 S.

864 IEZUITOV A. N.: Socialističeskij realizm v teoretičeskom osveščenii. Leningrad: Nauka 1975, 172 S.

865 PETROV S.M.: Socialističeskij realizm v chudožestvennoj literature. Moskva: Sov. pisatel' 1976, 216 S.

866 DUBROVIN A. G.: O partijnosti chudožestvennogo tvorčestva. Moskva: Prosveščenie 1977, 160 S.

867 Problemy chudožestvennoj formy socialističeskogo realizma. Moskva: Nauka 1971, 424 + 352 S.

868 AKIMOV V.: V sporach o chudožestvennom metode. Leningrad: Chudož. literatura 1979, 375 S.

869 DREMOV A.: Partijnost' literatury i sovremennost'. Moskva: Chud. lit. 1980, 272 S.

7. Russische Volksdichtung

7.1. allgemein

870 POMERANCEVA E. V.: O russkom fol'klore. Moskva: Nauka 1977, 120 S.

871 ŁUŻNY R.: Rosyjska literatura ludowa. Warszawa: PWN ²1977, 225 S. *(mit Texten)*

872 KRAVCOV N. I., LAZUTIN S. G.: Russkoe ustnoe narodnoe tvorčestvo. Moskva: Vysšaja škola 1977, 375 S.

873 Russkoe narodnoe poetičeskoe tvorčestvo. Moskva: Vysšaja škola ²1978, 440 S.

874 SPERANSKIJ M.N.: Russkaja ustnaja slovesnost'. Leipzig: Zentralantiquariat 1976, 525 + 636 S. (RdA Moskva 1916–1919)

875 Istoričeskaja žizń narodnoj poezii. Leningrad: Nauka 1976, 310 S. (*Russkij fol'klor* 16)

876 Problemy svoda russkogo fol'klora. Leningrad: Nauka 1977, 207 S. (*Russkij fol'klor* 17)

7.2. Sowjetepoche

877 MILLER F. J.: The Folklore of the Stalin-Era in the Soviet Union. Diss. Bloomington 1976, 274 S.

878 SIDEL'NIKOV V. M.: Sovetskij fol'klor. Rostov: U 1977, 173 S.

7.3. Genres

879 Voprosy žanrov russkogo fol'klora. Moskva: U 1972, 129 S.

880 Specifika fol'klornych žanrov. Moskva: Nauka 1973, 304 S.

881 MOROCHIN V. N.: Prozaičeskie žanry russkogo fol'klora. Gor'kij: U 1977, 70 S.
882 Jazyk žanrov russkogo fol'klora. Petrozavodsk: U 1977, 128 S.; 1979, 160 S.

7.4. Varia zur Volksdichtung

883 Fol'klor i etnografija (Obrjady). Moskva: Nauka 1974, 276 S.
884 Rabočij fol'klor. Sverdlovsk: U 1978, 123 S.
885 POPOV A. V.: Vlijanie cerkovnogo učenija i drevnerusskoj duchovnoj piśmennosti na mirosozercanie russkogo naroda i v častnosti na narodnuju slovesnost' v drevnij, dopetrovskij period. Leipzig: Zentralantiquariat 1973, 414 S. (RdA Kazań 1883)
886 POMERANCEVA E. V.: Mifologičeskie personaži v russkom fol'klore. Moskva: Nauka 1975, 191 S.
887 WEIHER E.: Der negative Vergleich in der russischen Volksdichtung. München: Fink 1971, 224 S. (*FS* 35)
888 ZGUTA R.: Russian Minstrels. A History of the Skomorochi. Oxford: Holdan 1978, 235 S.
889 BELKIN A. A.: Russkie skomorochi. Moskva: Nauka 1975, 192 S.
890 Narodnaja gravjura i fol'klor v Rossii 17–19 vekov. Moskva: Sov. chudožnik 1976, 369 S.

7.5. Bylinen

891 DMITRIEVA S. I.: Geografičeskoe rasprostranenie russkich bylin. Moskva: Nauka 1975, 113 S.
892 JONES R. G.: Language and Prosody of the Russian Folk Epic. The Hague: Mouton 1972, 105 S. (*SPR* 275)
893 MIRZOEV V. G.: Byliny i letopisi – pamjatniki russkoj istoričeskoj mysli. Moskva: Mysl' 1978, 254 S.
894 SELIVANOV F. M.: Poetika bylin. Moskva: U 1977, 128 S.
895 BLAŽES V. V.: Soderžatel'nost' chudožestvennoj formy russkogo bylevogo eposa. Sverdlovsk: U 1977, 80 S.
896 ALEXANDER A. E.: Bylina and Fairy Tale. The Hague: Mouton 1973, 162 S. (*SPR* 281)
897 JUDIN Ju. I.: Geroičeskie byliny. Moskva: Nauka 1975, 120 S.
898 RAMBAUD A. N.: Russie épique. Etudes sur les chansons héroiques. New York: Burt Franklin 1970, 519 S. (RdA 1876)
899 SKAFTYMOV A. P.: Poetika i genezis bylin. The Hague: Mouton 1971, 226 S. (RdA 1924)

900 ČISTOV K. V.: Russkie skaziteli Karelii. Petrozavodsk: Karelija 1980, 256 S.

7.6. Historische Lieder, Balladen, Duchovnye stichi

901 IGNATOV V. I.: Mirovozzrenie russkogo naroda v epičeskich proizvedenijach načala 17 veka. Rostov: U 1972, 153 S.
902 KRINIČNAJA N. A.: Narodnye istoričeskie pesni načala 17 veka. Leningrad: Nauka 1974, 199 S.
903 KULAGINA A.V.: Russkaja narodnaja ballada. Moskva: U 1977, 104 S.
904 NOVIKOV Ju. A.: K voprosu ob evoljucii duchovnych stichov. In: *Russkij fol'klor* 12, 1971, 208–220
905 ŁUŻNY R.: Poetyka rosyjskiego „wiersza duchownego". In: *Slavica Wratislaviensia* 14, 1978, 103–122 (*AUWr* 403)

7.7. Lyrische Volkslieder

906 KOLPAKOVA N. P.: Pesni i ljudi. Leningrad: Nauka 1977, 136 S.
907 AKIMOVA T. M.: Očerki istorii russkoj narodnoj pesni. Saratov: U 1977, 188 S.
908 EREMINA V.I.: Poetičeskij stroj russkoj narodnoj liriki. Leningrad: Nauka 1978, 184 S.
909 SPITZ S.A.: The Russian Folk Lullaby in the 19th Century. Diss. Stanford 1977, 191 S.
910 ARTEMENKO E.B.: Russkaja narodnaja liričeskaja pesnja. Voronež: PI 1974, 87 S.
911 KRAVCOV N.I.: Poetika russkich narodnych liričeskich pesen. Moskva: U 1974ff.
912 ARTEMENKO E. B.: Voprosy sintaksičeskogo stroja russkoj narodnoj liričeskoj pesni. Voronež: U 1976, 154 S.
913 ARTEMENKO E.B.: Sintaksičeskij stroj russkoj narodnoj liričeskoj pesni v aspekte ee chudožestvennoj organizacii. Voronež: U 1977, 160 S.
914 ZEMCOVSKIJ I.I.: Russkaja protjažnaja pesnja. Leningrad: Muzyka 1967, 195 S.
915 POTJAVIN V.M.: Sovremennye russkie narodnye pesni. Kemerovo: U 1976, 135 S.
916 ČISTOV K.V., BERNŠTAM T.A.: Russkij narodnyj svadebnyj obrjad. Leningrad: Nauka 1978, 278 S.

917 KRUGLOV Ju. G.: Russkie svadebnye pesni. Moskva: Vysšaja škola 1978, 215 S.

918 ZYRJANOV I. V.: Sjužetno-tematičeskij ukazatel' svadebnoj liriki Prikam'ja. Perḿ: PI 1975, 180 S.

7.8. Častuški

919 ZYRJANOV I. V.: Poetika russkoj častuški. Perm: PI 1974, 173 S.

920 KABRONSKIJ V.: Nepodcenzurnaja russkaja častuška. New York: Russica Publ. 1978, 220 S.

7.9. Prosa, Märchen

921 Russkaja narodnaja proza. Leningrad: Nauka 1972, 316 S. (*Russkij fol'klor* 13)

922 VEDERNIKOVA N. M.: Russkaja narodnaja skazka. Moskva: Nauka 1975, 135 S.

923 MOROCHIN V. N.: Russkaja narodnaja skazka v sovremennom bytovanii. Goŕkij: U 1975, 75 S.

924 ANIKIN V. P.: Russkaja narodnaja skazka. Moskva: Prosveščenie 1977, 208 S.

7.10. Rätsel, Sprichwörter

925 MITROFANOVA V. V.: Russkie narodnye zagadki. Leningrad: Nauka 1978, 180 S.

926 MITROPOL'SKAJA N. K.: Russkie poslovicy kak malyj zanr fol'klora. Vil'njus: U 1973, 56 S.

927 CAREY C.: Les proverbes érotiques russes. The Hague: Mouton 1972, 144 S. (*SPR* 88)

928 FELICYNA V. P., PROCHOROV Ju. E.: Russkie poslovicy, pogovorki i krylatye vyraženija. Lingvostranovedčeskij slovaŕ. Moskva: Russkij jazyk 1979, 238 S.

929 MOROCHIN V. N.: Malye žanry russkogo fol'klora. Poslovicy, pogovorki, zagadki. Moskva: Vysšaja škola 1979, 284 S.

930 SNEGIREV I. M.: Russkie v svoich poslovicach. Leipzig: Zentralantiquariat 1971, 858 S. (RdA Moskva 1831–1834)

7.11. Volksdrama. Theater

931 WARNER E. A.: The Russian Folk Theatre. The Hague: Mouton 1977, 273 S. (*SPR* 104)

932 SAVUŠKINA N. I.: Russkij narodnyj teatr. Moskva: Nauka 1976, 155 S.
933 SAVUŠKINA N. I.: Russkaja ustnaja narodnaja drama. Moskva: U 1978, 108 S.
934 GAJČENKO G. A.: Russkij narodnyj teatr konca 19 – načala 20 veka. Moskva: Nauka 1975, 366 S.

7.12. Folklore und Literatur

935 NOVIKOV A. M., ALEKSANDROVA E. A.: Fol'klor i literatura. Seminarij. Moskva: Prosveščenie 1978, 138 S.
936 SIDEL'NIKOV V. M.: Pisatel' i narodnaja poezija. Moskva: Sovremennik 1974, 191 S.
937 Russkaja literatura i fol'klor. 1800–1850. Leningrad: Nauka 1976, 455 S.
938 BAZANOV V. G.: Ot fol'klora k narodnoj knige. Leningrad: Chud. lit. 1973, 357 S.
939 SAVUŠKINA N. I.: Russkaja sovetskaja poezija 20ch godov i fol'klor. Moskva: U 1971, 108 S.

7.13. Erforschung der Volksdichtung

940 ARCHANGEL'SKAJA V. K.: Očerki narodničeskoj fol'kloristiki. Saratov: U 1976, 173 S.
941 Russkie revoljucionnye demokraty i narodoznanie. Leningrad: Sov. pisatel' 1974, 558 S.
942 OINAS F. u. a.: The Study of Russian Folklore. The Hague: Mouton 1975, 352 S.
943 Iz istorii russkoj fol'kloristiki. Leningrad: Nauka 1978, 275 S.
944 PYPIN A. S.: Istorija russkoj etnografii. Leipzig: Zentralantiquariat 1971 (RdA 1890–1892)
945 MOROCHIN V. N.: Chrestomatija po istorii russkoj fol'kloristiki. Moskva: Vysš. škola 1973, 316 S.

7.14. Volksdichtung. Lokales

946 BAGIZBAEVA M. M.: Fol'klor semirečinskich kazakov. Alma Ata: Mektep 1977
947 MAKAŠINA T. S.: Fol'klor i obrjady russkogo naselenija Latgalii. Moskva: Nauka 1979, 160 S.
948 Fol'klor i etnografija russkogo Severa. Leningrad: Nauka 1973, 280 S.

949 KUŹMINA L. P.: Narodnoe poetičeskoe tvorčestvo rabočich Sibiri. Ulan-Ude: Burjatskoe KI 1977, 295 S.
950 LAZAREV A. I.: Ural'skie posidelki. Čeljabinsk: KI 1977, 158 S.
951 Fol'klor russkogo naselenija Pribaltiki. Moskva: Nauka 1976, 245 S.
952 Severnye predanija. Leningrad: Nauka 1978, 254 S.
953 Fol'klor Zapadnoj Sibiri. Omsk: PI 1975 ff.
954 Russkij fol'klor Sibiri. Ulan Ude: Nauka 1974, 184 S.
955 Materialy i issledovanija po fol'kloru Baškirii i Urala. Ufa: U 1974, 286 S.
956 POTANINA R. P.: Svadebnaja poezija Semejskich Zabajkalja. Ulan Ude: Burjatskoe KI 1977, 160 S.
957 MITROPOL'SKAJA N. K.: Russkij fol'klor v Litve. Vil'njus: U 1975, 601 S.
958 Starinnaja Sevskaja svad'ba. Moskva: U 1978, 183 S.
959 ERMAČENKO A.V.: Kalužskij fol'klor. Tula: Priokskoe KI 1979, 267 S.
960 Fol'klor Urala. Rabočij fol'klor. Sverdlovsk: U 1978, 123 S. *(Aufsätze)*
961 Sovremennyj russkij fol'klor Sibiri. Novosibirsk: Nauka 1979, 209 S. *(Aufsätze)*
962 Tradicionnyj fol'klor Novgorodskoj oblasti. Pesni. Pričitanija. Leningrad: Nauka 1979, 350 S. *(mit Texten)*
963 Obrjadovaja poezija Pinež'ja. Moskva: U 1980, 279 S.
964 Russkaja svad'ba Karel'skogo Pomor'ja. Petrozavodsk: Karelija 1980, 222 S.

8. Russische Literatur. Genres

8.1.1. Lyrik, allgemein

965 GORODECKIJ B. P.: Russkie liriki. Moskva: Nauka 1974, 158 S.
966 Poetičeskij stroj russkoj liriki. Leningrad: Nauka 1973, 351 S.
967 POČCHUA R. G.: Lingvospektr russkoj poezii 18–20 vekov. Tbilisi: U 1977, 152 S.
968 SKVOZNIKOV V. D.: Realizm liričeskoj poezii. Stanovlenie realizma v russkoj lirike. Moskva: Nauka 1975, 368 S.
969 ETKIND E.: Materija sticha. Paris: Institut d'Etudes Slaves 1978, 506 S. (*Bibliothèque russe* 48)
970 ZELENAK J.: The Epigraph in Russian Poetry. Its chronological development from its origins to the end of the 19th cty. Diss. Los Angeles 1977, 243 S.
971 FARYNO J.: Semiotičeskie aspekty poezii o živopisi. In: *Russian Literature* (Mouton) VII, 1979, 65–94

8.1.2. lyrische Genres im 18. Jhdt.

972 LEVITSKY A.: The Sacred Ode in 18th Century Russian Literary Tradition. Diss. U of Michigan 1977, 242 S.

973 SCHENK D.: Studien zur anakreontischen Ode in der russischen Literatur des Klassizismus und der Empfindsamkeit. Frankfurt: Athenäum 1972, 169 S. (*FAS* 13)

974 LAUER R.: Gedichtform zwischen Schema und Verfall. Sonett, Rondeau, Madrigal, Ballade und Triolett in der russischen Literatur des 18. Jhdts. München: Fink 1975, 447 S.

975 KRONEBERG B.: Studien zur Geschichte der russischen klassizistischen Elegie. Frankfurt: Athenäum 1972, 253 S. (*FAS* 20)

976 FRIZMAN L. G.: Žizń liričeskogo žanra. Russkaja elegija ot Sumarokova do Nekrasova. Moskva: Nauka 1973, 169 S.

977 KOERNER R.: Materialien zur Typologie und Entwicklung der russischen klassizistischen Idylle von den Anfängen bis zum Beginn der Geßner-Rezeption. Diss. Marburg 1972, 220 S.

978 RUDOV M. A.: Žanr basni v russkoj literature. Frunze: Mektep 1974, 211 S.

979 ZAPADOV A. V.: Poety 18 veka. Moskva: U 1979, 311 S.

980 BAEHR S. L.: The Utopian Mode in 18th Cty. Russian Panegyric Poetry. Diss. Columbia U 1972, 175 S.

981 JEKUTSCH U.: Das Lehrgedicht in der russischen Literatur des 18. Jahrhunderts. Wiesbaden: Harrassowitz 1981, 265 S.

982 KOCHIS B. E.: Literary Equivalence in the Russian 18th Cty. Anacreontic. Diss. U of Michigan 1979, 155 S.

8.1.3. Lyrik im 19. Jahrhundert

984 KOROVIN V. I.: Poety puškinskoj pory. Moskva: Prosveščenie 1980, 180 S.

985 KOŽINOV V. V.: Kniga o russkoj liričeskoj poezii 19 veka. Moskva: Sovremennik 1978, 303 S.

986 POLJAKOV M.: Cena proročestva i bunta. Moskva: Sov. pisatel' 1975, 567 S.

987 GUDOŠNIKOV Ja. I.: Očerki istorii russkoj literaturnoj pesni 19 veka. Voronež: U 1972, 170 S.

8.1.4. Ballade

988 KATZ M. R.: The Literary Ballad in Early 19th Century Russian Literature. London: Oxford UP 1976, 270 S.

989 SUCHANEK L.: Rosyjska balada romantyczna. Wrocław: Ossolineum 1974, 139 S.

8.1.5. Gedankenlyrik

990 MAJMIN E. A.: Russkaja filosofskaja poezija. Moskva: Nauka 1976, 190 S.

991 PERCOV P.: Filosofskie tečenija russkoj poezii. Hildesheim: Olms 1977, 394 S. (RdA St.Pbg. 1896)

8.1.6. Poema, Versmärchen

992 BEREZNEVA A. N.: Russkaja romantičeskaja poema. Saratov: U 1976, 97 S.

993 HÖGEMANN-LEDWOHN E.: Studien zur Geschichte der russischen Verserzählung in der 2. Hälfte des 19. Jhdt.s München: Sagner 1973, 428 S. (*SB* 65)

994 PAULI R.: Das russische Versmärchen von Puškin bis Cvetaeva. Wien: Verband d. Wiss. Ges. Österr. 1978, 250 S.

8.1.7. Teilepochen des 19. Jhdts.

995 GLASSE A.: The Poet in Search of an Audience. Russian Poetry in the Alexandrine Period. Diss. Columbia U 1972, 191 S.

996 JAMPOL'SKIJ I.: Seredina veka. Očerki o russkoj poezii 1840–1870 godov. Leningrad: Chud. lit. 1974, 350 S.

997 LELEVIČ G.: Poezija revoljucionnych raznočincev 60–80ch godov. Leipzig: Zentralantiquariat 1975, 160 S. (RdA Moskva-Leningrad 1931)

998 ZACHARKIN A.F.: Russkie poety vtoroj poloviny 19 veka. Moskva: Prosveščenie 1975, 255 S.

999 ZAJCEV V.A.: Individual'nye stili i stilevye tečenija v russkoj poezii 60ch godov. Moskva: U 1973, 116 S.

1000 ORLOV V.N.: Pereput'ja. Moskva: Chud.lit. 1978, 367 S.

1001 POLLAK S.: Niepokoje poetów. Kraków: Wydawn. Lit. 1972, 255 S.

1002 ANIČKOV E.: Novaja russkaja poezija. The Hague: Mouton 1969, 143 S. (RdA Berlin 1921)

1003 SAJANOV V.: Očerki po istorii russkoj poezii 20 veka. Letchworth: Prideaux 1972, 144 S. (RdA Leningrad 1929)

1004 NIKOLIĆ M.: Ruske poetske teme. Beograd: Nolit 1972, 318 S.

1005 BURGIN D. L.: The Literary Ballad in the Symbolist Period. Diss. Harvard 1974

1006 EVENTOV I. S.: Posle boevogo trechletija. Russkaja stichotvornaja satira 1908–1913 godov. In: *Russkaja literatura* 16, 1973, 2, 83–97

8.1.8. Lyrik der Sowjetepoche

8.1.8.1. allgemein

1007 Russkaja sovetskaja poezija. Tradicii i novatorstvo. 1917–1945. Leningrad: Nauka 1972, 379 S.

1008 MIERAU E.: Revolution und Lyrik 1920–1940. Berlin: Akademie-Verlag 1973, 220 S.

1009 OGNEV V.F.: Stanovlenie talanta. Moskva: Sov. pisatel' 1972, 383 S.

1010 GRIGOR'EV V.P.: Poetika slova. Na materiale russkoj sovetskoj poezii. Moskva: Nauka 1979, 342 S.

1011 DEMENT'EV V.V.: Ispoved' zemli. Moskva: Sovremennik 1980, 508 S.

8.1.8.2. Teilepochen

1012 KORŽAN V. V.: Stanovlenie socialističeskogo realizma v krest'janskoj poezii 20ch godov. Taškent: Fan 1979, 104 S.

1013 LJUBAREVA E.: Respublika truda. Geroi poezii pervych pjatiletok. Moskva: Sov. pisatel' [2]1978, 287 S. ([1]1975)

1014 VYCHODCEV P. S.: V poiskach novogo slova. Sud'by russkoj sovetskoj poezii 20–30ch godov. Moskva: Sovremennik 1980, 317 S.

1015 SPIVAK I.A.: Sovetskaja poezija perioda Velikoj Otečestvennoj Vojny. L'vov: U [2]1975, 199 S.

1016 ABRAMOV A.: Lirika i epos Velikoj Otečestvennoj Vojny. Moskva: Sov. pisatel' [2]1975, 559 S. [[1]1972]

1017 MATHAUSER Z.: Die Spirale der Poesie. München: Sagner i.K. 1975, 182 S. *(ab 1945)*

1018 LAVLINSKIJ L.I.: Serdca vzryvnaja sila. Moskva: Sov. pisatel' 1972, 319 S. *(Lyrik 1960–1970)*

1019 MICHAJLOV A. L.: Ritmy vremeni. Moskva: Chud. lit. 1973, 528 S. *(Gegenwartslyrik)*

1020 Russkaja sovetskaja poezija. Tradicii i novatorstvo 1946–1975. Leningrad: Nauka 1978, 283 S.

1021 MAZEPA N. R.: V poetičeskom poiske. Kiev: Naukova dumka 1977, 176 S. *(Gegenwartslyrik)*

1022 LAVLINSKIJ L. I.: Ne ostavljaja linii ognja. Moskva: Sovremennik 1975, 319 S. *(Lyrik 1975)*

1023 GRINBERG I.: Tri grani liriki. Sovremennaja ballada, oda i elegija. Moskva: Sov. pisatel' 1975, 407 S.

1024 PODGAECKAJA I.: Istorizm liriki. In: *Vop. lit.* 1980, 12, 40–73 *(1970–1979)*

8.1.8.3. Poema

1025 LUR'E A.N.: Poetičeskij epos revoljucii. Leningrad: Nauka 1975, 207 S. *(Poemy 1917–1920)*

1026 VASIL'KOVSKIJ A.T.: Russkaja sovetskaja poema 20ch godov. Doneck: U 1973, 184 S.

1027 BAZANOV V.V.: „Maleńkaja poema" pervych let revoljucii i 20ch godov. In: *Russkaja literatura* 16, 1973, 4, 103–113

1028 ČERVJAČENKO G.A.: Poema v sovetskoj literature. Rostov: U 1978, 187 S.

1029 ČISLOV M.M.: Sovetskaja poema na novom rubeže. Moskva: Znanie 1976, 63 S.

1030 KIRPEL' I.I.: Liričeskij geroj sovremennoj poemy. Kiev: Radj. pyśmennyk 1977, 172 S.

1031 VASIL'KOVSKIJ A.T.: Žanrovye raznovidnosti russkoj sovetskoj poemy. 1917–1941. Kiev: Vyšča škola 1979, 199 S.

1032 ČERVJAČENKO G.A.: Sovetskaja poema 40–70ch godov. Rostov: PI 1979, 79 S.

8.1.8.4. Varia

1033 SAMOJLENKO G.: Stichotvornaja satira i jumor Velikoj Otečestvennoj Vojny. Kiev: Vyssaja škola 1977, 157 S.

1034 KOVACS A.: Žanr stichotvorenija v proze v russkoj literature konca 19 – načala 20 veka. In: *Romanoslavica* 19, 1980, 263–283

8.2. Prosa

8.2.1. allgemein

1035 UTECHIN N.P.: Osnovnye tipy epičeskoj prozy i problema žanra povesti. In: *Russkaja literatura* 16, 1973, 4, 86–102

1036 GINZBURG L.: O psichologičeskoj proze. Leningrad: Chud.lit. ^{2}1977, 443 S. (^{1}1972)

8.2.2. Prosa im 18. u. 19. Jhdt.

8.2.2.1. allgemein

1037 WHITE R. S.: The Development of Russian Prose in the Early 18th Century. Diss. U of Michigan 1971, 241 S.

1038 PAVLOVIČ S. E.: Puti razvitija russkoj sentimental'noj prozy 18 veka. Saratov: U 1974, 224 S.

1039 Russkaja povest' 19 veka. Istorija i problematika žanra. Leningrad: Nauka 1973, 566 S.

1040 Puti russkoj prozy 19 veka. Leningrad: PI 1976, 127 S.

1041 BUSCH R. L.: Freneticist Literature in the Russian Romanticist Period. Narrative Prose of the Early 1830's. Diss. U of Michigan 1972, 322 S.

1042 ŠACHOV V. V.: Russkaja demokratičeskaja proza nakanune revoljucii 1905–1907 gg. Rjazań: PI 1980, 103 S.

1043 USMANOV L. D.: Chudožestvennye iskanija v russkoj proze konca 19 veka. Taškent: Fan 1975, 142 S.

1044 MAEVSKAJA T. P.: Romantičeskie tečenija v russkoj proze konca 19 veka. Kiev: Naukova dumka 1978, 235 S.

8.2.2.2. Roman, povest'

1045 BONAMOUR J.: Le roman russe. Paris: PUF 1978, 223 S.

1046 ZELINSKY B. (Hg.): Der russische Roman. Düsseldorf: Bagel 1979, 438 S.

1047 GOLOVIN K. T.: Russkij roman i russkoe obščestvo. Leipzig: Zentralantiquariat 1974, 487 S. (RdA St.Pbg. 1897)

1048 ODINOKOV V. G.: Problemy poetiki i tipologii russkogo romana 19 veka. Novosibirsk: Nauka 1971, 192 S.

1049 ODINOKOV V. G.: Chudožestvennaja sistemnost' russkogo klassičeskogo romana. Novosibirsk; Nauka 1976, 196 S.

1050 BARKSDALE E. C.: The Dacha and the Duchess. New York: Philosophical Library 1974, 144 S.

1051 COHEN E. F.: The Genre of the Autobiographical Account of Childhood-Three Test Cases: The Trilogies of Tolstoy, Aksakov, and Gorky. Diss. Yale 1973, 222 S.

1052 GALINENE L. P.: Učebnoe posobie po russkoj literature 19 veka. Kompozicija romana. Vil'njus: PI 1979, 117 S.

1053 VERDEREVSKAJA N. A.: Russkij roman 40–60ch godov 19 veka. Tipologija žanrovych form. Kazań: U 1980, 136 S.

1054 FREEBORN R.: The Rise of the Russian Novel. London: Cambridge UP 1973, 289 S.
1055 SOLLERTINSKIJ E. E.: Russkij realističeskij roman pervoj poloviny 19 veka. Vologda: PI 1973, 175 S.
1056 MAEVSKAJA T. P.: Idei i obrazy russkogo narodničeskogo romana. Kiev: Naukova dumka 1975, 207 S.
1057 CALDER A.: Russia Discovered. 19th Cty. Fiction from Pushkin to Chekhov. London: Heinemann 1976, 302 S.

8.2.2.3. historischer Roman

1058 KUCHARSKA E.: Rosyjska powieść historyczna pierwszego 30-lecia 19 wieku. Opole: WSP 1976, 128 S.
1059 LENOBL' G. M.: Istorija i literatura. Moskva: Chud. lit. ²1977, 301 S.

8.2.2.4. Erzählung

1060 STÄDTKE K.: Die Entwicklung der russischen Erzählung (1800–1825). Berlin: Akademie-Verlag 1971, 157 S.
1061 STÄDTKE K.: Zur Geschichte der russischen Erzählung (1825–1840). Berlin: Akademie-Verlag 1975, 195 S.
1062 MÖNCH-BRANDIS I.: Eingangsformen des Erzählens: Die Vorworte zu den Erzählsammlungen der russischen Romantik. Amsterdam: Hakkert 1970, 121 S. (*Bibliotheca Slavonica* 2)
1063 GREČNEV V. Ja.: Russkij rasskaz konca 19 – načala 20 veka. Leningrad: Nauka 1979, 208 S.
1064 WRÓBLEWSKI J.: Narrator w rosyjskiej nowelistyce okresu romantyzmu. Szczecin: WSP 1980, 113 S.
1065 BARSCH K.-H.: Origin and Development of the 19th Cty. Short Story in Germany, France, Russia and the USA. Diss. Boulder 1977

8.2.2.5. Očerk

1066 LEBEDEV Ju. V.: U istokov eposa. Jaroslavl': PI 1975, 162 S. *(Očerk-Zyklen 1840–1860)*
1067 PIVOVAROVA L. M.: Russkij očerk 80–90ch godov 19 veka. Kazań: U 1978, 112 S.

8.2.2.6. sonstige Prosagenres im 19 Jhdt.

1068 SCHOLZ F.: Das Volksmärchen in der russischen Literatur. Zum russischen literarischen Prosamärchen im 19. Jhdt. In: *Festschrift Ernst Dickenmann* 1977, 383–412

1069 BRANG P.: Über die Tagebuchfiktion in der russischen Literatur. In: *Typologia litterarum*, Zürich 1969, 443–466

1070 MICHEL'SON V.A.: Putešestvie v russkoj literature. Rostov: U 1974, 108 S.

1071 TODD W.M.: The Familiar Letter as a Literary Genre in the Age of Pushkin. Princeton: U 1976, 242 S.

8.2.3. Sowjetische Prosa

8.2.3.1. Teilepochen

1072 BUZNIK V.: Russkaja sovetskaja proza 20ch godov. Leningrad: Nauka 1975, 279 S.

1073 SKOBELEV V.P.: Massa i ličnost' v russkoj sovetskoj proze 20ch godov. Voronež: U 1975, 341 S.

1074 SKOROSPELOVA E.B.: Idejno-stilevye tečenija v russkoj sovetskoj proze pervoj poloviny 20ch godov. Moskva: U 1979, 160 S.

1075 VASIL'EVA N.E.: Ob idejno-chudožestvennom svoeobrazii sovetskoj prozy vtoroj poloviny 1920ch godov. Perm: U 1978, 102 S.

1076 GROZNOVA N.A.: Rannjaja sovetskaja proza 1917–1925. Leningrad: Nauka 1976, 201 S.

1077 VELIKAJA N.: Sovetskaja proza 20ch godov. Vladivostok: U 1973, 131 S.

1078 VELIKAJA N.: Formirovanie chudožestvennogo soznanija v sovetskoj proze 20ch gg. Vladivostok: Dal'nevost. KI 1975, 198 S.

1079 VORON D.D.: Na putjach stanovlenija. Osobennosti sjužetiki sovetskoj prozy 20ch godov. Minsk: Vyssaja škola 1979, 112 S.

1080 GLINKIN P.: Stranicy podviga. Moskva: Sovremennik 1978, 232 S. *(Prosa 1941–1945)*

1081 ŽURAVLEVA A.A.: Pisateli-prozaiki v gody Velikoj Otečestvennoj Vojny. Moskva: Prosveščenie 1978, 128 S.

1082 LEONOV B.: Biografija podviga. Moskva: Sovremennik 1974, 160 S. *(Prosa 1941–1945)*

1083 Žanrovo-stilevye iskanija sovremennoj sovetskoj prozy. Moskva: Nauka 1971, 351 S.

1084 SIDOROV E.Ju.: Vremja, pisatel', stil'. O sovetskoj proze našich dnej. Moskva: Sov. pisatel' 1978, 263 S.

1085 Die sowjetische Prosa der siebziger Jahre. Hg.,N.: P. GERLINGHOFF. Berlin: Herrmann 1977, 130 S.

1086 NAPOLOVA T.: Živoe dychanie sovremennosti. Saratov: KI 1974, 272 S. *(Prosa 1960ff.)*

1087 APUCHTINA V. A.: Sovremennaja sovetskaja proza. Moskva: Vysšaja škola 1977, 176 S.

1088 KUZNECOV F.: Za vse v otvete. Nravstvennye iskanija v sovremennoj proze. Moskva: Sov. pisatel' 1975, 504 S.

1089 ČALMAEV V.: Ogoń v odežde slova. Moskva: Sovremennik 1973, 318 S. *(Gegenwartsprosa)*

1090 SELEZNEV Ju.: Večnoe dviženie. Moskva: Sovremennik 1976, 237 S. *(Prosa ab 1960)*

1091 PODZOROVA N. A.: Otvetnoe slovo. Zametki o molodoj rossijskoj proze. Moskva: Sovremennik 1978, 239 S.

1092 ČERNAJA N. I.: Realističeskaja uslovnost' v sovremennoj sovetskoj proze. Kiev: Naukova dumka 1979, 192 S.

1093 HOSKING G.: Beyond Socialist Realism. Soviet Fiction since Ivan Denisovich. London usw.: Elek 1980, 260 S. (*Bibliographie* S. 216–256)

1094 Dviženie prozy. In: *Voprosy lit.* 1980, 7, 3–110 *(ab 1970)*

1095 RADZIUK R.: Współczesna radziecka proza liryczna. In: *Przegląd Humanistyczny* 18, 1974, 11, 131–143

1096 LIPIN S. A.: Skvoź prizmu čuvstv. O liričeskoj proze. Moskva: Sov. pisatel' 1978, 288 S. *(ab 1960)*

8.2.3.2. Roman

1097 Sovetskij roman. Novatorstvo, poetika, tipologija. Moskva: Nauka 1978, 693 S. (*Bibliographie für 1965–1975* S. 675–691)

1098 GURA V.: Roman i revoljucija. Puti sovetskogo romana 1917–1929. Moskva: Sov. pisatel' 1973, 400 S.

1099 PORĘBA S.: Rosyjska powieść radziecka 1953–1956. Katowice: U 1977, 104 S.

1100 OSKOCKIJ V.: Bogatstvo romana. Moskva: Sov. pisatel' 1976, 368 S.

1101 PERKIN N. S.: Čelovek v sovetskom romane. Minsk: Navuka i technika 1975, 303 S.

1102 Sovremennyj sovetskij roman. Filosofskie aspekty. Leningrad: Nauka 1979, 262 S.

1103 SVARIČEVSKIJ A. A.: Puti razvitija sovetskogo romana-epopei. In: *Učenye zap. Azerbajdž. PI jazykov* 1971, 2, 131–143

1104 PISKUNOV V. M.: Sovetskij roman-epopeja. Moskva: Sov. pisatel' 1976, 366 S.

1105 CHABIN V.: Roždenie russkogo sovetskogo romana. Warszawa: PWN 1980, 204 S.

1106 PETROV S. M.: Russkij sovetskij istoričeskij roman. Moskva: Sovremennik 1980, 412 S.

1107 NESTEROV M. N.: Jazyk russkogo sovetskogo istoričeskogo romana. Kiev: Vysšaja škola 1978, 191 S.

1108 KUZNECOV M.: Sovetskij roman. Puti i poiski. Moskva: Znanie 1980, 160 S.

1109 OSKOCKIJ V.: Roman i istorija. Tradicii i novatorstvo sovetskogo istoričeskogo romana. Moskva: Chud. lit. 1980, 384 S.

8.2.3.3. Povest', Novelle

1110 Sovremennaja russkaja sovetskaja povest'. Leningrad: Nauka 1975, 264 S.

1111 Russkaja sovetskaja povest' 20–30ch godov. Leningrad: Nauka 1976, 454 S.

1112 HLUŠKO O. K.: Na bystryni času: Idejno-tematyčni šukannja radjanśkoji novelistyky 70ch r. Kyjiv: Dnipro 1980, 179 S.

8.2.3.4. Rasskaz

1113 MAKINA M. A.: Russkij sovetskij rasskaz. Leningrad: PI 1975, 351 S.

1114 ŠUBIN E. A.: Sovremennyj russkij rasskaz. Leningrad: Nauka 1974, 182 S.

1115 OGNEV A. V.: O poetike sovremennogo russkogo rasskaza. Saratov: U 1973, 218 S.

1116 OGNEV A. V.: Russkij sovetskij rasskaz 50–70ch godov. Moskva: Prosveščenie 1978, 208 S.

1117 BALOGUN F. O.: The Soviet Russian Short Story, 1950–1970's. Diss. Urbana 1977, 192 S.

8.2.3.5. Dokumentarprosa, Očerk

1118 JAVČUNOVSKIJ Ja. I.: Dokumental'nye žanry. Saratov: U 1974, 232 S.

1119 ŽURBINA E.: Povest' s dvumja sjužetami. O publicističeskoj proze. Moskva: Sov. pisatel' 1974, 293 S.

1120 CURIKOVA G. M., KUŹMIČEV I. S.: Utverždenie ličnosti. Očerki o geroe sovremennoj dokumental'no-chudožestvennoj prozy. Leningrad: Chud. lit. 1975, 333 S.

1121 ALEKSEEV V. A.: Russkij sovetskij očerk. Leningrad: U 1980, 120 S.

1122 ROOT A. A.: Istorija žanra peredovoj stat'i. Kazań: U 1980, 143 S.

1123 GLUŠKOV N. I.: Očerkovaja proza. Rostov: KI 1979, 215 S.
1124 KOLOSOV G. V.: Poetika očerka. Moskva: U 1977, 77 S.
1125 AMPELOV V. A.: Sovremennyj gazetnyj očerk. Minsk: Navuka i technika 1972, 238 S.
1126 ELVESON H.: The Rural Ocherk in Russian Literature after the Second World War. Göteborg: U 1975, 147 S.
1127 RYBINCEV I. V.: Sovetskij chudožestvennyj očerk. Kiev: Vyšča škola 1976, 169 S.
1128 KANTOROVIČ V. Ja.: Zametki pisatelja o sovremennom očerke. Moskva: Sov. pisatel' 1973, 542 S.

8.2.3.6. Feuilleton, Reise

1129 KROJČIK L. E.: Sovremennyj gazetnyj fel'eton. Voronež: U 1975, 230 S.
1130 MASLOVA N. M.: Putevye zapiski kak publicističeskaja forma. Moskva: U 1977, 115 S.

8.2.3.7. Science-fiction

1131 RULLKÖTTER B.: Die Wissenschaftliche Phantastik der Sowjetunion. Eine vergleichende Untersuchung der spekulativen Literatur in Ost und West. Bern: Lang 1974, 309 S.
1132 FÖLDEAK H.: Neuere Tendenzen der sowjetischen Science Fiction. München: Sagner 1975, 214 S. (*SB* 88)
1133 ČERNAJA N. I.: V mire mečty i predvidenija. Kiev: Naukova dumka 1972, 228 S.
1134 URBAN A. A.: Fantastika i naš mir. Leningrad: Sov. pisatel' 1972, 255 S.
1135 PARNOV E. I.: Fantastika v vek NTR. Moskva: Znanie 1974, 192 S.
1136 KAGARLICKIJ Ju. I.: Čto takoe fantastika. Moskva: Chud. lit. 1974, 349 S.
1137 LJAPUNOV B. V.: V mire fantastiki. Moskva: Kniga ^{2}1975, 208 S. *(Bibliographie S. 152 ff.)*
1138 SUVIN D.: Die utopische Tradition der russischen Science-fiction. In: *Polaris 2* (Frankfurt) 1974, 209–247
1139 McGUIRE P. L.: Red Stars. Political Aspects of Soviet Science Fiction. Diss. Princeton 1977, 277 S.
1140 GLAD J. P.: Russian Soviet Science Fiction and Related Critical Activity. Diss. New York Universtiy 1970, 181 S.

8.2.3.8. Memoiren

1141 BANK N.: Nit' vremeni. Dnevniki i zapisnye knižki sovetskich pisatelej. Leningrad: Sov. pisatel' 1978, 246 S.

1142 VYCHODCEV P. S.: S dumoj o Rodine. Sovetskaja literatura v vospominanijach sovremennikov. Moskva: Sovremennik 1974, 285 S.

1143 VATNIKOVA-PRIZEL Z.: O russkoj memuarnoj literature. East Lensing: Russian Language Journal 1978, 250 S. (*Bibliographie* S. 170–240)

8.3. Drama

8.3.1. allgemein

1144 ZUBKOV Ju. A.: Dramaturgi Rossii. Moskva: Sovremennik 1979, 319 S.

1145 ZUBKOV Ju. A.: Geroj i konflikt v drame. Moskva: Sov. pisatel' 1975, 280 S.

8.3.2. Teilepochen

1146 BERKOV P. N.: Istorija russkoj komedii 18 veka. Leningrad: Nauka 1977, 391 S.

1147 POMAR M. G.: Russian Historical Drama of the Early 19th Cty. Diss. Columbia-U 1978, 333 S.

1148 BRAILER K. A.: Absurdist Features in Russian Drama. 19th and 20th Century. Diss. Urbana 1976, 249 S.

1149 ZALESSKIJ M. P.: U istokov socialističeskogo realizma. Moskva: Obl. PI 1974, 212 S. *(Drama 1905–1907)*

1150 SEGEL H. B.: 20th Century Russian Drama. From Gorky to the Present. New York: Columbia UP 1979, 502 S.

1151 JAVČUNOVSKIJ Ja. I.: Drama včera i segodnja. Saratov: U 1980, 254 S.

1152 OSNOVIN V. V.: Russkaja dramaturgija vtoroj poloviny 19 veka. Moskva: Prosveščenie 1980, 190 S.

1153 STEPHAN V.: Studien zum Drama des russischen Symbolismus. Frankfurt-Bern: Lang 1979, 180 S.

1154 BRADIS L. V.: Konflikty i charaktery v russkoj komedii serediny 19 v. Kalinin: U 1979, 84 S.

1156 KISELEV N. N.: Problemy sovetskoj komedii. Tomsk: U 1973, 201 S.

1157 SADYKOVA-GRAČEVA D.: O sovetskoj liričeskoj drame 50–60ch godov. Taškent: Fan 1976, 72 S.

1158 FROLOV V.: Sud'by žanrov dramaturgii. Moskva: Sov. pisatel' 1979, 424 S. *(20. Jhdt.)*

1159 OSNOS Ju.: Geroj sovremennoj dramy. Moskva: Sov. pisatel' 1980, 311 S.

8.3.3. Drama. Varia

1160 BELOVA L.I.: Skvoź vremja. Očerki istorii sovetskoj kinodramaturgii. Moskva: Iskusstvo 1978, 343 S.

1161 GUREVIČ S.D.: Sovetskie pisateli v kinematografe (20–30ye gody). Leningrad: Gos. Inst. Teatra 1975, 146 S.

1162 ANIKST A.A.: Teorija dramy v Rossii ot Puškina do Čechova. Moskva: Nauka 1972, 643 S.

8.4. russisches Theater

1163 PETROVSKAJA I.F.: Istočnikovedenie istorii russkogo dorevoljucionnogo dramatičeskogo teatra. Leningrad: Iskusstvo 1971, 199 S.

1164 Istorija russkogo dramatičeskogo teatra. 7 Bde. Moskva: Iskusstvo 1977 ff.

1165 MARSHALL H.: The Pictorial History of the Russian Theatre. New York: Crown 1977, 223 S.

1166 EVREINOV N.N.: Istorija russkogo teatra. Letchworth: Bradda 1972, 437 S.

1167 ALPERS B.: Teatr Močalova i Ščepkina. Moskva: Iskusstvo 1979, 632 S.

1168 Russkij dramatičeskij teatr. Moskva: Prosveščenie 1976, 382 S. *(vor 1917)*

1169 MARKOV P.A.: O teatre. 4 Bde. Moskva: Iskusstvo 1974–1977

1170 ASEEV B.N.: Russkij dramatičeskij teatr ot ego istokov do konca 18 veka. Moskva: Iskusstvo ²1977, 576 S.

1171 DANILOV S.S., PORTUGALOVA M.G.: Russkij dramatičeskij teatr 19 veka. Leningrad: Iskusstvo 1957–1974, 350 + 383 S.

1172 FRIEL P.G.: Theater and Revolution. The Struggle for Theatrical Autonomy in Soviet Russia (1917–1920). Diss. Chapel Hill 1977, 285 S.

1173 PAECH J.: Das Theater der russischen Revolution. Kronberg: Scriptor 1974, 400 S.

1174 CARTER H.: The New Spirit in the Russian Theatre 1917–1928. New York: Arno 1970, 368 S. (RdA 1928)

1175 CARTER H.: The New Theatre and Cinema of Soviet Russia. New York: Arno 1970, 298 S. (RdA 1924)

1176 PETROVSKAJA I. F.: Teatr i zritel' provincial'noj Rossii. Vtoraja polovina 19 veka. Leningrad: Iskusstvo 1979, 247 S.

1177 FARBER V. R.: The Repertoire of the Sovremennik Theater as Representative of a Trend in Soviet Drama 1956–1970. Diss. Bloomington 1976, 415 S.

1178 LINECKAJA M. J. (Hg.): Moskovskij Teatr Satiry 1924–1974. Moskva: Iskusstvo 1974, 136 S.

1179 MARČENKO T. A.: Televizionnyj teatr. Moskva: Iskusstvo 1978, 127 S.

1180 BUGROV B. S.: Problemy razvitija russkoj sovetskoj dramaturgii na sovremennom etape. (60e–70e gody) Moskva: U 1980, 159 S.

1181 ROŽKOVSKAJA N. N.: Teatral'naja žizń Kišineva 19 – načala 20 veka. Kišinev: Štiinca 1979, 244 S.

1181a AMIARD-CHEVREL C.: Le Théâtre Artistique de Moscou (1898–1917). Paris: CNRS 1979, 361 S.

8.5. Literaturkritik

1182 STACY R. H.: Russian Literary Criticism. A Short History. Syracuse: U 1974, 276 S.

1183 KULEŠOV V. I.: Istorija russkoj kritiki 18–19 vekov. Moskva: Prosveščenie ²1978, 526 S. (¹1972)

1184 POPOV I. V.: Literaturnaja kritika preddekabristskogo perioda v ee publicističeskom aspekte. Kujbyšev: PI 1975, 160 S.

1185 MILOVANOVA O. O.: Problemy chudožestvennogo istorizma v russkoj kritike puškinskoj epochi. Saratov: U 1976, 77 S.

1186 MOROZOV V. D.: Očerki po istorii russkoj kritiki vtoroj poloviny 20–30ch godov 19 veka. Tomsk: U 1979, 306 S.

1187 ZEL'DOVIČ M. G.: Uroki kritičeskoj klassiki. Chaŕkov: U 1976, 223 S.

1188 EGOROV B. F.: Očerki po istorii russkoj literaturnoj kritiki serediny 19 veka. Leningrad: PI 1973, 148 S.

1189 KONOVALOV V. N.: Literaturnaja kritika narodničestva. Kazań: U ²1978, 114 S. (¹1975)

1190 SOKOLOV N. I.: Kritiki i literatura. Leningrad: U 1977, 183 S. *(1850–1900)*

1191 IL'IN V. V.: Russkaja real'naja kritika perechodnogo perioda. Smolensk: PI 1975, 142 S.

1192 Aktual'nye voprosy istorii marksistskoj literaturnoj kritiki. Kišinev: Kartja Moldovenesk 1975, 277 S.

1193 SEMENOVSKIJ O.V.: V bor'be za realizm. Iz istorii marksistskoj kritiki predoktjabŕskogo perioda. Kišinev: Kartja Moldovenesk 1976, 302 S.

1194 LUCID D. P.: Preface to Revolution. Russian Marxist Literary Criticism. 1883–1917. Diss. Yale 1972, 484 S.

1195 ERLICH V. (Hg.): 20th Century Russian Literary Criticism. New Haven: Yale UP 1975, 326 S.

1196 OGNEV A.V.: Iz istorii sovetskoj literaturnoj kritiki. Voprosy istorii i teorii russkogo rasskaza 1946–1977 godov. Kalinin: U 1979, 96 S.

1197 Sovremennaja literaturnaja kritika. Moskva: Nauka 1977, 272 S.

1198 Sovremennaja literaturno-chudožestvennaja kritika. Leningrad: Nauka 1975, 264 S.

1199 (Problemy sovremennoj literaturnoj kritiki) *Voprosy literatury* 1979, 12, 373 S.

1200 Metodologičeskie problemy sovremennoj literaturnoj kritiki. Moskva: Mysl' 1976, 348 S.

1201 ŠČERBINA V.R.: Revoljucionno-demokratičeskaja kritika i sovremennost'. Moskva: Nauka 1980, 544 S.

1202 Literaturnaja kritika 1800–1820ch godov. Moskva: Chud. lit. 1980, 343 S. *(Aufsätze)*

1203 ANASTAS'EV N., ZVEREV A.: Začem kritika? In: *Vop. lit.* 1975, 7, 4–50

8.5.1. Theaterkritik

1204 Očerki istorii russkoj teatral'noj kritiki. Leningrad: Iskusstvo 1975–1979

1205 KAGARLICKIJ Ju. I.: Zapadnoevropejskij teatr epochi Prosveščenija v ocenke russkoj i sovetskoj kritiki (1800–1930 gody). Moskva: Gosud. Inst. Teatral'n. Isk. 1976, 195 S.

8.6. Presse

1206 STAŃKO A.I.: Russkaja periodičeskaja pečat' 18 veka. Rostov: U 1979, 127 S.

1207 Istorija russkoj žurnalistiki 18–19 vekov. Moskva: Vysšaja škola [3]1973, 518 S.

1208 GERASIMOVA Ju.I.: Iz istorii russkoj pečati v period revoljucionnoj situacii konca 1850ch-načala 1860ch godov. Moskva: Kniga 1974, 208 S.

1209 JAMPOL'SKIJ I. G.: Satiričeskie i jumorističeskie žurnaly 1860ch godov. Leningrad: U 1973, 168 S.

1210 VACHRUŠEV I. S.: Očerki istorii russkoj revoljucionno – demokratičeskoj pečati 1873–1886 gg. Saratov: U 1980, 233 S.

1211 BALUEV B. P.: Političeskaja reakcija 80ch godov 19 veka i russkaja žurnalistika. Moskva: U 1971, 314 S.

1212 Iz istorii russkoj žurnalistiki konca 19 – načala 20 veka. Moskva: U 1973, 267 S.

1213 BEREŽNOJ A. F.: Russkaja legal'naja pečat' v gody pervoj mirovoj vojny. Leningrad: U 1975, 152 S.

1214 STYKALIN S. I.: Sovetskie satiričeskie žurnaly 1917–1919 godov. Moskva: U 1971, 120 S.

1215 Teorija i praktika sovetskoj periodičeskoj pečati. Moskva: Vysš. škola 1980, 376 S.

1216 Žurnalistika v Sibiri. Irkutsk: U 1972, 158 S.

8.6.1. Einzelne Presseorgane

1217 WŁODKOWSKI A. S.: „Vestnik Evropy" in the Alexandrian Period (1802–1825). Diss. New York U 1976, 976 S.

1218 KARA-SOKOL A.: „Russkoe Obozrenie". Diss. Vanderbilt U 1976, 433 S.

1219 CIEŚLIK K.: „Severnyj Vestnik". Szczecin: WSP 1977, 143 S.

1220 RICHARDSON R. H.: „Zolotoe Runo" and Russian Modernism 1905–1910. Diss. Berkeley 1976, 453 S.

1221 KORPER Ph.: „Apollo" – A Literary and Artistic Journal 1909–1917. Diss. New York U 1972, 214 S.

1222 TOMASZIWSKYJ J.: „Vozroždenie", a Russian Periodical Abroad and Its Contributors. Diss. Vanderbilt U 1974, 275 S.

1223 MILLER T. A. N.: „Novyj Mir" 1925–1934. Diss. Vanderbilt U 1976, 311 S.

1224 ROGOVIN E. B.: „Novyj Mir". A Case Study in the Politics of Literature 1951–1958. Diss. Columbia U 1974, 611 S.

1225 FRANKEL E. R.: „Novyj mir". Cambridge 1981, 230 S.

1226 „Literaturnaja Gazeta" i ee auditorija. Moskva: U 1978, 146 S.

8.6.2. Almanache

1227 SKRUNDA W.: Na marginesach wielkiej literatury. Ewolucja rosyjskich almanachów literackich lat 1794–1852. Wrocław: Ossolineum 1974, 195 S.

8.7. russische Philosophie

1228 BERLIN I.: Russian Thinkers. London: Hogarth P. 1978, 336 S.

1229 KAMENSKIJ Z. A.: Filosofskie idei russkogo Prosveščenija. Moskva: Mysl' 1972, 396 S.

1229a KAMENSKIJ Z. A.: Moskovskij kružok Ljubomudrov. Moskva: Mysl' 1980, 324 S.

1230 Hegel i filosofija v Rossii. 30e gody 19 veka – 20e gody 20 veka. Moskva: Nauka 1974, 264 S.

1231 LEVIN Š. M.: Očerki po istorii russkoj obščestvennoj mysli 1850–1917. Leningrad: Nauka 1974, 442 S.

1232 WALICKI A.: Rosyjska filozofia i myśl społeczna od Oświecenia do marksizmu. Warszawa: WP 1973, 667 S. (*englisch:* A History of Russian Thought, Stanford: U 1979, 483 S.)

1233 KLINE G. L.: Religious and Anti-Religious Thought in Russia. Chicago: UP 1968, 179 S.

1234 MALININ V. A.: Istorija russkogo utopičeskogo socializma. Moskva: Vysš. škola 1977, 240 S.

1235 MLIKOTIN A. M. (Hg.): Western Philosophical Systems in Russian Literature. Los Angeles: U of Southern Calif. 1980, 213 S.

1236 DAHM H.: Grundzüge russischen Denkens. München: Berchmans 1979, 591 S. *(19. u. 20. Jhdt.)*

1237 WALICKI A.: The Controversy Over Capitalism. Studies in the Social Philosophy of the Russian Populists. London: Oxford UP 1969, 216 S.

1238 NOVIKOV M. I.: Dialektika russkich revoljucionnych demokratov. Moskva: Nauka 1973, 248 S.

1239 ŠKORINOV V. P.: Etičeskij irracionalizm v Rossii. Rostov: U 1973, 225 S.

1240 WALICKI A.: Russian Social Thought. Stanford: Russian Review 1977, 45 S.

1241 PUTNAM G. F.: Russian Alternatives to Marxism. Christian Socialism and Idealistic Liberalism in 20th Century Russia. Knoxville: U 1977, 245 S.

1242 ZERNOV N.: Russkoe religioznoe vozroždenie 20 veka. Paris: YMCA 1974, 382 S.

1243 POLTORACKIJ N. (Hg.): Russkaja religiozno-filosofskaja mysl' 20 veka. Pittsburgh: U 1975, 413 S.

1244 SCHERRER J.: Die Petersburger Religiös-Philosophischen Vereinigungen. Berlin-Wiesbaden: Harrassowitz 1973, 473 S. (*Forschungen zur Osteurop. Gs.* 19)

1245 KRZEMIEŃ W.: Filozofia w cieniu prawosławia: rosyjsci myśliciele religijni przełomu 19 i 20 wieku. Warszawa: Pax 1979, 176 S.

8.7.1. Ästhetik

1246 Očerki istorii russkoj estetičeskoj mysli. Moskva: Nauka 1976, 400 S.

1247 SOBOLEV P.V.: Očerki russkoj estetiki pervoj poloviny 19 veka. Leningrad: U 1972–1975, 264 + 164 S.

1248 Literaturno-estetičeskie koncepcii v Rossii konca 19 – načala 20 veka. Moskva: Nauka 1975, 416 S.

1249 STÄDTKE K.: Ästhetisches Denken in Rußland. Kultursituation und Literaturkritik. Berlin-Weimar: Aufbau 1978, 378 S.

1250 SWIDERSKI E. M.: The Philosophical Foundations of Soviet Aesthetics. Dordrecht usw.: Reidel 1979, 243 S.

1251 BAŽENOVA A. A.: Russkaja estetičeskaja mysl' i sovremennost'. Moskva: Znanie 1980, 144 S.

1252 Iz istorii sovetskoj estetičeskoj mysli. 1917–1932. Moskva: Iskusstvo 1980, 455 S.

8.8 Satire

1253 SPIRIDONOVA L. A.: Russkaja satiričeskaja literatura načala 20 veka. Moskva: Nauka 1977, 303 S.

1254 BOCJANOVSKIJ V. F., GOLLERBACH E.: Russkaja satira pervoj revoljucii. Cambridge: Oriental Research Partners 1972, 225 S. (RdA Leningrad 1925)

1255 ERŠOV L. F.: Satiričeskie žanry russkoj sovetskoj literatury. Leningrad: Nauka 1977, 282 S.

1256 ERŠOV L. F.: Satira i sovremennost'. Moskva: Sovremennik 1978, 271 S.

1257 TOLSTOV E. P.: Principy i priemy sozdanija satiričeskogo obraza. Užhorod: U 1974, 144 S.

1258 SIMKIN Ja. R.: Satiričeskaja publicistika. Rostov: U 1976, 174 S.

1259 CHAPPLE R. L.: Soviet Satire in the Decade of the 1920's. Diss. Univ. of Illinois 1971, 228 S.

1260 SAMOJLENKO G. V.: Stichotvornaja satira i jumor perioda Velikoj Otečestvennoj Vojny. Kiev: Vyšca škola 1977, 155 S.

8.9. Russische Kinder- und Jugendliteratur

1261 SETIN F. I.: Vozniknovenie russkoj detskoj literatury. Moskva: Institut kul'tury 1978, 101 S.

1262 Sovetskaja detskaja literatura. Moskva: Prosveščenie 1978, 496 S.

1263 Sowjetische Kinderliteratur. Berlin: Kinderbuchverlag 1974, 332 S.

1264 ZUBAREVA E., PACHOMOVA Z. P.: Detskaja literatura. Moskva: Prosveščenie 1976, 399 S.

1265 Materialien zur Greifswalder Konferenz über Fragen der sowjetischen Kinder- und Jugendliteratur. Greifswald: U 1977, 82 S.

1266 RAZOVA V.D.: Fol'klornye istočniki sovetskoj poezii dlja detej. Leningrad: Institut kul'tury 1976, 76 S.

1267 RAZOVA V. D.: Sovetskaja dramaturgija dlja detej. Leningrad: Institut kul'tury 1978, 79 S.

1268 BEGAK B.: Složnaja prostota. Očerki ob iskusstve detskoj literatury. Moskva: Sov.pisatel' 1980, 295 S.

1269 TERNOVSKIJ A.V.: Detskaja literatura. Učebnoe posobie. Moskva: Prosveščenie 1977, 432 S.

1270 Sowjetische Kinderliteratur heute. Konferenzmaterialien. Berlin: DDR-Zentrum für Kinderliteratur 1977, 220 S.

1271 POLOZOVA T.D.: Otkrytie mira. Sovetskaja detskaja literatura i problema formirovanija čitatelja-podrostka. Moskva: Prosveščenie 1979, 256 S.

1272 KÖNIG G.: Die sowjetische Kinderliteratur der Zwanzigerjahre. Diss. Wien 1976, 381 S.

1273 BEGAK B. A.: Deti smejutsja. Moskva: Detsk. lit. ^{2}1979, 223 S.

1274 PUTILOVA E. O.: Istorija kritiki sovetskoj detskoj literatury. 1929–1936 gody. Leningrad: PI 1975, 100 S.

1275 SOKOL E.: Crocodiles and Commissars. Early Soviet Poetry for Children. Diss. Berkeley 1974

1276 O'DELL F.A.: Socialisation Through Children's Literature. The Soviet Example. London usw.: Cambridge UP 1978, 288 S.

1277 SIVOKOŃ S.I.: Veselye vaši druz'ja. Očerki o jumore v sovetskoj literature dlja detej. Moskva: Det. lit. 1980, 191 S.

1278 ČERNJAVSKAJA Ja. A., REGUŠEVSKAJA G.V.: Detskaja literatura. Moskva: Prosveščenie 1980, 464 S.

1279 RAZUMNEVIČ V.: Vsem detjam rovesniki. Moskva: Sov. pisatel: 1980, 359 S.

9. Russische Literatur. Textologie

1280 Tekstologija i poetika russkoj literatury 11–17 veka. Leningrad: Nauka 1977, 408 S. (*TODL* 32)

1281 PROCHOROV E. I.: Tekstologija. Principy izdanija klassičeskoj literatury. Moskva: Vysšaja škola 1966, 226 S.

1282 Tekstologija proizvedenij sovetskoj literatury. Moskva: Nauka 1967, 357 S.

1283 TIMINA S. I.: Put' knigi. Leningrad: PI 1975, 152 S.

10. Zensur

1284 ZAPADOV V. A.: Kratkij očerk istorii russkoj cenzury 60–90ch godov 18 veka. In: *Učenye zap. Leningradskogo PI* 414, 1971, 94–135

1285 BALMUTH D.: Censorship in Russia. 1865–1905. Washington: UP of America 1979, 259 S.

1286 The Soviet Censorship. Metuchen: Scarecrow P. 1973, 170 S.

1287 CHOLDIN M. T.: A Fence Around the Empire: the Censorship of Foreign Books in 19th Cty. Russia. Diss. U of Chicago 1979

11. Russische Literatur. Regionales.

1288 PAČULINA V. P.: Russkie pisateli v Abchazii. Suchumi: Alašara 1980, 102 S.

1289 JANOVSKIJ N.: Na perelome. Iz literaturnogo prošlogo Barnaula. Barnaul: Altajsk. KI 1978, 183 S.

1290 Belgorodščina literaturnaja. Voronež: CČKI 1979 ff.

1291 RACHIMKULOV M. G.: Literaturnoe kraevedenie Baškirii. Ufa: U 1977, 76 S.

1292 VODOVOZOV N. V.: Russkie pisateli v Avstrijskoj Galicii. In: *Učenye zapiski Moskovsk. PI* 405, 1970, 291–309

1293 VAVRIK V. R.: Kratkij očerk galicko-russkoj piśmennosti. Louvain: Rosseals 1973, 80 S.

1294 PRILIPKO R. V.: Literaturnaja dejatel'nost' russkich pisatelej v Gruzii v 1920–1930 gody. In: *Učenye zapiski Jugo-Osset. PI* 16, 1972, 217–229

1295 ASTAF'EV A. V., ASTAF'EVA N. A.: Pisateli Jaroslavskogo kraja (do 1917 goda). Jaroslavl': Volgo- Vjatskoe KI 1974, 247 S.

1296 VELENGURIN N.: Doroga k Lukomor'ju. Krasnodar: KI 1976, 269 S. (Kaukasus)

1297 VELENGURIN N.: Južnaja sonata. Krasnodar: KI 1979, 190 S.

1298 CHINKULOV L. F.: Literaturni zustriči. Rozpovidi pro pyśmennykiv u Kyjevi. Kyjiv: Radj. pyśmennyk 1980, 271 S.

1299 BASKEVIČ I. Z.: Kurskie večera. Voronež: CČKI 1979, 208 S.

1300 STEPANOV Z. V.: Kul'turnaja žizń Leningrada 20ch – načala 30ch godov. Leningrad: Nauka 1976, 286 S.

1301 Literaturnyj Leningrad v dni blokady. Leningrad: Nauka 1973, 290 S.

1302 VORONIN I. D.: Literaturnye dejateli i literaturnye mesta v Mordovii. Saransk: Mordovskoe KI ^{2}1976, 336 S.

1303 Russkie pisateli v Moskve. Moskva: Mosk. rabočij ^{2}1977, 859 S. (^{1}1973)

1304 ZLENKO G. D.: Odesskie tetradi. Odessa: Majak 1980, 103 S.

1305 SAVIN O.: Penza literaturnaja. Saratov: Privolžsk. KI 1977, 271 S.

1306 BARENBAUM I. E.: Knižnyj Peterburg. Moskva: Kniga 1980, 255 S.

1307 DEMENT'EV V.V.: Dar Severa. Moskva: Sovremennik 1973, 303 S.

1308 NIKOLAEV K. B.: Severom ovejannye stroki. Magadan: KI 1977, 230 S.

1309 GALIMOV Š. Z.: Zakalka talanta. O russkoj sovetskoj literature Severa. Archangel'sk: Severo-zapadnoe KI 1972, 224 S.

1310 Istorija russkoj literatury Sibiri. Novosibirsk: Nauka 1974–1975

1311 KUNGUROV G.F.: Sibiŕ i literatura. Irkutsk: Vostočno-Sibirskoe KI ^{2}1975, 224 S.

1312 Voprosy russkoj i sovetskoj literatury Sibiri. Novosibirsk: Nauka 1971, 330 S.

1313 Očerki literatury i kritiki Sibiri 17–20 vekov. Novosibirsk: Nauka 1976, 285 S.

1314 Problemy literatury Sibiri 17–20 vekov. Novosibirsk: Nauka 1974, 239 S.

1315 Problemy žanra v literature Sibiri. Novosibirsk: Nauka 1977, 216 S.

1316 Literaturnaja Sibiŕ. Pisateli Vostočnoj Sibiri. Irkutsk: Vostočno-Sib. KI 1971, 336 S.

1317 ROMODANOVSKAJA E. K.: Russkja literatura v Sibiri pervoj poloviny 17 veka. Novosibirsk: Nauka 1973, 172 S.

1318 DERGAČEVA-SKOP E.: Iz istorii literatury Urala i Sibiri 17 veka. Sverdlovsk: Sredne- Uralskoe KI 1965, 150 S.

1319 KUKLINA E.A.: Vol'naja poezija v Sibiri. Novosibirsk: Nauka 1977. 173 S. *(19. u. 20. Jhdt.)*

1320 TRUŠKIN V.P.: Puti i sud'by. Literaturnaja žizń Sibiri 1900–1917 godov. Irkutsk: Vostočno-Sib. KI 1972, 438 S.

1321 TRUŠKIN V.P.: Iz plameni i sveta. Irkutsk: Vostočno-Sib. KI 1976, 367 S.

1322 TRUŠKIN V. P.: Voschoždenie literatury Sibiri 20ch – načala 30ch godov. Irkutsk: Vostočno-Sib. KI 1978, 328 S.

1323 ESELEV N. Ch.: Pisateli-zemleprochodcy. Moskva: Sov. Rossija 1972, 224 S.

1324 ŠIK E. G.: K serdcu čeloveka. Nekotorye osobennosti sovremennoj prozy Sibiri. Novosibirsk: Zap.-Sib. KI 1979, 207 S.

1325 KLIMENTOVSKIJ V. A.: Russkie pisateli v Tatarii. Kazań: Tatarskoe KI ³1974, 175 S.

1326 ZAPLAVNAJA T. A.: Tomskie pisateli. Tomsk: Zapadno-Sib. KI 1975, 127 S.

1327 MILONOV N. A.: Russkie pisateli i Tul'skij kraj. Tula: Priokskoe KI 1971, 574 S.

1328 BOGOMOLOVA Z. A.: Russkie poety Udmurtii. Iževsk: Udmurtija 1979, 103 S.

1329 Rosijśka literatura Ukrajiny. Kyjiv: Naukova dumka 1971, 255 S.

1330 ROGOTČENKO A. P.: Gustye grozd'ja vinograda. Kyjiv: Radj. pyśmennyk 1980, 168 S.

1331 ŠMAKOV A. V.: V literaturnoj razvedke. Čeljabinsk: Južno-Ural'skoe KI 1973, 139 S. (Ural)

1332 JANKO M. D.: Sovetskie pisateli Zaural'ja. Kurgan: PI 1973, 172 S.

1333 PAVLOV V. A., BLJUM A. V.: Rasskazy ob ural'skich knigach. Sverdlovsk: SrUKI 1980, 163 S.

1334 Očerki istorii russkoj literatury Uzbekistana. Taškent: Fan 1967–1971, 327 + 272 S.

1335 IZERGINA N. P.: Pisateli v Vjatke. Kirov: VVKI 1979, 192 S.

1336 Pisateli i Vjatskij kraj. Kirov: PI 1976, 166 S.

1337 ČIROV D.: Pisateli Nižnej Volgi. Volgograd: Nižne-Volžskoe KI 1973, 222 S.

1338 PUZYREV V. G.: Problemy istorii russkoj sovetskoj literatury na Dal'nem Vostoke (20e gody). In: *Učenye zapiski Uljanovskogo PI* 25/3, 1969, 7–261

1339 PUZYREV V. G.: Stanovlenie sovetskoj literatury na Dal'nem Vostoke. In: *Učenye zapiski Uljanovsk. PI* 27/2, 1971, 22–34

1340 KRIVŠENKO S.: Bereg Otečestva. Vladivostok: Dal'nevost. KI 1978, 184 S.

12. Russische Literatur. Stoffe

12.1. Natur, Landschaft

1341 PROKOF'EV N. I.: K literaturnoj evoljucii vesennego pejsaža. In: *Novye čerty v russkoj literature i iskusstve,* Moskva 1976, 231–242

1342 ALEKSEEV A. D.: Tema vesennago obnovlenija v russkoj poezii, živopisi i muzyke 19 v. In: *Tipologija russkogo realizma vtoroj poloviny 19 veka,* Moskva 1979, 35–78

1343 JUKINA E., EPŠTEJN M.: Poetika zimy. In: *Voprosy literatury* 1979, 9, 171–204

1344 ANTONJUK T.G.: Nabljudenija nad tranformaciej poetičeskogo obraza solnca. In: *Učenye zap. PI Dušanbe* 78, 1971, 171–186

1345 ROSS N.: L'image du monde physique en Russie à la fin du 14 siècle. In: *Cahiers du Monde Russe et Soviétique* 15, 1974, 245–277

1346 BARKER A. M.: Sea and Steppe Imagery in Old English and Old Russian Epic. Diss. New York U 1976, 250 S.

1347 PIGAREV K. V.: Russkaja literatura i izobrazitel'noe iskusstvo. Očerki o russkom nacional'nom pejsaže serediny 19 veka. Moskva: Nauka 1972, 121 S.

1348 NIKOL'SKIJ V.A.: Priroda i čelovek v russkoj literature 19 veka (50e–60e gody) Kalinin: U 1973, 226 S.

1349 CIORAN S. D.: In the Symbolist's Garden. In: *Canadian Slavonic Papers* 1975, 1, 106–124

1350 RADZIUK R.: Szkice przyrodniczo-myśliwskie w rosyjskiej literaturze radzieckiej lat 1953–1973. Rzeszów: WSP 1978, 184 S.

1351 VIL'ČINSKIJ V. P.: Sovetskie pisateli marinisty. Leningrad: Nauka 1979, 287 S.

1352 ŠATALOVA L. M.: Zaščitniki zemnoj biosfery. Kišinëv: Štiinca 1979, 120 S.

1353 IVIČ A.: Priroda. Deti. Moskva: Detsk. lit. 1980, 223 S.

12.2. Länder, Gebiete

1353a ROTHE H.: Reisen und Reiseerlebnisse in der russischen Literatur 1825–1855. In: *Reisen und Reisebeschreibungen im 18. u. 19. Jhdt. als Quellen der Kulturbeziehungsforschung.* Berlin: Camen 1980, 281–329

1354 STANISLAVLEVA V.N.: Sovetskij očerk o zarubežnych stranach v 50–70e gody. Moskva: U 1979, 165 S.

1355 REILLY A. P.: America in Contemporary Soviet Literature. New York: UP 1971, 230 S.

1356 ROUGLE Ch.: Three Russians Consider America. Stockholm: Almqvist + Wiksell 1976, 175 S.

1357 NATOV N.: Obraz Ameriki v russkoj poezii. In: *Zapiski Russkoj Akademičeskoj Gruppy v SŠA* 10, 1975, 234–245

1358 GANALANJAN O.T.: Armenija v tvorčestve russkich poetov. Erevan: Ajastan 1972, 162 S.

1359 AMIRCHANJAN M.L.: Armenija v russkoj literature nakanune Oktjabŕskoj revoljucii. In: *Literaturnaja Armenija* 1978, 10, 93–102

1360 AMIRCHANJAN M.L.: Armenija v russkoj literature 20 veka. Erevan: Znanie 1978, 44 S.

1361 Azerbajdžan v tvorčestve russkich i sovetskich pisatelej. Baku: Azernešr 1977, 393 S.

1362 Srednjaja Azija v tvorčestve russkich sovetskich pisatelej. Taškent: Fan 1977, 227 S.

1363 DEVITT V.: Neftjanoj Baku v russkoj poezii. Baku: Elm 1972, 35 S.

1364 RACHIMKULOV M.: Cvetuščij kraj, blasgoslovennyj. Russkie pisateli o Baškirii. Ufa: BašKI 1979, 225 S.

1365 DANCIG B.M.: Bližnij Vostok v russkoj nauke i literature. Moskva: Nauka 1973, 434 S. *(bis 1917)*

1366 DANCIG B.M.: Bližnij Vostok. Moskva: Nauka 1976, 359 S.

1367 GERMANOV G.: Okъrvaveno navečerie. Bъlgarija i bъlgarite v ruskata literatura. Varna: G. Bakalov 1976, 350 S.

1368 VACURO V.E.: Bolgarskie temy i motivy v russkoj literature 1820–1840 godov. In: *Russko-bolgarskie fol'klornye i literaturnye svjazi,* 1, 1976, 231–272

1369 MOROZOVA E.F.: Bolharśka tema u radjanśkij rosyjśkij literaturi ostańoho desjatyriččja. In: *Problemy slovjanoznavstva* 19, 1970, 3–10

1370 MAGGS B.W.: China in the Literature of 18th Century Russia. Diss. Univ. of Illinois 1973, 380 S.

1371 KRIVŠENKO S.: Utverždenie mužestva. Geroika osvoenija i socialističeskogo preobrazovanija Dal'nego Vostoka v sovetskoj proze. Chabarovsk: KI 1974, 221 S.

1372 Strana ognja. Proizvedenija russkich pisatelej o Donbasse. Doneck: Donbass 1979, 400 + 415 S.

1373 Donbass: pisatel' i vremja. Doneck: Donbass 1979, 343 S.

1374 DŽINČARADZE D.: Poetičeskaja letopis' družby. Gruzija v russkoj sovetskoj literature. Tbilisi: Mecniereba 1979, 84 S.

1375 KLDIAŠVILI M.S.: Russkie pisateli o Gruzii. Tbilisi: Mecniereba 1980, 104 S.

1376 RANNIT A.: Iran in Russian Poetry. In: *Slavonic and East European Journal* 17, 1973, 265–272

1377 PASJUTIN K.F.: Jakutija v russkoj chudožestvennoj literature. Jakutsk: JakutKI 1964, 72 S. *(bis 1917)*

1378 PACHOMOVA M.F.: Karelija v tvorčestve sovetskich pisatelej. Petrozavodsk: Karelija 1974, 272 S.

1379 PAROLEK R.: Kavkaz básníků a bájí. Praha: Albatros 1979, 231 S.

1380 Literatura i Kavkaz. Stavropol': KI 1972, 178 S.

1381 Russkaja literatura i Kavkaz. Stavropol': KI 1974, 132 S.

1382 DUDA S.T.: The Theme of the Caucasus in Russian Literature of the 18–19 Ct.s. Diss. Vanderbilt U 1971, 616 S.

1383 Kol'skij kraj v literature. Murmansk: KI 1962, 311 S.

1384 Kurskij kraj v chudožestvennoj literature. Voronež: Centr. Černoz. KI 1976, 126 S.

1385 GIREEV D.A., LUKAŠENKO M.T.: Osetija v russkoj literature. Ordžonikidze: Severo-Oset. KI 1963, 479 S. *(mit Texten)*

1386 BIAŁOKOZOWICZ B.: Polska w poezji radzieckiej. In: *Przegląd Humanistyczny* 20, 1976, 10, 43–70

1387 PAWLIK H.: Pol'skaja tema v sovetskoj literature (1944–1969). Kielce: WSP 1976, 121 S.

1388 LITWINOW J.: Obraz Polski i polaków w powojennej prozie radzieckiej. In: *Studia Rossica Posnaniensia* 5, 1973, 11–21

1389 GORDIN Ja.: Sever v russkoj poezii. In: *V poiskach i preodolenii,* Petrozavodsk 1976, 59–118

1390 PODZOROVA N.A.: Lično pričastny: Tema preobraženija Sibiri i Dal'nego Vostoka v sovrem. proze. Moskva: Znanie 1980, 64 S.

1391 BOGDANOVA A.A.: Povesti i romany o Sibiri v predvoennye gody (1937–1940 godov). In: *Naučnye trudy Novosibirskogo PI* 36, 1971, 188–207

1392 POSTNOV Ju.S.: Sibiŕ v poezii dekabristov. Novosibirsk: Nauka 1976, 112 S.

1393 SOKTOEVA K.B.: Sud'by narodov Sibiri v russkoj sovetskoj literature. Novosibirsk: Nauka 1978, 143 S.

1394 ŠARYPKIN D.M.: Skandinavskaja tema v russkoj romantičeskoj literature (1825–1840). In: *Epocha romantizma,* Leningrad 1975, 148–198

1395 Russkie pisateli ob Udmurtii. 18 – načalo 20 veka. Iževsk: Udmurtija 1978, 159 S.

1396 TARTAKOVSKIJ P.I.: Russkaja sovetskaja poezija 20ch – načala 30ch godov i chudožestvennoe nasledie narodov Vostoka. Taškent: Fan 1977, 333 S.

1397 KAGANOVIČ S.L. u.a.: Vostok v russkoj sovetskoj literature 20–40ch godov. Taškent: Fan 1979, 135 S.

1398 GILLEL'SON M. I.: Problema „Rossija i Zapad" v otzyvach pisatelej Puškinskogo kruga. In: *Russkaja literatura* 17, 1973, 2, 121–131

1399 AVINS C. J.: Modes of Contrasting Russia and the West in Early Soviet Prose and Criticism. Diss. Yale 1976, 131 S.

12.3. Städte

1400 BORISOVA E. A.: Nekot. osobennosti vosprijatija gorodskoj sredy In: *Tipologija russkogo realizma vtoroj poloviny 19 veka,* Moskva 1979, 252–285

1401 KARAPKINA O.: The Idea of the City in Russian Letters from Pushkin to Tolstoy. Diss. Berkeley 1972

1402 NOLDA S.: Symbolistischer Urbanismus. Gießen: Schmitz 1979, 220 S. (*FAS* 25)

1403 NESTEROV Ju. L.: Karaganda v sovetskoj poezii 1940ch godov. In: *Problemy russko-kazachskich lit. i jaz. svjazej,* Karaganda 1978, 17–29

1404 Kazań v istorii russkoj literatury. Kazań: PI 1968–1972, 124, 116 S.

1405 CHINKULOV L.: Literaturnye progulki po Kievu. In: *Raduga* 1975/4 u. 1979/5.

1406 ZIEGLER G.: Moskau und Petersburg in der russischen Literatur (bis 1850). Zur Gestaltung eines literarischen Stoffes. München: Sagner 1974, 189 S. (*SB* 80)

1407 ŠELEST V.: Ideologična borot'ba miž Moskvoju ta Peterburgom-Leningradom i jiji vidobražennja u literaturi. München: Ukrajińskij Vil'nyj U 1974, 66 S.

1408 GREGORY P.: The Theme of Moscow in Russian Literature in the 19th Century. Diss. Vanderbilt U 1973, 228 S.

1409 ŠAMARO A.: Dejstvie proischodit v Moskve. Moskva: Mosk.rab. 1979, 199 S.

1410 Literaturnyj Leningrad v dni blokady. Leningrad: Nauka 1973, 292 S.

1411 LUGOVCOV N.: Sražajuščajasja muza. Podvig Leningrada v tvorčestve sovetskich poetov 1941–1945 godov. Leningrad: Lenizdat 1973, 175 S.

1412 Peterburg, Petrograd, Leningrad v russkoj poezii. Leningrad: Lenizdat 1975, 535 S. *(mit Texten)*

1413 FILIPPOV B.: Leningradskij Peterburg v russkoj poezii i proze. Paris: La Presse Libre 1973, 51 S.

1414 ANCIFEROV N.: Duša Peterburga. Paris: YMCA 1978, 226 S. (RdA Pgd. 1922)

1415 CUKIERMAN W.: The Odessan Myth and Idiom in Some Early Works of Odessa Writers. In: *Canadian-American Slavic Studies,* 14, 1980, 1, 36–51

1415a POTTHOFF W.: Russische Rom-Dichtung im 19. Jahrhundert. In: *Studien zur Literatur und Aufklärung in Ost-Europa,* Gießen: Schmitz 1978, 357–413

12.4. Soziale und nationale Gruppen

12.4.1. Frauen

1416 BORODINA N. I.: Problema emansipacii ženščiny v russkoj literature 30ch–40ch godov 19 veka. In: *Učenye zapiski Mosk. PI* 405, 1970, 147–160

1417 de MAEGD-SOËP C.: The Emancipation of Woman in Russian Literature and Society. Gent: U 1978, 402 S. *(1860/70)*

1418 GROSSMANN J. D.: Feminine Images in Old Russian Literature and Art. In: *California Slavic Studies* 11, 1980, 33–70

1419 SIEGEL G.: The Fallen Woman in 19th Century Russian Literature. In: *Harvard Slavic Studies* 5, 1970, 81–107

1420 CHRISTENSEN J. A.: The Shaping of the Russian Philosophical Heroine. Feminine Images of Beauty in Russian Philosophical Aesthetics and the Heroines of Gogol'. Diss. Berkeley 1978, 310 S.

1421 GASIOROWSKA X.: La femme liberée dans le roman soviétique des années vingt. In: *Revue de l'Est* 1973, 141–151

1422 GASIOROWSKA X.: Die Neue Frau in der Sowjetliteratur. In: *Osteuropa* 1973, 12, 909–916

1423 WOLFFHEIM E.: Die Frau in der sowjetischen Literatur. 1917–1977. Stuttgart: Klett 1979, 157 S.

1424 GUSAROVA I.: „Strannye ženščiny" ili toska po garmonii. In: *Znamja* 1979, 9, 221–231

12.4.2. Ehe, Familie, Kind, Jugend

1425 SHNEIDMAN N.N.: The Controversial Prose of the 1970's. Problems of Marriage and Love in Contemporary Soviet Literature. In: *Canadian Slavonic Papers* 18, 1976, 400–414

1426 BOČAROV A. G.: Sovremennyj semejno-bytovoj roman. Moskva: Znanie 1978, 64 S.

1427 EPŠTEJN M., JUKINA E.: Obrazy detstva. In: *Novyj mir* 1979, 12, 242–257

1428 LJUBOMUDROV M. N.: Vstupaja v soveršennoletie. Moskva: Prosveščenie 1976, 144 S.

1429 ELBERG M. Z.: Children as Portrayed by Soviet Prose Writers during the Period of the „Thaw". Diss. New York U 1972, 194 S.

12.4.3. Lišnie ljudi, Intelligentsia

1430 DERDAK F.: Entfremdung und Langeweile. Zur Interpretation des Menschenbildes in der russischen Literatur des 19. Jhdts. Diss. Wien 1975, 115 S.

1431 RAKUŠA I.: Studien zum Motiv der Einsamkeit in der russischen Literatur. o.O.: Bucher 1973, 197 S. (*Slavica Helvetica* 3)

1432 CHANCES E. B.: Conformity's Children. An Approach to the Superflous Man in Russian Literature. Columbus: Slavica 1978, 210 S.

1433 ROGERS Th. F.: „Superflous Men" and the Post-Stalin „Thaw". The Alienated Hero in Soviet Prose During the Decade 1953–1963. The Hague: Mouton 1972, 410 S. (*SPR* 108)

1434 van der ENG-LIEDMEIER J.: L'intelligencija révolutionnaire vue à travers quelques œuvres soviétiques (1921–1927). In: *Analecta Slavica,* Amsterdam 1955, 145–154

1435 BALOUEFF J. J.: Reflection of the Young Intelligentsia in Russian Fiction 1905–1914. Diss. Vanderbilt U 1976, 308 S.

1436 VERDEREVSKAJA N. A.: Stanovlenie raznočinca v russkoj realističeskoj literature 40–60ch godov 19 veka. Kazań: PI 1975, 136 S.

1437 SCHMIDT W.-H.: Nihilismus und Nihilisten. München: Fink 1974, 236 S. (*FS* 38)

1438 HOROWITZ A. G.: The Rebellious Hero in Russian 19th Cty. Literature. Diss. Northwestern-U 1979, 114 S.

1439 NAZAROVA Lj.: Bazarov na I. S. Turgenev i potomcite mu v ruskata literatura ot 80te–90te godini na 19 vek. In: *Ezik i literatura* 28, 1973, 1, 21–36

1440 CLARK K.: The Image of the Intelligent in Soviet Prose Fiction. 1917–1932. Diss. Yale 1971, 372 S.

1441 ČERNAJA N. I.: Učenyj v sovremennoj sovetskoj proze. Kiev: Naukova dumka 1976, 172 S.

1442 DUNHAM V. S.: In Stalin's Time. Middleclass Values in Soviet Fiction. Cambridge: UP 1976, 283 S.

12.4.4. Arbeit, Arbeiter

1443 LJUBAREVA E. P.: Respublika truda. Geroi poezii pervych pjatiletok. Moskva: Sov. pisatel' ^{2}1978, 287 S. (^{1}1975)

1444 FED' N.: Formula sozidanija. Ljudi truda v sovremennoj literature. Moskva: Sovremennik 1977, 288 S.

1445 FED' N.: Rabočij- geroj sovremennoj literatury. Moskva: Profizdat 1975, 111 S.

1446 BELKIN A. A.: Rabočij-glavnyj geroj. Moskva: Znanie 1977, 96 S.

1447 MICHAJLOVSKIJ B. V.: Izobraženie proletariata v literature vtoroj poloviny 19 – načala 20 vekov. In: *Gor'kovskie čtenija* 1959/60, Moskva 1962, 125–156

1448 VERCHOVSKAJA M. M.: Russkaja literatura i rabočij vopros. Rjazań: PI 1973, 229 S.

1449 VLASENKO A.: Glavnaja sila. Rabočij klass v sovremennoj sovetskoj literature. Moskva: Sovremennik 1974, 216 S.

1450 KAMINSKIJ M. S., LOPUSOV Ju. A.: Rabočij charakter. Moskva: Prosveščenie 1975, 239 S.

1451 GOC G. S.: Velikoe čuvstvo po imeni klass. Rabočaja tema v russkoj proze poslednich let. In: *Roman i sovremennost'*, Moskva 1971, 5–50

1452 ŠAGALOV A.: Vgljadyvajaś v sovremennost'. Moskva: Sovremennik 1979, 431 S.

1453 Idea pracy w literaturze rosyjskiej. Katowice: U 1980, 142 S.

1454 Rabočij klass geroj žizni – geroj literatury. In: *Voprosy literatury* 1980, 9, 3–161

1455 KRUK I. T.: Heroizm trudovych budniv. Ljudyna praci v radjanśkij literaturi. Kyjiv: Radj. pyśmennyk 1980, 192 S.

12.4.5. Bauern, Dorf

1456 DONSKOV A.: The Changing Image of the Peasant in 19th Century Russian Drama. Helsinki: Suomalainen Tiedeakademia 1972, 203 S.

1457 SAMOČATOVA O.: Krest'janskaja Ruś v literature. Tula: Priokskoe KI 1972, 176 S.

1458 SAŁAJCZYK J.: Od „Nagiego roku“ do „Zaoranego ugoru“: wieś i rewolucja w rosyjskiej literaturze radzieckiej lat dwudziestych. Gdańsk: U 1979, 134 S.

1459 SAŁAJCZYK J.: Wieś w rosyjskiej radzieckiej prozie powieściowej lat 1917–1932. Wrocław-Gdańsk: Ossolineum 1979, 172 S. *(GdTN)*

1460 GLICKMAN R.: An Alternative View of the Peasantry. The Raznochintsy Writers of the 1860s. In: *Slavic Review* 32, 1973, 693–704

1461 HOSKING G. A.: The Russian Peasant Rediscovered. „Village Prose“ of the 1960s. In: *Slavic Review* 32, 1973, 705–724

1462 FANGER D.: The Peasant in Literature. In: *The Peasant in 19th Century Russia.* Stanford: UP 1968, 231–263

1463 POZDNEEV A.: Das Bauernthema in der Literatur des 18. Jhdts. In: *Studien zur Geschichte der russischen Literatur des 18. Jhdts.,* 2, Berlin 1968, 62–93

1464 TERAKOPJAN L.: Pafos preobrazovanija. Moskva: Chud. literatura [2]1978, 394 S.

1465 SURGANOV V.A.: Čelovek na zemle. Moskva: Sov. pisatel' 1975, 557 S.

1466 KUZNECOV F.: Samaja krovnaja svjaz'. Moskva: Prosveščenie 1977, 222 S.

1467 KRUKOWSKI T.: The Kolkhoz Fiction of Post-Stalin Period. Diss. Ottawa 1971

1468 MIHALEHENKO I. S.: The Theme of the Russian Village in the Soviet Prose of the Poststalinist Period. Diss. New York U. 1972

1469 MINOKIN M. V.: Sovremennaja sovetskaja proza o kolchoznoj derevne. Moskva: Prosveščenie 1977, 144 S.

1470 ŽEKULIN G.: The Contemporary Countryside in Soviet Literature. In: *The Soviet Rural Community,* Urbana 1971, 376–404

1471 PORĘBA S.: Proza o tematyce wiejskiej we współczesnej literaturze rosyjskiej. In: *Przegląd Humanistyczny* 24, 1980, 93–105

12.4.6. soziale Gruppen, sonstiges

1472 RAMMELMEYER A.: Arzt, Kranke und Krankheit in der russischen schönen Literatur. In: *Studien zur Medizingeschichte des 19. Jahrhunderts.* 1., Stuttgart 1967, 116–156

1473 THOMPSON E. M.: The Archetype of the Fool in Russian Literature. In: *Canadian Slavon. Papers* 15, 1973, 245–273

1474 THOMPSON E. M.: Il Folle Sacro e le sue transformazioni nella letteratura russa. In: *Strumenti Critici* 27, 1975, 157–181

12.5. Armee, Krieg, Heldentum

1475 KUŹMIN A.I.: Voennaja tema v literature Petrovskogo vremeni. In: *18 vek,* 9, 1974, 168–183

1476 ČALMAEV V.A.: Otbleski plameni. Voenno-patriotičeskaja tema v sovetskoj literature. Moskva: Voenizdat 1978, 261 S.

1477 Oružiem slova. Voenno-patriotičeskaja tema v sovetskoj literature. Moskva: Chud. literatura 1978, 414 S. *(Aufsätze)*

1478 IVANOVA L. V.: Sovremennaja sovetskaja proza o Velikoj Otečestv. Vojne. Moskva: Nauka 1979, 200 S.

1479 BRITIKOV A. F.: Sovremennaja voennaja proza: literaturnyj process i poetika žanra. In: *Russk. lit.* 18, 1975, 2, 29–50

1480 SKRUNDA W.: Przemiany radzieckiej batalistyki literackiej. In: *Slavia orient.* 1974, 4, 419–435

1481 BOČAROV A.: Čelovek i vojna. Moskva: Sov. pisatel' ²1978, 478 S. (¹1973)

1482 THUN N.: Krieg und Literatur. Berlin: Akademie-Verl. 1977, 299 S. *(Prosa ab 1941)*

1483 Armija i literatura. 2 Bde., Moskva: Voenizdat 1971–1978

1484 KUŹMIN A. I.: Geroičeskaja tema v russkoj literature. Moskva: Prosveščenie 1974, 304 S.

1485 ZAMORIJ T. P.: Problema geroičeskogo charaktera v sovremennom russkom rasskaze. Kiev: Naukova dumka 1976, 272 S.

1486 LEONOV B. A.: Epos geroizma. Tema geroičeskogo v russkoj sovetskoj proze. Moskva: Prosveščenie 1975, 271 S.

1487 TOPER P.: Radi žizni na zemle. Literatura i vojna. Moskva: Sov. pisatel' ²1975, 568 S. (¹1971)

1488 ČUBAKOV S. N.: Slovo i oružie. K probleme antivoennoj tradicii v russkoj klassičeskoj literature. Minsk: U 1975, 271 S.

1489 TAGANOV L. N.: Velikaja otečestvennaja vojna v sovetskoj poezii 40–70ch godov. Ivanovo: U 1978, 180 S.

1490 KISELEFF N.: A Study of the Romantic Hero in the 19th Cty. Russian Novel. Diss. Toronto 1976

12.6. Patriotismus

1491 DEMENT'EV V.: Grani sticha. O patriotičeskoj lirike sovetskich poetov. Moskva: Prosveščenie 1979, 175 S.

12.7. Nationale Gruppen

1492 MUCHINA S. L.: Literatura dekabrizma o nerusskich narodach Rossii. Frunze: Mekteš 1972, 192 S.

1493 HERMANN A.: Zum Deutschlandbild der nichtmarxistischen russischen Sozialisten. Analyse der Zeitschrift „Russkoe bogatstvo" 1880–1904. München: Sagner 1974, 198 S. (*ATS* 4)

1494 COUBIER H.: Zwischen Wunschbild und Alptraum. Der Deutsche in der russischen Literatur. In: *Merkur* 26, 1972, 238–250

1495 GLOUBERMAN E.: F. Dostoevskij, V. Solov'ëv, V. Rozanov and L. Šestov on Jewish and Old Testament Themes. Diss. U of Michigan 1974, 413 S.

1496 DONAT A.: Neopalimaja kupina. New York: U 1973, 480 S. (Juden, *mit Texten*)

1497 L'VOV-ROGAČEVSKIJ V.: A History of Russian-Jewish Literature. Ann Arbor: Ardis 1979, 260 S.

1498 Na odnoj volne. Jewish Themes in Russian Poetry. Jerusalem 1974, 220 S.

1499 FRIEDBERG M.: The Jew in Post-Stalin Soviet Literature. Washington: B'nai B'rith 1970, 59 S.

1500 SERGIN A.: Jews and the October Revolution in Recent Soviet Literature. In: *Soviet Jewish Affairs* 1, 1971, 2, 68–79

12.8. altrussische Stoffe

1501 RAAB M.: Obraz drevnerusskogo čeloveka v poezii Puškinskogo vremeni. In: *Trudy Otd. drevne-russkoj literatury* 26, 1971, 13–32

1502 DERŽAVINA O.A.: Prolog v tvorčestve russkich klassikov 18–20 vekov i v fol'klore. In: *Russkaja staropečatnaja literatura ... Prolog,* Moskva: Nauka 1978, 155–170

1503 KUSKOV V. V.: Motivy drevne-russkoj literatury v russkoj romantičeskoj poezii pervoj četverti 19 veka. Moskva: U 1973, 28 S.

12.9. Geschichte

1504 AFANAS'EV E. L.: Kulikovskaja bitva v izobraženii russkich pisatelej 18 veka. In: *Izv. AN SSSR Lit. Jaz.* 39, 1980, 4, 291–300

1505 FILATOVA A. I.: K voprosu o chudožestvennom voploščenii temy Ermaka v sovetskom istoričeskom romane. In: *Učenye zap. PI Perḿ* 147, 1975, 125–133

1506 PETELIN V.: Stepan Razin – ličnost' i obraz. In: *Volga* 1972, 3, 157–183

1507 WAUGH D. C.: 17th-century Muscovite Pamphlets with Turkish Themes. Diss. Harvard 1972

1508 ROSENBUSH M.: The Personality of Peter the Great in 19th Century Russian Literature. Diss. U of Montreal 1970

1509 GASIOROWSKA X.: The Image of Peter the Great in Russian Fiction. Madison: U 1979, 199 S.

1510 TARTAKOVSKIJ A. G.: 1812 god i russkaja memuaristika 19 veka. In: *Istorija SSSR* 1979, 6, 71–94

1510a SOROKINE D.: Napoléon dans la littérature russe. Paris: Association Langues et Civilisations 1974, 388 S. (*Publications orientalistes de France* 811)

1511 LITVIN E.S.: Otečestvennaja vojna 1812 goda v russkich narodnych pesnjach. In: *Slavjanskij fol'klor* 13, 1951, 92–112

1512 BIAŁOKOZOWICZ B.: Powstanie listopadowe w poezji rosyjskiej. In: *Przegląd Humanistyczny* 15, 1971, 2, 99–114

1513 LEVKOVIČ Ja. I.: Vosstanie dekabristov v sovetskoj chudožestvennoj proze. In: *Russk. lit.* 18, 1975, 4, 167–179

1514 VINOGRADOV B.S.: Kavkazskij vopros v russkoj literature 19 veka. In: *Aktual'nye problemy literatury*, Rostov 1971, 149–163

1515 DOMANOVSKIJ L.V.: Krymskaja vojna v russkom narodnom tvorčestve. In: *Russkij fol'klor* 6, 1961, 225–269

1516 VIL'ČINSKIJ V.P.: Slavjanskij vopros v russkoj literature 1870ch godov. In: *Russkaja literatura* 16, 1973, 3, 118–132

1517 GERMANOV G.: Načalo aprel'skogo vosstanija i russkaja literatura. In: *Neva* 1976, 9, 171–176

1518 GRIBOVSKAJA A.: Tema osvoboditel'noj bor'by bolgarskogo naroda v russkoj literature vtoroj poloviny 19 – načala 20 veka. In: *Pamiętnik Słowiański* 25, 1975, 101–116

1519 PRUCKOV N.I.: Russkaja literatura 19 veka i revoljucionnaja Rossija. Leningrad: Nauka 1971, 240 S. (Moskva: Prosveščenie ²1979, 267 S.)

1520 Revoljucija 1905–1907 godov i literatura. Moskva: Nauka 1978, 272 S.

1521 ANGELOFF A.: The Revolution and the Civil War in the Soviet Novel. An Ideological Interpretation. Diss. Syracuse 1970, 298 S.

1522 FOSTER L.A.: The Revolution and the Civil War in Russian Emigré Novels. In: *Russian Review* 31, 1972, 153–162

1523 MILLER F.J.: The Image of Stalin in Soviet Russian Folklore. In: *Russian Review* 39, 1980, 50–67

1524 KODZIS B.: Postać Feliksa Dzierżyńskiego w rosyjskiej literaturze radzieckiej. In: *Przegląd Rusycystyczny* 2, 1979, 1, 15–28

1525 MOROZOVA E. F.: Pafos sovremennosti. Leninskaja tema v sovremennoj istoriko-revoljucionnoj proze. L'vov: Vyšča škola 1980, 160 S.

1526 Literatura radziecka wobec idei rewolucyjnych. Katowice: U 1979, 182 S.

1527 KAJEV A.A.: Morozovskaja stačka v chudožestvennoj literature. In: *Učenye zap. Orechovo-Zuevskogo PI* 28, 1967, 47–63

1528 HOFFMAN St. H.: Scythianism. Diss. Columbia-U 1975, 223 S.

1529 DJUŽEV Ju. I.: Slušajte revoljuciju. Istoriko-revoljucionnaja tema v russkoj sovetskoj literature Severa. Petrozavodsk: Karelija 1974, 183 S.

1530 ZAHRÁDKA M.: Literatura a Říjen. Praha: Naše vojsko 1977, 256 S.

1531 MINOKIN M. V.: Sovetskaja chudožestvennaja proza 20ch godov o graždanskoj vojne. Moskva: Prosveščenie 1973, 144 S.

1532 GELLER M.: Koncentracionnyj mir i sovetskaja literatura. London: Overseas Publ. 1974, 352 S. (*französ.* Lausanne gl. J.)

1533 ACHMEDOV S. Ch.: Obraz V. I. Lenina v sovetskoj chudožestvennoj proze. Machačkala: Dagučpedgiz 1973, 155 S.

1534 BARANOV V. I.: Pravda obraza-pravda istorii. Estetičeskie problemy Leniniany. Russkaja sovetskaja proza. Gor'kij: Volgo-Vjatskoe KI 1971, 152 S.

1535 POTAPOV N.: Živee vsech živych. Obraz Lenina v sovetskoj dramaturgii. Moskva: Sov. pisatel' ^{2}1980, 351 S.

1536 DEVITT V.: Dvadcat' šest' bakinskich komissarov v sovetskoj poezii. Baku: Akademija Nauk 1965, 158 S.

1537 KOGAN A.: Stichi i sud'by. Frontovaja tema v sovetskoj poezii. Moskva: Chud. lit. 1977, 270 S.

1538 DJUŽEV Ju. I.: Pamjat' vojny. Velikaja Otečestvennaja Vojna v russkoj sovetskoj literature Severa. Petrozavodsk: Karelija 1977, 168 S.

1539 LAZAREV L. I.: Eto naša sud'ba. Moskva: Sov. pisatel' 1978, 288 S.

1540 LAZAREV L. I.: V boevom stroju. In: *Voprosy literatury* 1976, 6, 236–246

1541 ERMOLAEVA N., KUPRIJANOVSKIJ P.: V razdum'jach o literature i vojne. In: *Voprosy literatury* 1976, 6, 218–236

1542 ŽURAVLEVA A. A.: Pisateli-prozaiki v gody Velikoj Otečestvennoj Vojny. Moskva: Prosveščenie 1978, 128 S.

1543 KOGAN A. G.: Perečityvaja vojnu. Moskva: Chud. lit. 1975, 322 S.

1544 Literatura velikogo podviga. Velikaja Otečestvennaja Vojna v literature 3 Bde. Moskva: Chud. lit. 1971–1980

1545 LEJDERMAN N. L.: Sovremennaja chudožestvennaja proza o Velikoj Otečestvennoj Vojne (1955–1970). Sverdlovsk: PI 1973, 144 S.

1546 LEBEDEV P. F.: Pesni, zvavšie na podvig. Massovoe frontovoe pesennoe tvorčestvo Velikoj Otečestvennoj Vojny. Saratov: Privolžsk. KI 1978, 271 S.

1547 ZAHRÁDKA M.: Literatura a válka. Praha: NV 1980, 301 S.

1548 ROSS J.R.: Image of the Hero in Modern Soviet War Literature. Diss. Middlebury 1973

1549 ZAHRÁDKA M.: Stalingradská bitva v literárním zobrazení. Ostrava: Profil ^{2}1976, 240 S. (^{1}1973)

1550 GLINKIN P.E.: S distancii vremeni. Tema Velikoj Otečestvennoj Vojny v literaturovedenii i kritike. 1961–1971. In: *Russkaja literatura* 15, 1972, 2, 192–207

1551 MATHEWSON R.W.: The Positive Hero in Russian Literature. Stanford: U ^{2}1975, 388 S.

1552 HIERSCHE A.: Sowjetische Gegenwartsliteratur und Wissenschaftlich-Technische Revolution. München: Damnitz 1976, 242 S.

1553 IVAŠEVA V.: Na poroge 21 veka. NTR i literatura. Moskva: Chud. lit. 1979, 318 S.

12.10. Mythologische Stoffe

1554 KRUGOVOY G.: La lotta col drago nell'epos eroico russo. Bergamo: Centro Studi Russia Cristiana 1967, 228 S.

1555 REED Ph.A.: The Rusalka-Theme in Russian Literature. Diss. Berkeley 1973

1556 THIERGEN P.: Der Triumph der Venus. In: *Slavistische Studien*, München 1973, 484–496

1557 MINC Z.G.: O nekotorych „neomifologičeskich" tekstach v tvorčestve russkich simvolistov. In: *Učenye Zapiski U Tartu* 459, 1979, 76–120

1558 ŠUBIK B.: Die slavische Mythologie in der russischen Literatur zu Beginn des 20. Jhdt.s Diss. Wien 1973, 303 S.

1559 PHILIPPS D.D.: The Supernatural Tale. An Analysis of Supernatural Elements in Russian Short Fiction of the First 3 Decads of the 19th Century. Diss. New York U 1977, 206 S.

1560 BESANÇON A.: Le Tsarévitch immolé. La symbolique de la loi dans la culture russe. Paris: Plon 1967, 282 S.

1561 TVOROGOV O.V.: Antičnye mify v drevnerusskoj literature 11–16 vekov. In: *Trudy Otdela drevne-russk. lit.* 33, 1979, 3–31

1562 ZIMIN A.A.: Antičnye motivy v russkoj publicistike konca 15 veka. In: *Feodal'naja Rossija vo vsemirno-istoričeskom processe.* Moskva 1972, 128–138

1563 RJAZANOVSKIJ F.A.: Demonologija v drevne-russkoj literature. Leipzig: Zentralantiquariat 1974, 126 S. (RdA Moskva 1915)

12.11. Kunst. Literatur

1564 BAUMANN W.: Ästhetisches Urteil und russische Tanzkritik von Puškin bis Saltykov-Ščedrin. Frankfurt: P. Lang 1978, 244 S.

1565 MURATOVA K. M.: Russkie pisateli konca 18 – pervoj poloviny 19 veka o zapadnoevropejskoj gotike. In: *Voprosy russkoj literatury* (L'vov) 1, 1972, 45–58

1566 BITTNER K.: Die Faustsage im russischen Schrifttum. Hildesheim: Gerstenberg 1973, 102 S. (RdA Reichenberg 1925)

1567 BUSCH W.: Horaz in Rußland, München: Eidos 1964, 270 S.

1568 BIAŁOKOZOWICZ B.: Adam Mickiewicz v russkoj chudožestvennoj literature: obraz i simvol. In: *Tretij Meždun. kongress prepodavatelej russk. jazyka i lit. Osnovnye doklady i soobščenija pol'skoj delegacii.* Warszawa 1976, 11–45

1569 ROWE E.: Hamlet. A Window on Russia. New York: UP 1976, 199 S.

1570 GOLDMAN H. A.: Shakespeare's „Hamlet" in the Work of Boris Pasternak and other Modern Russian Poets. Diss. Bloomington 1975, 292 S.

1571 P. I. Čajkovskij i russkaja literatura. Iževsk: Udmurtija 1980, 230 S. *(Aufsätze)*

1572 ENDERLE R.: Don Juan w twórczości poetów rosyjskich końca XIX- początku XX w. In: *Slavica Wratislaviensia* 16, 1979, 17–34

1573 CONDEE N. P.: The Metapoetry of Evtušenko, Achmadulina and Voznesenskij. Diss. Yale 1978, 364 S.

1574 DEVITT V. V.: Poezii ogni negasimye. Obrazy azerbajdžanskich klassikov v russkoj sovetskoj poezii. Baku: Elm 1979, 127 S.

1575 LASUNSKIJ O. G. (Hg.): Russkij solovej. A. V. Kol'cov v otečestvennoj poezii. Voronež: U 1979, 198 S.

12.12. Philosophie

1576 PERCOV P.: Filosofskie tečenija russkoj poezii. Hildesheim: Olms 1978, 394 S. (RdA St.Pbg. 1896)

1577 TAMARČENKO N. D.: Celostnost' kak problema etiki i formy v proizvedenijach russkoj literatury 19 veka. Kemerovo: U 1977, 93 S.

1578 TSCHIŽEWSKIJ D.: Über den Platonismus in der russischen Lyrik. In: *Archiv f. d. Studium d. Neueren Sprachen und Literaturen* 203, 1966, 118–127

1579 CLIVE G.: The Broken Icon. Intuitive Existentialism in Classical Russian Fiction. New York: McMillan 1972, 254 S.

12.13. Religion

1580 EVDOKIMOV P.: Christus im russischen Denken. Trier: Paulinus-V. 1977, 270 S.

1581 GOLUBOV A.S.: Patterns of Religious Imagery. The Post-Gogolian Russian Realistic Novel 1859–1881. Diss. Rochester 1977, 365 S.

1582 HÖNIG A.: Typologie der in der russischen Sowjetliteratur verarbeiteten religiösen Elemente. In: *Forschung und Lehre (Festschrift J. Schröpfer)* Hamburg 1975, 183–215.

1583 ŠACHOVSKAJA Z.: The Significance of Religious Themes in Soviet Literature. In: *Studies on the Soviet Union* 5, 1966, 4, 119–129.

1584 de MICHELIS C.G.: Il „tridecesimo apostolo". Evangeli e prassi nella letteratura sovietica da Blok a Solgenitsin. Torino: Claudiana 1975, 247 S.

1585 ROSS N.: Le mythe d'Adam dans la Russie médiévale. In: *Istina* 1974, 3, 368–377.

1586 KARPOV N.V.: Sjužetnye motivy antiklerikal'noj satiry 17 veka v russkoj nelegal'noj poeme 19 veka. In: *Literatura Drevnej Rusi,* 2, Moskva 1978, 74–85.

1587 LIVŠIC G.M.: Ateizm russkich revoljucionnych demokratov. Minsk: Vyšejša škola 1979, 303 S.

1588 DONAT A.: Neopalimaja kupina. Evrejskie sjužety v russkoj poezii. New York: U 1973, 480 S. *(mit Texten)*

1589 SOLOUCHIN V.: Vremja sobirat' kamni. In: *Moskva* 1980, 2, 185–212 (Optina pustyń)

1590 SUCHOV A.D.: Ateizm peredovych russkich myslitelej. M.: Mysl' 1980, 236 S.

12.14. Partei, Ideologie

1591 BIRKENMAYER S.S.: The Party Organizer as a Fictional Hero in the Soviet Novel during the Soviet Patriotism Period (1946–1952). In: *Russian Language Journal* 24, 1970, 8–21

1592 PISKUNOV V.M.: Znamenoscy: Obraz kommunista v sovetskoj literature. Moskva: Prosveščenie 1979, 256 S.

1593 Problemy nravstvennogo vospitanija ličnosti v sovremennoj sovetskoj literature. Moskva: Mysl' 1979, 149 S.

1594 ŠOŠIN V.A.: Letopiś družby. K probleme internacionalizma v sovetskoj literature. Leningrad: Nauka 1971, 286 S.

12.15. Russ. Lit. Stoffe. Varia

1596 LARCEV V. G.: Poezija i nauka. Taškent: Fan 1974, 202 S.

1597 LARCEV V. G.: Kosmos v sovetskoj poezii. Moskva: Znanie 1977, 63 S.

1598 NEUENSCHWANDER D. B.: Themes in Russian Utopian Fiction. Diss. Syracuse 1974, 327 S. *(18. u. 19. Jhdt.)*

1599 ZAMORIJ T. P.: Stanovlenie garmoničeskoj ličnosti v sovremennoj russkoj proze. Kiev: Naukova dumka 1979, 214 S.

1600 GULJAEV N. A.: Russkij romantizm. Moskva: Vysšaja škola 1974, 359 S.

1601 POLJAKOVA G. V.: Sny kak žanroobrazujuščee načalo v russkoj poeme serediny 19 veka. In: *Idejno-chudožestvennye iskanija russkich pisatelej 19 veka,* Leningrad 1979, 42–58

1602 ANDRONIKOV I. L.: O russkich „trojkach". In: *I. A., K Muzyke,* Moskva ^{2}1977, 185–200

1603 GRADOPOLOVA K.: Otraženie social'noj suščnosti fizičeskogo vospitanija v russkoj chudožestvennoj literature 19 – načala 20 stoletija. Moskva: Gos. centr. institut fizkul'tury 1970, 17 S. *(Avtoreferat)*

1604 HOLTHUSEN J.: Tiergestalten und metamorphe Erscheinungen in der Literatur der russischen Avantgarde (1909–1923). München: Akademie 1974, 58 S.

1605 WOLTNER M.: Hundenamen in der russischen Literatur. In: *Annuaire de l'Institut de philologie et d'histoire orientales et slaves.* (Bruxelles) 18, 1968, 475–514 *(Festschrift Unbegaun)*

1606 HOPKINS W. H.: The Development of „Pornographic" Literature in 18th and Early 19th Century Russia. Diss. Bloomington 1977, 506 S.

1607 SCHOLLE Ch.: Das Duell in der russischen Literatur. München: Sagner 1977, 194 S. (*ATS* 14)

13. Russische Literatur. Beziehungen

13.1. allgemein

1608 ALEKSEEV M. P.: Zur Geschichte russisch-europäischer Literaturtraditionen. Berlin: Rütten und Löning 1974, 465 S.

1609 Vosprijatie russkoj kul'tury na Zapade. Leningrad: Nauka 1975, 279 S.

1610 BERKOV P. N.: Literary Contacts Between Russia and the West since the 14th Century. London: Variorum Reprints 1973, 488 S.

1611 Rossija i Zapad. Leningrad: Nauka 1973, 340 S.

1612 Russko-evropejskie literaturnye svjazi. Moskva: Nauka 1966, 473 S. *(Festschrift M. P. Alekseev)*

13.1.1. Beziehungen allgemein. Teilepochen

1613 LIMONOV Ju. A.: Kul'turnye svjazi Rossii s evropejskimi stranami v 15–17 vekach. Leningrad: Nauka 1978, 272 S.

1614 ROTHE H.: Zur Frage von Einflüssen in der russischen Literatur des 18. Jahrhunderts. In: *ZsfSlPh* 33, 1966, 21–68

1615 Russia and the West in the 18th Century. = *Canadian-American Slavic Studies*, 13, 1979, 4, 391–554

1616 Russkaja kul'tura 18 veka i zapadnoevropejskie literatury. Moskva: Nauka 1980, 230 S. *(Aufsätze)*

1617 Epocha romantizma – iz istorii meždunarodnych svjazej russkoj literatury. Leningrad: Nauka 1975, 281 S.

1618 Ot romantizma k realizmu. Leningrad: Nauka 1978, 320 S.

1619 Rannie romantičeskie vejanija. Leningrad: Nauka 1972, 295 S.

1620 KULEŠOV V. I.: Literaturnye svjazi Rossii s Zapadnoj Evropoj v 19 veke. (pervaja polovina). Moskva: U ^{2}1977, 351 S.

1621 ETKIND E. G.: Russkie poety perevodčiki ot Trediakovskogo do Puškina. Leningrad: Nauka 1973, 247 S.

1622 PUSHCHIN H. A.: German and English Influences on the Russian Romantic Literary Ballad. Diss. New York U 1976, 271 S.

1623 Il romanzo russo nel secolo 19 e la sua influenza nelle letterature de l'Europa occidentale. Roma: Accademia dei Lincei 1978, 223 S.

1624 FRIEDBERG M.: A Decade of Euphoria. Western Literature in Post-Stalin Russia 1954–1964. Bloomington: U 1971, 371 S.

13.2. slavische Beziehungen, allgemein

1625 Slavjane i Rossija. Moskva: Nauka 1972, 308 S.

1626 Slavjanskie strany i russkaja literatura. Leningrad: Nauka 1973, 267 S.

1627 Zarubežnye slavjane i russkaja literatura. Leningrad: Nauka 1978, 262 S.

1628 ANGELOV B.: Rusko-južnoslavjanski knižovni vъrzki. Sofija: BAN 1980, 130 S.

1629 TALEV I.: Some Problems of the Second South Slavic Influence in Russia. München: Sagner 1973, 444 S. (*SB* 67)

1630 IOVINE M.-S.: The History and the Historiography of the Second South Slavic Influence. Diss. Yale 1977

1631 BROWN D.: Czechoslovak and Polish Influences on Soviet Literature. In: *The Influence of Eastern Europe and the Soviet West on the USSR*, New York, Praeger 1975, 117–146

13.3. England, Amerika

1632 CROSS A. G.: „By the Banks of the Thames“. Newtonville: Oriental Research Partners 1979, 360 S. *(18. Jhdt.)*

1633 CROSS A. G.: British Knowledge of Russian Culture (1698–1801). In: *Canadian-American Slavic Studies* 13, 1979, 4, 412–435

1634 FRIEDBERG M.: American Literature Through the Filter of Recent Soviet Publishing and Criticism. Washington: US Information Agency 1976, 71 S.

1635 LEVIN Ju. D.: Ossian v russkoj literature. Leningrad: Nauka 1980, 205 S. *(bis 1835)*

1636 GROSSMAN J.D.: Edgar Allan Poe in Russia. Würzburg: jal 1973, 245 S.

1637 STAHL S. G.: Byron's Influence on the Lives and Works of Representative Russian Poets of the Romantic Period. 1815–1825. Diss. Northwestern U 1978, 147 S.

1638 BATHURST R.B.: Dicken's Liberal Russian Readers. Diss. Brown U 1977, 176 S.

1639 MORRELL A.W.: The Reception of Mark Twain in Russia. Diss. Bloomington 1974, 195 S.

13.4. Deutsches Sprachgebiet

1640 GRASSHOFF H.: Russische Literatur in Deutschland im Zeitalter der Aufklärung. Berlin: Akademie-Verlag 1972, 372 S. (*VIS* 59)

1641 ISAKOV S. G.: Materialy po russkoj literature i kul'ture na stranicach nemeckoj pribaltijskoj pečati načala 19 veka. (Obzor). In: *Trudy po russkoj i slavjanskoj filologii U Tartu* 9, 1966, 142–202 u. 21, 1973, 392–430

1642 RAUCH G. v.: Baltische Beiträge zur Vermittlung russischer Literatur in der ersten Hälfte des 19. Jahrhunderts. In: *Zeitschrift für Ostforschung* 22, 1973, 601–625

1643 LEVIN Ju. D.: Issledovanie russkich perevodov nemeckoj poezii. In: *Russkaja literatura* 19, 1976, 3, 221–228

1644 KOSTKA E. K.: Glimpses of Germanic-Slavic Relations from Pushkin to Heinrich Mann. Lewisburg: Bucknell UP 1975, 162 S.

1645 HOEFFERT S.: Russische Literatur in Deutschland. Texte zur Rezeption von den Achtziger Jahren bis zur Jahrhundertwende. Tübingen: Niemeyer 1974, 27 + 174 S. (*Deutsche Texte* 32)

1646 WEGNER M.: Deutsche Arbeiterbewegung und russische Klassik 1900–1918. Berlin: Akademie-Verlag 1971, 350 S.

1647 SCHMIDT H.: Deutsche Arbeiterbewegung und russische Klassik 1917–1933. Berlin: Akademie-Verlag 1973, 240 S.

1648 MÜLLER L.: Ein Jahrhundert deutsch-russischer Wechselseitigkeit in Literatur und Dichtung. In: *Deutsch-russische Beziehungen von Bismarck bis zur Gegenwart*, Stuttgart 1964, 207–222

1649 Begegnung und Bündnis (Hg. G. ZIEGENGEIST). Sowjetische und deutsche Literatur. Berlin: Akademie-Verlag ^{2}1973, 666 S. (^{1}1972)

1650 Deutschland-Sowjetunion. Aus fünf Jahrzehnten kultureller Zusammenarbeit. Berlin: U 1966, 545 S.

1651 FLIEGE H.: Sovetskaja literatura v Germanii 1920ch godov. In: *Russkaja literatura* 18, 1975, 2, 237–242

1652 WILLIAMS R. C.: Culture in Exile. Russian Emigrés in Germany. 1881–1941. Ithaca: Cornell UP 1972, 404 S.

1653 KRAUSE H. H.: Die vorrevolutionären russischen Dramen auf der deutschen Bühne. Emsdetten: Lechte 1972, 213 S.

1654 KIPA A.: Gerhart Hauptmann in Russia 1889–1917. Hamburg: Buske 1974, 320 S. (*Hbg.er Philol. Studien* 31)

1655 GORDON Ja. I.: Heine v Rossii 1830–1860. Dušanbe: Ifron 1973, 360 S.

1656 GORDON Ja. I.: Heine v Rossii. 1870–1917. Dušanbe: Doniš 1979, 274 S.

1657 CHEAURÉ E.: E.T.A. Hoffmann. Inszenierungen seiner Werke auf russischen Bühnen. Heidelberg: Winter 1979, 269 S.

1658 INGHAM N.W.: Hoffmanns Reception in Russia. Würzburg: jal 1974, 303 S.

1659 VOTNIKOVA A. B.: E.T.A. Hoffmannn i russkaja literatura. Pervaja polovina 19 veka. Voronež: U 1977, 206 S.

1660 GIESEMANN G.: Kotzebue in Rußland. Frankfurt: Athenäum 1971, 277 S. (*FAS* 14)

1661 LANE A. M.: Nietzsche in Russian Thought 1890–1917. Diss. U of Wisconsin 1976, 627 S.

1662 BAER J.T.: Arthur Schopenhauer und die russische Literatur des späten 19. und frühen 20. Jahrhunderts. München: Sagner 1980, 194 S. (SB 140)

1663 DANILEVSKIJ R. Ju.: Russkaja tema v nemeckoj literature pervoj poloviny 19 veka. In: *Vosprijatie russkoj kul'tury na Zapade*, Leningrad 1975, 86–107

1664 TARAN P. V.: Avstrijskaja literatura v Rossii. 19–20 vek. In: *Pisatel' i žizń*, Moskva 1978, 181–196.

1665 LISTROVA Ju. T.: Inosistemnye jazykovye javlenija v russkoj chudožestvennoj literature 19 veka. Na materiale nemeckich vkraplenij. Voronež: U 1979, 156 S.

1666 SMITH D.: The Reception of the Literature of the German Democratic Republic in the Soviet Union for the Period 1966–1977. In: *Germano-Slavica (Waterloo)* 3, 1979, 2, 105–125

1667 MARCELL N.: Impact and Influence of Russian Literature upon German Writers in the 18th and Beginning of the 19th Cty. Diss. U of Illinois 1970, 226 S.

13.5. Frankreich

1668 MANFRED A. Z.: Tradicii družby i sotrudničestva. Moskva: Nauka 1967, 329 S.

1669 GERHARDT D.: Prince Adolphe de Moscovie. Zur Entwicklung des Rußlandbildes in Frankreich bis zum 19. Jahrhundert. In: *Romanistische Jahrbücher* 34, 1973, 92–120

1670 ZABOROV P. R.: Russkaja literatura i Voltaire. Leningrad: Nauka 1978, 246 S.

1671 GITEL'MAN L. I.: Russkaja klassika na francuzskoj scene. Leningrad: Iskusstvo 1978, 175 S.

1672 LA RIVIÈRE Ch. de: La France et la Russie au 18 siècle. Genève: Slatkine 1970, 356 S. (RdA Paris 1909)

1673 BUTENSCHÖN M.: Zarenhymne und Marseillaise. Zur Geschichte der Rußlandideologie in Frankreich 1870–1894. Stuttgart: Klett-Cotta 1978, 423 S.

1674 STARICYNA Z. A.: Béranger v russkoj literature. Moskva: Vysš. škola 1980, 188 S.

1675 KARP S. D.: George Sand's Reception in Russia. 1832–1881. Diss. U of Michigan 1976, 207 S.

1676 HERRMANN L. S.: Georg Sand and the 19th Cty. Russian Novel: the quest for a heroine. Diss. Columbia-U 1979, 210 S.

13.6. Jugoslavien

1677 MILIDRAGOVIĆ M.: Stara ruska književnost: dodiri i veze sa srednjevjekovnom književnošću jugoslovenskih naroda. Sarajevo: Svjetlost 1976, 255 S.

1678 DMITRIEV P. A., SAFRONOV G. I.: Iz istorii russko-jugoslavjanskich literaturnych i naučnych svjazej. Leningrad: U 1975, 201 S.

1679 Russko-jugoslavskie literaturnye svjazi. Vtoraja polovina 19 – načalo 20 veka. Moskva: Nauka 1975, 327 S.

1680 BELJAEVA Ju. D.: Literatury narodov Jugoslavii v Rossii. Vosprijatie, izučenie, ocenka. Poslednjaja četvert' 19 – načalo 20 veka. Moskva: Nauka 1979, 278 S.

13.7. Bulgarien

1681 DONČEVA-PANAJOTOVA N.: Za roljata i mjastoto na Tъrnovskata knižovna škola v bъlgaro-ruskite literaturni vъrzki prez 14–15 vekove. In: *Slavistični proučavanija ... Veliko Tъrnovo* 1978, 269–279

1682 Bъlgaro-ruski literaturni vъrzki prez srednovekovieto. Sofija: BAN 1977, 267 S. (*Starobъlg. literatura* 2)

1683 MAKAROVA E.: Bolgarskaja dramaturgija na sovetskoj scene. In: *Russko-bolgarskie teatral'nye svjazi,* Leningrad 1979, 90–106

13.8 Polen

1684 Kul'turnye svjazi narodov Vostočnoj Evropy v 16 veke. Moskva: Nauka 1976, 360 S.

1685 LEWIN P.: Wykłady poetyki w uczelniach rosyjskich 18 wieku (1722–1774) a tradycje polskie. Wrocław: Ossolineum 1972, 221 S.

13.9. Tschechoslowakei

1686 Staroslověnské legendy českého původu. Nejstarší kapitoly z dějin česko-ruských kulturních vztahů. Praha: Vyšehrad 1976, 399 + 16 S.

1687 VÁVRA J.: Böhmen und Rußland im 18. Jahrhundert. In: *Canadian-American Slavic Studies* 13, 1979, 4, 510–543

1688 KIŠKIN L. S.: Češsko-russkie literaturnye svjazi. Ot drevnejšich vremen do serediny 19 veka. In: *Sovetskoe slavjanovedenie* 1979, 5, 70–81

1689 ROVDA K. I.: Rossija i Čechija. Vzaimosvjazi literatur 1870–1890. Leningrad: Nauka 1978, 288 S.

13.10. Ungarn

1690 MEHELA I. P.: Proletarśka spivdružnist'. Do istoriji uhorśko-radjanśkych literaturnych vzajemyn 20–30ch rokiv. Kyjiv: Naukova dumka 1978, 156 S.

13.11. Italien

1691 TAMBORRA A.: Esuli russi in Italia dal 1905 al 1917. Roma: Laterza 1977, 282 S.
1692 POTAPOVA Z. M.: Russko-ital'janskie literaturnye svjazi (Vtoraja polovina 19 veka). Moskva: Nauka 1973, 288 S.
1693 RISALITI R.: Studi sui rapporti italo-russi. Pisa: Goliardica 1972, 239 S.
1694 LO GATTO E.: Russi in Italia. Roma: Editori Riuniti 1971, 332 S.
1695 LAWTON A.: Russian and Italian Futurism. In: *Slavonic and East European Journal* 20, 1976, 405–420
1696 DE MICHELIS C.G.: Il futurismo italiano in Russia (1909–1929). Bari: De Donato 1973, 282 S.
1697 TIMOFEEV N. I.: SSSR-Italija. Kul'turnye svjazi. Istorija i sovremennost'. Moskva: Mysl' 1980, 204 S.
1698 GOROCHOVA R.M.: Tasso v Rossii konca 18 veka. In: *Russkaja kul'tura 18 v. i zapadnoevropejskie literatury* 1980, 127–161

13.12. Spanien. Südamerika

1699 ALEKSEEV M. P.: Rusia y España. Madrid: Seminarios y Ediciones 1975, 234 S. *russ.* Očerki istorii ispano-russkich literaturnych otnošenij 16–19 vekov. Leningrad: Nauka 1964, 213 S.
1700 TURKEVICH L. B.: Spanish Literature in Russia and in the Soviet Union 1735–1964. Metuchen: Scarecrow P. 1967, 273 S.
1701 KULEŠOVA V. V.: Ispanija i SSSR. Kul'turnye svjazi 1917–1939. Moskva: Nauka 1975, 222 S.
1702 TURKEVICH L. B.: Cervantes in Russia. New York: Gordian 1975, 255 S. (RdA 1950)

13.13. Rumänien. Moldau

1703 Očerki moldavsko-russko-ukrainskich literaturnych svjazej. Kišinëv: Štiinca 1978, 236 S.
1704 BARBĂ Gh.: Otzvuki russkoj literatury v rumynskoj pečati 1940–1944 godov. In: *Romanoslavica* 19, 1980, 309–338
1705 Moldavsko-russko-ukrainskie literaturnye svjazi vtoroj poloviny 19 veka. Kišinëv: Štiinca 1979, 283 S.

13.14. Skandinavien. Finnland

1706 ŠARYPKIN D. M.: Russkaja literatura v skandinavskich stranach. Leningrad: Nauka 1975, 220 S.

1707 ŠARYPKIN D. M.: Skandinavskaja literatura v Rossii. Leningrad: Nauka 1980, 322 S.

1708 ŠAJKEVIČ B. A.: Ibsen i russkaja kul'tura. Kiev: Vysšaja škola 1974, 142 S.

1709 KARCHU E. G.: Finljandskaja literatura v Rossii 1856–1900. Moskva-Leningrad: Nauka 1964, 281 S.

13.15. Byzanz. Griechenland

1710 IKONNIKOV V. S.: Opyt issledovanija o kul'turnom značenii Vizantii v russkoj istorii. The Hague: Mouton 1970, 602 S. (RdA Kiev 1869) (*SPR* 166)

1711 KONRAD A. N.: Old Russia and Byzantium. Wien: Braumüller 1972, 390 S.

1712 FONKIČ B. L.: Grečesko-russkie kul'turnye svjazi v 15–17 vekach. Moskva: Nauka 1977, 247 S.

13.16. sonstige Beziehungen

1713 ŠNEJDER M. E.: Russkaja klassika v Kitae. Moskva: Nauka 1977, 272 S.

1714 Moskva-Del(h)i. Vzaimodejstvie kul'tur vo imja mira i progressa. Moskva: Progress 1979, 286 S. *(Üs. a. d. Engl.)*

1715 Russkaja i gruzinskaja srednevekovye literatury. Leningrad: Nauka 1979, 223 S.

1716 BARRATT G.: Russia and New Zealand. The Beginnings. In: *New Zealand Slavonic Journal* 1979, 2, 25–50

1717 GOODLIFFE J.: New Zealand through Russian eyes: the image improves. *ebdt.* 51–62

XIII. GESCHICHTE DER UKRAINISCHEN LITERATUR

1. allgemein, Epochen

1718 ČYŽEVŚKYJ D.: Ukrainian Literature. From the 11th to the end of the 19th century. Littleton: Ukrainian Academic P. 1975, 693 S.

1719 HRYCAJ M. S. u. a.: Davnja ukrajinśka literatura. Kyjiv: Vyšča škola 1978, 415 S.

1720 VOZNJAK M.: Geschichte der ukrainischen Literatur. Band II: 16. bis 18. Jahrhundert. Gießen: Schmitz 1975, 465 S. *(Bibliographie (neu) 393ff.)*(*Bausteine* 4)

1721 NALYVAJKO D. S.: Ukrajinśke barokko v konteksti jevropejśkoho literaturnoho procesu 17 stor. In: *Radjanśke literaturoznavstvo* 16, 1972, 1, 30–47

1722 ZEROV M.: Lekciji z istoriji ukrajinśkoji literatury 1798–1870. Oackville: Mosaic P. 1977, 271 S.

1723 ŠUBRAVŚKYJ V. Je.: Vid Kotljarevśkoho do Ševčenka. Kyjiv: Naukova dumka 1976, 291 S.

1724 KALENYČENKO N. L.: Ukrajinśka literatura 19 stor. Kyjiv: Naukova dumka 1977, 315 S.

1725 KOZAK St.: U źródeł romantyzmu i nowożytnej myśli społecznej na Ukrainie. Wrocław: Ossolineum 1978, 145 S.

1726 Istorija ukrajinśkoji literatury druhoji polovyny 19 stolittja. Kyjiv: U 1979, 462 S.

1727 Istorija ukrajinśkoji literatury (kineć 19 – počatok 20 stor). Kyjiv: Vyšča škola ^{2}1978, 391 S.

1728 Ukrajinśka radjanśka literatura. Kyjiv: Vyšča škola 1979, 654 S.

1729 LASZLO-KUȚIUK M.: Ukrajinśka radjanśka literatura. Bucureşti: U ^{2}1976, 361 S. *(Skr.)*

1730 Etapy velykoho šljachu. Kerivna rol' KPRS u stanovlenni i rozvytku ukrajinśkoji radjanśkoji literatury 1917–1941. Kyjiv: Naukova dumka 1978, 367 S.

1731 LAVRINENKO Ju.: Zrub i parosty. München: Sučasnist' 1971, 336 S. *(1920–1970)*

1732 Literatura heroičnoho dijannja. Kyjiv: Naukova dumka 1978, 346 S. *(1929–1934)*

1733 HOL'DENBERH L. I.: Literaturoznavča knyha v Ukrajinśkij RSR. Pytannja teoriji ta istoriji. Kyjiv: Naukova dumka 1980, 227 S.

2. Volksdichtung

1734 BYSYKALO S.K., BORŠČEVŚKYJ F.M.: Ukrajinśkyj fol'klor. Kyjiv: Vyšča škola 1978, 287 S.

1735 REBUŞAPCA I.: Curs de folclor literar ucrainean. Bucureşti: TUB 1977, 207 S.

1736 DEJ O.I.: Narodnopisenni žanry. Kyjiv: Muzyka Ukrajiny 1977 ff.

1737 DEJ O.I.: Poetyka ukrajinśkoji narodnoji pisni. Kyjiv: Naukova dumka 1978, 251 S.

1738 KOLESSA F.M.: Melodiji ukrajinśkych narodnych dum. Kyjiv: Naukova dumka 1969, 596 S.

1739 REBUŞAPCA I.: Narodžennja symvolu. Bucureşti: Kriterion 1975, 252 S.

1740 HRYCA S.J.: Melos ukrajinśkoji narodnoji epiky. Kyjiv: Naukova dumka 1979, 247 S.

1741 CHOMENKO V.H.: Narodna poezija Velykoho žovtnja i hromadjanśkoji vijny. Kyjiv: Naukova dumka 1971, 143 S.

1742 BEREZOVŚKYJ I.P.: Ukrajinśka narodna tvorčist' (20–30 rokiv 20 stor.). Kyjiv: Naukova dumka 1973, 152 S.

1743 MYŠANYČ S.V.: Pisenna kul'tura radjanśkoho sela (1920–1970). Kyjiv: Naukova dumka 1977, 208 S.

1744 JARMYŠ Ju. F.: U sviti kazky. Kyjiv: Radj. pyśmennyk 1975, 143 S.

1745 KIRDAN B.P.: Sobirateli narodnoj poezii. Moskva: Nauka 1974, 280 S.

1746 DEJ O.I.: Storinky z istoriji ukrajinśkoji fol'klorystyky. Kyjiv: Naukova dumka 1975, 271 S.

1747 HORLENKO V.F.: Narysy z istoriji ukrajinśkoji etnohrafiji ta rosijśko-ukrajinśkych etnohrafičnych zv'jazkiv. Kyjiv: Akademija 1964, 247 S.

1748 HRYCAJ M.S.: Davnja ukrajinśka poezija. Rol' fol'klora u formuvanni obraznoho myslennja ukrajinśkych poetiv 16–18 stor. Kyjiv: U 1972, 155 S.

1749 PAŠKOVA H.T.: Etnokul'turny zv'jazky Ukrajinciv ta Bilorusiv Polissja. Kyjiv: Naukova dumka 1978, 119 S. *(Hochzeitsbräuche)*

1750 MYŠANYČ O.V.: Ukrajinśka literatura druhoji polovyny 18 st. i usna narodna tvorčist'. Kyjiv: Naukova dumka 1980, 342 S.

3. Genres

3.1. Versdichtung

1751 CHROPKO P.P.: Bilja džerel ukrajinśkoji realistyčnoji poeziji. (10–40 roky 19 stor.). Kyjiv: U 1972, 188 S.

1752 ORLYK P. I.: Ukrajinśka poezija kinća 19 – početku 20 stor. Kyjiv: PI 1973, 212 S.

1753 ROD'KO M. D.: Ukrajinśka poezija peršych požovtnevych rokiv. Kyjiv: Naukova dumka 1971, 309 S.

1754 KORSUNŚKA B. L.: Ukrajinśka radjanśka poezija rokiv Velykoji Vitč. Vijny. Kyjiv: Naukova dumka 1973, 116 S.

1755 FROLOVA K. P.: Estetyčni katehoriji v ukrajinśkij radjanśkij lyrici. Dnepropetrovsk: U 1975, 228 S.

1756 FROLOVA K. P.: Rozvytok obraznoji svidomosti u ukrajinśkij radjanśkij lyrici (1917–1967). Dnepropetrovsk: U 1971, 315 S.

1757 ŠPYL'OVA O. V.: Aktyvnist' poetyčnoji dumky. Kyjiv: Dnipro 1973, 261 S.

1758 HNATJUK M. P.: Poema jak literaturnyj vyd. Kyjiv: Dnipro 1972, 112 S.

1759 HNATJUK M. P.: Ukrajinśka poema peršoj polovy 19 stor. Kyjiv: Vyšča škola 1975, 168 S.

1760 KASPRUK A. A.: Ukrajinśka poema kinća 19 – početku 20 stor. Kyjiv: Naukova dumka 1973, 247 S.

1761 KOSJAČENKO V. T.: Ukrajinśka radjanśka bajka. Kyjiv: Radjanśkyj pyśmennyk 1972, 239 S.

1762 DERKAČ B. A.: Krylov i rozvytok žanru bajky v ukrajinśkij dožovtnevij literaturi. Kyjiv: Naukova dumka 1977, 312 S.

1763 MOROZ O. N.: Etjudy pro sonet. Kyjiv: Dnipro 1973. 111 S.

1764 LASZLO-KUŢIUK M.: Pytannja ukrajinśkoji poetyky. Bucureşti: U 1974, 209 S.

1765 Pytannja tekstolohiji. Poezija. Kyjiv: Naukova dumka 1977, 408 S.

3.2. Prosa

1766 MYCYK Ju. A.: Ukrajinskie letopisi 17 veka. Dnepropetrovsk: U 1978, 87 S.

1767 HRYCAJ M. S.: Davnja ukrajinśka proza. Rol' fol'kloru. Kyjiv: U 1975, 151 S.

1768 MIŠČUK R. S.: Ukrajinśka opovidna proza 50–60ch rokiv 19 stor. Kyjiv: Naukova dumka 1978, 256 S.

1769 PARCHOMENKO M. N.: Obnovlenie tradicii. Moskva: Chud. lit. ²1975, 373 S.

1770 NOVYČENKO L. M.: Ukrajinśkyj radjanśkyj roman. Kyjiv: Naukova dumka 1976, 132 S.

1771 HOLUBJEVA Z. S.: Novi hrani žanru. Sučasnyj ukrajinśkyj radjanśkyj roman. Kyjiv: Dnipro 1978, 279 S. *(mit Titelregister)*

1772 Ukrajinśkyj roman sjohodni. Kyjiv: Radj. pyśmennyk 1979, 178 S.

1773 FAŠČENKO V. V.: Iz studij pro novelu. Kyjiv: Radj. pyśmennyk 1971, 215 S.

1774 NAJENKO M. K.: Pytannja rozvytku ukrajinśkoji radjanśkoji novelistyky ... 1917–1932. Kyjiv: Vyšča škola 1980, 168 S.

1775 AVTOMONOV P. F.: Žanr perednjoho kraju (Očerk). Kyjiv: Radj. pyśmennyk 1976, 210 S.

1776 NESTER Z. M.: Poetyka pamfleta. Kyjiv: Naukova dumka 1973, 238 S.

3.3. Drama. Theater

1777 HRYCAJ M. S.: Ukrajinśka dramaturhija 17–18 stor. Kyjiv: Vyšča škola 1974, 197 S.

1778 CHROPKO P. P.: Ukrajinśka dramaturhija peršoji polovyny 19 stor. Kyjiv: PI 1972, 131 S.

1779 REVUTSKY V.: A Survey of the Ukrainian Post-War Drama. In: *Canadian Slavonic Papers* 14, 1972, 251–268

1780 MARKUŠEVŚKYJ P. T.: Ukrajinśka radjanśka istoryčna drama. Odesa: U 1976–1978, 109 + 81 S.

1781 VAKULENKO D. T.: Sučasna ukrajinśka dramaturhija. 1945–1972. Kyjiv: Naukova dumka 1976, 228 S.

1782 KISEL'OV I. M.: Zustryči z sučasnykom. Kyjiv: Mystećtvo 1975, 277 S. (*russ.* Moskva: Sov. pisatel' 1979, 406 S.)

1783 Naš teatr. Knyha dijačiv ukrajinśkoho teatral'noho mystećtva. New York: OMUS, 848 S.

3.4. Kritik

1784 JACENKO M. T.: Pytannja realizmu i pozytyvnyj heroj v ukrajinśkij literaturno-estetyčnij dumci peršoj polovyny 19 stol. Kyjiv: Naukova dumka 1979, 335 S.

1785 POVAŽNA V. M.: Rozvytok ukrajinśkoji literaturnoji krytyky u 80ch–90ch rokach 19 stor. Kyjiv: Vyšča škola 1973, 269 S.

3.5. Presse

1786 BOROVYK M.: Ukrajinśko-kanadśka presa ta jiji značennja dlja ukrajinśkoji menšyny v Kanadi. München: UVU 1977, 344 S.

1787 DEMČENKO E. P.: Satiričeskaja pressa Ukrainy 1905–1907 godov. Kiev: Naukova dumka 1980, 147 S.

3.6. Philosophie

1788 Vid Vyšenškoho do Skovorody. Kyjiv: Naukova dumka 1972, 143 S.

1789 NIČYK V.M.: Iz istorii otečestvennoj filosofii konca 17 – načala 18 veka. Kiev: Naukova dumka 1978, 296 S.

1790 Rozvytok filosofiji v URSR. Kyjiv: Naukova dumka 1968, 525 S.

3.7. Satire

1791 BOJČUK A.P.: Ukrajinška satyra druhoji polovyny 19 stor. Kyjiv: Vyšča škola 1972, 262 S.

1792 BILEĆKYJ F.M.: Ukrajinška satyra kinća 19 stor. Dnepropetrovsk: U 1973, 136 S.

1793 BILEĆKYJ F.M.: Ukrajinška satyra počatku 20 stor. Dnepropetrovsk U 1971 ff.

3.8. Kinderliteratur

1794 KILIČENKO L.M. u.a.: Ukrainška dytjača literatura. Kyjiv: Vyšča škola 1979, 334 S.

4. Regionales

4.1. Westukraine

1795 KOMARNYJ I. Ja.: U suzir'i socialystyčnoji kul'tury. L'viv: U 1975, 239 S.

1796 DUBYNA M.I.: Surmači vozz'jednannja. Kyjiv: Radj. pyśmennyk 1976, 239 S.

1797 SKORŚKYJ M.: Vid Dnistra do Horyni. In: *Žovteń* 1971 u. 1972

4.2. Karpato-Ukraine

1798 MYKYTAŚ V.: Haluzka mohutńoho dereva. Užhorod: Karpaty 1971, 206 S.

1799 MYKYTAŚ V.: Z noči probyvalysja. Užhorod: Karpaty 1977, 160 S. *(Lit. ab 1900)*

4.3. Slovakei

1800 SIRKA J.: The Development of Ukrainian Literature in Czechoslovakia 1945–1975. Frankfurt: P. Lang 1978, 209 S.

1801 KOVAČ F.: Slovo pro poeziju ta poetiv. Prešov: KSUP 1978, 179 S.

1802 KOVAČ F.: Dejaki problemy rozvytku ukrajinśkoji literatury v Čechoslovaččyni. Prešov: CKUT 1973, 158 S.

1803 MOLNÁR M.: Stretnutie kultúr. Bratislava: SlPN 1980, 490 S.

1804 ROMAN M.: Šljachy literatury ukrajinciv Čechoslovaččyny pislja 1945 r. Prešov: SPN 1979, 227 S.

4.4. Bačka

1805 TAMAŠ Lj.: Književnost rusinskog jezika u kontekstu jugoslovenskih književnosti. In: *Književnost i jezik,* 26, 1979, 2/3, 293–300

4.5. Kanada, Australien

1806 WOYCENKO O.: Ukrainian Canadian Letters. Winnipeg: UVAN 1970, 32 S.

1807 SLAVUTYČ J.: Ukrajinśka poezija v Kanadi. Edmonton: Slavuta 1976, 103 S.

1808 MORRISON R. H. (Hg.): Australia's Ukrainian Poets. Melbourne: Hawthorn 1973, 54 S.

5. Urkrainische Literatur . Stoffe

1809 MAKARENKO E.: Izobraženieto na drevna Bъlgarija v sъvremenata ukrainska proza. In: *Literaturna misъl* 24, 1980, 2, 121–130

1810 DUŹ I. M.: Henijem Lenina natchneni. Kyjiv: Radj. pyśmennyk 1977, 163 S.

1811 FEDORČUK M. S.: Leniniana v ukrajinśkij radjanśkij literaturi. Kyjiv: Vyšča škola 1976, 190 S.

1812 ROD'KO M. D.: Liryka jednosti. Internacional'ni motyvy v sučasnij ukrajinśkij i rosyjśkij poeziji. Kyjiv: Naukova dumka 1978, 263 S.

1813 VYSOČANŚKA O. H., NEDZVIDŚKYJ A. V.: Družboju my združeni. Kyjiv: Radj. pyśmennyk 1979, 222 S.

1814 HORLAČ L.: Komsomol v ukrajinśkij radjanśkij poeziji. In: *Ukrajinśka mova v školi* 1978, 10, 7–14

1815 Ljudyna praci – heroj literatury. Kyjiv: Naukova dumka 1975, 179 S.

1816 ORLOVŚKA-KALIKINA N.: Ukrajinśka rodyna v tvorčosti pyśmennykiv – realistiv. München: Dniprova Chvylja 1976, 144 S.

1817 HRYCJUTA N. S.: Seljanstvo v ukrajinśkij dožovtnevij literaturi. Kyjiv: Naukova dumka 1979, 314 S.

1818 OLEKSJUK O. H.: Velykyj Žovteń u tvorčosti zachidnoukrainśkych proletarśkych pyśmennykiv. In: *Ukrajinśke literaturoznavstvo* 33, 1979, 39–47

1819 BILEĆKYJ D.M.: STEĆKO P.I.: Atejistyčni motyvy ukrajinškoji literatury. L'viv: U 1977, 255 S.
1820 BILOHUB I.M.: Na pozycijach atejizmu. Kyjiv: Dnipro 1974, 162 S. *(19. Jhdt.)*
1821 SALYVON K.D.: Tema vozz'ednannja ukrajinškych zemel' v ukrajinškij narodnopisennij tvorčosti. In: *Ukrajinške literaturoznavstvo* 33, 1979, 59–66
1822 ONYSHKEVYCH L.M.: Existentialism in Modern Ukrainian Drama. Diss. U of Pennsylvania 1973, 184 S.
1823 KALENYČENKO N.L.: Social'no – aktyvna osobystist' v ukrajinškij demokratyčnij literaturi kinća 19 – početku 20 st. Kyjiv: Naukova dumka 1979, 230 S.

6. Beziehungen

6.1. allgemein, intersowjetisch

1824 KOPYLENKO L.A.: Na svitovych obšyrach. Kyjiv: Radj. pyśmennyk 1971, 183 S.
1825 VERVES H.D.: V internacional'nych literaturnych zv'jazkach. Kyjiv: Dnipro 1976, 388 S.
1826 MYKYTENKO O.: V červonych lavach. Kyjiv: Dnipro 1974, 215 S. *(1920–1930)*
1827 Iz istoriji vzaimosvjazej bratskich literatur. Kiev: Naukova dumka 1978, 207 S. *(1850–1917)*
1828 MEHELA I.P.: Proletarška spivdružnist'. Kyjiv: Naukova dumka 1978, 156 S. *(1920–1930)*
1829 Vzajemozv'jazky literatur bratnych narodiv. Kyjiv: U 1978, 255 S.
1830 ŠEVČENKO L.A.: Družba bratnych kul'tur. 1946–1958. Kyjiv: Naukova dumka 1971, 163 S.
1831 KRUTIKOVA N.Je.: Šljachamy družby i jednannja. Rosijško-ukrajinški literaturni zv'jazky. Kyjiv: Dnipro 1972, 279 S.
1832 Braterstvo literatur. Kyjiv: Dnipro 1977, 423 S.; 1979, 581 S.
1833 RIZNYČENKO T.M.: Tvorči obriji braterstva. Kyjiv: Dnipro 1979, 179 S.
1834 STEBLIJ F.I.: Kul'turni zv'jazky zachidno-ukrajinškych zemel' z Rosijeju v peršij polovyni 19 st. In: *Ukrajinškyj istoryčnyj žurnal* 1979, 9, 51–59
1835 BONDAR L.P.: Ukrajinško-biloruski literaturni vzajemyny (1965–1975). Kyjiv: Naukova dumka 1977, 159 S.

6.2. andere Länder

1836 SOCHAN P. S.: Očerci po istorija na ukrainsko-bъlgarskite vъrzki. Sofija: Nauka i izkustvo 1979, 266 S.

1837 LASZLO-KUŢIUK M.: Relaţiile literare româno-ucrainene în secolul al 19-lea şi la începutul secolului al 20-lea. Bucureşti: U 1974, 317 S.

1838 MICHAJLJUK Ju.: Storinky nimećkoji ukrainiky. In: *Žovteń* 1971, 11, 122–131

1839 LUK'JANOVA V.P.: Z istoriji radjanśko-nimećkych literaturnych vzajemyn. Kyjiv: Naukova dumka 1977, 139 S.

1840 HORBATSCH A.H.: Deutsch-ukrainische literarische Beziehungen. In: *Arbeits- u. Förderungsgemeinschaft der Ukrain. Wissenschaften. Mitteilungen.* 12, München 1975, 13–27

1841 ŠAPOVALOVA M.S.: Shakespeare v ukrajinśkij literaturi. L'viv: Vyšča škola 1976, 210 S.

1842 ŠTERNBERG Ja.I.: Mir poezii i družby. Užhorod: Karpaty 1979, 187 S. (Ungarn)

1843 ŠER V.: Vosprijatie ukrainskoj literatury v Vengrii na rubeže 19–20 vekov. In: *Hungaro-Slavica*, Budapest 1978, 281–288

XIV. GESCHICHTE DER WEISSRUSSISCHEN LITERATUR

1. allgemein, Epochen

1844 McMILLIN A.: A History of Byelorussian Literature From Its Origins to the Present Day. Gießen: Schmitz 1977, 447 S. (*Bausteine* 6)

1845 Pytanni tekstalohii belaruskaj litaratury. Minsk: Navuka i technika 1980, 192 S.

1846 LOJKA A.A.: Historyja belaruskaj litaratury. Minsk: Vyš. škola 1977–1980 *(vor 1917)*

1847 Istorija belorusskoj dooktjabŕskoj literatury. Minsk: Nauka i technika 1977, 640 S.

1848 MAL'DZIS A.: Tajamnicy staražytnych schoviščaŭ. Minsk: Mastackaja litaratura 1974, 176 S. *(17.–19. Jdt.)*

1849 ACHRYMENKA P.P., LARČANKA M.H.: Staražytnaja belaruskaja litaratura Minsk: Vyš. škola 1968, 172 S.

1850 ALEKSANDROVIČ S.Ch.: Pucjaviny rodnaha slova. Prablemy razviccja belaruskaj litaratury i druku druhoj palovy 19 – načatka 20 st. Minsk: U 1971, 247 S.

1851 SEMAŠKEVIČ R.M.: Belaruski litaraturna-hramadski ruch v Pecjarburze. Minsk: U 1971, 134 S.

1852 KAVALENKA V.A.: Vytoki. Uplyvy. Paskoranaść. Razvicce belaruskaj litaratury 19–20 st. Minsk: Navuka i technika 1975, 335 S.

1853 KAZBJARUK Ŭ.M.: Stepeni rostu. Minsk: Navuka i technika 1974, 191 S.

1854 ALEKSANDROVIČ S.Ch. u.a.: Belaruskaja litaratura 19 – načatku 20 st. Minsk: U 1978, 255 S. *(Anthologie kritischer Texte)*

1855 Istorija belorusskoj sovetskoj literatury. Minsk: Nauka i technika 1977, 775 S.

1856 NALIVAJKA A.M.: Belaruskaja saveckaja litaratura. Minsk: Vyš. škola ²1979, 286 S.

1857 Belaruskaja litaratura i prablemy sučasnasci. Minsk: Navuka i technika 1978, 256 S.

1858 NAVUMENKA I.: Kniha adkryvae svet. Minsk: Mastackaja litaratura 1978, 302 S. *(1965–1975)*

1859 MARCELEV S.V.: Chudožestvennaja kul'tura Belorussii na sovremennom etape. Minsk: Belaruś 1978, 222 S.

1860 Asablivasci razviccja litaraturnaha pracesu ŭ Belarusi na sučasnym etape. Minsk: PI 1979, 225 S.

2. Volksdichtung

1861 BARSZCZEWSKI A.: Historia literatury białoruskiej. 1. Folklor. Warszawa: U 1976, 167 S.

1862 CITOVIČ G.I.: O belorusskom pesennom fol'klore. Minsk: Belaruś 1976, 135 S.

1863 HILEVIČ N.S.: Z klopatam pra pesni naroda. Minsk: U 1970, 158 S.

1864 MUCHARINSKAJA L.S.: Belorusskaja narodnaja pesnja. Istoričeskoe razvitie. Minsk: Nauka i technika 1977, 216 S.

1865 Belaruskaja narodnaja tvorčasć saveckaha času. Minsk: U 1978, 207 S.

1866 BARTAŠEVIČ H.A., KABAŠNIKAŬ K.P.: Sučasny stan belaruskaj narodnaj paetyčnaj tvorčasci. Minsk: Navuka i technika 1973, 28 S.

1867 Belaruskaja narodna-paetyčnaja tvorčasć. Minsk: Vyšejšaja škola 1979, 447 S.

1868 SALAVEJ C.M.: Belaruskaja narodnaja balada. Minsk: Navuka i technika 1978, 191 S.

1869 CIŠČANKA I.K.: Belaruskaja častuška. Minsk: Navuka i technika 1971, 167 S.

1870 HURSKIJ A.I.: Zimnjaja poezija belorusov. Minsk: Nauka i technika 1980, 187 S.

1871 BARAH L.H.: Sjužety i matyvy belaruskih narodnych kazak. Sistematyčny pakazal'nik. Minsk: Navuka i technika 1978, 246 S.

1872 JANKAŬSKI M.A.: Paetyka belaruskih prykazak. Minsk: Vyš. škola 1971, 160 S.

1873 HILEVIČ N.S.: Paetyka belaruskih zahadak. Minsk: Vyš. škola 1976, 127 S.

1874 MAJCHROVIČ S.K.: Prykazki i prymaŭki. Minsk: U 1976, 125 S.

1875 BARTAŠEVIČ H.A.: Veršavanyja žanry belaruskaha dzicjačaha fal'kloru. Minsk: Navuka i technika 1976, 166 S.

1876 FJADOSIK A.S.: Trapnym narodnym slovam. Satira i humar ŭ belaruskaj vusnaj paezii i narodnaj drame. Minsk: Navuka i technika 1971, 135 S.

1877 FJADOSIK A.S.: Prablemy belaruskaj narodnaj satyry. Minsk: Navuka i technika 1978, 288 S.

1878 FJADOSIK A.S.: Razvicce belaruskaj saveckaj fal'klarystyki. Minsk: Navuka i technika 1977, 87 S.

3. Genres

3.1. Lyrik

1879 DOROŠKEVIČ V.I.: Novolatinskaja poezija Belorussii i Litvy. Minsk: Nauka i technika 1979, 208 S.

1880 LOJKA A.A.: Belaruskaja paezija pačatku 20 stahodzzja. Minsk: U 1972, 240 S.

1881 BARSTOK M.N.: Adzinstva i raznastajnasć sučasnaj belaruskaj paezii. Minsk: Navuka i technika 1973, 206 S.

1882 ŠPAKOŬSKI Ja. S.: Uzrušanasć. Minsk: Mast. litaratura 1978, 175 S.

1883 JAROŠ M.R., BEČYK V.L.: Belaruskaja saveckaja liryka. Minsk: Navuka i technika 1979, 304 S.

1884 SMAL'JANAVA A.P.: Šljachi paetyčnaha epasu. Z historyi belaruskaj saveckaj paemy. Minsk: U 1977, 160 S.

1885 AROČKA M.Ja.: Belaruskaja saveckaja paema. Minsk: Navuka i technika 1979, 335 S.

1886 ŠPAKOŬSKI Ja. S.: Struktura veršavanaha vobraza. Minsk: Navuka i technika 1972, 176 S.

3.2. Prosa

1887 ČAMJARYCKI V.A.: Belaruski letapisy jak pomniki litaratury. Minsk: Navuka i technika 1969, 191 S.

1888 ADAMOVIČ A.: Zdalëk i zblizku. Belaruskaja proza na litaraturnaj planece. Minsk: Mastackaja litaratura 1976, 624 S.

1889 ADAMOVIČ A.: Gorizonty belorusskoj prozy. Moskva: Sov. pisatel' 1974, 318 S.

1890 MATRUNENAK A.P.: Psichalahičny analiz i stanaŭlenne belaruskaha ramana. Minsk: Navuka i technika 1975, 300 S.

1891 CHROMČANKA K.R.: Belaruskaja mastackaja proza. Minsk: U 1979, 191 S. *(1890–1918)*

1892 KAVALENKA V. u.a.: Šljachi razviccja belaruskaj saveckaj prozy. Minsk: Navuka i technika 1972, 263 S.

1893 ŽURAŬLEŬ V.P.: Struktura tvora. Minsk: Navuka i technika 1978, 311 S.

1894 OVČARENKO A.I.: Sovremennyj belorusskij roman. Moskva: Vysš. škola 1978, 144 S.

1895 MATRUNENAK A.P.: Psichalahičny analiz ŭ sučasnym belaruskim ramane. Minsk: Navuka i technika 1972, 223 S.

1896 HAPAVA V.I.: Zmenlivae i spradvečnae. Vopyt typalohii dasledvannja belaruskaj i pol'skaj „vjaskovaj prozy". Minsk: Navuka i technika 1975, 189 S.

1897 LYSENKA A. F.: Sučasny belaruski narys. Minsk: Navuka i technika 1978, 191 S.

1898 DZJUBAJLA P. K.: Prablemy stylu ŭ sučasnaj belaruskaj proze. Minsk: Navuka i technika 1973, 176 S.

3.3. Drama

1899 Belaruskaja dakastryčnickaja dramaturhija. Minsk: Navuka i technika 1978, 536 S.

1900 SEMJANOVIČ A. A.: Ad vytokaŭ da stalasci. Belaruskaja dramaturhija 1917–1945. Minsk: U 1978, 160 S.

1901 LAŬŠČUK S. S.: Sučasnaja belaruskaja dramaturhija. Minsk: Navuka i technika 1977, 168 S.

1902 SABALEŬSKI A.: Belaruskaja saveckaja drama. Minsk: Mastack. litaratura 1972, 222 S.

1903 USIKAŬ Ja.: Belaruskaja kamedija. Minsk: Vyšejšaja škola ²1973, 192 S. (dass. Mastack. lit. 1979, 207 S.)

3.4. Kritik

1904 KARABAN S. I.: Očerki istorii belorusskoj estetičeskoj mysli i literaturnoj kritiki. Minsk: Vyš. škola 1971, 200 S.

1905 KARABAN S. I.: Narysy historyi belaruskaj saveckaj krytiki 20–30ch hadoŭ. Minsk: U 1971, 198 S.

1906 MUŠYNSKI M. I.: Belaruskaja krytika i litaraturaznaŭstva. 20–30ja hody. Minsk: Navuka i technika 1975, 374 S.

1907 KAVALENKA V. A.: Prablemy sučasnaj belaruskaj krytiki. Minsk: Navuka i technika 1977, 192 S.

3.5. Kinderliteratur

1908 Belaruskaja dzicjačaja litaratura. Minsk: Vyš. škola ²1980, 350 S.

3.6. Ästhetik

1909 DOROŠEVIČ E., KONON V.: Očerk istorii estetičeskoj mysli Belorussii. Moskva: Iskusstvo 1972, 319 S.

1910 KONON V. M.: Ot Renessansa k klassicizmu. Minsk: Navuka i technika 1978, 158 S.

1911 KONON V. M.: Estetičeskaja mysl' sovetskoj Belorussii. Minsk: Nauka i technika 1978, 112 S.

1912 SALEEV V. A.: Sovremennaja estetika Belorussii. Minsk: Vysš. škola 1979, 221 S.

3.7. Sachprosa, Presse

1913 SAČANKA I. I.: Publicystyka belaruskich piśmennikaŭ ŭ hady Vjalikaj Ajčynnaj Vajny. Minsk: U 1977, 253 S.
1914 BULACKI H. V. u.a.: Historyja belaruskaj žurnalistyki. Minsk: U 1979, 430 S.

4. Stoffe

1915 DZJUBAJLA P. K.: Vobraz našaha sučasnika ŭ belaruskaj proze. Minsk: Navuka i technika 1978, 192 S.
1916 Historyja Belarusi ŭ litaraturnych vobražach. Minsk: Narodnaja asveta 1979, 223 S.
1917 EVTIMOVA R.: Bъlgarskata tema v beloruskata poezija. In: *Ezik i literatura* 33, 1978, 2, 71–80.
1918 STRAL'COŬ B.V.: 10ja pjacihodka ŭ belaruskim naryse. Minsk: U 1980, 126 S.

5. Beziehungen.

5.1. allgemein, innersowjetisch

1919 BAS I.: Padarožža ŭ litaraturnae minulae. Minsk: Belaruś 1971, 232 S.
1920 LARČANKA M.H.: Jadnanne bratnich litaratur. Minsk: Vyš. škola 1974, 255 S.
1921 GAPOVA V.I.: Belorussko-russkoe poetičeskoe vzaimodejstvie. Minsk: Nauka i technika 1979, 156 S.
1922 ABECEDARSKIJ L. S.: Belorussija i Rossija. Minsk: Vyš. šk. 1978, 253 S. *(16. u. 17. Jhdt.)*
1923 BJAROZKIN R.: Zvenni. Minsk: Mastackaja litaratura 1976, 253 S.
1924 ACHRYMENKA P.P.: Letapis braterstva. Minsk: Mastack. lit. 1973, 303 S. *(Ukraine)*
1925 KABRŽYCKAJA T.V., RAHOJŠA V.P.: Karani družby. Belaruska-ukrainski ŭzaemasuvjazi pačatku 20 st. Minsk: U 1976, 254 S.
1926 MARTYNOVA E. M.: Belorussko-ukrainskie poetičeskie vzaimoperevody. Minsk: Nauka i technika 1973, 208 S.
1927 NIKIFAROVIČ V.: Darohi ŭ šyroki svet. Minsk: U 1979, 192 S.
1928 Adzinstva i ŭzaemaŭzbahačanne. Minsk: Navuka i technika 1980, 288 S.
1929 PAŠKIN Ju.: Russkij dramatičeskij teatr v Belorussii 19 veka. Minsk: Navuka i technika 1980, 216 S.

5.2. andere Länder

1930 SOKOLOVSKIJ V.L.: Belorussko-nemeckie literaturnye vzaimosvjazi perioda Vejmarskoj respubliki. Minsk: AN 1977, 20 S. *(Avtoreferat)*

1931 KAZBJARUK Ŭ. M.: Stepeni rosta. Belorusskaja literatura 19/20 vekov i tradicii pol'skich pisatelej. Minsk: Nauka i technika 1974, 191 S.

1932 MAL'DZIS A.I.: Tradycyi pol'skaha asvetnictva ŭ belaruskaj litaratury 19 stoh. Minsk: Navuka i technika 1972, 47 S. *(Skr.)*

1933 KAZBJARUK Ŭ. M.: Tradycyi pol'skaha ramantyzmu ŭ belaruskaj litaratury pačatku 20 st. Minsk: Navuka i technika 1972, 36 S. *(Skr.)*

XV. GESCHICHTE DER POLNISCHEN LITERATUR

1. allgemein

1934 KRZYŻANOWSKI J.: A History of Polish Literature. Warszawa: PWN 1978, 809 + 68 S. (*Poln.:* Dzieje literatury polskiej od początków do czasów najnowszych. Warszawa: PWN [4]1978, 590 S.)

1935 LANGER D.: Grundzüge der polnischen Literaturgeschichte. Darmstadt: Wissenschaftl. Buchgesellschaft 1975, 186 S.

1936 Historia literatury polskiej w zarysie. Warszawa: PWN 1978, 571 S.

1937 KLEINER J., MACIĄG W.: Zarys dziejów literatury polskiej. Wrocław: Ossolineum 1972, 590 S.

1938 Úvod do studia polonistiky. Praha: SPN 1973, 117 S. *(Skr.)*

1939 MILSKA A.: Pisarze polscy. Warszawa: CRZZ [8]1975, 647 S.

1940 DEDECIUS K.: Überall ist Polen. Frankfurt: Suhrkamp 1974, 235 S.

1941 Formy literatury popularnej. Wrocław: Ossolineum 1973, 238 S.

1942 PIGOŃ St.: Na drogach kultury ludowej. Warszawa: LSW 1974, 663 S.

1943 Tradycje szlacheckie w kulturze polskiej. Warszawa: PIW 1976, 218 S.

2. ältere Zeit

1944 KRZYŻANOWSKI J.: Historia literatury polskiej. Alegoryzm – preromantyzm. Warszawa: PIW [4]1974, 694 + 25 S. (*dass.* [5]1979)

1945 Problemy literatury staropolskiej 1–3. Wrocław: Ossolineum 1972–1978

1946 Literatura staropolska w kontekście europejskim. Wrocław: Ossolineum 1978, 324 S.

1947 WORONCZAK J.: Polskość i europejskość literatury naszego średniowiecza. In: *Problemy literatury staropolskiej* 1, 1972, 7–28

1948 WIERZBOWSKI T.: Materyaly do dziejów piśmiennictwa polskiego i biografii pisarzów polskich. Warszawa: WAF 1978, 353 + 274 S. (RdA Warszawa 1900–1904)

1949 CHIŢIMIA I. C.: Istoria literaturii polone. (Sec. 12–17). Bucureşti: U 1972, 394 S.

1950 Z dziejów życia literackiego w Polsce 16 i 17 wieku. Wrocław: Ossolineum 1980, 273 S. (*Studia Staropolskie* 48)

1951 Studia porównawcze o literaturze staropolskiej. Wrocław: Ossolineum 1980, 196 S.
1952 Renaissance. Baroque. Wrocław: Ossolineum 1979, 186 S. (*Literary Studies in Poland* 3)

2.1. Renaissance

1953 ZIOMEK J.: Renesans. Warszawa: PWN [4]1980, 554 S. ([1]1973)
1954 PELC J.: Renesans w literaturze polskiej. In: *Problemy literatury staropolskiej* 1, 1972, 29–104
1955 WYRWA T.: La pensée politique polonaise à l'époque de l'humanisme et de la renaissance. Paris: Librairie polonaise 1978, 684 S.
1956 DZIECHCIŃSKA H.: W krzywym zwierciadle. O karykaturze i pamflecie czasów renesansu. Wrocław: Ossolineum 1976, 171 S.

2.2. Barock

1957 HERNAS Cz.: Barok. Warszawa: PWN [3]1978, 668 S. ([1]1973)
1958 SAJKOWSKI A.: Barok. Warszawa: PZWS 1972, 414 S.
1959 MAGNUSZEWSKI W.: Zagadki autorskie polskiego baroku. Zielona Góra: WSP 1977, 294 S.
1960 PELC J.: Sarmatyzm a barok. In: *Problemy literatury staropolskiej* 1, 1972, 105–153

2.3. Aufklärung, Klassizismus, Sentimentalismus

1961 KLIMOWICZ M.: Oświecenie. Warszawa: PWN [4]1980, 548 S. ([1]1972)
1962 BOROWY W.: O poezji polskiej w wieku 18. Warszawa: PIW [2]1978, 406 S.
1963 LIBERA Z.: Oświecenie. Warszawa: PZWS [2]1974, 549 S.
1964 Problemy literatury polskiej okresu Oświecenia. 1–2. Wrocław: Ossolineum 1973–1977
1965 Wiek Oświecenia. 3 Bde. Warszawa: U 1978
1966 Problemy kultury literackiej polskiego Oświecenia. Wrocław: Ossolineum 1978, 184 S.
1967 LIBERA Z.: Życie literackie w Warszawie w czasach Stanisława Augusta. Warszawa: PIW 1971, 244 S.
1968 Miscellanea z doby Oświecenia. Wrocław: Ossolineum 1973, 565 S.
1969 La littérature des Lumières en France et en Pologne. Wrocław: U 1976, 368 S.

1970 Polnische Aufklärung. *Zeitschrift für Slawistik* 24, 1979, 6, 777–924
1971 KALETA R.: Oświeceni i sentymentalni. Wrocław: Ossolineum 1971, 796 + 35 S. *(1772–1795)*
1972 KOSTKIEWICZOWA T.: Klasycyzm-Sentymentalizm-Rokoko. Warszawa: PWN 1975, 491 S. [^{2}1979, 491 S.]
1973 WYKA K.: Pokolenia literackie. Kraków: WL 1977, 315 S.
1974 ŻBIKOWSKI P.: Klasycyzm postanisławowski. Rzeszów: WSP 1974, 122 S.
1975 KLEINER J.: Sentymentalizm i preromantyzm. Kraków: WL 1975, 236 S.
1976 ŚWIRKO S.: Z kręgu filomackiego preromantyzmu. Warszawa: PIW 1972, 390 S.
1977 PUSZ W.: Nowy Parnas literacki przedromantycznej Warszawy. Wrocław: Ossolineum 1979, 256 S.
1978 SINKO Z.: Oświeceni wśród Pól Elizejskich. Rozmowy zmarłych. Wrocław: Ossolineum 1976, 339 S.
1979 WOŹNOWSKI W.: Pamflet obyczajowy w czasach Stanisława Augusta. Kraków: Ossolineum 1973, 178 S.

2.4. ältere Zeit, Varia

1980 MICHAŁOWSKA T.: Staropolska teoria genologiczna. Wrocław: Ossolineum 1974, 198 S.
1981 PELC J.: Obraz-słowo-znak. Studium o emblematach w literaturze staropolskiej. Wrocław: Ossolineum 1973, 279 + 15 S.
1982 SARNOWSKA-TEMERIUSZ E.: Droga na Parnas. Problemy staropolskiej wiedzy o poezji. Wrocław: Ossolineum 1974, 239 S.
1983 DZIECHCIŃSKA H.: Parenetyka, jej tradycje i znaczenie w literaturze staropolskiej. In: *Problemy literatury staropolskiej* 1, 1972, 355–391

3. Romantik

1984 STRASZEWSKA M.: Romantyzm. Warszawa: WSP ^{3}1977, 462 S.
1985 WITKOWSKI A.: Wielcy romantycy polscy. Warszawa: WP 1980, 288 S.
1985a Romantycy i rewolucja. Wrocław: Ossolineum 1980, 215 S.
1986 KAWYN St.: Literatura polska w kraju w latach 1831–1863. Łódź: U 1972, 149 S.
1987 JANION M., ŻMIGRODZKA M.: Romantyzm i historia. Warszawa: PIW 1978, 638 + 29 S.

1988 KAMIONKA-STRASZKOWA J.: Nasz naród jak lawa. Warszawa: PIW 1974, 473 S.

1989 PIWIŃSKA M.: Legenda romantyczna i szydercy. Warszawa: PIW 1973, 453 S.

1990 WEISS T.: Romantyczna genealogia polskiego modernizmu. Warszawa: PIW 1974, 317 S.

1991 MICHAŁOWSKA H.: Salony artystyczno-literackie w Warszawie 1832–1860. Warszawa: PWN 1974, 181 S.

1992 LUBOSZ B.: Filomaci i entuzjaści. Katowice: Śląsk 1977, 208 S.

1993 JAGODA Z.: O literaturze i życiu literackim Wolnego Miasta Krakowa 1815–1846. Kraków: WL 1971, 376 S.

1994 POKLEWSKA K.: Galicja romantyczna (1816–1840). Warszawa: PIW 1976, 316 S.

1995 Problemy polskiego romantyzmu. 1–2. Wrocław: Ossolineum 1971–1974

1996 Studia romantyczne. Wrocław: Ossolineum 1973, 358 S.

1997 Miscellanea z okresu romantyzmu. 3. Wrocław: Ossolineum 1977, 386 S.

1998 The Romanticism. Le Romantisme. Wrocław: Ossolineum 1980, 200 S. (*Literary Studies in Poland* 5)

4. Positivismus. Naturalismus

1999 MACIEJEWSKI J.: Przedburzowcy. Z problematyki przełomu między romantyzmem a pozytywizmem. Kraków: WL 1971, 418 S.

2000 MARKIEWICZ H.: Pozytywizm. Warszawa: PWN 1978, 626 S. [²1980]

2001 KULCZYCKA-SALONI J.: Pozytywizm. Warszawa: PZWS 1971, 544 S.

2002 BLEJWAS S. A.: Warsaw Positivism 1864–1890. Diss. Columbia-U 1973, 364 S.

2003 WARZENICA-ZALEWSKA E.: Przełom scjentystyczny w publicystyce warszawskiej „Obozu młodych“ (1866–1876). Wrocław: Ossolineum 1978, 223 S. *(U Warszawa)*

2004 KOZŁOWSKA-SABATOWSKA H.: Ideologia pozytywizmu galicyjskiego 1864–1881. Wrocław: Ossolineum 1978, 187 S.

2005 KNYSZ-RUDZKA D.: Od naturalizmu Zoli do prozy zespołu „Przedmieście“. Wrocław: Ossolineum 1972, 204 S.

2006 The Positivism. Le Positivisme. Wrocław: Ossolineum 1980, 132 S. (*Literary Studies in Poland* 6)

2007 MODZELEWSKI W.: Naród i postęp. Problematyka narodowa w ideologii i myśli społecznej pozytywistów warszawskich. Warszawa: PWN 1977, 240 S.

5. Młoda Polska

2008 WYKA K.: Młoda Polska. Kraków: WL 1977, 362 + 363 S.

2009 EUSTACHIEWICZ L.: Młoda Polska. Warszawa: WSP 1979, 316 S.

2010 Problemy literatury Polskiej lat 1890–1939. 1, 2. Wrocław: Ossolineum 1972–1974

2011 Młodopolski świat wyobraźni. Kraków: WL 1977, 417 S.

2012 Programy i dyskusje literackie okresu Młodej Polski. Wrocław: Ossolineum ²1977, XC + 781 S. (*BN* I 212, ¹1973)

2013 TYNECKI J.: Inspiracje neoromantyzmu w literaturze i historiografii polskiej. Łódź: U 1979, 290 S.

2014 LORANC W.: Sztuka i społeczeństwo w programie artystycznym polskiego modernizmu. 1897–1907. Kraków: WL 1973, 135 S.

2015 TABORSKI R.: Życie literackie młodopolskiej Warszawy. Warszawa: PIW 1974, 195 S.

2016 Poésie et peinture du symbolisme en France et en Pologne. *(Aufsätze)*. Warszawa: U (1977) 318 S. (*Cahiers de Varsovie* 5)

2017 KUDEROWICZ Z.: Artyści i historia: Koncepcje historiozoficzne polskiego modernizmu. Wrocław: Ossolineum 1980

6. Dwudziestolecie

2018 Literatura polska. 1918–1975. Warszawa: WP 1975, 791 + 192 S. Bibliogr. *(t. 1, 1918–1932)*

2019 ŻÓŁKIEWSKI St.: Kultura literacka (1918–1932). Wrocław: Ossolineum 1973, 483 S.

2020 Pokolenia i grupy literackie po 1918 roku. Kraków: U 1977, 319 S.

2021 KOWALCZYKOWA A.: Programy i spory literackie w dwudziestoleciu 1918–1939. Warszawa: Ossolineum 1978, 300 S.

2022 ZACHARSKA J.: Skamander. Warszawa: WSP 1977, 284 S.

2023 Skamander. Studia. Katowice: U 1978, 247 S. (*Prace Naukowe* 240)

2024 STRADECKI J.: W kręgu Skamandra. Warszawa: PIW 1977, 388 S.

2025 GAZDA G.: Futuryzm w Polsce. Wrocław: Ossolineum 1974, 138 S.

2026 WAŻYK A.: Dziwna historia awangardy. Warszawa: Czytelnik 1976, 176 S.

2027 LAM A.: Z teorii i praktyki awangardyzmu. Warszawa: U 1976, 128 S.

2028 Materiały do dziejów awangardy. Wrocław: Ossolineum 1975, 372 S. (*Archiwum Literackie* 20)

2029 JAWORSKI St.: Dalsze dzieje awangardy. In: *Rocznik Komisji Historycznoliterackiej* 13, 1975, 135–159

2030 Katastrofizm i awangarda. Katowice: U 1979, 168 S.

2031 KUŹMA E.: Z problemów świadomości literackiej i artystycznej ekspresjonizmu w Polsce. Wrocław: Ossolineum 1976, 172 S.

2031a KŁOSIŃSKI K.: Dyskurs katastroficzny. Katastrofizm i awangarda. In: *Prace Naukowe U Katowice* 322, 1979, 23–39

2032 CHOREV V.A.: Stanovlenie socialističeskoj literatury v Pol'še. Moskva: Nauka 1979, 366 S.

7. Krieg und Nachkriegszeit

2033 MACIĄG W.: Współczesna literatura polska 1939–1969. Warszawa: PZWS 1970, 199 S.

2034 BARTELSKI L. M.: Z głową na karabinie. Warszawa: KiW 1974, 212 S.

2035 BARTELSKI L. M.: Genealogia ocalonych. Kraków: WL ^{3}1974, 316 S.

2036 MACIĄG W.: Literatura Polski Ludowej. 1944–1964. Warszawa: PIW 1973, 561 S.

2037 Pisateli Narodnoj Pol'ši. Moskva: Nauka 1976, 415 S.

2038 MACIĄG W.: Die polnische Gegenwartsliteratur 1939–1976. München: Fink 1979, 279 S.

2039 BARTELSKI L.M.: Sylwetki polskich pisarzy współczesnych. Warszawa: WSP 1975, 357 S.

2040 LISIECKA A.: Przewodnik po literaturze krajowej. London: Gryf 1975, 192 S.

2041 WAŚKIEWICZ A.K.: Formy obecności „nieobecnego pokolenia". Łódź: WŁ 1978, 236 S. *(1960–1970)*

2042 BIRD Th. E. (Hg.): Modern Polish Writing. Flushing N.Y.: Queens College Press 1973, 118 S. (*Queen's Slavic Papers* 1)

2043 PIOTROVSKAJA A. G.: Chudožestvennye iskanija sovremennoj pol'skoj literatury. Proza i poezija 60–70ch godov. Moskva: Nauka 1979, 294 S.

2044 Literatura a współczesne przemiany społeczne. Sondaże. Warszawa: PIW 1972, 305 S.

2045 O współczesnej kulturze literackiej. Wrocław: Ossolineum 1973, 362 + 392 S.

8. Emigration

2046 DANILEWICZ-ZIELIŃSKA M.: Szkice o literaturze emigracyjnej. Paris: Instytut literacki 1978, 416 S.
2047 Pamiętnik Literacki. London: Związek Pisarzy Polskich na Obczyźnie 1976, 190 S.

9. Volksdichtung

2048 KRAWCZYK-WASILEWSKA V.: Wprowadzenie do folklorystyki. Łódź: U 1979, 152 S.
2049 Z zagadnień twórczości ludowej. Wrocław: Ossolineum 1972, 394 S.
2050 Literatura ludowa i literatura chłopska. Lublin: U 1977, 238 S.
2051 SIMONIDES D.: Współczesny folklor słowny dzieci i nastolatków. Warszawa: PWN 1976, 252 S.
2052 Polska pieśń i muzyka ludowa. Źródła i materiały. Warszawa: PWMuz. 1974ff.
2053 CZERNIK St.: Polska poezja magiczna. In: *Poezja* 4, 1968, 4, 15–32
2054 JAGIEŁŁO J.: Polska ballada ludowa. Wrocław: Ossolineum 1975, 156 S.
2055 KACNEL'SON D.: Z dziejów polskiej pieśni powstańczej 19 wieku. Folklor powstania styczniowego. Wrocław: Ossolineum 1974, 113 S.
2056 KLONOWSKI St.: Pod czapką frygijską. Warszawa: KiW 1975, 207 S.
2057 KASJAN J. M.: Poetyka polskiej zagadki ludowej. Toruń: U 1976, 264 S.
2058 DUNIN J.: Papierowy bandyta. Książka kramarska i brukowa w Polsce. Łódź: WŁ 1974, 326 S.
2059 Z problemów socjologii folkloru. Opole: WSP 1977, 84 S. (*ZN FP* 18)
2060 POŚPIECH J.: Tradycje folklorystyczne na Śląsku w 19 i 20 wieku (do roku 1939). Opole: PWN 1978, 247 S. *(OTPN)*
2061 LANGE R.: Folklor Kujaw. Warszawa: COMUK 1979, 390 S.
2062 Folklor Warmii i Mazur. Warszawa: COMUK 1978, 584 S.
2063 CZUBALA D.: Folklor garnczarzy polskich. Katowice: U 1978, 149 S.
2064 SULIMA R.: Folklor i literatura. Warszawa: LSW 1976, 335 S.
2065 TATAROWSKI L.: Poglądy na ludowość w czasopiśmiennictwie młodopolskim. Wrocław: U 1979, 144 S. (*Acta UW* 422)
2066 KRZYŻANOWSKI J.: Szkice folklorystyczne. 3 Bde. Kraków: WL 1980

2067 BARANOWSKI W.: Echa „Żywotów Świętych“ w folklorze południowej części byłego woj. Łódzkiego. In: *Łódzkie studia etnograficzne* 39, 1977, 47–101

10. Genres

10.1. Versdichtung

2068 MACIEJEWSKI J.: Czytamy wiersze. Warszawa: LSW ²1973, 452 S. (¹1970)

2069 NOWICKA-JEŻOWA A.: Madrygały staropolskie. Wrocław: Ossolineum 1978, 126 S. (*Studia Starop.* 47)

2070 KRZEWIŃSKA A.: Sielanka staropolska. Warszawa: PWN 1979, 179 S. *(Prace Toruńsk. TN)*

2071 SZCZERBICKA-ŚLĘK L.: W kręgu Klio i Kalliope. Staropolska epika historyczna. Wrocław: Ossolineum 1973, 209 S. (*Studia Starop.* 36)

2072 NIEZNANOWSKI St.: Staropolska epopeja historyczna. In: *Problemy literatury staropolskiej* 1, 1972, 391–427

2073 ZABŁOCKI St.: Polsko-łacińskie epicedium renesansowe na tle europejskim. Wrocław: Ossolineum 1968, 260 S. (*Studia Starop.* 22)

2074 KOTARSKA J.: Erotyk staropolski: inspiracje i odmiany. Wrocław: Ossolineum 1980, 262 S.

2075 LIBERA Z.: Poezja polska 18 wieku. Warszawa: Czytelnik 1976, 479 S.

2076 WOŹNOWSKI W.: Bajka w literaturze polskiego Oświecenia. Kraków: PWN-UJ 1974, 186 S. (*Zesz. Naukowe UJ* 355)

2077 BRZEZIŃSKI J.: Wyznaczniki językowostylistyczne poezji sentymentalnej. Zielona Góra: WSP 1979, 181 S.

2078 OPACKI I.: Poezja romantycznych przełomów. Wrocław: Ossolineum 1972, 198 S.

2079 OPACKA A., OPACKI I.: Ruch konwencji: szkice o poezji romantycznej. Katowice: U 1975, 208 S. *(Prace Nauk. UŚ)*

2080 DOBAKÓWNA A.: Sielanka końca 18 i pierwszej połowy 19 wieku wobec polskiej tradycji gatunku. In: *Roczniki Humanistyczne* 18, 1970, 1, 79–104

2081 ZAKRZEWSKI B.: „Palen dla cara“. O polskiej poezji patriotycznej i rewolucyjnej 19 wieku. Wrocław: Ossolineum 1979, 246 S.

2082 OLSCHOWSKY H.: Lyrik in Polen. Berlin: Akademie-Verl. 1979, 240 S. *(20. Jhdt.)*

2083 PODRAZA-KWIATKOWSKA M.: Symbolizm i symbolika w poezji Młodej Polski. Kraków: WL 1975, 431 S.

2084 POLANOWSKI E.: O poezji polskich ekspresjonistów. In: *Przegląd Humanistyczny* 1976, 2, 29–46

2085 LUBAS R.: Poezja Helionu i Litartu. Kraków: WL 1978, 197 S.

2086 JAWORSKI St.: Między awangardą i nadrealizmem. Kraków: WL 1976, 231 S. *(1930–1939)*

2087 BOJTÁR E.: Razvitie poezii pol'skogo avangarda. In: *Studia Slavica* (Budapest) 18, 1972, 91–127

2088 WAŚKIEWICZ A. K.: Rygor i marzenie. Szkice o poetach trzech awangard. Łódź: WŁ 1973, 239 S.

2089 SZYMAŃSKI W. P.: Neosymbolizm. O awangardowej poezji polskiej lat 30ch. Kraków: WL 1973, 385 S.

2090 SANDAUER A.: Poeci czterech pokoleń. Kraków: WL 1977, 369 S.

2091 KRYSZAK J.: Katastrofizm ocalający. Z problematyki poezji tzw. Drugiej Awangardy. Toruń: Tow. Naukowe 1978, 148 S. (*Prace WFF* 26/3)

2092 SZCZAWIEJ J.: Poezja polska czasu wojny 1939–1945. Warszawa: WP 1972, 208 S.

2093 ŚWIĘCH J.: Okupacja a stereotypy. Studium z dziejów poezji konspiracyjnej 1939–1945. Lublin: UMCS 1977, 181 S.

2094 GÖMÖRI G.: Polish and Hungarian Poetry 1945 to 1956. Oxford: Clarendon P. 1966, 266 S.

2095 KAJTOCH J., SKÓRNICKI J.: Debiuty poetyckie 1944–1960. Warszawa: Iskry 1972, 640 S. *(mit Texten)*

2096 KAMIEŃSKA A.: Od Leśmiana. Warszawa: Iskry 1974, 296 S. *(Interpretationen)*

2097 KIERC B.: Przyboś i. Wrocław: Ossolineum 1976, 135 S.

2098 ŁUKASIEWICZ J.: Laur i ciało. Warszawa 1971, 176 S. *(Lyrik nach 1956)*

2099 WAŚKIEWICZ A. K.: Modele i formuła. Szkice o młodej poezji lat 60ch. Wrocław: Ossolineum 1978, 228 S.

2100 BUJNOWSKI J.: Przemiany we współczesnej poezji polskiej. London: White Eagle P. 1968, 100 S.

2101 BURKOT St.: Spotkanie z poezją współczesną. Warszawa: WSP 1977, 324 S.

2102 BALCERZAN E.: Przez znaki. Granice autonomii sztuki poetyckiej. Na materiale polskiej poezji współczesnej. Poznań: WPn 1972, 307 S.

2103 PRZYBYLSKI R.: To jest klasycyzm. Warszawa: Czytelnik 1978, 243 S.

2104 BULACHOVŚKA Ju. L.: Spadkojemnist' i novatorstvo sučasnoji pol'škoji poeziji. Kyjiv: Naukova dumka 1979, 174 S.

2105 (Kwadryga) in: *Poezja* 14, 1979, 11/12, 3–220 *(mit Texten)*
2106 Studia o metaforze. Wrocław: Ossolineum 1980, 154 S.

10.2. Prosa

2107 Nowela, opowiadanie, gawęda. Interpretacje małych form narracyjnych. Warszawa: PWN ²1979, 494 S. [¹1974]
2108 SZARY-MATYWIECKA E.: Książka-powieść-autotematyzm. Wrocław: Ossolineum 1979, 185 S.
2109 WYKA K.: Pogranicze powieści. Warszawa: Czytelnik ²1974, 504 S.
2110 GRAJEWSKI W.: Jak czytać utwory fabularne? Warszawa: KAW 1980, 179 S.
2111 DZIECHCIŃSKA H.: Biografistyka staropolska w latach 1476–1627. Wrocław: Ossolineum 1971, 157 S. (*Studia Starop.* 32)
2112 LIPATOV A.V.: Formirovanie pol'skogo romana i evropejskaja literatura. Moskva: Nauka 1977, 300 S.
2113 MICHAŁOWSKA T.: Romans 17 i pierwszej połowy 18 wieku w Polsce. In: *Problemy literatury staropolskiej* 1, 1972, 427–499
2114 LIPATOV A.V.: Vozniknovenie pol'skogo prosvetitel'nogo romana. Moskva: Nauka 1974, 302 S.
2115 SIEROSZEWSKI A.: Węgierska i polska powieść historyczna w dobie romantyzmu. Warszawa: U 1976, 112 S. (*Rozpr. UW* 106)
2116 BUJNICKI T.: Ewolucja polskiej powieści historycznej (Do „Trylogii"). In: *Ruch Literacki* 14, 1973, 5–31
2117 BACHÓRZ J.: Poszukiwanie realizmu. Studium o polskich obrazkach prozą w okresie międzypowstaniowym 1831–1863. Gdańsk: GTN 1972, 353 S.
2118 MARTUSZEWSKA A.: Poetyka polskiej powieści dojrzałego realizmu (1876–1895). Wrocław: Ossolineum 1977, 239 S.
2119 O prozie polskiej 20 wieku. Wrocław: Ossolineum 1971, 424 S.
2120 W kręgu przemian polskiej prozy 20 wieku. Wrocław: Ossolineum 1978, 124 S.
2121 Prozaicy 20-lecia międzywojennego. Sylwetki. Warszawa: WP 1974, 770 S. (¹1972)
2122 SEEN C.: Polish Experimental Fiction 1900–1939. Diss. Columbia-U 1972
2123 VJEDINA V.P.: Pol'śka proletarśka proza mižvojennoho 20-littja. Kyjiv: Naukova dumka 1965, 216 S.
2124 DADLEY A.: Political and Social Issues in the Polish Novel, 1946–1970. Diss. Syracuse 1973, 347 S.

2125 MOŻEJKO E.: Young Polish Prose. In: *Canadian Slavonic Papers* 11, 1969, 424–453

2126 OWCZAREK B.: Opowiadanie i semiotyka. O polskiej nowelistyce współczesnej. Wrocław: Ossolineum 1975, 208 S.

2127 SOBOLEWSKA A.: Polska proza psychologiczna (1945–1950). Wrocław: Ossolineum 1979, 137 S.

2128 VJEDINA V.P.: Sovremennaja pol'skaja proza. Kiev: Naukova dumka 1971, 397 S.

2129 SEDLÁK J.: Podoby realizmu v súčasnej pol'skej próze. In: *Sborník PF Trnava* 4, 1964, 117–148

2130 BEREZA H.: Prozaiczne początki. Warszawa: Czytelnik 1971, 299 S.

2131 BARAŃCZAK St.: Poetyka polskiej powieści kryminalnej. In: *Teksty* 1973, 6, 62–82

2132 WÓYCIK A.: Okno kosmosu. Warszawa: KAW 1979, 124 S. (*Science fiction*)

2133 KRUPKA P.: Der polnische Aphorismus. München: Sagner 1976, 197 S. (*SB* 104)

10.3. Drama

2134 PELIKÁN J.: Nástin dějin polské dramatiky. Brno: U 1978, 122 S. (*Skr.*)

2135 O dawnym dramacie i teatrze. Wrocław: Ossolineum 1971, 239 S. (*Studia Starop.* 31)

2136 ABRAMOWSKA J.: Ład i fortuna. O tragedii renesansowej w Polsce. Wrocław: Ossolineum 1974, 218 S. (*Studia Starop.* 40)

2137 KADULSKA I.: Ze studiów nad dramatem jezuickim wczesnego Oświecenia. 1746–1765. Wrocław: Ossolineum 1974, 211 S.

2138 BERNACKI L.: Teatr, dramat i muzyka za Stanisława Augusta. 2 Bde. Warszawa: WAF 1979 (RdA 1925)

2139 DURSKI S.: Komedia okolicznościowo-polityczna i historyczna lat 1800–1830. Wrocław: Ossolineum 1974, 205 S.

2140 GEROULD D.: 20th Century Polish Avant-Garde Drama. Ithaca: UP 1977, 287 S.

2141 GĄSSOWSKI Sz.: Współcześni dramatopisarze polscy 1945–1975. Warszawa: WAF 1979, 336 S.

2142 EUSTACHIEWICZ L.: Dramaturgia polska 1945–1977. Warszawa: WSP 1979, 212 S.

2143 SINKO G.: Kryzys języka w dramacie współczesnym. Wrocław: Ossolineum 1977, 138 S.

10.4. Theater

2144 Wprowadzenie do nauki o teatrze. Wrocław: U 1976, 385 + 591 S.
2145 WIERZBICKA-MICHALSKA K.: Teatr w Polsce w 18 wieku. Warszawa: PWN 1977, 348 + 103 S. (*Dzieje teatru polskiego* 1)
2146 RASZEWSKI Z.: Krótka historia teatru polskiego. Warszawa: PIW 1977, 280 S.
2147 SZYDŁOWSKI R.: Das Theater in Polen. Warszawa: Interpress 1972, 213 S.
2148 KUDLIŃSKI T.: Rodowód teatru polskiego. Warszawa: Pax 1972, 391 S.
2149 LIPIŃSKI J.: Sztuka aktorska w Polsce 1500–1633. Warszawa: PWN 1974, 405 S.
2150 MARCZAK-OBORSKI S.: Iskier przewodnik teatralny. Warszawa: Iskry ^{2}1971, 847 S. (^{1}1964)
2151 MARCZAK-OBORSKI S.: Myśl teatralna polskiej awangardy. 1919–1939. Antologia. Warszawa: WAF 1973, 474 S.
2152 CZERWIŃSKI E. J.: The Contemporary Theater in Poland and Its Impact in Other Slavic Countries. Diss. Madison 1965, 300 S.
2153 FILLER W.: Zeitgenössisches polnisches Theater. Warszawa: Interpress 1977, 169 S.
2154 HAKKEBUŠ V.: V sučasnom pol'skom teatri. Kyjiv: Mystećtvo 1972, 203 S.
2155 GRZEŚCZAK M.: Trzeci wiersz. Przypadki teatru poezji. Warszawa: LSW 1973, 399 S.
2156 OSIŃSKI Z.: Teatr Dionizosa. Romantyzm w polskim teatrze współczesnym. Kraków: WL 1972, 414 S.
2157 Teatry polskie w trzydziestoleciu 1944–1974. Słownik. In: *Pamiętnik Teatralny* 24, 1975, 423–500 + Ill.
2158 WOSIEK M.: Historia teatrów ludowych. Polskie zespoły zawodowe 1898–1914. Wrocław: Ossolineum 1975, 232 S.
2159 SZWANKOWSKI E.: Teatry Warszawy w latach 1765–1918. Warszawa: PWN 1979, 218 S.
2160 GRODZICKI A.: Les metteurs en scène du théâtre polonais. Warszawa: Interpress 1979, 186 S.

10.4.1. einzelne Bühnen

2161 FORMANOWICZ J.: Historia Teatru Miejskiego w Bydgoszczy w latach 1920–1939. Warszawa: PWN 1977, 252 S. *(Bydg. TN)*

2162 ORZECHOWSKI E.: Repertuar teatru krakowskiego 1885–1893. Warszawa: PAN 1972, 394 S. *(Skr.)*

2163 ZACIŃSKA M.: Repertuar Teatru Miejskiego w Krakowie 1893–1899. Warszawa: PAN 1977, 439 S. *(Skr.)*

2164 KULIGOWSKA A.: Trudne początki. Teatr łódzki 1844–1863. Wrocław: Ossolineum 1976, 154 S.

2165 KASZYŃSKI S.: Teatr łódzki w latach 1945–1962. Łódź: WŁ 1970, 575 S.

2166 KWASKOWSKI S.: Teatr w Toruniu. 1920–1939. Gdańsk: WM 1975, 323 S.

2167 SZWANKOWSKI E.: Repertuar teatrów warszawskich 1814–1831. Warszawa: PAN 1975, 501 S. *(Skr.)*

2168 SECOMSKA H.: Repertuar warszawskich teatrów rządowych 1863–1890. Warszawa: PAN 1971, 500 S. *(Skr.)*

2169 WOSIEK M.: Repertuar teatrów warszawskich. Teatr Ludowy 1899–1906. Warszawa: PAN 1976, 117 S.

2170 DOMAŃSKI P. J.: Repertuar teatrów warszawskich 1901–1906. Warszawa: PAN 1976, 271 S. *(Skr.)*

2171 TABORSKI R.: Warszawskie teatry prywatne w okresie Młodej Polski 1905–1918. Warszawa: PWN 1980, 210 S.

2172 DOMAŃSKI P. J.: Repertuar teatrów warszawskich 1907–1910. Warszawa: PAN 1977 ff. *(Skr.)*

2173 KRASIŃSKI E.: Warszawskie sceny. 1918–1939. Warszawa: PIW 1976, 352 S.

2174 KRASIŃSKI E.: Życie teatralne Warszawy w okresie międzywojennym. cz. II. 1929–1939. In: *Studia Warszawskie* 18, 1973, 70–152

2175 OLSZEWSKI K.: Kronika teatralna Górnego Śląska 1848–1914. Kraków: WL 1979, 508 S.

2176 OSIŃSKI Z.: Grotowski i jego Laboratorium. Warszawa: PIW 1980, 409 S.

2177 LINERT A.: Teatr Śląski w latach 1945–1949. Katowice: Śląski Instytut Naukowy 1980, 350 S.

2178 MARKIEWICZ Z., SIVERT T.: Melpomena polska na paryskim bruku. Teatralia polskie we Francji w 19 w. Warszawa: PWN 1972, 456 S.

2179 SOLARSKA-ZACHUTA A.: Repertuar teatru krakowskiego 1899–1905. Warszawa: PAN 1979, 327 S.

2180 BURZYŃSKI T., OSIŃSKI Z.: Das Theater-Laboratorium Grotowskis. Warszawa: Interpress 1971, 155 S. *(auch engl. u. franz.)*

10.5. Kritik

2181 Badania nad krytyką literacką. Wrocław: Ossolineum 1974, 219 S.

2182 BARTOSIEWICZ A.: O głównych terminach i pojęciach w polskiej krytyce literackiej w pierwszej połowie 19 wieku. Warszawa: PWN 1973, 217 S. (*Toruńskie TN. Prace FF* 23/3)

2183 ROGATKO B.: Utopia Młodej Polski. Łódz: WŁ 1972, 248 S.

2184 STĘPIEŃ M.: Ze stanowiska lewicy. Studium jednego z nurtów polskiej krytyki literackiej lat 1919–1939. Kraków: WL 1974, 440 S.

2185 PODKOWIAK A.: Krytycy o pisarzach i ich dziełach. Warszawa: Biblioteka Narodowa 1977, 104 S. *(1972–1976)*

2186 Wokół teorii i historii krytyki teatralnej. Katowice: U 1979, 231 S.

10.6. Presse

2187 Prasa polska w latach 1661–1864. Warszawa: PWN 1976, 467 S.

2188 Prasa polska w latach 1864–1918. Warszawa: PWN 1976, 360 S.

2189 Prasa polska w latach 1918–1939. Warszawa: PAN 1980, 534 + 73 S.

2190 SŁOMKOWSKA A.: Prasa w PRL. Warszawa: PWN 1980, 385 S.

2191 ŚNIEŻKO A.: Materiały do historii prasy na Litwie w 18 i 19 wieku. In: *Rocznik Historii Czasopiśmiennictwa Polskiego* 11, 1972, 4, 499–546

2192 KALEMBKA S.: Prasa demokratyczna Wielkiej Emigracji. Toruń: U 1977, 269 S.

2193 STANKOWSKA H.: Literatura i krytyka w czasopismach Wielkiej Emigracji (1832–1848). Wrocław: Ossolineum 1973, 154 S. *(Opolskie TPN)*

2194 SZOSTAKOWSKI S.: Z kart Wielkiej Emigracji. Prasa obozu arystokratyczno-konserwatywnego w latach 1832–1848. Olsztyn: Pojezierze 1974, 297 S.

2195 SŁOMKOWSKA A.: Dziennikarze warszawcy. (19 wieku). Warszawa: PWN 1974, 280 S.

2196 KMIECIK Z.: Prasa warzawska w okresie pozytywizmu (1864–1885). Warszawa: PWN 1971, 282 S.

2197 KMIECIK Z.: Prasa polska w rewolucji 1905–1907. Warszawa: PWN 1980, 282 S.

2198 SIEROCKA K.: Warszawskie czasopisma literackie. Cz. II. Lata 1932–1939. In: *Studia Warszawskie* 18, 1973, 153–177

2199 KMIECIK Z.: Zarys historii prasy polskiej w Królestwie Polskim w latach 1864–1904. Warszawa: PAN 1972, 52 S. *(Skr.)*

2200 MALANOWICZ H.: Łódzkie czasopisma literackie i z literaturą związane 1918–1939. In: *Prace Polonistyczne* 16, 1960, 209–228; 17, 1961, 267–288

2201 DATA J.: Tendencje pozytywistyczne w czasopiśmiennictwie wielkopolskim w latach 1848–1870. Poznań: PWN 1975, 182 S.

2202 TYROWICZ M.: Prasa Galicji i Rzeczypospolitej Krakowskiej 1772–1850. Kraków: WL 1979, 231 S.

2203 MYŚLIŃSKI J.: Prasa Galicji w dobie autonomicznej. 1867–1918. Warszawa: PAN 1972, 104 S. *(Skr.)*

2204 MAREK F.A.: Najdawniejsze czasopisma na Śląsku 1789–1854. Wrocław: PWN 1972, 316 S. *(Opolskie TPN)*

2205 BEDNORZ Z.: Nad rocznikami dawnych gazet śląskich. Wrocław: PWN 1971, 187 S.

2206 SMOŁKA L.: Prasa polska na Śląsku Opolskim 1922–1939. Warszawa: PWN 1976, 210 S. (*Acta U Wratislav.* 327)

2207 STRZESZEWSKI C.: Katolickie czasopiśmiennictwo społeczne w Polsce w 20leciu międzywojennym. In: *Roczniki Nauk Społecznych* (Lublin) 1978, 6, 29–49

2208 FUKS M.: Prasa żydowska w Warszawie 1823–1939. Warszawa: PWN 1979, 361 S.

2209 FUKS M.: Prasa żydowska w Polsce 19 i pierwszej połowy 20 wieku. In: *Rocznik Historii Czasopiśmiennictwa Polskiego* 12, 1973, 1, 27–55

2210 PACZKOWSKI A.: Prasa Drugiej Rzeczypospolitej 1918–1939. Warszawa: PAN 1972, 488 S. *(Skr.)*

2211 KŁAK T.: Czasopisma awangardy. Wrocław: Ossolineum 1978–1979

2212 CHUDZIŃSKI E.: Z dziejów chłopskiej prasy literackiej w dwudziestoleciu międzywojennym. In: *Rocznik Komisji Historycznoliterackiej* 13, 1975, 89–133

2213 TATAROWICZ L.: Poglądy na ludowość w czasopiśmiennictwie młodopolskim. Wrocław: PWN 1979, 144 S. *(AUWr 422)*

2213a SIEROCKA K.: Lewicowe czasopisma literackie lat 1918 do 1939. In: *Kwartalnik Historii Prasy Polskiej* 18, 1980, 4, 127–140

2214 RATAJCZAK J.: Zagasły „brzask epoki“: szkice z dziejów czasopisma „Zdrój“ 1917–1922. Poznań: Wyd. Pn. 1980, 342 S.

2215 DOBROSZYCKI L.: Die legale polnische Presse im Generalgouvernement 1939–1945. München: Institut für Zeitgeschichte 1977, 293 S.

2216 BIAŁECKI T.: Prasa Pomorza Szczecińskiego w latach 1945–1975. Szczecin: WSP 1978, 226 S.

2217 PACZKOWSKI A.: Prasa polonijna w latach 1870–1939. Warszawa: Biblioteka Narodowa 1977, 162 S.

2218 ROMANOW A.: Prasa polska w WM Gdańsku 1920–1939. Gdańsk: Ossolineum 1979, 248 S.

2219 PACZKOWSKI A.: Prasa i społeczność polska we Francji w latach 1920–1940. Wrocław: Ossolineum 1979, 243 S.

2220 Czasopisma studenckie w Polsce 1945–1970. Warszawa: ZG SZStP 1975, 398 S. (*Bibliographie* 303–353).

2221 GZELLA A.L.: Prasa lubelska 1944–1974. Lublin: WLub 1974, 312 S.

2222 KOWALIK J.: The Polish Press in America. San Francisco: R and E Research Association 1978, 80 S.

2223 KABATA M.: Warszawska batalia o nową sztukę. („Wędrowiec" 1884–1887). Warszawa: PIW 1978, 268 S.

2224 JAROWIECKI J.: Konspiracyjna prasa w Krakowie w latach okupacji hitlerowskiej 1939–1945. Kraków: WL 1980, 427 + 48 S.

2225 Polska prasa konspiracyjna lat 1939–1945 i początki prasy w Polsce Ludowej. Kraków-Kielce: IKNiBO 1980, 308 S. *(Aufsätze)*

2226 HIRSZ Z.J.: Terenowa prasa konspiracyjna ruchu ludowego 1939–1945. Warszawa: LSW 1977, 475 S.

10.7. Philosophie

2227 Dzieje filozofii średniowiecznej w Polsce. Wrocław: Ossolineum 1975 ff.

2228 PALACZ R.: Filozofia polska wieków średnich. Warszawa: WP 1980, 256 S.

2229 Filozofia polska 15 wieku. Warszawa: PWN 1972, 514 S.

2230 Polska myśl filozoficzna i społeczna. I. 1831–1863. Warszawa: KiW 1973, 677 S.

2231 URBANKOWSKI B.: Myśl romantyczna. Warszawa: KAW 1979, 256 S.

2232 GAWECKI B.J.: Polscy myśliciele romantyczni. Warszawa: Pax 1972, 126 S.

2233 Z historii filozofii pozytywistycznej w Polsce. Ciągłość i przemiany. Wrocław: Ossolineum 1972, 322 S.

2234 DZIAMSKI S.: Zarys polskiej filozoficznej myśli marksistowskiej 1878–1939. Warszawa: PWN 1973, 509 S.

2235 VERNIKOV M.N.: Metodologičeskij analiz krizisa filosofskogo idealizma. Kiev: Naukova dumka 1978, 405 S. *(Poln. Philosophie 1890–1920)*

2236 Studia z dziejów estetyki polskiej. 1890–1918. Warszawa: PWN 1972, 304 S.

2237 JEDYNAK S.: Etyka polska w latach 1863–1918. Warszawa: WP 1977, 464 S.

2238 TATARKIEWICZ W.: Outline of the History of Philosophy in Poland to World War II. San Francisco: Polish Arts and Cultural Foundation 1974, 56 S.

11. Polnische Literatur. Regional

2239 ZAREMBA J.: Polska literatura na Śląsku. Katowice: U 1971, 142 S. *(bis 1700)*

2240 FAZAN M., NAWROCKI W.: Katowickie środowisko literackie w latach 1945–1967. Katowice: Śląsk 1969, 304 S.

2241 MIERZWIANKA K., GAWROŃSKI A.: Pisarze Łodzi i ich książki 1945–1974. Łódź: Miejska Biblioteka 1974, 71 S.

2242 KOZIKOWSKI E.: Łódź i pióro. Łódź: WŁ 1972, 305 S.

2243 BOROWKIN S.: Życie literackie Łodzi w latach 1945–1948. In: *Prace Polonistyczne* 28, 1972, 201–226

2244 Literatura i język Łodzi. Łódź: MHMŁ 1978, 116 S.

2245 MIJAS S.: Świętokrzyskie szlaki literackie. Łódź: WŁ 1973, 297 S.

2246 Z badań nad twórczością literacką na Pomorzu w 20 wieku. Poznań 1973, 131 S. (*Bydgoskie TN* B/8)

2247 Literatura Gdańska i Ziemi Gdańskiej w latach 1945–1975. Gdańsk: WM 1979, 383 S.

2248 LIZIŃCZYK H.: Szczecin literacki 1946–1974. Szczecin: Wojew. Biblioteka Publiczna 1975, 144 S.

2249 KONIECZNY J., MROŻEK Z.: Obraz literatury polskiej na Kujawach i Pomorzu Gdańskim w dobie zaborów. Bydgoszcz: WSP 1974, 239 S. *(Skr.)*

2250 FORNALCZYK F.: Oswajanie z teraźniejszością. Poznań: WPn 1978, 85 S.

2251 BUKOWSKI A.: Życie kulturalne i literackie Gdyni 1920–1939. In: *Gdynia.* Sylwetki etc., Gdańsk 1979, 91–189

2252 STECKI K.: Przewodnik literacki po Zakopanem. Warszawa: WAF 1980, 99 S.

2253 WORCELL H.: Wpisani w Giewont. Wrocław: Ossolineum 1974, 229 S.

2254 ORACKI T.: Rozmówiłbym kamień... Z dziejów literatury ludowej oraz piśmiennictwa regionalnego Warmii i Mazur w 19 i 20 wieku. Warszawa: LSW 1976, 386 S.

2255 KORZENNY J.: Literatura polska w Czechosłowacji w latach 1954–1970. In: *Sborník prací. Ped. Fak. v Ostravě* 23, D 6, 1971, 87 S.

2256 KOWALSKI P.: Literatura polska na Zaolziu. In: *Literatura Ludowa* 1977, 11/12, 20–29

2257 ROSNER E.: Ugrupowania literackie na Zaolziu (po 1945 r.). In: *Kwartalnik Opolski* 25, 1979, 4, 5–29

2258 BIEDRZYCKI E.: Piśmiennictwo polskie i teatr polski na Bukowinie w okresie panowania austriackiego (1774–1918). In: *Rocznik Komisji Historycznoliterackiej PAN (Kraków)* 9, 1971, 133–145

2259 SIEROCKA K.: Polonia radziecka 1917–1939. Z działalności kulturalnej i literackiej. Warszawa: PIW 1968, 288 S.

2260 FORNALCZYK F.: Świadomość dziedzictwa. O prozie olsztyńskiego środowiska pisarskiego. Olsztyn: Pojezierze 1978, 225 S.

12. Kinder- und Jugendliteratur

2261 CIEŚLIKOWSKI J.: Literatura i podkultura dziecięca. Wrocław: Ossolineum 1976, 300 S.

2262 KANIOWSKA-LEWAŃSKA I.: Literatura dla dzieci i młodzieży do roku 1864. Warszawa: PZWS ^{2}1973, 440 S. (^{1}1959)

2263 KULICZKOWSKA K.: Literatura dla dzieci i młodzieży w latach 1864–1918. Warszawa: WSP 1975, 391 S.

2264 FRYCIE S.: Literatura dla dzieci i młodzieży w latach 1945–1970. 1. Proza. Warszawa: WSP 1978, 520 S.

2265 O literaturze dla dzieci i młodzieży. Warszawa: Stowarzyszenie Bibliotekarzy Polskich 1975, 175 S.

2266 SKOTNICKA G.: Pozytywistyczne powieści z dziejów narodu dla dzieci i młodzieży. Gdańsk: GdTN 1974, 217 S.

2267 KULICZKOWSKA K.: Dawne i współczesne problemy prozy dla dzieci. Warszawa: U 1972, 155 S.

2268 KRUSZEWSKA-KUDELSKA A.: Polskie powieści dla dziewcząt po roku 1945. Wrocław: Ossolineum 1972, 202 S.

2269 BIAŁEK J. Z.: Literatura dla dzieci i młodzieży w latach 1918–1939. Warszawa: WSP 1979, 464 S.

2270 *Les Cahiers Franco-Polonais 1979*. Warszawa: PWN 1979, 155 S.

13. Satire

2271 WRÓBLEWSKA E.: Satyra polityczna Wielkiej Emigracji. Warszawa: PWN 1977, 174 S. *(TN Toruń)*

2272 FRYBES S.: W krainie groteski. Problemy satyry galicyjskiej drugiej połowy 19 wieku. Wrocław: Ossolineum 1979, 204 S.

14. Varia

2273 Dzieło literackie jako źródło historyczne. Warszawa: Czyt. 1978, 387 S.

2274 SULIMA R.: Dokument i literatura. Warszawa: KAW 1980, 241 S.

2275 HOPFINGER M.: Adaptacje filmowe utworów literackich. Wrocław: Ossolineum 1974, 197 S.

15. Polnische Literatur. Stoffe

15.1. Landschaften, Länder, Städte

2276 EUSTACHIEWICZ L.: Poeta w ogrodzie. In: *Pamiętnik Literacki* 66, 1975, 3, 3–38 *(Renaissance, Barock)*

2277 PIWIŃSKA M.: Romantyk w ogrodzie. In: *Teksty* 1977, 4, 26–56

2278 PRZYBYLSKI R.: Ogrody romantyków. Kraków: WL 1978, 404 S. *(mit Texten)*

2279 KOTARSKI E.: U progu marynistyki polskiej. Gdańsk: WM 1978, 287 S.

2280 TUCZYŃSKI J.: Marynistyka polska. Poznań: WPn 1975, 206 S.

2281 KARWACKI R.: Temat morski. Gdańsk: WM 1975, 166 S. *(Prosa 1918–1939)*

2282 KARWACKI R.: Fabuły marynistyczne 20lecia międzywojennego. In: *ZN U Gdańsk. Prace Histlit.* 5, 1977, 105–126

2283 TURO K.: Morskie nowele batalistyczne 1918–1939. *ebdt.* 127–148

2284 GUTOWSKI W. Cztery obrazy morza. In: *A U Toruń. Filol. polska* 17, 1979, 35–56 *(Młoda Polska)*

2285 CHRUŚCIŃSKI K.: Obraz Gdyni w prozie powieściowej 1920–1975. In: *Gdynia* Sylwetki etc. Gdańsk 1979, 317–333

2286 GRYCHOWSKI A.: Lublin i Lubelszczyzna w życiu i twórczości pisarzy polskich. Lublin: WLub 1974, 422 S.

2287 BLAŻEJEWSKI T.: Pisarze polscy wobec tematu Ziem Zachodnich i Północnych. In: *Zeszyty Naukowe U Łódź* 90, 1972, 73–87

2288 PROROK L.: Szkice baltyckie i inne. Wrocław: Ossolineum 1972, 175 S.

2289 MIKULSKI T.: Temat Wrocław. Wrocław: Ossolineum ²1975, 467 S.

2290 KYRČIV R. F.: Ukrajinśkyj fol'klor u pol'skij literaturi. Period romantyzmu. Kyjiv: Naukova dumka 1971, 274 S.

2291 BAZYLOW L.: Rosja w polsko-łacińskiej literaturze politycznej 16 wieku. In: *Slavia Orientalis* 23, 1974, 3–20

2292 REYCHMAN J.: Podróżnicy polscy na Bliskim Wschodzie w 19 wieku. Warszawa: WP 1972, 344 S.

2293 FIJAŁKOWSKA W. Ziemia olkuska w literaturze pięknej. In: *Dzieje Olkusza*... Warszawa 1978, 465–473

2294 KRASUSKI J.: Obraz Zachodu w twórczości romantyków polskich. Poznań: WPn 1980, 272 S.

2295 DETKO J.: Warszawa naturalistów. Warszawa: PIW 1980, 221 S.

15.2. Soziale u. nationale Gruppen

2296 MITOSEK Z.: Literatura i stereotypy. Wrocław: Ossolineum 1974, 193 S.

2297 GRAJEWSKA A.: Postawy młodzieży. In: *Literatura a współczesne przemiany społeczne*, Warszawa 1972, 268–300

2298 PISZCZKOWSKI M.: Wieś pańszczyźniana w literaturze polskiej (Wiek 15–19). Warszawa: LSW 1972, 268 S. *(mit Texten)*

2299 PISZCZKOWSKI M.: Wieś w literaturze polskiego baroku. Wrocław: Ossolineum 1977, 87 S.

2300 SCHOLZE D.: Die Bauernproblematik in der polnischen Literatur. In: *Slavica Gandensia* 4, 1977, 27–50 (dass. *Weimarer Beiträge* 1980, 4)

2301 ZIEJKA F.: W kręgu mitów polskich. Kraków: WL 1977, 290 S. (Bauern)

2302 CHUDZIŃSKI E.: Chłopski ruch literacki w 20leciu międzywojennym. In: *Pamiętnik Literacki* 66, 1975, 3, 59–96

2303 DETKO J., DUNIN-WĄSOWICZ K.: Współuczestnicy narodowej sprawy. Proza polska o udziale chłopa w powstaniu styczniowym i dojrzewaniu jego narodowej świadomości. Warszawa: LSW 1973, 270 S.

2304 ANDRES Z.: O prawdziwy obraz wsi. Rzeszów: WSP 1977, 171 S. *(1918–1939)*

2305 GOŁĘBIOWSKI B.: W poszukiwaniu bohatera chłopskiego. In: *Literatura a współczesne przemiany społeczne*, Warszawa 1972, 9–71

2306 ZIĄTEK Z.: Tematyka wiejska w prozie współczesnej. *ebdt.* 72–135

2307 HAPAVA V.I.: Zmenlivae i spradvečnae. Vopyt typalahičnaha dasledvannja belaruskaj i pol'skaj „Vjaskovaj prozy" Minsk: Navuka i technika 1975, 192 S.

2308 PIASECKI Z.: Zainteresowanie ludem góralskim i jego kulturą umysłową w literaturze polskiej czasów Staszica i Goszczyńskiego. In: *Zeszyty Naukowe WSP Opole. Hist. Lit.* 9, 1973, 81–102

2309 LINERT A.: Kilka uwag o klasie robotniczej Katowic w literaturze pięknej. In: *Klasa robotnicza Katowic w Polsce Ludowej*, Kat. 1980, 252–268

2310 KOMAR M.: Utopia postaci doskonalej. In: *Literatura a współczesne przemiany społeczne*, Warszawa 1972, 172–202 (Arbeiter)

2311 KULPIŃSKA J.: Środowisko robotnicze. *ebdt.* 203–237

2312 KOWALEWSKA S.: Wzory osobowe robotnika. *ebdt.* 136–171

2313 MASŁOWSKI M.: Tematyka pracy. *ebdt.* 238–267

2314 KAPUŚCIK J., PODGÓRSKI W. J.: Tradycje żołnierskie literatury polskiej. Wrocław: Ossolineum 1978, 40 S.

2315 PIASECKI Z.: Byli chłopcy, byli... Zbójnictwo karpackie – prawda historyczna, folklor i literatura polska. Kraków: WL 1973, 348 S.

2316 BOBROWSKA J.: Zbójnictwo góralskie w polskiej pieśni ludowej. In: *Z zagadnień folkloru muzycznego na Śląsku Cieszyńskim*. Katowice 1977, 49–74

2317 MAKOWIECKI A.: Młodopolski portret artysty. Warszawa PIW 1971, 221 S.

2318 HADACZEK B.: Postać pedagoga w literaturze polskiej. Warszawa: PWN 1977, 171 S. *(WSP Szczecin)*

2319 KOWALCZYKOWA A.: Romantyczni szaleńcy. Warszawa: PWN 1977, 226 S.

2320 KOWALCZYKOWA A.: Ciemne drogi szaleństwa. Kraków: WL 1978, 316 S. *(mit Texten)*

2320a BURZACKA I.: Wśród pielgrzymów. Szkic o modernistycznych postawach światopoglądowych. In: *AU Toruń. Filologia Polska* 15, 1979, 29–51

2321 GRYNBERG H.: Żydowska tematyka w polskiej literaturze współczesnej. In: *Wiadomości* (London) 27, 1972, Nr. 18; (*engl.* in *Patterns of Prejudice* 1971, 5)

2322 RHODE G.: Das Bild des Deutschen im polnischen Roman des 19. und beginnenden 20. Jahrhunderts und das polnische Nationalgefühl. In: *Ostdeutsche Wissenschaft* 8, 1961, 327–366

2323 DZIKOWSKA E., WENGEREK B.: Das Bild des Deutschen in der polnischen Literatur nach 1945. In: *Sinn und Form* 32, 1980, 2, 366–391

15.3. Geschichte

2324 PARNICKI T.: Historia w literaturę przekuwana. Warszawa: Czyt. 1980, 426 S.

2325 MALINOWSKI J.: Starożytność i średniowiecze w powieści historycznej 20lecia międzywojennego. In: *Z problematyki gatunków i prądów literackich 19 i 20 wieku.* Bydgoszcz 1972, 39–83 *(Bydg. TN)*

2326 MOLNÁR I. D.: Die Gestalt von István Báthory in der polnischen Literatur der ersten Hälfte des 20. Jahrhunderts. In: *Slavica (U Debrecen)* 15, 1977, 87–96

2327 Literatura polska wobec rewolucji. Warszawa: PIW 1971, 594 S.

2328 ZIĄTEK Z.: „Za wolność waszą i naszą". Literacka historia idei. *ebdt.* 41–110

2329 Przemiany tradycji barskiej. Kraków: WL 1972, 262 S.

2330 ZAHORSKI A.: Z dziejów legendy napoleońskiej w Polsce. Warszawa: PZWS 1971, 190 S.

2331 JANION M., ŻMIGRODZKA M.: Romantyczna legenda księcia Józefa. In: *Pamiętnik Literacki* 1977, 1, 55–96

2332 RAWIŃSKI M.: Rok 1846 w literackiej legendzie. In: *Literatura polska wobec rewolucji,* 1971, 110–145

2333 RYŁKO Z.: Echa Komuny Paryskiej w poezji polskiej 1871–1906. In: *Przegląd Humanistyczny* 15, 1971, 6, 71–91

2334 SMOCHOWSKA-PETROWA W.: Polskie powieści o bułgarskich walkach wyzwoleńczych drugiej połowy 19 wieku. In: *Pamiętnik Słowiański* 25, 1975, 73–93

2335 Romantycy i rewolucja. Wrocław: Ossolineum 1980, 215 S.

2336 WIEGANDT E.: Mit Galicji w polskiej prozie współczesnej. In: *Teksty* 1979, 5, 52–62

2337 BUREK T.: Lekcja rewolucji (1905 r.) In: *Literatura polska wobec rewolucji,* 1971, 146–191

2338 GRAJEWSKA A.: Od „piękności walki" do „odnowy duszy wspólnej" (1905–1914). *ebdt.* 192–252

2339 WÓJCIK W.: Nadzieje i złudzenia: legenda Piłsudskiego w polskiej literaturze międzywojennej. Katowice: U 1978, 198 S.

2340 Literatura wobec wojny i okupacji. Wrocław: Ossolineum 1976, 312 S.

2341 RAJEWSKI L.: Ruch oporu w polskiej literaturze obozowej. Warszawa: LSW 1971, 179 S.

2342 HOMA W.: Żołnierz LWP czasu wojny jako bohater literacki. Słupsk: WSP 1977, 222 S.

2343 PAWLIK H.: Velikaja Otečestvennaja Vojna v pol'skoj literature. In: *Bolgarskaja rusistika* 1977, 3, 22–34

2344 VEDINA V.P.: Pol'skaja voennaja proza. Kiev: Naukova dumka 1980, 252 S.

15.4. Mythologische u. literarische Stoffe

2345 BIEŃKOWSKI T.: Antyk w literaturze i kulturze staropolskiej. Wrocław: Ossolineum 1976, 209 S. (*Studia Starop.* 45)

2346 WALECKI W.: Motyw Zuzanny i starców w literaturze staropolskiej. In: *Rocznik Komisji Historycznoliterackiej PAN* 10, 1972, 27–48

2347 NOWAKOWSKI J.: Persefone i Charon. Z młodopolskich dziejów motywów mitycznych. In: *Ruch Literacki* 1974, 3, 141–156

2348 FILIPKOWSKA H.: Z problematyki mitu w literaturze Młodej Polski. In: *Problemy literatury polskiej 1890–1939,* 1972, 221–252

2349 PELC J.: Jan Kochanowski w tradycjach literatury polskiej (od 16 do połowy 18 wieku). Warszawa: PIW 1965, 434 S.

2350 WALECKI W.: Jan Kochanowski w literaturze polskiej doby Oświecenia. Wrocław: Ossolineum 1979, 174 S.

15.5. Stoffe aus der Folklore

2351 KRZYŻANOWSKI J.: Paralele. Warszawa PWN ^{2}1977, 1007 S. (^{1}1961)

2352 ŚLĘK L.: Postać Wandy w średniowiecznej prozie historycznej. In: *Literatura Ludowa* 16, 1972, 2, 18–34

2353 KASJAN M.: Wernyhora. Zarys dziejów postaci w literaturze polskiej. In: *Zeszyty Naukowe U Toruń* 6, 1962, 53–120

2354 ZIEJKA F.: Literacka legenda o Wernyhorze. In: *Rocznik Komisji Historycznoliterackiej* 13, 1975, 31–85

2355 LIGĘZA L.: Folklor we współczesnej poezji polskiej. In: *Z zagadnień twórczości ludowej,* Wrocław 1972, 95–135

15.6. Religion. Philosophie

2356 SAWICKI S.: Z pogranicza literatury i religii. Lublin: KUL 1978, 160 S.

2357 La littérature polonaise contemporaine et le Sacré. Lublin: KUL 1978, 179 S.

2358 ADAMEK Z.: Polskie współczesne opowiadanie o tematyce biblijnej. In: *Roczniki Humanistyczne* 26, 1978, 1, 101–130

2359 OLKUSZ W.: Recepcja myśli buddyjskiej w poezji Młodej Polski. In: *Zeszyty Naukowe WSP Opole, Hist. Lit.* 13, 1975, 91–101

2360 NOSOWSKI J.: Polska literatura polemiczno-antyislamistyczna 16, 17 i 18 wieku. Warszawa: Akad. Teologiczna Katolicka 1974, 457 + 336 S. *(mit Texten)*

2361 ULEWICZ T.: St. Stanislaus of Szczepanów in old polish literature and culture. In: *Aevum* 54, 1980, 2, 287–314

2362 MORAWSKI S.: Wątki egzystencjalistyczne w polskiej prozie lat 30ch. In: *Problemy literatury polskiej 1890–1939*, 1972, 465–532

15.7. Stoffe. Varia

2363 GAZDA G.: Funkcja prymitywu i egzotyki w literaturze międzywojennej. In: *Problemy literatury polskiej lat 1890–1939*, 1972, 365–394

2364 PROKOP J.: Prymitywizm w kręgu „Czartaka“, *ebdt.* 395–414

2365 OPALSKI J.: Chopin i Szymanowski w literaturze 20-lecia międzywojennego. Kraków: Polskie Wyd. Muzyczne 1980, 223 S.

2366 MOSKALOWA A.H.: Autentyzm w polskiej poezji międzywojennej. Warszawa: LSW 1979, 232 S.

2367 SZARY-MATYWIECKA E.: Książka, powieść, autotematyzm. Wrocław: Ossolineum 1979, 185 S.

2367a OLKUSZ W.: „Madonna Sykstyńska“ Rafaela i jej reminiscencje w literaturze pozytywistycznej. In: *ZN WSP Opole, Filol. Polska* 17, 1980, 5–18

16. Polnische Literatur. Beziehungen

16.1. allgemein

2368 Studia porównawcze o literaturze staropolskiej. Wrocław: Ossolineum 1980

2369 Literatura staropolska i jej związki europejskie. Wrocław: Ossolineum 1973, 338 S.

2370 ZABŁOCKI S.: Od prerenesansu do Oświecenia. Z dziejów inspiracji klasycznych. Warszawa: PWN 1976, 275 S.

2371 Pol'skij romantizm i vostočnoslavjanskie literatury. Moskva: Nauka 1973, 285 S.

2372 STABRYŁA St.: Antyk we współczesnej literaturze polskiej. Wrocław: Ossolineum 1980, 64 S.

16.2. Deutschland, Österreich

2373 DEDECIUS K.: Deutsche und Polen in ihren literarischen Wechselbeziehungen. Stuttgart: Reclam 1973, 85 S. (*poln.* Kraków: WL 1974, 138 S.)

2374 POŁCZYŃSKA E., ZAŁUBSKA C.: Zur Rezeption deutschsprachiger Literatur in Polen ... 1919–1939. In: *Studia historica slavo-germanica* (Poznań) 8, 1979, 129–159

2375 TABORSKI R.: Wśród Wiedeńskich poloników. Kraków: WL 1974, 179 S.

2376 Polacy w Austrii. Kraków: PWN 1976, 287 S. (*ZNUJ* 455)

2377 TUCZYŃSKI J.: Schopenhauer i Młoda Polska. Gdańsk: WM 1969, 261 S.

2378 WILL A.: Motywy polskie w krótkich formach literackich niemieckiego obszaru językowego. 1794–1914. Wrocław: Ossolineum 1976, 139 S.

2379 Wissenschaftliche Konferenz zum Thema „Polnische Motive in der deutschsprachigen Literatur. 1750–1850“. Warszawa: PWN 1978, 312 S. *(U Wrocław)*

2379a DOBIJANKA-WITCZAKOWA O.: O niektórych polonikach w prasie wiedeńskiej około połowy 19 wieku. In: *ZN UJ* 526, 1979, 7–22

16.3. England, Amerika

2380 ZINS H.: Polska w oczach Anglików 14–16 wieku. Warszawa: PIW 1974, 381 S.

2381 TUMASZ M. F.: 18th Century English Literature and the Polish Enlightenment. Diss. Fordham 1963, 307 S.

2382 KRAJEWSKA W.: Recepcja literatury angielskiej w Polsce w okresie modernizmu (1887–1918). Wrocław: Ossolineum 1972, 291 S.

2383 KUROWSKA E.: Prasa polska o literaturze angielskiej 1932–1939. In: *Przegląd Humanistyczny* 24, 1980, 4, 129–146

2384 DIETRICH R.K.T.: American Literature in Poland (1790–1940). Diss. Columbia-U 1965, 301 S.

2385 KIENIEWICZ T.: Recepcja literatury amerykańskiej w Polsce w 20leciu międzywojennym. Warszawa: U 1977, 196 S.

2386 SZKUP J.: Recepcja prozy amerykańskiej w Polsce Ludowej w latach 1945–1965. Warszawa: U 1972, 185 S.

2387 WRÓBLEWSKI R.: Znajomość Ameryki w Polsce okresu Odrodzenia. Warszawa: PWN 1977, 157 S.

16.4. Frankreich

2388 STRZAŁKOWSKA M.: Au carrefour d’inspiration. Kraków: PWN 1975, 141 S. (*Zesz. Naukowe UJ PHL* 31)

2389 MARKIEWICZ Z.: Spotkania polsko-francuskie. Kraków: WL 1975, 256 S.

2390 Les échanges littéraires franco-polonais dans la première moitié du 20 siècle. Warszawa: U 1973, 103 S.

2391 KULCZYCKA-SALONI J.: Literatura polska lat 1876–1902 a inspiracja E. Zoli. Wrocław: Ossolineum 1974, 336 S.

2392 STARNAWSKI J.: W kręgu zainteresowań literaturą polską we Francji w 19 wieku. Wrocław: Ossolineum 1978, 92 S. *(Łodzkie TN)*

2393 MICHALSKI J.: Rousseau i sarmacki republikanizm. Warszawa: PAN 1977, 118 S.

2394 ZIEJKA F.: Studia polsko-prowansalskie. Wrocław: Ossolineum 1977, 123 S.

16.5. Italien, Spanien, Rumänien

2395 Italia, Venezia e Polonia tra Illuminismo e Romanticismo. Firenze: Olschki 1973, 438 S.

2396 DACKIEWICZ J.: Romantyczni w Italii. Warszawa: Iskry 1978, 243 S.

2397 BRAHMER M.: Powinowactwa polsko-włoskie. Warszawa: PIW 1980, 375 S.

2398 STRZAŁKOWSKA M.: Studia polsko-hiszpańskie. Kraków: U 1960, 189 S.

2399 PETRICĂ I.: Confluenţe culturale româno-polone. Bucureşti: Minerva 1976, 366 S.

2400 PETRICĂ I.: Recepcja romantyzmu rumuńskiego w Polsce w drugiej połowie 19 wieku. In: *ZN U Łódź* 26, 1979, 3–23

16.6. Jugoslavien

2401 Polsko-jugosłowiańskie stosunki literackie. Wrocław: Ossolineum 1972, 332 S.

16.7. Rußland

2402 Tradycja i współczesność: powinowactwa literackie polsko-rosyjskie. Wrocław: Ossolineum 1978, 360 S.

2403 Studia polono-slavica-orientalia. Wrocław: Ossolineum 1974, 336 S.

2404 KUNEC-BORYČKO S., ŁUŻNY R.: Russkij narodnyj epos w pol'skoj literature. In: *Russkij fol'klor* 18, 1978, 188–203

2405 Zwierciadło prasy. Czasopisma polskie 19 wieku o literaturze rosyjskiej. Wrocław: Ossolineum 1978, 399 S.

2406 GALON-KURKOWA K.: Romantyzm rosyjski w polskich koncepcjach historycznoliterackich do roku 1939. Wrocław: U 1978, 128 S.

2407 MATLAK-PIWOWARSKA D.: Rosyjska poezja romantyczna w polskim życiu literackim 1822–1863. Wrocław: Ossolineum 1977, 131 S.

2408 Spotkania literackie. Z dziejów powiązań polsko-rosyjskich w dobie romantyzmu i neoromantyzmu. Wrocław: Ossolineum 1973, 325 S.

2409 Pisarze i krytycy. Z recepcji nowożytnej literatury rosyjskiej w Polsce. Wrocław: Ossolineum 1975, 365 S.

2410 CYBENKO E. Z.: Iz istorii pol'sko-russkich literaturnych svjazej 19–20 vekov. Moskva: U 1978, 280 S.

2411 Literatura polska i rosyjska przełomu 19/20 wieku. Warszawa: PIW 1978, 215 S.

2412 SIELICKI F.: Proza rosyjska początku 20 wieku w recepcji polskiej. In: *Slavia orientalis* 25, 1976, 213–223

2413 Polsko-radzieckie stosunki kulturalne 1918–1939. Dokumenty i materiały. Warszawa: KiW 1977, 846 S.

2414 Po obu stronach granicy. Z powiązań kulturalnych polsko-radzieckich w 20leciu międzywojennym. Wrocław: Ossolineum 1972, 444 S.

2415 BARSZAP M.: Russian Literature in Polish Literary Criticism. 1918–1932. Diss. Ohio State U 1977, 205 S.

2416 LITWINOW J.: Rosyjska poezja radziecka lat 20ch w polskiej opinii literackiej 1945–1965. Poznań: U 1973, 153 S.

2417 KRYNSKI M. J.: A Survey of Postwar Polish Literature (1944–1959) With Special Reference to Soviet Influences. Diss. Columbia-U 1962, 462 S.

2418 KUŚ B.: Poezja rosyjska w polskim życiu literackim przełomu 19 i 20 wieku: z dziejów polskiej sztuki translatorskiej. Wrocław: Ossolineum 1979, 100 S.

2419 Polsko-rosyjskie związki społeczno-kulturalne na przełomie 19 i 20 wieku. Warszawa: KiW 1980, 398 S.

2420 OLEJNICZAK M.: Polsko-radzieckie kontakty kulturalne po II wojnie światowej. Wrocław: Ossolineum 1977, 190 S.

16.8. Ukraine

2421 Z problematyki związków kulturowych polsko-rosyjsko-ukraińskich. Rzeszów: TN 1976, 250 S.

2422 Z dziejów stosunków literackich polsko-ukraińskich. Wrocław: Ossolineum 1974, 279 S.

2423 VERVES H.: Tam, gdzie Ikwy srebrne fale płyną. Z dziejów stosunków literackich polsko-ukraińskich w 19 i 20 wieku. Warszawa: PWN 1972, 329 S.

16.9. Tschechoslowakei, Lausitz

2424 KARDYNI-PELIKÁNOVÁ K.: Kontakty literackie polsko-czeskie w dobie powstania styczniowego. Wrocław: Ossolineum 1975, 205 S.

2425 Stosunki literackie polsko-czeskie i polsko-słowackie 1890–1939. Wrocław: Ossolineum 1978, 360 S.

2426 Związki i paralele literatur polskiej i słowackiej. Wrocław: Ossolineum 1972, 228 S.

2427 MATYNIAK A. S.: Polsko-łużyckie stosunki kulturalne do Wiosny Ludów. Wrocław: Ossolineum 1970, 151 S.

16.10. Ungarn

2428 ŚLASKI J.: Perspektywy komparatystyczne w studiach nad piśmiennictwem Polski i Węgier doby Renesansu. In: *Przegląd Humanistyczny* 1973, 3, 59–71

2429 Studia z dziejów polsko-węgierskich stosunków literackich. Warszawa: U 1978, 328 S.

2430 CSAPLÁROS I.: Stosunki literackie polsko-węgierskie. In: *KLANICZAY T.: Historia literatury węgierskiej*, Warszawa 1966, 275–324

2431 NOWAK J.R.: Węgry bliskie i nie znane. Warszawa: Iskry 1980, 367 S.

2432 HENSEL L.: Elementy węgierskie w folklorze polskim. In: *Etnografia Polska* 22, 1978, 1, 193–213

16.11. Skandinavien, Baltikum, Niederlande

2433 ŚLASKI K.: 1000lecie polsko-skandynawskich stosunków kulturalnych. Wrocław: Ossolineum 1977, 576 S. *(Instytut Bałtycki Gdańsk)*

2434 CIESIELSKI Z.: Zbliżenia skandynawsko-polskie. Gdańsk: WM 1972, 281 S. *(19. u. 20. Jhdt.)*

2435 Swedish-Polish Literary Contacts. Stockholm: Akademie 1979, 156 S.

2435a SZUWALSKA B.: Literatura skandynawska na łamach „Wiadomości Literackich“ (1924–1939). In: *ZN WSP Opole. Filol. Polska* 17, 1980, 169–176

2436 KUBILJUS V., NASTOPKA K.: Pol'skij romantizm i baltijskie literatury. Vil'njus: Mintis 1973, 42 S. *(Skr.)*

2437 BOROWSKI A.: Związki staropolskie z kulturą niderlandzką a problem „renesansu północnego“ In: *Zeszyty Naukowe UJ HL* 27, 1973, 57–72.

XVI. GESCHICHTE DER TSCHECHISCHEN LITERATUR

1. allgemein

2438 NOVÁK A., HARKINS W.: Czech Literature. Ann Arbor: U 1976, 384 S.

2439 HRABÁK J. u. a.: Průvodce po dějinám české literatury. Praha: Panorama ²1978, 553 S. (*bis 1948,* ¹1976)

2440 MAGNUSZEWSKI J.: Historia literatury czeskiej. Zarys. Wrocław: Ossolineum 1973, 382 S.

2441 KREJČÍ K.: Česká literatura a kulturní proudy evropské. Praha: Čs. spisovatel 1975, 390 S.

2. Epochen

2442 BAUMANN W.: Die Literatur des Mittelalters in Böhmen. Deutsch-lateinisch-tschechische Literatur vom 10. bis zum 15. Jahrhundert. München-Wien: Oldenbourg 1978, 245 S.

2443 HRABÁK J.: Starší česká literatura. Praha: SPN ²1979, 245 S.

2444 KOPECKÝ M.: Úvod do studia staročeských rukopisů a tisků. Praha: SPN 1978, 180 S.

2445 KALIVODA R.: Revolution und Ideologie. Der Hussitismus. Köln: Böhlau 1976, 409 S.

2446 KOPECKÝ M.: Pokrokové tendence v české literatuře od konce husitství do Bílé Hory. Brno: U 1979, 204 S. (*Spisy FF* 224)

2447 SOUČKOVÁ M.: Baroque in Bohemia. Ann Arbor: U 1980, 214 S.

2448 IONESCU I.: Curs de istoria literaturii cehe (Sec. 9–17). Bucureşti: U 1974, 211 S.

2449 KOČÍ J.: České národní obrození. Praha: Svoboda 1978, 457 S.

2450 Beiträge zur Literatur der tschechischen und slowakischen Wiedergeburt. Leipzig: U 1977, 153 S.

2451 MYL'NIKOV A. S.: Vznik národně-osvícenské ideologie v českých zemích 18 století. Praha: U 1974, 259 S.

2452 ZAPLETAL Z.: Literatura národního obrození. Praha: SPN 1973, 184 S.

2453 ŠTĚPÁNEK V.: K historickému výkladu obrozenské literatury. Praha: U 1976, 77 S.

2454 BALUCH J.: Literatura czeska 1918–1968. Kraków: U 1973, 185 S.

2455 PÁLENÍČEK L. u.a.: Rukověť české a slovenské literatury od roku 1918. Praha: SPN [7]1969, 252 S.

2456 HANSEN-LÖVE Ch.: Die tschechische Avantgarde-Kunst der Zwanzigerjahre. Der Poetismus. Diss. Wien 1975, 482 S.

2457 BROUSEK M.: Der Poetismus. Die Lehrjahre der tschechischen Avantgarde und ihrer marxistischen Kritiker. München: Hanser 1975, 295 S.

2458 DREWS P.: Devětsil und Poetismus. München: Sagner 1975, 313 S. (*SB* 89)

2459 MÜLLER V.: Der Poetismus. München: Sagner 1978, 215 S. (*SB* 121)

2460 Prameny. Utváření teorie socialistického realismu v české meziválečné literatuře. Manifesty a stati. Praha: Čs. spisovatel 1978, 557 S.

2461 BRABEC J.: Česká literatura v letech 1929–1938. In: *Česká literatura* 16, 1968, 113–162

2462 MALJARENKO A. N.: Istoki češskoj socialističeskoj literatury. Kiev: U 1966, 318 S.

2463 Strana literatuře – literatura straně. Praha: Svoboda 1976, 196 S.

2464 KOPYSTJANSKAJA N. F.: Žanrovye modifikacii v češskoj literature. L'vov: Vyšča škola 1978, 258 S. *(nach 1948)*

3. Genres

3.1. Lyrik

2465 TICHÁ Z.: Česká poezie 17 a 18 století. Praha: Academia 1974, 146 S.

2466 RICHTER P.: Studien zur Geschichte des Sonetts in der tschechischen Literatur von den Anfängen bis zur Romantik. Wiesbaden: Steiner 1973, 130 S. (*FAS* 19)

2467 VODIČKA F.: Mezi poezií a prózou. In: *Česká literatura* 16, 1968, 245–265 *(Versroman)*

2468 NIEDZIELA Z.: Kierunki rozwojowe czeskiej poezji modernistycznej schyłku 19 wieku. Wrocław: Ossolineum 1974, 119 S.

2469 SVOZIL B.: V krajinách poezie. Praha: Čs. spisovatel 1979, 183 S. *(Lyrik seit 1890)*

2470 SVOBODA J.: Generace a program. Studie o programech proletářské poezie. Praha: SPN 1973, 93 S. *(Spisy PF Ostrava)*

2471 ŠTOLL L.: Básník a naděje. Praha: Čs. spisovatel 1975, 221 S.

2472 ŠERLAIMOVA S.A.: Češskaja poezija 20 veka 20–30ch godov. Moskva: Nauka 1973, 463 S.

2473 NEJEDLÁ J.: K problematice baladické tvorby 30ch let. Praha: U 1973, 101 S.

2474 BLAHYŇKA M.: Poezie roku 1938. In: *Česká literatura* 28, 1980, 201–213

3.2. Prosa

2475 Z dějin krásné prózy české. In: *Česká literatura* 17, 1969, 3–178

2476 DOLEŽEL L.: Narrative Modes in Czech Literature. Toronto: U 1973, 152 S.

2477 PETRŮ E.: Vývoj českého exempla v době předhusitské. Praha: SPN 1966, 134 S. *(U Olomouc)*

2478 KUZNECOVA R. R.: Stanovlenie romana-epopei novogo tipa v češskoj proze. Moskva: U 1975, 318 S.

2479 BERNŠTEJN I. A.: Češskij roman 20 veka i puti realizma v evropejskoj literature. Moskva: Nauka 1979, 304 S.

2480 KUNSTMANN H.: Tschechische Erzählkunst im 20. Jahrhundert. Köln: Böhlau 1974, 474 S.

2481 KUZNECOVA R. R.: Češskij mežvoennyj roman. Moskva: U 1980, 286 S.

2481a ŠEVČUK V. I.: Ćeśkyj satyryčnyj roman 20 st. 1900–1940. Kyjiv: Naukova dumka 1978, 275 S.

2482 KUZNECOVA R. R.: Roman 70ch godov v Čechoslovakii. Moskva: Sov. pisatel' 1980, 439 S.

2483 LANGER G.: Das Märchen in der tschechischen Literatur von 1790–1860. Gießen: Schmitz 1979, 580 S. (*FAS* 28)

3.3. Drama, Theater

2484 PLATTNER E.: Die Entwicklung der Dramentheorie in Böhmen von der humanistischen Tradition bis 1900. Diss. Wien 1977, 240 S.

2485 TRENSKY P. I.: Czech Drama Since World War II. White Plains: M. E. Sharpe 1978, 258 S. *(Columbia Slavic Studies)*

2486 GOETZ-STANKIEWICZ M.: The Silenced Theatre. Czech playwrights without a stage. Toronto: U 1979, 343 S.

2487 ROUČEK R.: Struktura české situační komedie. In: *Česká literatura* 16, 1968, 186–215

2488 Dějiny českého divadla. 3. 1848–1918. Praha: Academia 1977, 657 S.

2489 LAISKE M.: Pražská dramaturgie. Praha: ČSAV 1974, 202 + 342 S. *(bis 1862)*

2490 KUDĚLKA V.: Dramatik to nemá lehké. In: *Česká literatura* 28, 1980, 338–352 *(Drama 1975–1979)*

2491 SOLNCEVA L. P.: Teatr Čechii i Slovakii. Moskva: Iskusstvo 1977, 333 S.

2492 O divadle na Moravě. Praha: SPN 1974, 161 S. *(U Olomouc)*

2493 JANKOWSKA B.T.: Przygoda teatralna Voskovca i Wericha. 1927–1938. Wrocław: Ossolineum 1977, 194 S.

3.4. Kritik. Presse

2494 BURIÁNEK F. (Hg.): Čítanka české literární kritiky. Praha: Čs. spisovatel 1974, 435 S.

2495 ŠERLAIMOVA S., BOGDANOV J.: Formovanie marxistskej literárnej kritiky v Československu. Bratislava: Pravda 1977, 155 S.

2496 Marksistskaja literaturnaja kritika v Čechoslovakii: 20–30e gody. Moskva: Progress 1975, 375 S.

2497 Tradice české meziválečné marxistické kritiky a budování socialismu v ČSSR. Praha: SPN 1978, 217 S. *(U Olomouc)*

2498 HRZALOVÁ H.: Spoluvytvářet skutečnost. Praha: Čs. spisovatel 1976, 162 S. *(Kritik 1945–1975)*

2499 Literatura i vremja. Literaturno-chudožestvennaja kritika v ČSSR. Moskva: Progress 1977, 460 S.

2500 KOHLÍK J.: Noviny dávných staletí. Praha: Novinař 1970, 197 S.

4. Volksdichtung

2501 BOGATYRËV P. G.: Narodnyj teatr Čechov i Slovakov. In: *P. G. B., Voprosy teorii narodnogo iskusstva,* Moskva 1971, 11–166

5. Regionales

2502 NEČAS J., KNĚZEK L.: Malý literární místopis Československa. Praha: Čs. spisovatel 1972, 253 S.

2503 KOVÁŘÍK V.: Literární toulky po Čechách. Praha: Albatros 1977, 508 S.

2504 KOVÁŘÍK V.: Toulky Moravou. Praha: Albatros 1978, 368 S.

2505 MAREK F.: Severočeské kulturní kapitoly. Ústí: Severočeské nakl. 1978, 260 S.

2506 FELIX E.: Literární Plzeň v obryse. Plzeň 1930–1972

2507 SVOBODA J.: Tvorba a region. Ostrava: Profil 1974, 206 S.

6. Kinder- u. Jugendliteratur

2508 VORÁČEK J.: Vývoj teorie a kritiky české literatury pro mládež. Praha: U 1972, 109 S.

2509 KOPÁLOVÁ M.: Literatúra pre mládež v ČSSR 1945–1973. Martin: Matica 1976, 311 S.

2510 STEJSKAL V.: Czech and Slovak Books for Children. Prague: Circle of Childrens' Book Lovers 1975, 183 S.

2511 CHALOUPKA O.: Das Kind und sein Buch in der Tschechoslowakei. Prag: Orbis 1976, 101 S.

2511a CHALOUPKA O., VORÁČEK J.: Kontury české literatury pro děti a mládež. Praha: Albatros 1979, 296 S. (*Autorenlexikon* 150–252, *deutsche Zusammenfassung* 277–290).

7. Stoffe

2512 BARTŮŠKOVÁ S.: Česká přírodní beletrie 20ch let. In: *Česká literatura* 22, 1974, 66–74

2513 CÍFKA S.: České Budějovice v literatuře. České Budějovice: Ped. Fak. 1972, 58 S.

2514 PELIKÁN J.: Tatranská tematika v české literatuře. In: *Slavia* 44, 1975, 350–358

2515 ROSENDORFSKÝ J.: Riflessi di Roma nella letteratura ceca da risorgimento ad oggi. Brno: U 1971, 199 S. (*Spisy FF* 160)

2516 MOTORNYJ V.A.: Storinky češkoji Leniniany. L'viv: U 1970, 75 S.

2517 GUBAČEK V.: Ispanskaja vojna 1936–1939 godov v čechoslovackoj publicistike, literature i iskusstve. In: *Problemy ispanskoj istorii*, Moskva 1975, 59–73

2518 BLAHYŇKA M.: Slovenské národní povstání a česká poezie. In: *Slovenská literatúra* 27, 1980, 3, 256–268

2519 HÖNIG A.: Die slawische Mythologie in der tschechischen und slowakischen Literatur. o. O. o. J. (1976) 242 S.

2520 NIKOL'SKIJ S.: „V sijanii každoj lampočki". Prometeevskaja tema v češskoj literature. In: *Voprosy literatury* 1979, 8, 79–109

2521 KARDYNI-PELIKÁNOVÁ K.: Utopie i antyutopie w literaturze czeskiej. In: *Prace Polonistyczne* 31, 1975, 96–115

2522 JIRÁNEK J.: Bedřich Smetana a česká literatura. In: *Česká literatura* 22, 1974, 426–438

2523 VLAŠÍN Š.: Pracovní tematika v české próze 70ch let. In: *Česká literatura* 28, 1980, 313–327

2524 BARTŮŠKOVÁ S.: Přírodní beletrie 70ch let. In: *Česká literatura* 28, 1980, 353–359

8. Beziehungen

2525 Antika a česká kultura. Praha: Academia 1978, 575 S.

2526 SCHAMSCHULA W.: Die Anfänge der tschechischen Erneuerung und das deutsche Geistesleben (1740–1800) München: Fink 1973, 338 S.

2527 JÄHNICHEN M.: Der Weg zur Anerkennung. Tschechische Literatur im deutschen Sprachgebiet 1861–1918. Berlin: Akademie-Verl. 1972, 519 S.

2528 JÄHNICHEN M.: Die Rezeption der tschechischen und slowakischen Literatur in der DDR. In: *Zeitschrift für Slawistik* 16, 1971, 622–635

2529 Zeitschrift für Slawistik 25, 1980, 3 *(Aufsätze)*

2530 Češi a Jihoslované v minulosti. Od nejstarších dob do roku 1918. Praha: Academia 1975, 855 S. (*Bibliographie* 672–708)

2531 Dějiny československo-bulharských vztahů. Praha: Academia 1980, 400 S.

2532 KORZENNY J.: Dramat polski na scenie czeskiej do otwarcia Teatru Narodowego. Praha: SPN 1975, 162 S.

2533 AMORT Č., BRABEC K.: Československo-sovětské vztahy v oblasti kultury. Praha: Ústav pro kulturně výchovnou činnost 1975, 132 S.

2534 UHEREK Z.: O sovětsko-československé kulturní vzájemnosti 1918–1938. Praha: U 1971, 141 S.

2535 Československo-sovětské vztahy. Praha: U 1972, 164 S.

2536 Čechoslovacko-russkie literaturnye svjazi v tipologičeskom osveščenii. Moskva: Nauka 1971, 222 S.

2537 SEKERA J.: Umění mezi lidmi. Sovětská literatura na Ostravsku 1918–1938. Ostrava: Profil 1972, 194 S.

2538 Literatura Čechoslovakii i sovetskaja literatura 20–30ch godov. Moskva: Nauka 1980, 368 S.

XVII. GESCHICHTE DER SLOVAKISCHEN LITERATUR

1. allgemein

2539 KUSÝ I., ŠMATLÁK S.: Literatúra na rozhraní 19 a 20 storočia. Bratislava: Veda 1975, 570 S. (*Dejiny slovenskej literatúry* 4)

2540 KRČMÉRY Š.: Dejiny literatúry slovenskej. Bratislava: Tatran 1976, 331 + 420 S.

2541 BRTÁŇ R.: Postavy slovenskej literatúry. Bratislava: SPN 1971, 302 S.

2542 UHRIN P.: Album literárnych pamiatok na Slovensku. Martin: Matica 1976, 427 S.

2543 BARBORICĂ C.: Istoria literaturii slovace. Bucureşti: Univers 1976, 256 S.

2. Epochen

2544 Literárny barok. Bratislava: Veda 1971, 326 S. (*Litteraria* 13)

2545 TABLIC B.: Pamäti česko-slovenských básnikov alebo veršovcov, ktorí sa alebo v Uhorsku narodili, alebo aspoň v Uhorsku žili. Bratislava: Tatran 1974, 320 S. ([1]1806–1812)

2546 MIŠIANIK J.: Pohľady do staršej slovenskej literatúry. Bratislava: Veda 1974, 416 S.

2547 MINÁRIK J.: Stredoveká literatúra. Bratislava: SPN 1977, 336 S.

2548 RICHTER L.: Slowakische Literatur. Entwicklungstrends vom Vormärz bis zur Gegenwart. Berlin: Akademie-Verlag 1979, 271 S.

2549 KLÁTIK Z.: Slovenský a slovanský romantizmus. Bratislava: Veda 1977, 332 S.

2550 Literárny romantizmus. Bratislava: Veda 1974, 253 S. (*Litteraria* 16)

2551 PIŠÚT M.: Romantizmus v slovenskej literatúre. Bratislava: Slov. spisovatel 1974, 510 S.

2552 KRAUS C.: Impulzy a inšpirácia slovenského romantizmu. Bratislava: Veda 1979, 136 S.

2553 PIŠÚT M.: Slovenská literatúra národného obrodenia. Bratislava: U 1979, 134 S. *(Skr.)*

2554 TOMČÍK M.: Od slovenskej moderny k dnešku. Praha: SPN 1970, 205 S.

2555 DRUG Š.: Literatúra a revolúcia. Medzi proletárskou poéziou a poetizmom. Bratislava: Tatran 1977, 443 S.

2556 Listy o DAVe. Bratislava: Tatran 1975, 353 S.
2557 OKÁLI D.: Literárna teória a kritika davistov. Bratislava: Pravda 1976, 251 S.
2558 ČEPAN O.: Kontúry naturizmu. Bratislava: Slov. spisovatel 1977, 231 S. *(1918–1944)*
2559 DRUG Š.: Literatúra a revolúcia. Nové snahy o proletársku literatúru 1929–1934. Bratislava: Tatran 1978, 473 S.
2560 ŠMATLÁK S.: Program a tvorba. Bratislava: Tatran 1977, 256 S. *(„proletar. Literatur")*
2561 ŠMATLÁK S.: 30 rokov slovenskej socialistickej literatúry. In: *Slovenská literatúra* 22, 1975, 203–225
2562 ŠABÍK V.: Indície imaginárneho. Bratislava: Slov. spisovatel 1972, 239 S. *(1960–1970)*
2563 ŠTEVČEK P.: Sovremennaja slovackaja literatura. Bratislava: Obzor 1979, 112 S. *(Skr.)*

3. Genres

3.1. Lyrik

2564 MIŠIANIK J.: Slovenská baroková lyrika. In: *Slovenská literatúra* 19, 1972, 43–56, 153–171
2565 ŠMATLÁK S.: Dve storočia slovenskej lyriky. Bratislava: Tatran 1979, 539 S.
2566 KOLBUSZEWSKI J.: Modele estetyczne liryki słowackiej romantycznego przełomu. Wrocław: Ossolineum 1975, 162 S.
2567 PLUTKO P.: Lyrický subjekt v súčasnej slovenskej lyrike. In: *Romboid* 15, 1980, 22–37
2568 KRAUSOVÁ N.: Vývin slovenského sonetu. Bratislava: Tatran 1976, 160 S.

3.2. Prosa

2569 MAZÁK P.: Slovenský román v období literárneho realizmu. Bratislava: SPN 1975, 121 S.
2570 KUČEROVÁ H.: Próza slovenského expresionismu v prvních letech poválečných. In: *Česká literatura* 16, 1968, 514–533
2571 TRUHLÁŘ B.: Próza socialistického realizmu. Bratislava: SPN 1978, 165 S.
2572 KUSÝ I.: Prameny povstaleckej prózy. Bratislava: Slov. spisovatel 1974, 229 S.

2573 ŠTEVČEK J.: Lyrická tvár slovenskej prózy. Bratislava: Smena 1969, 348 S.

2574 ŠTEVČEK J.: Lyrizovaná próza. Bratislava: Tatran 1973, 288 S.

2575 ŠTEVČEK J.: Esej o slovenskom románe. Od realizmu k naturalizmu. Bratislava: Tatran 1979, 269 S.

3.3. Drama. Theater

2576 DUPAK R.: The History of Slovak Drama. In: *Slovak Studies* 4, 1964, 165–196 *(bis 1944)*

2577 RAMPÁK Z.: Slovenskí klasickí dramatici 19 storočia a inonárodní dráma. Bratislava: Obzor 1975, 268 S.

2578 RAMPÁK Z.: Dráma, divadlo, spoločnost. Bratislava: Tatran 1976, 439 S.

2579 ČAVOJSKÝ L.: Dramaturgia Slovenskej činohry SND 1932–1938. In: *Slovenské divadlo* 28, 1980, 2, 177–210

2580 MRLIAN R.: Zápas o socialistické divadlo. Bratislava: Pravda 1976, 295 S.

2581 POLÁK M.: Z dejín ochotníckeho divadla v Liptove. Bratislava: Osvetový ústav 1977, 234 S.

3.4. Presse

2582 BRTÁŇ R.: Slovenskí novinári a publicisti (1700–1850). Bratislava: Obzor 1971, 185 S.

3.5. Kritik

2583 Slovenská literárna kritika. Bratislava: Slov. spisovatel 1977 ff.

2584 ROSENBAUM K.: S literatúrou a v literatúre. In: *Slovenská literatúra* 22, 1975, 226–247 *(1945–1975)*

3.6. Kinderliteratur

2585 SLIACKY O.: Literatúra pre deti a mládež v národnom obrodení. Bratislava: Mladé léta 1973, 211 S.

2586 30 rokov slovenskej literatúry pre deti a mládež. 1945–1974. Bratislava: Mladé léta 1975, 183 S.

2587 30 rokov slovenskej socialistickej literatúry pre deti a mládež. 1945–1975. Bratislava: Mladé léta 1977, 180 S.

2588 POLIAK J.: Die slowakische Kinder- und Jugendliteratur. Bratislava: Mladé léta 1977, 134 S.

2589 MARČOK V.: O ľudovej próze. Bratislava: Mladé léta 1978, 287 S.

4. Slovakische Volksdichtung

2590 DZUBÁKOVÁ M.: Ku genéze slovenskej folkloristiky. Bratislava: Veda 1976, 130 S.

2591 ZILYNSKYJ O.: Slovenská l'udová balada v interetnickom kontexte. Bratislava: Veda 1978, 439 S.

2592 GASPARÍKOVÁ V.: Contacts of Slovak Folk Prose with the Balkans. In: *Rapports ... tchécoslovaques pour le 4e congrès de l' AISEE,* Praha 1979, 411–429

5. Regionales

2593 SEDLÁK I.: Strieborný vek. Košice: Východosl. vyd. 1970, 346 + 678 S. *(Ostslovakei 19. Jhdt.)*

2594 RAJNOCH K.: Die ostslowakische Sprache und Literatur. In: *Slovak Studies* 19, 1979, 21–76

6. Slovakische Literatur. Stoffe

2595 BUTVIN J.: Vel'komoravská a cyrilometodejská tradícia v slovenskom národnom obrodení. In: *Historické štúdie,* Bratislava 1971, 16, 131–190

2596 HÖNIG A.: Die slawische Mythologie in der tschechischen und slowakischen Literatur. o.O.o.J. (1976), 242 S.

2597 KASÁČ Z.: Slovenská poézia protifašistického odboja. 1938–1945. Bratislava: Veda 1974, 255 S.

2598 GOMBALA E.: Osobnost Štefana Moysesa v slovenskej poézii. In: *Š. M. 1869–1969,* Martin 1971, 159–168

2599 KLÁTIK Z.: Vývin slovenského cestopisu. Bratislava: SAV 1968, 474 S.

2600 KMEĆ J.: Jugoslovenski motivi u slovačkoj književnosti. Diss. Novi Sad 1971, 188 S.

2601 HVIŠČ J., KOŠKA J. Miesto a funkcia bulharskej tematiky v slovenskej próze 70 rokov 19 storočia. In: *Pamiętnik Słowiański* 24, 1974, 83–106

2602 KOŠKA J.: Slovenské literárne pohl'ady na bulharský juh (1876–1878) Bratislava: Veda 1978, 176 S.

2603 KOŠKA J.: Téma bulharského Aprilového povstania v slovenskej literatúre. In: *Slavica slovaca* 12, 1977, 2, 132–148

2604 RAMPÁK Z.: Téma revolúcie v slovenskej a sovietskej dráme po r. 1945. In: *Slovenská literatúra* 26, 1979, 6, 519–550

2605 Slovenské národné povstanie a literatúra. Bratislava: SlPN 1977, 196 S. (*A U Šafarikanae 5*)

7. Beziehungen

2606 O medziliterárnych vzt'ahoch. Bratislava: SAV 1968, 284 S.

2607 ĎURIŠIN D.: Medziliterárne súvislosti slovenského literárneho romantizmu. In: *Slavica slovaca* 7, 1972, 2, 92–110

2608 Historická novela. Medziliterárne súvislosti slovenského romantizmu. Bratislava: Veda 1976, 181 S. (*Litteraria* 18)

2609 Medziliterárny kontext slovenskej socialistickej literatúry. Bratislava: Veda 1977, 1980; 255 + 285 S. (*Litteraria* 19 u. 22)

2610 BRTÁŇ R.: Slovensko-slovanské literárne vzt'ahy a kontakty. Bratislava 1979, 350 S.

2611 BOKESOVÁ V.: Nemecká literatúra na Slovensku 1945–1974. Bratislava: U 1974, 241 S.

2612 MRUŠKOVIČ V.: Slovensko-lužickosrbské literárne vzt'ahy. Martin: Matica 1980, 191 S.

2613 BERAN Z.: O vzt'ahoch českej a slovenskej literatúry po roku 1945. In: *Studia academica slovaca* 8, 1979, 31–43

2614 TOMČÍK M.: Literarné dvojobrazy. Bratislava: SPN 1976, 299 S. (Tschechen)

2615 KRAUS C.: O česko-slovenských literárnych vzt'ahoch v historickej retrospektive. In: *Slovenská literatúra* 26, 1979, 3, 239–245

2616 KOVIJANIĆ R.: Štúdie z dejín juhoslovansko-slovenských vzt'ahov. Martin: Matica 1976, 141 S.

2617 Vzt'ahy slovenskej a polskej literatúry od klasicizmu po súčasnost. Bratislava: SAV 1972, 383 S.

2618 Vzt'ahy a súvislosti slovenskej a ruskej literatúry. Bratislava: SPN 1977, 354 S.

2619 PANOVOVÁ E.: Vzt'ahy a konfrontácie. Bratislava: Veda 1977, 299 S.

2620 MRLIAN R.: Sovietské hry na slovenských javiskách. Bratislava: Obzor 1977, 101 S.

2621 Slovenská a ruská literatúra. Bratislava: Veda 1973, 367 S.

2622 ČEREVKA V.: DAV a sovietská literatúra. Bratislava: Slov. spisovatel 1978, 176 S.

2623 CHMEL R.: Literatúry v kontaktoch. Bratislava: SAV 1972, 230 S. (Ungarn)

2624 CHMEL R.: Literárne vzt'ahy slovensko-mad'arské. Dokumenty z 19 a zo začiatku 20 storočia. Martin: Osveta 1973, 440 S.

2625 Tradície a literárne vzt'ahy. Bratislava: SAV 1972, 276 S.

2626 SZIKLAY L.: Visszhanok. Bratislava: Madách 1977, 401 S.

XVIII. LAUSITZISCH-SORBISCHE LITERATUR

2627 ŽUR H.: Komuž muza pjero wodźi. Bautzen: Domowina ²1977, 361 S. *(Literatur seit 1945)*

2628 STONE G.: Some Instances of British-Sorbian Cultural Contact. In: *Pamiętnik Słowiański* 23, 1973, 289–301

XIX. KASCHUBISCHE LITERATUR

2629 NEUREITER F.: Geschichte der kaschubischen Literatur. München: Sagner 1978, 281 S. (*SB* 117)

2630 DRŻEŻDŻON J.: Piętno Smętka. Z problemów kaszubskiej literatury regionalnej lat 1920–1939. Gdańsk: WM 1973, 205 S.

XX. GESAMTSÜDSLAVISCHE (BALKANSLAVISCHE) LITERATURGESCHICHTE

1. allgemein

2631 MURKO M.: Geschichte der älteren südslawischen Literaturen. München: Trofenik 1971, 248 + 36 S. (RdA 1908 u. 1911)

2632 Die zeitgenössischen Literaturen Südosteuropas. = *Südosteuropa-Jahrbuch* Bd. 11, 1978, 220 S.

2633 KONEV I.: Problemata za Prosveštenieto i vzaimootnošenijata meždu balkanskite literaturi. In: *Literaturna misъl* 17, 1973, 2, 64–84

2634 NIČEV B.: Ot folklor kъm literatura. Sofija: Bъlg. pisatel ²1976, 363 S. *(18. u. 19. Jahrhundert)*

2635 Balkanski kulturni i literarni vъrzki. Sofija: BAN 1974, 262 S. (*Studia balcanica* 9)

2. balkanslavische Volksdichtung

2636 ORGANDŽIEVA C.: Osvrt vrz izučavanjata na nastuvanjeto i razvitokot na južnoslovenskata epika do 1920 godina. Skopje: Makedonska kniga 1972, 119 S.

2637 NAUMOV E.P.: Južnoslavjanskij epos i problemy serbskogo srednevekov'ja. In: *Slavjanskij i balkanskij fol'klor,* Moskva 1971, 5–52

2638 SAGAREV L.G., ŠARDYKO S.K.: Zapadnoevropejskij i južnoslavjanskij geroičeskij epos. Minsk: PI 1978, 111 S.

2639 CZAJKA H.: Bohaterska epika ludowa Słowian południowych. Wrocław: Ossolineum 1973, 219 S.

2640 POLLOK K.H.: Studien zur Poetik und Komposition des balkanslavischen lyrischen Volksliedes. Göttingen: Vandenhoeck & Ruprecht 1965, 272 S.

2641 ESCHKER W.: Untersuchungen zur Improvisation und Tradierung der Sevdalinka anhand der sprachlichen Figuren. München: Sagner 1971, 275 S. (*SB* 53)

2642 KOLSTI J.S.: The Bilingual Singer. A Study in Albanian and Serbocroatian Oral Epic Tradition. Diss. Harvard 1968, 406 S.

2643 CIV'JAN T.V.: Sjužet „Prichod mertvogo brata" v balkanskom fol'klore. In: *Semeiotike (Tartu)* 6, 1973, 83–105

2644 CONSTANTIN G.I.: Nasr-ed-Din Khodja chez les Turcs, les peuples balcaniques et les Roumains. In: *Islam* 43, 1967, 90–133

2645 RÖHLING H.: Studien zur Geschichte der balkanslavischen Volkspoesie in deutscher Übersetzung. Köln: Böhlau 1975, 261 S.

2646 The Folk Arts of Yugoslavia. Pittsburgh: U 1976, 240 S.

2647 DŽAKA B.: Naša narodna epika i Firdusijeva Šahname. Sarajevo: Svjetlost 1976, 261 S.

2648 Humorot vo folklorot na balkanskite narodi. In: *Makedonski folklor* 11, 1978, 21/22, 7–271 *(Aufsätze)*

2649 GESEMANN G.: Heroische Lebensform. Zur Literatur und Wesenskunde der balkanischen Patriarchalität. Neuried: Hieronymus 1979, 371 S. (RdA Berlin 1943)

2650 Slavica Wratislaviensia 14, 1978, 3–83 *(Aufsätze)*

2651 MAGNUSZEWSKI J.: Południowosłowiańskie ballady ludowe o pozornej śmierci zakochanego. In: *Pamiętnik Słowiański* 29, 1979, 73–109

XXI. GESAMTJUGOSLAVISCHE LITERATURGESCHICHTE

2652 BARAC A. (u. a.): Geschichte der jugoslawischen Literaturen von den Anfängen bis zur Gegenwart. Wiesbaden: Harrassowitz 1977, 396 S.

2653 Književnost naroda i narodnosti Jugoslavije. Zagreb: Mladost-Liber 1976, 528 S. (*Povijest svjetske književnosti* 6)

2654 STEFANOVIĆ D., STANISAVLJEVIĆ V.: Pregled jugoslovenske književnosti. 4 Bde. Beograd: Zavod za udžbenike 1973

2655 CSUKA Z.: A jugoszláv népek irodalmának története. Budapest: Gondola 1963, 572 S.

2656 The Multinational Literature of Yugoslavia. New York: St. John's U 1974, 146 S.

2657 VUKOVIĆ V.: Iz našeg romantizma. Priština: Jedinstvo 1976, 303 S.

2658 EEKMAN T.: Thirty Years of Yugoslav Literature. Ann Arbor: U 1980, 328 S.

2659 LUKIĆ S.: Contemporary Yugoslav Literature. A Sociopolitical Approach. Urbana-Chicago: UP 1972, 296 S.

2660 ŽIVKOVIĆ M.: Istoria literaturii sîrbe şi croate (Sec. 20) Bucureşti: U 1974, 253 S.

2661 PETROV A.: Poezija jugoslovenskih naroda 1945–1975. In: *Delo* 21, 1975, 1–64

2662 JAKOVLEVA N.B.: Sovremennyj roman Jugoslavii. Moskva: Nauka 1980, 208 S.

2663 MATEJIĆ M.: On the Contemporary Yugoslav Novel. In: *Canadian Slavic Studies* 5, 1971, 3, 362–382

2664 PERVIĆ M.: Pripovedanje i mišljenje. Vidovi savremenog jugoslovenskog romana. Beograd: SKZ 1978, 237 S.

2665 PETRIĆ V.: Le drame yougoslave d'aujourd'hui. Beograd: Jugoslavija 1962, 138 S.

2666 MIOČINOVIĆ M.: Eseji o drami. Beograd: Vuk Karadžić 1975, 122 S.

2667 CRNKOVIĆ M.: Dječja književnost. Zagreb: Školjska knjiga ^{5}1977, 222 S.

2668 ARNIM G. A. v.: Eine Strukturanalyse der Presse der FVR Jugoslawien 1945–1963. Münster: U 1968, 412 S.

2669 STOKOVIĆ Ž. K.: Štampa naroda i narodnosti u SFRJ 1945–1973. Beograd: Jugoslov. institut za novinarstvo 1975, 624 S.

2670 PETAK A.: Zabavna štampa – činilac masovne kulture. In: *Naše teme* 19, 1975, 1501–1604

2671 LUKIĆ S., PALAVESTRA P.: Marksizam i književna kritika u Jugoslaviji 1918–1941. Beograd: Institut za književnost i umetnost 1978, 335 S.

2672 SHER G.S.: Praxis. Marxist criticism and dissent in socialist Yugoslavia. Bloomington: UP 1977, 380 S.

2673 Dejstvitel'nost'. Iskusstvo. Tradicii. Literaturno-chud. kritika v SFRJU. Moskva: Progress 1980, 370 S. *(Aufsätze)*

2674 VUKOVIĆ N.: Iza granica mogućeg: fantastično i čudesno u književnim delima za djecu nastalim u periodu između dva rata na srpskohrvatskom jezičkom području. Beograd: Naučna knjiga 1980, 176 S.

2675 STOJANOVIĆ B.: Motiv hajdučije u modernoj rumunskoj, srpskoj i makedonskoj književnosti. In: *Naučni sastanak slavista u Vukove dane* 6, sv. 2, 1977, 447–456

2676 Selo u našoj savremenoj književnosti. In: *Bagdala* (Kruševac) 21, 1979, 248/49, 1–24

2677 Borbata protiv fašizmot vo literaturite na jugoslovenski narodi i narodnosti. Titov Veles: Racinovi sredbi 1976, 218 S.

2678 MOJAŠEVIĆ M.: Nemačko-jugoslovenske kulturne veze. Beograd: Izdavačko-informativni centar studenata 1974, 331 S.

2679 MOJAŠEVIĆ M.: Deutsch-jugoslawische Begegnungen. Wien: Intern. Lenau-Gesellschaft 1970, 214 S.

2680 CVJETKOVIĆ V.: Jugoslawische Dramatiker auf österreichischen Bühnen. Diss. Wien 1980, 211 S.

2681 Radovi Simpozijuma o jugoslovensko-rumunskim uzajamnostima u oblasti narodnoj književnosti. Pančevo: Libertadea 1974, 717 S.

2682 KOSTIĆ V.: Kulturne veze između jugoslovenskih zemalja i Engleske do 1700 godine. Beograd: SAN 1972, 566 S. (*Pos. izd.* 458)

2683 DAVID A.: Mostovi uzajamnosti: Poglavlja o jugoslovensko-mađarskim kulturnim i književnim vezama. Novi Sad: Radnički U 1977, 348 S.

XXII. SERBOKROATISCHE VOLKSDICHTUNG

2684 BOŠKOVIĆ-STULLI M.: Usmena književnost. Zagreb: Liber-Mladost 1978, 657 S. (*Povijest hrvatske književnosti* 1)

2685 LATKOVIĆ V.: Narodna književnost. Sarajevo: Svjetlost [5]1975, 287 S.

2686 NEDIĆ V.: O usmenom pesništvu. Beograd: Srpska književna zadruga 1976, LXV + 292 S. (*SKZ* 462)

2687 LJUBINKOVIĆ N.: Narodne pesme dugog stiha. In: *Književna istorija* 1972/73, insges. 77 S.

2688 BUTUROVIĆ D.: Studija o Hörmanovoj zbirci muslimanskih narodnih pjesama. Sarajevo: Svjetlost 1976, 397 S.

2689 Hasanaginica 1774–1974. Sarajevo: Svjetlost 1975, 717 S. (*Bibliographie* 621–683)

2690 KRNJEVIĆ H.: Usmene balade Bosne i Hercegovine. Sarajevo: Svjetlost 1973, 524 S. *(mit Texten)*

2691 MATIĆ S.: Novi ogledi o našem narodnom epu. Novi Sad: Matica 1972, 332 S.

2692 KOLJEVIĆ S.: Naš junački ep. Beograd: Nolit 1974, 308 S.

2693 MATICKI M.: Srpskohrvatska graničarska epika. Beograd: Institut za književnost i umetnost 1974, 310 S.

2694 MARETIĆ T.: Naša narodna epika. Beograd: Nolit 1966, 350 S.

2695 HUNJAK D.: Oblici ponavljanja u epskoj narodnoj poeziji. Sarajevo: Institut za jezik i književnost 1976, 176 S.

2696 MEDENICA R.: Naša narodna epika i njeni tvorci. Cetinje: Obod 1975, 415 S.

2697 KILIBARDA N.: Legenda i poezija. Beograd: Rad 1976, 227 S.

2698 BUTUROVIĆ D.: Epska narodna tradicija Muslimana Bosne i Hercegovine od početka 16 vijeka do prve zbirke K. Hörmana (1888). In: *Glasnik Zemaljskog Muzeja BiH* 27/28, 1972/73, *Etnologija,* 5–100

2699 MIĆOVIĆ D.: Postanak, razvoj i širenje bosansko-hercegovačke muslimanske krajišničke epike u nas. Diss. Beograd 1971

2700 MILOŠEVIĆ-ĐORĐEVIĆ N.: Zajednička tematsko-sižejna osnova srpskohrvatskih neistorijskih epskih pesama i prozne tradicije. Diss. Beograd 1971, 400 S.

2701 KOTUR K.: The Serbian Folk Epic. Its Theology and Anthropology. New York: Philosophical Library 1977, 228 S.

2702 DELORKO O.: Zanemareno blago. O hrvatskoj narodnoj poeziji. Zagreb: Matica 1979, 395 S.

2703 LIRNYČENKO V.A.: Serbo-chorvatśka narodna liryka. Kyjiv: Naukova dumka 1977, 182 S.

2704 BOVAN V.: Srpske narodne pesme sa Kosova i Metohije. Priština: Jedinstvo 1977, 496 S.

2705 SCHMIDT B.: Stilelemente der mündlichen Literatur in der vorrealistischen Novellistik der Serben und Kroaten. München: Sagner 1974, 311 S. (*SB* 74)

2706 DEVRNJA Z.: The Functions of Metaphor in Traditional Serbian Narrative. Diss. State U of New York 1976, 241 S.

2707 ILIĆ T.: Srpska narodna etika prema narodnoj književnosti. Beograd: Sv. sinod 1975, 185 S.

2708 STORCH A.: Zu Struktur und Stil der serbokroatischen Volkserzählungen. Diss. Freiburg 1972, 163 S.

2709 BONIFAČIĆ-ROŽIN N.: Folklorno kazalište u južnom djelu Hrvatskoga Zagorja. In: *Narodna umjetnost* 10, 1973, 217–258

2710 KEKEZ J.: Prisutnost usmene narodne književnosti u pisanoj hrvatskoj književnosti 19 i 20 stoljeća. Diss. Zagreb 1975

2711 ĐURIĆ V.: Rapports entre la littérature orale et la littérature serbocroate. In: *Actes du Ve congrès de l'Association internationale de la littérature comparée,* 1969, 481–496

2712 SUBOTIĆ D.: Yugoslav Popular Ballads. Folcroft: Folcroft Libr. Ed. 1976, 304 S. (RdA Cambridge 1932)

2713 KOLJEVIĆ S.: The Epic in the Making. Oxford: Clarendon P. 1980, 16 + 376 S.

XXIII. SERBOKROATISCHE LITERATUR IN BOSNIEN UND HERZEGOVINA

2714 BOGIČEVIĆ V.: Pismenost u Bosni i Hercegovini od pojave slovenske pismenosti u 9 veku ... do 1918 godine. Sarajevo: Veselin Masleša 1975, 313 S.

2715 RIZVIĆ M.: Književno stvaranje muslimanskih pisaca u Bosni i Hercegovini u doba austro-ugarske vladavine. Sarajevo: Akademija 1973/74, 316 + 306 S.

2716 Književnost Bosne i Hercegovine u svjetlu dosadašnjih istraživanja. Sarajevo: Akademija 1977, 236 S.

2717 PALAVESTRA P.: Književnost u Bosni i Hercegovini od Okupacije do Aneksije (1878–1908). In: *Život* 13, 1964, 11/12, 31–62

2718 Simpozijum o savremenoj književnosti Bosne i Hercegovine. Sarajevo: Svjetlost 1971, 254 S.

2719 BOGIČEVIĆ V.: Humanitet stvaranja. Iz savremene književnosti Bosne i Hercegovine. Sarajevo: Veselin Masleša 1975, 196 S.

2720 Savremena književnost u Bosni i Hercegovini. In: *Izraz* 18, 1974, 11/12, 561–888

2721 Književnost Bosne i Hercegovine. In: *Izraz* 23, 1979, 9, 153–184

2722 LEŠIĆ J.: Iz istorije pozorišta Bosne i Hercegovine. Sarajevo: Veselin Masleša 1976, 297 S.

2723 IDRIZOVIĆ M.: Književnost za djecu u Bosni i Hercegovini. Sarajevo: Svjetlost 1976, 420 S.

XXIV. GESCHICHTE DER KROATISCHEN LITERATUR

1. allgemein

2724 Povijest hrvatske književnosti. 7 Bde. Zagreb: Liber-Mladost 1975 ff.

2725 ŠICEL M.: Programi i manifesti u hrvatskoj književnosti. Zagreb: Liber 1972, 348 S.

2. Epochen

2726 FISKOVIĆ C.: Baština starih hrvatskih pisaca. Split: Matica 1971, 332 + 285 S. (^{2}1978, 437 S. Čakavski sabor)

2727 MATIĆ T.: Hrvatski književnici mletačke Dalmacije i život njihova doba. In: *T. M., Iz hrvatske književne baštine,* Zagreb 1970, 17–211

2728 CRIJEVIĆ S. M.: Dubrovačka biblioteka. Zagreb: JAZU 1975, 318 S.

2729 POTTHOFF W.: Dubrovniker Dramatiker des 17. Jahrhunderts. Gießen: Schmitz 1975, XCI + 567 S. *(mit Texten)*

2730 ŠVELEC F.: Po stazi netlačeni. Split: Čakavski sabor 1977, 244 S.

2731 PAVLIČIĆ P.: Rasprave o hrvatskoj baroknoj književnosti. Split: Čakavski sabor 1979, 239 S.

2732 KRAVAR Z.: Studije o hrvatskom književnom baroku. Zagreb: Matica 1975, 311 S.

2733 KULAKOVSKIJ P.: Illirizm. Leipzig: Zentralantiquariat 1977, 515 S. (RdA Warschau 1894)

2734 MAMUZIĆ I.: Odjeci Ilirizma. Srpski i hrvatski. In: *Građa* 32, 1978, 295–530

2735 POSAVAC Z.: Estetički nazori hrvatskog realizma. In: *Rad JAZU* 380, 1978, 263–400

2736 ČOLAK T.: Portreti iz novije hrvatske književnosti. Beograd: Petar Kočić 1977ff.

2737 LEŠIĆ Z.: Strukturalna osnova hrvatske književnosti između dva rata. In: *Radovi FF Sarajevo* 3, 1965, 195–242

2738 MAĐAREVIĆ V.: Književnost i revoljucija. Prilog analizi sukoba na književnoj levici. Zagreb: August Cesarec 1974, 321 S.

3. Genres

2739 IVANIŠIN N.: Tradicija, eksperiment, avangarda. Split: Čakavski sabor 1975, 245 S. *(Lyrik)*

2740 IVANIŠIN N.: Fenomen ekspresionizma u hrvatskoj lirici. In: *Radovi FF Zadar* 11, 1972/73, 83–133

2741 IVANIŠIN N.: Evropski okvir hrvatskoga lirskoga ekspresionizma. In: *Radovi JAZU Zadar* 13, 1975, 181–212

2742 KORNHAUSER J.: Od mitu do konkretu. Kraków: WL 1978, 195 S. *(Lyrik nach 1918)*

2743 ŠOLJAN A.: Mala panorama hrvatske poezije 1950–1960. In: *Letopis Matice Srpske* 138, 1962, 390, 46–84

2744 MRKONJIĆ Z.: Suvremeno hrvatsko pjesništvo. Zagreb: Kolo 1972, 189 + 281 S. *(mit Texten)*

2745 Najnovije hrvatsko pjesništvo. Pregled. Zagreb: Teatar poezije 1972, 225 S. *(mit Texten)*

2746 PAVLETIĆ V.: Ključ za modernu poeziju. In: *Republika* 36, 1980, 233–253; 366–396

2747 PAVLIČIĆ P.: Parodijski aspekti baroknih komičnih poema u hrvatskoj književnosti. In: *Croatica* 6, 1975, 6, 117–179

2748 PAVLIČIĆ P.: Sesta rima u hrvatskoj književnosti. In: *Rad JAZU* 380, 1978, 77–225

2749 FALIŠEVAC D.: Poetičke osebine hrvatske srednjovjekovne proze. In: *Croatica* 6, 1975, 6, 39–90

2750 BUKIĆ F.: Moderno strukturirana pripovjedačka proza hrvatske Moderne. Diss. PA Banja Luka 1973

2751 KORAĆ S.: Hrvatski roman između dva rata. Zagreb: August Cesarec 1974, 512 S.

2752 IVANOVIĆ R.: Tumačenja savremenog romana. Zagreb: August Cesarec 1976, 234 S.

2753 DONAT B.: Brbljava sfinga. Kronika hrvatskog poratnog romana. Zagreb: Znanje 1978, 258 S.

2754 DONAT B.: Strujanja u novijoj hrvatskoj noveli. Split: Marulić 1971, 169 S.

2755 DONAT B.: Unutarnji rukopis. Opaske o hrvatskoj prozi. Zagreb: Matica 1972, 286 S.

2756 NOVAK S. P.: Teatar u Dubrovniku prije Marina Držića. Split: Čakavski sabor 1977, 135 S.

2757 Dani hvarskog kazališta. Split: Čakavski sabor 1975 ff.

2758 PAVIĆ A.: Istorija dubrovačke drame. Zagreb: Župan 1971, 198 S. (RdA 1871)

2759 PERILLO F. S.: Hrvatska crkvena prikazanja. Split: Čakavski sabor 1978, 138 S.

2761 BATUŠIĆ N.: Hrvatska drama od Demetra do Šenoe. Zagreb: Matica 1976, 283 S.

2762 HEĆIMOVIĆ B.: 13 hrvatskih dramatičara (19–20 stolj.) Zagreb: Znanje 1976, 542 S.

2763 BATUŠIĆ N.: Drama i pozornica. 10 godina hrvatske drame na zagrebačkim pozornicama 1964–1974. Novi Sad: Sterijino pozorje 1975, 237 S.

2764 BATUŠIĆ N.: Povijest hrvatskog kazališta. Zagreb: Školjska knjiga 1977, 549 S.

2765 MILETIĆ S.: Hrvatsko glumište. Zagreb: Centar za kulturnu delatnost SSO 1978, 509 S. (RdA 1904)

2766 Hrvatsko Narodno Kazalište 1894–1969. Zagreb: Naprijed 1969, 721 S.

2767 FALLER N.: Repertoire Hrvatskog zemaljskog kazališta od 1. listopada 1870 do 31 srpnja 1937. In: *Kronika Zavoda za književnost i teatrologiju JAZU* 4, 1978, 9/10, 5–288 *(mit Autorenregister)*

2768 BATUŠIĆ N.: Hrvatska kazališna kritika. Zagreb: Matica 1971, 322 S.

2769 LASTA P.: Kritika između dva rata. Zagreb: Matica 1965, 448 S.

2770 FLAKER V.: Časopisi hrvatskoga modernističnog pokreta. Zagreb: Liber 1977, 249 S.

2771 ĐURIČKOVIĆ D.: Bosanska vila. 3 Bde. Sarajevo: Svjetlost 1975

2772 Prilozi za istraživanje hrvatske filozofske baštine. Zagreb: U 1975 ff.

2773 CRNKOVIĆ M.: Hrvatska dječja književnost do kraja 19 stoljeća. Zagreb: Školjska knjiga 1978, 216 S.

4. Regionales

2774 ŠVAGELJ D.: Slavonske književne komunikacije. Osijek: Glas Slavonije 1975, 361 S.

2775 JELČIĆ D.: Vallis Aurea. Zagreb: Matica 1977, 412 S. *(Slavonska Požega)*

2776 HAFNER St.: Die Literatur der Kroaten im Burgenland. In: *Die zeitgenössische Literatur Österreichs,* Zürich-München: Kindler 1976, 683–702

2777 HADROVICS L.: Schrifttum und Sprache der burgenländischen Kroaten im 18. und 19. Jahrhundert. Budapest: Akadémiai kiádó. 1974, 564 S.

2778 VRANJEŠ B.: Novinstvo Gradišćanskih Hrvata do drugog svjetskog rata. In: *Radovi. Institut za hrvatsku povijest,* 8, 1976, 365–414

2779 ŠOJAT O.: Pregled starije hrvatsko-kajkavske književnosti. In: *Kaj* 8, 1975, 9/10, 5–56

2780 Kajkavski zbornik. Zlatar: Narodno sveučilište 1974, 179 S.

XXV. GESCHICHTE DER SERBISCHEN LITERATUR

1. Allgemein

2781 SKERLIĆ J.: Sabrana dela. 14 Bde. Beograd: Prosveta 1964–1968

2. Epochen:

2781a BOGDANOVIĆ D.: Istorija stare srpske književnosti. Beograd: SKZ 1980, 306 S. (*SKZ* 487)

2782 KAŠANIN M.: Srpska književnost u srednjem veku. Beograd: Prosveta 1975, 515 S.

2783 Stara srpska književnost. Beograd: SAN 1976, 322 S.

2784 PAVIĆ M.: Istorija srpske književnosti klasicizma i predromantizma. Beograd: Nolit 1979, 570 S.

2785 KOVIJANIĆ R.: Srpski pisci u Bratislavi i Modri 18 veka. Novi Sad: Matica 1973, 192 S.

2786 POPOVIĆ M.: Romantizam. 3 Bde. Beograd: Nolit 1975, 256 + 271 + 252 S.

2787 LEOVAC S.: Portreti srpskih pisaca 19 veka. Beograd: SKZ 1978, 423 S.

2788 VITOŠEVIĆ D.: Književno nasleđe 19 i zaokret na početku 20 veka. In: *Književna istorija* 1971/72

2789 PALAVESTRA P.: Doba modernizma u srpskoj književnosti (1901–1918). In: *Književna istorija* 12, 1979, 45 ff.

2790 DERETIĆ J.: Srpska „moderna". In: *Književna istorija* 12, 1979, 44, 675–726

2791 MARKOVIĆ S. Ž.: Beogradski nadrealizam. In: *Književnost i jezik* 12, 1965, 4, 1–23

2792 MARKOVIĆ S. Ž.: Književni pokreti i tokovi između dva svetska rata. Beograd: Obelisk 1970, 151 S.

2793 KALEZIĆ V.: Polemika o socijalnoj literaturi. Novi Sad: Sstv. 1977, 151 S.

2794 PALAVESTRA P.: Posleratna srpska književnost 1945–1970. Beograd: Prosveta 1972, 503 S.

3. Genres

2795 TRIFUNOVIĆ Đ.: Stara srpska pojana poezija. In: *Književna istorija* 1968, 239–305

2796 PAVLOVIĆ M.: Poezija i kultura. Beograd: Nolit 1974, 244 S. *(19. u. 20. Jhdt.)*

2797 JOVIČIĆ V.: Srpsko rodoljubivo pesništvo. Beograd: Nolit 1976, 534 S.

2798 VITOŠEVIĆ D.: Srpsko pesništvo 1901–1914. Beograd: Vuk Karadžić 1975, 462 + 396 S.

2799 DERETIĆ J.: Srpski roman. In: *Književna istorija* 7, 1975, 98 S.

2800 IVANIĆ D.: Srpska pripovetka između romantike i realizma. 1865–1875. Beograd: Institut za književnost i umetnost 1976, 424 S.

2801 MIRKOVIĆ Č.: Srpska realistička pripovetka. Beograd: Narodna knjiga 1977, 372 S.

2802 ERČIĆ V.: Istorijska drama u Srba od 1736 do 1860. Beograd: Institut za književnost i umetnost 1974, 458 S.

2803 VUČKOVIĆ T.: Socijalna drama. Beograd: Institut za književnost i umetnost 1978, 249 S.

2804 Jedan vek Narodnog pozorišta u Beogradu 1868–1968. Beograd: Nar. pozorište 1968, 650 S.

2805 KOVIJANIĆ G.: Građa Arhiva Srbije o Narodnom pozorištu u Beogradu. Beograd: Arhiv Srbije 1971, 901 S.

2806 JEREMIĆ D.: Merila ranih merilaca. Vrnjačka Banja: Zamak kulture 1974, 218 S. *(Kritik)*

2807 PALAVESTRA P.: Kritika i avangarda u modernoj srpskoj književnosti. Beograd: Prosveta 1979, 361 S.

2808 Srpska književna kritika. Građa. 25 Bde. Beograd: Institut za književnost i umetnost 1975 ff.

2809 Srpska književnost u književnoj kritici. 12 Bde. Beograd: Nolit ²1972/73.

2810 IVANOVIĆ R.: Kritički metodi. Kruševac: Bagdala 1975, 280 S.

2811 RADULOVIĆ M.: Vidovi srpske književne kritike. Beograd: Institut za književnost i umetnost o. J. (1978), 167 S.

2812 MARTINOVIĆ N. S.: Razvitak štampe i štamparstva u Crnoj Gori 1493–1945. Beograd: Jugoslovenski institut za novinarstvo 1965, 262 S.

2813 MILINČEVIĆ V.: Na raskršću epocha: književni listovi i časopisi 1850–1860. Beograd: Vuk Karadžić 1979, 270 S.

2814 PALAVESTRA P.: Srpski književni časopisi u Bosni i Hercegovini pod austro-ugarskom okupacijom 1878–1914. In: *Književna istorija* 2, 1969, 6, 299–332

2815 JOVIČIĆ V.: Časopis „Otadžbina“ 1875–1892. Beograd: Institut za književnost i umetnost 1979, 333 S.

2816 KRESTIĆ V. Đ.: Istorija srpske štampe u Ugarskoj. 1791–1914. Novi Sad: Matica 1980, 506 S.

2817 RADENIĆ A.: Socijalistički listovi i časopisi u Srbiji 1871–1918. 1. 1871–1895. Beograd: Rad 1977, 588 S.

2818 STOJKOVIĆ A.: Razvitak filosofije kod Srba 1804–1944. Beograd: Slovo ljubve 1972, 630 S.

2819 MARJANOVIĆ V.: Predeli zadržanih reči. Beograd: Grafos 1974, 170 S. *(Kinderlit.)*

2820 DANOJLOVIĆ M.: Naivna pesma. Ogledi o dečjoj književnosti. Beograd: Nolit 1976, 175 S.

2821 MARJANOVIĆ V.: Dečji pripovedači. Gornji Milanovac: Dečje Novine 1977, 117 S.

4. Regionales

2822 Prednjegoševsko doba. Titograd: Grafički zavod 1965, 567 S.

2823 ROTKOVIĆ R.: Crnogorsko književno nasleđe. Titograd: Pobjeda 1971 ff.

2824 MINIĆ V.: Pisci i koncepcije. Titograd: Pobjeda 1978, 100 S.

2825 RADOJEVIĆ R.: Tokovima crnogorske književnosti. Titograd: Pobjeda 1978, 197 S.

2826 TAUTOVIĆ R.: Savremeni crnogorski pisci. Cetinje: Obod 1970, 240 S.

2827 REĐEP D.: Sunčanom stranom Vojvodine. Subotica: Osvit 1972, 308 S.

2828 TRAJKOVIĆ D.: Pregled leskovačkog književnog stvaralaštva. Leskovac: Naše stvaranje 1973, 127 S.

2829 IVANOVIĆ R.: Književno stvaralaštvo Kosova na srpskohrvatskom jeziku. Priština: Jedinstvo 1971, 279 S.

2830 CVETANOVIĆ V.: Srpski pisci Kosovskog Pomoravlja. Priština: Jedinstvo 1979, 225 S.

2831 BOVAN V.: Prilog proučavanju srpske drame na Kosovu. Priština: Jedinstvo 1979, 75 S.

5. Serbische und kroatische Literatur. Stoffe

5.1. Stoffe der Volksdichtung

2832 KRSTIĆ N.: Zajednički motivi u „Chiljadu i jednoj noći" i u Vukovoj zbirci narodnih pripovedaka i pesama. In: *Prilozi za orientalnu filologiju* (Sarajevo) 18/19, 1968/69, 121–205.

2833 RIZVIĆ M.: „Hasanaginica" od usmene balade do dramskog oblika. In: *Izraz* 18, 1974, 10, 472–491

2834 BOŽOVIĆ R.: Arapi u usmenoj narodnoj pesmi na srpskohrvatskom jezičkom području. Beograd: U 1977, 242 S.

2835 VLAJINAC M. Z.: Žena u narodnim poslovicama. Beograd: SANU 1975, 292 S. (*Srpski etnografski zbornik* 87)

2836 KOSTIĆ A.: Seksualno u našoj narodnoj poeziji. Beograd-Zagreb: Medicinska knjiga [2]1978, 229 S.

2837 LORD A. B.: The theme of the withdrawn hero in Serbo-croatian oral epic. In: *Prilozi* 35, 1969, 18–30

2838 ŠOP I.: Nasredinove metamorfoze. Beograd: Institut za književnost 1973, 148 S.

2839 KILIBARDA N.: Poezija i istorija u narodnoj književnosti. Beograd: Slovo ljubve 1972, 180 S.

2840 KÄMPFER F.: Der Kult des heiligen Serbenfürsten Lazar. In: *Südostforschungen* 31, 1972, 81–139

2841 Naučni skup o knezu Lazaru. Kruševac: Narodni muzej 1975, 436 S.

2842 REDJEP J.: Priča o boju kosovskom. Novi Sad: U 1976, 313 S.

2843 Marko Krale vo narodnoto tvoreštvo na balkanskite narodi. In: *Rad XIX kongresa Saveza udruženja folklorista Jugoslavije,* Skopje 1977, 265–384

5.2. Geschichte

2844 ŠICEL M.: Tema seljačke bune u hrvatskoj književnosti 19 stoljeća. In: *Institut za hrvatsku povijest. Sveučilište u Zagrebu. Radovi* 5, 1973, 215–226

2845 BATUŠIĆ S.: Zrinsko-Frankopanska tema na pozornici. In: *Kaj* 4, 1971, 9, 30–42

2846 VAUPOTIĆ M.: Zrinsko-Frankopanska urota u hrvatskoj dramskoj književnosti. In: *Radovi Zavoda za slavensku filologiju* 13, 1973, 95–114

2847 MIJATOVIĆ A.: Uskoci i krajišnici. Narodni junaci u pjesni i povijesti. Zagreb: Grafički zavod Hrvatske 1974, 215 S.

2848 NOB i revoljucija u literaturnom stvaralaštvu. Beograd: Savez udruženja boraca NOB 1972, 198 S.

2849 ANTIĆ V.: Odjeci doživljaja iz NOB u prozi i stihu 1941–1945. Rijeka: RKND 1971, 380 S.

2850 TAHMIŠIĆ H.: Tito u poeziji. Sarajevo: ZzIU 1972, 254 S.

2851 JOVIČIĆ V.: Rodoljubive teme u staroj srpskoj poeziji. In: *Književna istorija* 7, 1974, 3–48

2852 FRANIĆ A.: Motiv patriotizma u hrvatskim putopisima. 1. Putopisi Ilirizma. In: *Radovi FF Zadar* 11, 1972/73, 37–82. 2. Razdoblje Bachova apsolutizma. In: *Rad JAZU* 380, 1978, 227–260

5.3. Soziale u. nationale Gruppen

2853 MATIĆ T.: Slavonsko selo u djelima hrvatskih pisaca potkraj 18 vijeka. In: *T.M., Iz hrvatske književne baštine,* 1970, 293–375.

2854 PANTIĆ M.: Jevreji u dubrovačkoj književnosti. In: *Studije i građa o Jevrejima Dubrovnika* 1, 1971, 211–238

2855 PEDERIN I.: Književna i vanknjiževna isposredovanost lika Nijemca u prozi hrvatskog realizma. In: *Književna istorija* 11, 1978, 42, 261–276

5.4. Stoffe. Varia

2856 GRABAR B.: Apokrifi u hrvatskoj srednjovjekovnoj književnosti. In: *Croatica* 1, 1970, 15–28

2857 BRATULIĆ J.: Apokrif o prekrasnom Josipu u hrvatskoj književnosti. In: *Radovi Staroslavenskog instituta* 7, 1972, 31–111

2858 NAUMOV E.P.: Antičnye motivy v srednevekovnoj serbskoj literature. In: *Slavjanskie literatury,* Moskva: Nauka 1978, 215–234

2859 NAJDANOVIĆ M.: Žuta gošća u srpskoj književnosti. Beograd: Nolit 1973, 415 S. (TBC)

2860 MALBY M.B.: Nečista krv u srpskohrvatskoj književnosti. Diss. Harvard 1970

2861 MILOŠEVIĆ N.: Zidanica na pesku. Književnost i metafizika. Beograd: Slovo ljubve 1978, 227 S.

2862 PEDERIN I.: Putopis u hrvatskoj književnosti Ilirizma i realizma. In: *Književna istorija* 11, 1979, 44, 619–674

2863 BADALIĆ J.: Humanisacijski motivi u novijem hrvatskom pjesništvu. Zagreb: INA Centar 1978, 252 S.

2864 Pjesnici Zagrebu 1689–1975. Zagreb: Grafički zavod Hrvatske 1980, 372 S. *(mit Texten)*

2865 STUPAREVIĆ O.: Srpski putopis o Italii. In: *Uporedna istraživanja* 1, 1975, 103–180

6. Serbische und kroatische Literatur. Beziehungen

2866 Hrvatska književnost prema evropskim književnostima. In: *Croatica* 3, 1972, 17–265

2867 Hrvatska književnost u evropskom kontekstu. Zagreb: Liber 1978, 750 S.

2868 ŽIVKOVIĆ D.: Evropski okviri srpske književnosti. 2 Bde. Beograd: Prosveta 1970–1977

2869 TORBARINA J.: Renaissance Poetry of Dubrovnik and Dalmatia in the Concert of European Petrarchism. In: *Revue de la littérature comparée* 1969, 252–263

2870 KOŠUTIĆ-BROZOVIĆ N.: Hrvatsko-slavenske književne odnosi u doba hrvatske moderne. In: *Radovi FF Zadar* 11, 1972/73, 153–198

2871 SEKULIĆ Lj.: Njemačka „Luna" u kulturnom životu Hrvatske. Zagreb: U 1968, 192 S.

2872 PEDERIN I.: „Začinjavci", štioci i pregaoci: vlastite snage i njemačke pobude u hrvatskoj književnosti. Zagreb: Matica 1977, 383 S.

2873 GAVRIN M.: Kroatische Übersetzungen und Nachdichtungen deutscher Gedichte zur Zeit des Illyrismus. München: Sagner 1973, 226 S. (*SB* 62)

2874 BURIĆ S.: Zweisprachige Dichtung bei den Kroaten. Diss. Graz 1972, 191 S.

2875 ČAKIĆ S.: Bečkimi tragovima naših znamenitih ljudi. In: *Zbornik Matice Srpske za književnost i jezik* 26, 1978, 151–163

2876 KIĆOVIĆ-PEJAKOVIĆ S.: Engleska književnost u Srba u 18 i 19 veku. Beograd: Institut za književnost i umetnost 1973, 320 S.

2877 FILIPOVIĆ R.: Englesko-hrvatske književne veze. Zagreb: Liber 1972, 456 S.

2878 BAŠIĆ S.: E. A. Poe u hrvatskoj i srpskoj književnosti. In: *Rad JAZU* 365, 1973, 135–255

2879 MATARIĆ-RADOVANOV M. N.: Englesko-srpske veze u „Letopisu Matice srpske" (1825–1941) In: *Uporedna istraživanja* 1, 1975, 243–275

2880 ČERNÁ M.: Uzajamne veze češke i hrvatske književnosti između dva rata. In: *Croatica* 7, 1976, 7/8, 349–372

2881 JÄHNICHEN M.: Hrvatska književnost u Njemačkoj Demokratskoj Republici. *ebdt.* 247–252

2882 PEDERIN I.: Hrvatska, osobito njezino primorje, te Hrvati i Balkan u njemačkoj lijepoj književnosti. In: *Radovi Zavoda JAZU u Zadru* 26, 1979, 121–170

2883 RADITSA B.: Some Aspects of Italian Literary Exchanges and Influences on Croatian Literature. In: *Balkan Studies* 1969, 2, 263–278

2884 ČALE F.: O književnim i kazališnim dodirima hrvatsko-talijanskim. Dubrovnik: Matica 1968, 392 S.

2885 ZORIĆ M.: Bocaccio in Croazia. In: *Studia romanica et anglica Zagrabiensia* 40, 1975, 157–219

2886 ZORIĆ M.: Croati et altri Slavi del Sud nella letteratura italiana del' 800. *ebdt.* 33–36, 1973, 113–184

2887 ZORIĆ M.: Hrvatska i Hrvati u talijanskoj lijepoj književnosti. In: *Hrvatski znanstveni zbornik* 2, 1971, 7–122

2888 MAKSIMOVIĆ V.: Prilog izučavanju književnih i kulturnih dodira Bosne i Hercegovine sa Češkom do 1914 g. In: *Godišnjak* (Institut za jezik i knjiž. u Sarajevu) 6, 1977, 213–243

2889 DURKOVIĆ-JAKŠIĆ Lj.: Jugoslovensko-pol'ska saradnja 1772–1840. Novi Sad: Matica 1971, 310 S. (*poln.* Wrocław: Ossolineum 1977)

2890 HARPAŃ M.: Slovačka književnost u Letopisu Matice srpske. In: *Zbornik za slavistiku* 14, 1978, 75–99

2891 MILIDRAGOVIĆ M.: On Some Typological Similarities and Parallelisms Between the Old Russian and Our Mediaeval Literatures. In: *Radovi FF Sarajevo* 6, 1970/71, 121–145

2892 ČIGRINSKIJ M. P.: K voprosu o russko-dubrovnickich istoriko-literaturnych svjazjach epochi barokko. Dubrovnickie poety o Rossii i Petre I. In: *Slavjanskoe barokko,* Moskva 1979, 219–230

2893 MOKUTER I.: Russko-serbskie literaturnye svjazi v 18 veke. Obščij obzor. In: *Studia Slavica* (Budapest) 18, 1972, 1–29

2894 BADALIĆ J.: Rusko-hrvatske književne studije. Zagreb: Liber 1972, 480 S.

2895 DMITRIEV P. A., SAFRONOV G.: Iz istorii russko-jugoslavskich literaturnych i naučnych svjazej. Leningrad: U 1975, 203 S.

2896 LUKIC G.: The Ties of the Matica Srpska with Russia and Russian Literature 1826–1917. Diss. Pittsburgh 1972, 224 S.

2897 FLAKER A.: Übersetzungen aus dem Russischen in der kroatischen Literatur 1836–1892. In: *Zeitschrift f. Slawistik* 21, 1976, 213–228

2898 ROVNJAKOVA L.I.: Žurnal „Vienac" (1889–1903) i rasprostranenie russkoj literatury v Chorvatii. In: *Vosprijatie russkoj kul'tury na Zapade,* Leningrad 1975, 157–189

2899 JURIŠIĆ Z.B.: Russian Repertory in the Croation National Theatre 1874–1914. Diss. Nottingham 1972

2900 Radovi Simpozijuma o jugoslovensko-rumunskim uzajemnostima u oblasti narodne književnosti. Pančevo: Libertatea 1974, 688 S.

2901 ŽIVKOVIĆ M.: Svedočanstva o srpsko-rumunskim kulturnim i književnim odnosima. Bucureşti: Kriterion 1976, 327 S.

2902 MLADENOVIĆ Ž.: Dosadašnje proučavanje odnosa srpskohrvatske i grčke narodne epike. In: *Makedonski folklor* 2, 1969, 3/4, 61–81

2903 TARNANIDES J.: Traductions serbes d'œuvres grecques au 18 siècle. In: *Cyrillomethodianum* (Saloniki) 1, 1971, 80–106

2904 VESELINOVIĆ-ANĐELIĆ M.: Srpskohrvatska narodna poezija u mađarskoj književnosti 19 i 20 veka. Novi Sad: U 1969, 312 S.

2905 Szomszédság és közösség. Délszláv-magyar irodalmi kapcsolatok. Tanulmányok. Budapest: Akademiai kiadó 1972, 562 S.

2906 DAVID A.: Mostovi uzajamnosti. Poglavlja o jugoslovensko-mađarskim kulturnim i književnim vezama. Novi Sad: Narodni univerzitet 1977, 348 S.

2907 KUIĆ R.: Naše narodne pesništvo u Nizozemskoj. Beograd: U 1976, 573 S.

XXVI. GESCHICHTE DER SLOVENISCHEN LITERATUR

1. allgemein

2908 POGAČNIK J., ZADRAVEC F.: Zgodovina slovenskega slovstva. 8 Bde. Maribor: Obzorja 1968–1972.

2909 POGAČNIK J., ZADRAVEC F.: Zgodovina slovenskega slovstva. Maribor: Obzorja 1973, 604 S. (*serbisch* Beograd: Nolit 1973, 652 S.)

2910 KOS J.: Pregled slovenskega slovstva. Ljubljana: DZS ^{5}1980, 440 S.

2911 PATERNU B.: Pogledi na slovensku književnost. Ljubljana: Partizanska knjiga 1975, 484 + 464 S.

2912 SLOKAN F.: Panorama Littéraire Slovène. Ljubljana: Association des Ecrivains Slovènes 1972, 140 S.

2913 SLODNJAK A.: Slovenačka književnost. Beograd: Zavod za udžbenike 1972, 610 S.

2914 JANEŽ S.: Pregled slovenske književnosti. Maribor: Obzorja ^{7}1979, 489 S.

2915 JANEŽ S.: Vsebine slovenskih literarnih del. Maribor: Obzorja ^{4}1974, 307 S.

2. Epochen

2916 GRAFENAUER I.: Kratka zgodovina starejšega slovenskega slovstva. Celje: Mohorjeva družba ^{3}1973, 318 S.

2917 POGAČNIK J.: Von der Dekoration zur Narration. München: Sagner 1977, 165 S. (*SB* 105)

2918 KUDĚLKA V.: Slovinská literatura. Brno: U 1974, 166 S. *(bis 1918, Skr.)*

2919 Obdobje Razsvetljenstva v slovenskem jeziku, književnosti in kulturi. Ljubljana: U (1980) 452 S.

2920 RUPEL D.: Slovene Literature as an Instrument of National Emancipation. Diss. Brandeis U. 1976, 547 S.

2920a Obdobje romantike v slovenskem jeziku, književnosti in kulturi. Ljubljana: U 1981, 561 S.

2921 PRIJATELJ I.: Duševni profili slovenskih preporoditeljev. Ljubljana: Mladinska knjiga, ^{3}1976, 230 S. (*Izbrano delo* 1)

2922 KOS J.: Periodization of Slovenian Romanticism in Europe. In: *Slavistična revija* 19, 1971, 353–383

2923 PATERNU B.: Recepcija romantike v slovenskej poeziji. In: *Slavistična revija* 21, 1973, 113–148

2924 ZADRAVEC F.: Slovenska besedna umetnost v prvi polovici dvajsetega stoletja. Ljubljana: Mladinska knjiga [2]1977, 247 S. ([1]1974)

2925 SMOLEJ V.: Slovstvo v letih vojne 1941–1945. Ljubljana: Matica 1971, 390 S. (*Zgodovina Slov. Slovstva* 7)

2926 MARKOVIĆ M.: Vreme otpora. Beograd: Sloboda 1975, 311 S.

2927 Slovenski jezik, literatura in kultura. Informativni zbornik. Ljubljana: U 1974, 324 S.

3. Regionales

2928 KMECL M.: Sodobna slovenska literatura na zamejskem Koroškem. In: *Ta hiša je moja pa vendar moja ni,* Ljubljana 1976, 137–166

2929 POGAČNIK J.: Slovensko zamejsko in zdomsko slovstvo. Trst: Zaliv 1972, 150 S.

2930 HAFNER S., PRUNČ E.: Die Literatur der Kärntner Slowenen. In: *Die zeitgenössische Literatur Österreichs,* Zürich-München: Kindler 1976, 674–683, 689–702

2931 NOVAK V.: Izbor prekmurskega slovstva. Ljubljana: Zadruga katoliških duhovnikov 1976, 191 S.

4. Genres

2932 SCHERBER P.: Die slovenische Elegie (1779–1879). Wiesbaden: Steiner 1974, 142 S. (*FAS* 18)

2933 KOS J.: Sodobna slovenska lirika. In: *Perspektive* 1962/63 u. 1963/64, 69 S.

2934 KERMAUNER T.: Izročilo in razkroj ali samorazdejanje humanizma v povojni slovenski poeziji. Ljubljana: DZS 1970, 211 S.

2935 KERMAUNER T.: Dileme sodobnega slovenskega pesništva. Ljubljana: Cankarjeva založba 1971, 410 S.

2936 Med tradicijo in modernizmom. Pričevanja o sodobnoj poeziji. Ljubjana: Matica 1978, 325 S.

2937 MARTINOVIĆ J.: Neostvarena težnja pseudofolklornog pravca u Sloveniji. Umjetnički ep inspirisan srpskohrvatskom narodnom poezijom. In: *Radovi FF Sarajevo* 6, 1970/71, 89–120

2938 KMECL M.: Od pridige do kriminalke ali o meščanskih začetkih slovenske pripovedne proze. Ljubljana: Mladinska knjiga 1975, 148 S.

2939 KERMANUNER T.: Zgodba s živi zdajšnosti. Eseji o povojni slovenski prozi. Maribor: Obzorja 1975, 236 S.

2940 KOBLAR F.: Slovenska dramatika. Ljubljana: Matica 1972–1973, 251 + 289 S. *(bis 1941)*

2941 KERMAUNER T.: Pomenske spremembe v sodobni slovenski dramatiki. Ljubljana: Mladinska knjiga 1975, 274 S.

2942 KERMAUNER T.: Savremena slovenačka dramatika. Vrnjačka Banja: Zamak kulture 1976, 114 S.

2943 KERMAUNER T.: Dialektika ideje od skrivnosti do jezika. Maribor: Obzorja 1978, 244 S.

2944 GIESEMANN G.: Zur Entwicklung des slovenischen Nationaltheaters. München: Trofenik 1975, 128 S.

2945 MORAVEC D.: Slovensko gledališče Cankarjeve dobe 1892–1918. Ljubljana: Cankarjeva založba 1974, 333 S.

2946 URBANČIČ I.: Poglavitne ideje slovenskih filozofov med sholastiko in neosholastiko. Ljubljana: Matica 1971, 318 S.

2947 ZADRAVEC F.: Slovenska satira v dvajsetem stoletju. In: *Slavistična revija* 21, 1973, 149–185

2948 BOKAL M.: Slowenische Kinder- und Jugendliteratur von 1945–1968. Diss. Wien 1976, 265 S.

5. slovenische Volksdichtung

2949 KUMER Z.: Pesem slovenske dežele. Maribor: Obzorja 1975, 705 S. (mit Schallplatten)

2950 KUMER Z.: Vsebinski tipi slovenskih pripovednih pesmi. Ljubljana: SAZU 1974, 393 S. (Typenindex slowenischer Erzähllieder)

2951 KUMER Z.: Das slovenische Volkslied in seiner Mannigfaltigkeit. München: Trofenik 1968, 31 S.

2952 BOJC E.: Pregovori in reki na Slovenskem. Ljubljana: DZS 1974, 404 S.

6. Stoffe

2953 GANTAR K.: The Imagery of Hellas in Slovene Literature. In: *Balkan Studies* 14, 1973, 116–130

2954 HARTMAN B.: Celjski grofje v slovenski dramatiki. Ljubljana: Matica 1977, 255 S.

2955 BARBARIČ Š. (Hg.): Kmečki upori v slovenski umetnosti. Ljubljana: Matica 1974, 175 S.

2956 TRUHLAR V.: Doživljanje absolutnega v slovenskem leposlovju. Ljubljna: Župni ured Dravlje 1977, 253 S.

2957 GREGORIČ J.: Podoba duhovnika v slovenskem slovstvu. Ljubljana: Družina 1979, 241 S.

7. Beziehungen

2958 SPIELER M.: Zweisprachige Dichtung bei den Slovenen. Diss. Graz 1977, 237 S.

2959 SLODNJAK A.: Über die Beziehungen zwischen der deutschen Philosophie und Literatur und dem literarischen Leben der Slowenen im 19. Jhdt. München: Trofenik 1973, 16 S.

2960 POŽAR B.: Anastasius Grün in Slovenci. Maribor: Obzorja 1970, 271 S.

2961 ŠKERLJ S.: Italijansko gledališče v Ljubljani v preteklih stoletjih. Ljubljana: SAZU 1973, 503 S.

2962 KOCJAN G.: Slovensko leposlovje na srbskohrvatskom jezikovnem območju 1945–1970. In: *Jezik in slovstvo* 18, 1972/73, 47–50, 91–98

2963 RYŽOVA M.I.: Russkaja literatura v slovenskom žurnale „Ljubljanski zvon" 1881–1918. In: *Zarubežnye slavjane i russkaja literatura,* Leningrad 1978, 106–155

XXVII. GESCHICHTE DER MAKEDONISCHEN LITERATUR

1. allgemein, Epochen

2964 ILIĆ V.: Tokovi makedonske književnosti. Priština: Jedinstvo 1976, 350 S.

2965 NANOVIĆ R.: Portreti makedonskih pisaca. Cetinje: Obod 1975, 181 S.

2966 POLENAKOVIḰ H.: Odbrani trudovi. 5 Bde. Skopje: Misla 1973

2967 Makedonska kniževnost vo kniževnata kritika. 5 Bde. Skopje: Misla 1973/74

2968 SPASOV A. (Hg.): Tradition in Macedonian Literature. Skopje: PEN 1974, 81 S.

2969 ANDREEV Lj.: Literaturni razrabotki od makedonskata literatura. Skopje: Prosvetno delo 1972, 196 S.

2970 Macédoine. Littérature et arts. Als: *Europe. Revue littéraire mensuelle,* avril 1978, 251 S.

2971 BOGDANOVSKI D.: Stara makedonska kniževnost. München: Makedonska nacija 1971, 158 S.

2972 ANTIḰ V.: Od sredovekovna kniževnost. Skopje: Makedonska kniga 1976, 163 S.

2973 GEORGIEVSKI M.: Makedonskoto književno nasledstvo od 11 do 18 vek. Skopje: Prosvetni rabotnik 1980, 241 S.

2974 SPASOV A.: Istražuvanja i komentari, studii, ogledi, kritiki za makedonskata literatura vo 19 i 20 vek. Skopje: Kultura 1977, 396 S.

2975 DRUGOVAC M.: Povoenata makedonska literatura. Skopje: Prosvetno delo 1979ff.

2976 VANGELOV A.: Artizmot i sovremenata makedonska literatura. Skopje: Misla 1978, 261 S.

2977 Makedonskoto sovremeno literaturno tvorčestvo. Skopje: Prosvetno delo 1972, 322 S.

2978 DRUGOVAC M.: Contemporary Macedonian Writers. Skopje: Macedonian Review 1976, 195 S.

2979 Razvojnite procesi vo sovremenata makedonska literatura. Titov Veles: Racinovi sredbi 1971, 233 S.

2980 IVANOVIĆ R.: Ogledi o makedonskoj književnosti. Cetinje: Obod 1980, 207 S.

2981 DRUGOVAC M.: Aspekti na makedonskata književna konfrontacija. 1952–1968. In: *Sovremenost* 30, 1980, 1, 3–18; 2, 30–45

2982 ǴURČINOV M.: Kritički svedoštva za novata makedonska literatura 1953–1973. Skopje: Kultura 1976, 343 S.

2983 Makedonska literatura i makedonskiot literaturen jazik od Racin do denes. Titov Veles: Sovet na Racinovite sredbi 1979, 220 S.

2984 IVANOVIĆ R.: Portreti na makedonski pisateli. Skopje: Misla 1980, 204 S.

2. Genres

2985 NANEVSKI D.: Makedonska poetska škola. Skopje: Misla 1977, 350 S.

2986 ANTIḰ V.: Lokalni hagiografii vo Makedonija. Skopje: Prosvetno delo 1977, 205 S.

2987 ALEKSIEV A.: Osnovopoložnici na makedonskata dramska literatura. Skopje: Kultura ^{2}1976, 281 S. (^{1}1972)

2988 SPASOV A.: Savremena makedonska drama. Novi Sad: Matica 1977, 368 S.

2989 DRUGOVAC M.: Savremena makedonska književna kritika. Vrnjaška Banja: Zamak kulture 1976, 174 S.

3. Makedonische Volksdichtung

2990 PEUKERT H.: Die makedonische Volkspoesie. Skopje: Akademija 1978, 99 S.

2991 KONESKI B.: Jazikot na makedonskata narodna poezija. Skopje: Akedemija 1971, 109 S.

2992 POLENAKOVIḰ H.: Studii od makedonskiot folklor. Skopje: Misla 1973, 474 S.

2993 SIMICZIJEW K.: Macedońska liryka ludowa. Wrocław: U 1976, 302 S.

2994 ABBOTT G. F.: Macedonian folklore. Chicago: Argonaut 1969, 372 S. (RdA 1903)

2995 SAZDOV T.: Makedonska narodna poezija. Skopje: Kultura [2]1976, 151 S.

2996 ZIEGLER S.: Das Volkslied in Westmazedonien. Wiesbaden: Harrassowitz i.K. 1979, 418 S. (FU Berlin, *Balkanolog. Veröff.* 2)

4. Stoffe

2997 KAROVSKI L.: Pečalbarstvo vo makedonskata literatura. Skopje: Misla 1974, 204 S.

2998 SIMICZIJEW K.: Bój na Kosowym Polu w macedońskiej i bułgarskiej epice ludowej. In: *Lud* 60, 1976, 157–187

2999 VIŠINSKI V.: Ilinden in Macedonian Literature. In: *The Epic of Ilinden,* Skopje: Maced. Review 1973, 225–237

3000 NAJČESKI D.: Ilindenskite narodni pesni. Skopje: Akad. 1978, 216 S.

3001 KAROVSKI L.: Samožrtvata vo makedonskata narodna poezija. Skopje: Institut za folklor 1978, 37 S.

5. Beziehungen

3002 POPLAZAROV R.: Makedonsko-češki i makedonsko-slovački kulturni i naučni vrski vo 19 vek. In: *Referati na makedonskite slavisti za VII meǵunaroden slavistički kongres vo Varšava,* Skopje: Sojuz na društvata za makedonski jazik i literatura na SRM, 1973, 173–182

3003 KOVAČEVIĆ-HEGEDUŠ K.: Recepcija nemačke književnosti u Makedoniji do 1971 g. i makedonske književnosti u Nemačkoj. In: *Zbornik za slavistiku* (Novi Sad) 10, 1976, 165–182

XXVIII. GESCHICHTE DER BULGARISCHEN LITERATUR

1. allgemein

3004 Istorija na bъlgarskata literatura. 3. Bъlg. lit. ot Osvoboždenieto (1878) do kraja na pъrvata svetovna vojna. Sofija: BAN 1970, 980 S. 4. Bъlg. lit. ot kraja na pъrvata svetovna vojna do deveti septemvri 1944 godina. ebdt. 1976, 932 S.

3005 ZAREV P.: Panorama na bъlgarskata literatura. 5 Bde. Sofija: Nauka i izkustvo ^{3}1977 ff.

3006 ZAREV P.: Panorama der bulgarischen Literatur. Sofia: Sofia-Press 1978, 435 S.

3007 ANDREEV V.D.: Istorija bolgarskoj literatury. Moskva: Vysšaja škola 1978, 320 S.

3008 MOSER Ch. A.: A History of Bulgarian Literature 865–1944. The Hague: Mouton 1972, 282 S. (*SPR* 112)

3009 GEORGIEV E.: Bъlgarskata literatura v obštoslavjanskoto i obštoevropejskoto literaturno razvitie. Sofija: Nauka i izkustvo 1973, 375 S.

3010 MARKOV D. F.: Iz istorii bolgarskoj literatury. Moskva: Nauka 1973, 400 S.

3011 DĄBEK-WIRGOWA T.: Historia literatury bułgarskiej. Zarys. Wrocław: Ossolineum 1980, 380 S.

2. ältere Zeit

3012 DINEKOV P.: Pochvala na starata bъlgarska literatura. Sofija: Bъlg. pisatel 1979, 496 S.

3013 Tъrnovska knižovna škola. Sofija: BAN 1974–1980, 548 + 627 S.

3014 ANGELOV B.: Stranici na istorijata na starobъlgarskata literatura. Sofija: Nauka i izkustvo 1974, 237 S.

3015 STATKOV D.: Zeit der Entzweiung. Die altbulgarische Literatur. In: *Bulgarische Jahrbücher* 1, 1968, 27–67

3015 a VELČEV V.: Ot Konstantin Filosof do Paisij Chilendarski. Sofija: Nauka i izkustvo 1979, 290 S.

3016 GEORGIEV E.: Literatura na Vtorata bъlgarska dъržava. Sofija: BAN 1977, 294 S.

3017 SYRKU P. A.: K istorii ispravlenija knig v Bolgarii v 14 veke. London: Variorum Reprints 1972, 609 + 232 S. (RdA St. Pbg. 1898)

3018 GEORGIEV E.: Barok v bъlgarskata literatura. In: *Literaturna misъl* 15, 1971, 6, 46–62

3019 PETKANOVA-TOTEVA D.: Chiljadoletna literatura. Sofija: Nauka i izkustvo 1974, 288 S. *(Lit. bis Sofronij)*

3020 RADEV I. N.: Bъlgarska vъzroždenska literatura. Sofija: Nauka i izkustvo 1980, 243 S.

3. Literatur 1878–1944

3021 PENEV B.: Istorija na novata bъlgarska literatura. 4 Bde. Sofija: Bъlg. pisatel ^{2}1976–1978

3022 AVDŽIEV Ž.: Bъlgarska literatura sled Osvoboždenieto. Sofija: Nauka i izkustvo ^{2}1977, 420 S.

3023 Osvoboždenieto 1878 i razvitieto na bъlgarska literatura. Sofija: Bъlg. pisatel 1977, 426 S.

3024 CHADŽIKOSEV S.: Bъlgarskijat simvolizъm. Sofija: Bъlgarski pisatel 1979, 165 S.

3025 AVDŽIEV Ž.: Estetično tъržestvo na socialističeskata literatura 1919–1923. Sofija: Nauka i izkustvo 1975, 211 S.

3026 AVDŽIEV Ž.: Septemvrijska literatura 1923–1927. Sofija: Nauka i izkustvo 1973, 270 S.

3027 FAJNGELERINT D. M.: Bolgarskaja literatura za 50 let. Kalinin: U 1974, 164 S.

3028 ANDREEV V. D.: Problemy realizma v bolgarskoj literature 20 veka. Leningrad: U 1977, 181 S.

3029 CANEV G.: Stranici od istorijata na bъlgarska literatura. 4. Sofija: Nauka i izkustvo 1975, 416 S.

3030 AVDŽIEV Ž.: Literatura, klass. narod. 1. Socialističeskata literatura 1928–1944. Sofija: Nauka i izkustvo 1978, 319 S.

4. Literatur seit 1944

3031 Očerci po istorija na bъlgarskata literatura sled deveti septemvri 1944 g. Sofija: BAN 1979/80, 379 + 480 S.

3032 30 godini svobodno literaturno razvitie. In: *Literaturna misъl* 18, 1974, 3–64

3033 VASILEV M.: Sъvremenna bъlgarska literatura. Sofija: Nauka i izkustvo 1978, 424 S.

5. Regionales

3034 TELBIZOV K.: Bъlgarskata regionalna chudožestvena literatura v Banat. In: *Ezik i literatura* 34, 1979, 4, 60–70

6. Bulgarische Volksdichtung

3035 DINEKOV P.: Bъlgarski folklor. 1. Sofija: Bъlg. pisatel [3]1980, 607 S.

3036 GEORGIEV N.: Bъlgarska narodna pesen. Sofija: Nauka i izkustvo 1976, 322 S.

3037 Problemi na bъlgarskija folklor. Sofija: BAN 1972 ff.

3038 Folklor i literatura. Sofija: BAN 1968, 218 S.

3039 Bъlgarskata literatura i narodnoto tvorčestvo. Sofija: Narodna prosveta 1977, 277 S.

3040 NICOLOFF A.: Bulgarian Folklore. Cleveland: Selbstverl. 1975, 137 S.

3041 TEODOROV E. K.: Drevnotrakijsko nasledstvo v bъlgarskija folklor. Sofija: Nauka i izkustvo 1972, 301 S.

3042 PETKANOVA-TOTEVA D.: Apokrifna literatura i folklor. Sofija: Nauka i izkustvo 1978, 244 S.

3043 ŽIVKOV T. I.: Narod i pesen. Sofija: BAN 1977, 251 S.

3044 PARPULOVA L.: Bъlgarskite vъlšebni prikazki. Vvedenie v poetikata. Sofija: BAN 1978, 234 S.

3045 DINEKOV P.: Meždu folklora i literaturata. Sofija: Bъlg. pisatel 1978, 504 S.

3046 STOEV St.: Svetogledъt na bъlgarskija narod prez vekovete. Po izvori na ustnoto narodno tvorčestvo. Sofija: Partizdat 1978, 276 S.

3047 Folklor, ezik i narodna sъdba. Sofija: BAN 1979, 213 S.

3048 Ezik i poetika na bъlgarskija folklor. Sofija: BAN 1980, 215 S.

3049 Folklor i obštestvo. Sofija: BAN 1977, 302 S.

3050 STOIN E. V.: Bъlgarski epičeski pesni. Sofija: BAN 1980, 120 S. (Inst. za muzikoznanie)

7. Genres

3051 TOPALOV K.: Problemi na vъzroždenskata poetika. Sofija: Nauka i izkustvo 1979, 148 S.

3052 NIKOLOV N. G.: Bъlgarskata balada. Sofija: Nauka i izkustvo 1972, 229 S.

3053 KOŠKA J.: Bulharská básnická moderna. Bratislava: SAV 1972, 214 S.

3054 SPASOV I.: Poezija za tri desetiletija. Sofija: Bъlg. pisatel 1974, 231 S.

3055 LIKOVA R.: Estetičeski prelom v poezijata na dvadesette godini. Sofija: Bъlg. pisatel 1978, 372 S.

3056 ZACHARŽEVŚKA V. O.: Bolharśka revolucijna poezija 30ch-počatku 40ch rokiv 20 st. Kyjiv: Naukova dumka 1971, 227 S.

3057 ČOLAKOV Z.: Teoretični problemi na bъlgarska antifašistska poezija. Sofija: DVI 1975, 144 S.

3058 OPUL'SKIJ A. I.: Sovremennye poety Bolgarii. Moskva: Sovetskij pisatel' 1975, 319 S.

3059 ČOLAKOV Z.: Poeti i vreme. Sofija: Bъlg. pisatel 1974, 107 S.

3060 BULACHOVŚKA Ju. L.: Spadkojemnist' i novatorstvo sučasnoji bolharśkoji poeziji. Kyjiv: Naukova dumka 1979, 176 S.

3061 LIKOVA R.: Istorija na bъlgarskata literatura – poeti na 20-te godini. Sofija: Nauka i izkustvo 1979, 319 S.

3062 VELČEV P.: Pogled vъrchu poezijata. Sofija: Bъlg. pisatel 1979, 215 S.

3063 ŽELJAZKOV Ž.: Problemi na poezijata v kraja na 30-te godini. In: *Godišnik U Sofija. Slavj. filol.* 70, 3, 1980, 85–165

3064 HILEVIČ N. S.: Vernaja vjalikim zapavetam. Sučasna balharskaja paezija 1956–1976. Minsk: U 1977, 254 S.

3065 Problemi na sъvremennata bъlgarska poezija. Sofija: Bъlg. pisatel 1978, 314 S.

3066 ČOLAKOV Z.: Filozofski problemi v bъlgarskata poezija. Śofija: Bъlg. pisatel 1979, 286 S.

3067 SPASOV I.: Iz dnešnata bъlgarska poezija. Sofija: Bъlg. pisatel 1978, 256 S.

3068 BAEVA S.: Bъlgarskata basnja – načalo i razvoj. In: *Ezik i literatura* 27, 1972, 2, 74–82

3069 PONDEV P.: Bъlgarska chudožestvena proza. Sofija: Bъlg. pisatel 1977, 649 S.

3070 CANEV G.: Istoričeskijat roman v bъlgarskata literatura. Sofija: Bъlg. pisatel 1977, 304 S.

3071 NIČEV B.: Sъvremennijat bъlgarski roman. Sofija: Bъlgarski pisatel 1978, 522 S.

3072 VASILEV M.: Bъlgarskijat razkaz do pъrvata svetovna vojna. Tipologičeski problemi. Sofija: Nauka i izkustvo 1973, 159 S.

3073 VASILEV M.: Bъlgarskijat razkaz meždu dvete svetovi vojni. Sofija: Nauka i izkustvo 1977, 199 S.

3074 JANEV S.: Tradicija i žanr. Evoljucija na bъlgarskijat razkaz. Sofija: Nauka i izkustvo 1975, 260 S.

3075 KONSTANTINOVA E.: Naj-mladata sъvremenna beletristika. In: *Literaturna misъl* 17, 1973, 2, 29–41

3076 JANEV S.: Tendencii v sъvremennata proza. Sofija: Bъlg. pisatel 1977, 247 S.

3077 PENČEV G.: Sъvremennost i minalo. Sofija: Bъlg. pisatel 1975, 249 S. *(histor. Roman ab 1970)*

3078 BUMBALOV Lj.: Nabljudenija vъrchu tipologijata na bъlgarskija roman. In: *Trudove U Veliko Tъrnovo* 10, 1973, 1, 305–357

3079 MUTAFOV E.: Vreme i chudožestveno edinstvo. Sofija: Bъlg. pisatel 1978, 192 S. *(Gegenwartsprosa)*

3080 VASILEV M.: Sъvremennija bъlgarski razkaz. Sofija: Narodna mladež 1980, 268 S.

3081 BRADISTILOVA-DOBREVA M.: Bъlgarskata istoričeska dramaturgija prez Vъzraždaneto. Sofija: Nauka i izkustvo 1975, 224 S.

3082 FILČEV P.: Istoričeskata drama i sъvremennostta. Sofija: Bъlg. pisatel 1977, 175 S.

3083 DOBREV Č.: Lirična drama. Sofija: Nauka i izkustvo 1973, 423 S.

3084 PONOMAREVA N. N.: Sovremennaja bolgarskaja dramaturgija. Moskva: Nauka 1974, 174 S.

3085 PANOVA S.: Stъpala na komedijata. Sofija: Bъlg. pisatel 1980, 263 S. *(1856–1944)*

3086 PANOVA S.: Smjach i prisъda. Sofija: Bъlg. pisatel 1977, 252 S. *(Zeitgenöss. Komödie)*

3087 KARAKOSTOV St.: Bъlgarskijat teatъr. Srednovekovie. Renesans. Prosveštene. Sofija: Nauka i izkustvo 1972, 312 S.

3088 KARAKOSTOV St.: Bъlgarskijat vъzroždenski teatъr. 1858–1878. Sofija: Nauka i izkustvo 1973, 763 S.

3089 POPOVA K.: The Bulgarian Theatre. Sofija: Sofiapress 1969, 170 S. *(auch russisch)*

3090 DIMOV G. Ch.: Bъlgarskata marksičeska kritika i razvitieto na nacionalnata ni literatura. Sofija: Nauka i izkustvo 1980, 286 S.

3091 ELENKOV K.: Kritičeski fragmenti. Sofija: Bъlg. pisatel 1978, 175 S.

3092 Kratka istorija na bъlgarskata filozofska misъl. Sofija: BAN 1973, 591 S.

3093 Istorija na filozofskata misъl v Bъlgarija. Sofija: BAN 1970–1973, 471 + 418 S.

3094 BORŠUKOV G.: Istorija na bъlgarskata žurnalistika. 1844–1885. Sofija: Nauka i izkustvo ^{2}1976, 606 S. (^{1}1957)

3095 BOGDANOV I.: Bъlgarskata literaturna periodika. 1878–1944. Sofija: Otečestven front 1972, 381 S.

3096 Vъrchove na bъlgarskata žurnalistika. Sofija: Nauka i izkustvo 1972, 337 S.

3097 Detska literatura. Sofija: Narodna mladež 1976–1977, 188, 172 S.

8. Stoffe

3098 SIMICZIJEW K.: Bój na Kosowym Polu w macedońskiej i bułgarskiej epice ludowej. In: *Lud* 60, 1976, 157–187

3099 TEODOROV E.: Drevnetrakijski čerti v obraza na geroja-konnik v narodnite ni pesni. In: *Ezik i literatura* 27, 1972, 2, 61–74

3100 VъLČEV V.: Chitъr Petъr i Nastradin Chodža. Sofija: BAN 1975, 354 S.

3101 DUKOVA U.: Das Bild des Drachens im bulgarischen Märchen. In: *Fabula* 11, 1970, 207–252

3102 NIKOLOVA S.: Pateričnite razkazi v bъlgarskata srednovekovna literatura. Sofija: BAN 1980, 426 S.

3103 Literatura i istorija. Osvoboditel'naja vojna 1877–1878 gg. i bolgarskaja literatura. Moskva: Chudož. literatura 1979, 366 S.

3104 Osvoboždenieto na Bъlgarija i literatura. Sofija: BAN 1978, 387 S.

3105 DUDEVSKI Ch.: Obrazъt na V. I. Lenin v bъlgarskata chudožestvena literatura. In: *Letopis na družbata* 1969, 498–524

3106 Septemvri 1923 i bъlgarskata literatura. Sofija: Bъlg. pisatel 1973, 453 S.

3107 Obrazъt na komunista v sъvremennata bъlgarska literatura. Sofija: BAN 1972, 303 S.

3108 KARAKAŠEV V.: Čovekъt na novoto čovečestvo. Nabljudenija vъrchu obraza na komunista v sъvremennata bъlgarska drama. Sofija: Bъlg. pisatel 1980, 240 S.

3109 JANČEV T.: Deteto geroj v literaturata. Sofija: Narodna mladež 1969, 188 S.

3110 VELČEV P.: Obraz Don Kichota v sovremennoj bolgarskoj poezii. In: *Izvestija AN SSSR Lit. Jaz.* 30, 1971, 240–248

3111 ANDREEV V. D.: Muzykal'nye sjužety v bolgarskoj proze 20 veka. In: *Literatura i muzyka,* Leningrad 1975, 158–175

3112 KONSTANTINOVA E.: Fantastika i beletristika. Sofija: Bъlg. pisatel 1973, 100 S.

9. Beziehungen

3113 KONEV I.: Literaturni vzaimootnošenija i literaturen proces. Sofija: BAN 1974, 425 S. (Balkan)

3114 KONEV I.: Nie sred drugite i te sred nas. Balkanistični studii. Sofija: Nauka i izkustvo 1972, 321 S.

3115 CHADŽIKOSEV S.: Bъlgarskijat simvolizъm i evropejskijat modernizъm. Sofija: Nauka i izkustvo 1974, 241 S.

3116 MIRČEV B.: DDR-Literatur in Bulgarien. In: *Neue Deutsche Literatur* 28, 1980, 2, 148–158

3117 IVANOVA-KONSTANTINOVA K.: Njakoi momenti na bъlgaro-vizantijskite literarni vъrzki prez 14 vek. In: *Starobъlgarska literatura* 1, 1971, 209–242

3118 ŽEČEV M.: Grъcki literaturni paraleli. Sofija: Nauka i izkustvo 1979, 208 S.

3119 GENOV K.: Istoričeski kontakti i tipologičeski paraleli meždu bъlgarskija i grъckija romantizm. In: *Literaturna misъl* 16, 1972, 2, 54–75

3120 KONEV I.: Prosveščenie v balkanskich stranach i rumyno-bolgarskie literaturnye otnošenija. In: *Revue des Etudes Sud-Est Européennes* 10, 1972, 539–554

3121 SIUPIUR E.: Rapports littéraires roumano-bulgares entre 1878–1916. *ibid.* 693–710

3122 MINČEV D.: Bъlgaro-rumъnski knižovni vъrzki prez 19 vek. In: *Izvestija na Narodna biblioteka* 9, 1969, 49–69

3123 Bъlgaro-rumъnski literaturni vzaimootnošenija prez 19 vek. Sofija: BAN 1980, 316 S.

3124 Russko-bolgarskie fol'klornye i literaturnye svjazi. Leningrad: Nauka 1976–1977, 375 + 412 S.

3125 Bъlgaro-ruski literaturni vъrzki prez srednovekovieto. Sofija: BAN 1977, 267 S.

3126 ANGELOV B. S.: Iz istorijata na rusko-bъlgarskite vъrzki. Sofija: Nauka i izkustvo 1972, 161 S.

3127 VELČEV V.: Bъlgaro-ruski literaturni vzaimootnošenija prez 19 vek. Ot Fonvizin do Gorki. Sofija: Nauka i izkustvo 1974, 562 S.

3128 PAVLOV Lj.: Oktomvri v bъlgaro-sъvetskite literaturni vъrzki prez tridesette godini. Sofija: BAN 1973, 220 S.

3129 DUDEVSKI Ch.: Bъlgaro-sъvetski literaturni otnošenija. Sofija: BAN 1973, 198 S.

3130 DUDEVSKI Ch.: Sъvetskata literatura v Bъlgarija. Sofija: BAN 1977, 198 S.

3131 Sovetsko-bolgarskie otnošenija i svjazi. Dokumenty i materialy. Moskva: Nauka 1976 ff.

3132 Russko-bolgarskie teatral'nye svjazi. Leningrad: Iskusstvo 1979, 207 S.

3133 MALEEVA V.: M. Gorki i bъlgarski pisateli-realisti. Sofija: Nauka i izkustvo 1974, 231 S.

3134 CHRUSANOVA V.: Ukrainska sъvetska chudožestvena literatura i literaturna kritika v Bъlgarija 1917–1974. Sofija: U 1974, 252 S.

3135 SOCHAŃ P. S.: Očerki istorii ukrainsko-bolgarskich literaturnych svjazej. Kiev: Naukova dumka 1976, 289 S.

3136 TIMOŠKOVA L. E.: Kъm bъlgaro-beloruskite literaturni vъrzki. In: *Ezik i literatura* 16, 1961, 46–58

3137 DINEKOV P.: O bułgarskiej literaturze, folklorze i związkach z Polską. Warszawa: PWN 1979, 592 S.

3138 Bъlgaro-češkata družba v literatura na 19 vek. Sofija: BAN 1975, 205 S.

3139 Bъlgaro-ungarski kulturni vzaimootnošenija. Sofija 1980

XXIX. SLAVISCHE VERSKUNDE, PROSODIE

1. allgemein, allgem. slavisch

3140 Versification. Major Language Types. New York: N.Y.U-Press 1972, 279 S.

3141 JAKOBSON R.: Selected Writings. 5. On Verse, its Masters and Explorers. The Hague: Mouton 1979, 629 S.

3142 HORÁLEK K.: Základy slovanské metriky. Praha: SPN 1977, 179 S. *(Skr. U Praha)*

3143 Słowiańska metryka porównawcza. 1. Słownik rytmiczny i sposoby jego wykorzystania. Wrocław: Ossolineum 1978, 212 S.

3144 Slavic Poetics. The Hague: Mouton 1973, 582 S. *(Festschrift K. Taranovsky)*

3145 EEKMAN T.: The Realm of Rime. Amsterdam: Hakkert 1974, 368 S.

3146 EAGLE H. J.: The Structure of Russian and Czech Free Verse. Diss. U of Michigan 1973, 278 S.

3147 PALKOVÁ Z.: Rytmická výstavba prozaického textu. Praha: Academia 1974, 137 S.

2. russische Verskunde

3148 CHOLŠEVNIKOV V.: Osnovy stichovedenija. Russkoe stichosloženie. Leningrad: U ^{2}1972, 168 S.

3149 CHOLŠEVNIKOV V.: Zarys wersyfikacji rosyjskiej. Wrocław: Ossolineum 1976, 99 S. *(Poetyka III/VIII)*

3150 Issledovanija po teorii sticha. Leningrad: Nauka 1978, 232 S. *(Bibliographie* 152–231 *f. d. Jahre 1958–1974)*

3151 Problemy stichovedenija. Erevan: U 1976, 278 S.

3152 Trudy po metrike i poetike. Tartu: U 1976, 1977, 146 + 171 S. (*Učenye zap.* 396 u. 420)

3153 ETKIND E. G.: Materija sticha. Paris: Institut d'Etudes Slaves 1978, 506 S.

3154 LOTMAN Ju. M.: Analiz poetičeskogo teksta. Struktura sticha. Moskva-Leningrad: Prosveščenie 1972, 271 S.

3155 KALAČEVA S. V.: Vyrazitel'nye vozmožnosti russkogo sticha. Moskva: U 1977, 174 S.

3156 KOVALENKOV A.: Stepeń točnosti. Zametki o stiche. Moskva: Sov. pisatel' 1972, 143 S.

3157 ŽIRMUNSKIJ V.M.: Teorija sticha. Leningrad: Sov. pisatel' 1975, 664 S.

3158 TYNJANOV Y.: The Problem of Verse Language. V: R. JAKOBSON. Ann Arbor: Ardis 1979, 160 S.

3159 K istorii russkogo svobodnogo sticha. In: *Russk. lit.* 1975, 3, 89–102

3160 ETKIND E.: Forma kak soderžanie. Izbr. stat'i. Würzburg: jal 1977, 227 S. (*Colloquium slavicum* 9)

3161 PANČENKO A.M.: Russkaja stichotvornaja kul'tura 17 veka. Leningrad: Nauka 1973, 278 S.

3162 VIŠNEVSKIJ K.D.: Russkaja metrika 18 veka. In: *Učenye zapiski PI Rjazań* 123, 1972, 129–258

3163 ZAPADOV V.A.: Russkij stich 18 i načala 19 veka. Ritmika. Leningrad: PI 1974, 56 S.

3164 Russkoe stichosloženie 19 veka. Moskva: Nauka 1979, 453 S.

3165 SMITH G. S.: The versification of Russian emigré poetry. In: *Slavonic EE Review* 56, 1978, 1, 32–46

3166 GASPAROV M. L.: Sovremennyj russkij stich. Moskva: Nauka 1974, 487 S.

3167 BAEVSKIJ V. S.: Stich russkoj sovetskoj poezii. Smolensk: PI 1972, 146 S.

3168 GASPAROV M. L.: Russkij narodnyj stich v literaturnych imitacijach. In: *Internat. Journal of Slavic Linguistics and Poetics* 19, 1975, 77–108 (*auch sep.* Lisse: de Ridder 1976, 40 S.)

3169 TOMAŠEVSKIJ B. V.: Russkoe stichosloženie. Metrika. Würzburg: jal 1972, 156 S. (RdA 1923)

3170 ISAČENKO A.V.: Iz nabljudenij nad „novoj rifmoj". In: *Slavic Poetics,* The Hague 1973, 203–229

3171 GONČAROV B.P.: Zvukovaja organizacija sticha i problemy rifmy. Moskva: Nauka 1973, 274 S.

3172 SAMOJLOV D.S.: Kniga o russkoj rifme. Moskva: Chud. literatura 1973, 278 S.

3173 FEDOTOV O.I.: Fol'klornye i literaturnye korni russkoj rifmy. Diss. GPI Moskva 1971

3. ukrainische Verskunde

3174 SYDORENKO H.K.: Ukrajinśke viršuvannja vid najdavnišych časiv do Ševčenka. Kyjiv: U 1972, 141 S.

3175 BURJAČOK A.A., HURYČ I.I.: Slovnyk ukrajinśkych rym. Kyjiv: Naukova dumka 1979, 338 S.

4. weißrussische Verskunde

3176 RAL'KO I.D.: Veršaskladanne. Minsk: Navuka i technika 1977, 240 S.

3177 HRYNČYK M.M.: Šljachi belaruskaha veršaskladannja Minsk: U 1973, 263 S.

3178 RAHOJŠA V.P.: Hutarki pra verš. Minsk: Narodnaja asveta 1979, 127 S.

3179 HURSKAJA A.S.: Svabodny verš i sučasnaja belaruskaja paezija. In: *Vesci AN BSSSR. Hr. Nav.* 1975, 1, 89–97

5. polnische Verskunde

3180 DŁUSKA M.: Próba teorii wiersza polskiego. Kraków: WL ^{2}1980, 373 S.

3181 DŁUSKA M.: Studia z historii i teorii wersyfikacji polskiej. Warszawa: PWN ^{2}1978, 322 + 372 S.

3182 DŁUSKA M.: Prozodia języka polskiego. Warszawa: PWN ^{2}1976, 113 S.

3184 KULAWIK A.: Tzw. wiersz emocyjny wśród innych metod kształtowania wierszy. In: *Zeszyty Naukowe UJ, Prace Jęz.* 54, 1977, 171–191

3185 DŁUSKA M.: Skrzydła poezji polskiej i współczesny antywiersz. *ebdt.* 122–152

3186 PSZCZOŁOWSKA L.: Jamb w polskiej poezji. In: *Pamiętnik Literacki* 66, 1975, 3, 147–170

3187 PSZCZOŁOWSKA L.: Rym. Wrocław: Ossolineum 1972, 252 S. *(Poetyka)*

3188 PSZCZOŁOWSKA L.: Instrumentacja dźwiękowa. Wrocław: Ossolineum 1977, 110 S. *(Poetyka)*

3189 DOBRZYŃSKA T., KOPCZYŃSKA Z.: Tonizm. Wrocław: Ossolineum 1979, 188 S. *(Poetyka)*

3190 WÓYCICKI K.: Rytm w liczbach. Würzburg: jal 1978, 79 + 49 S. (RdA 1938)

3191 SIEDLECKI F.: Studia z metryki polskiej. Würzburg: jal 1978, 224 + 224 S. (RdA 1937)

3192 ZAWODZIŃSKI K.W.: Zarys wersyfikacji polskiej. Würzburg: jal 1978, 106 S. (RdA 1936)

6. tschechische Verskunde

3193 HORÁLEK K.: Základní typy českého verše. In: *Slavia Occidentalis* 31, 1974, 59–70

3194 JAKOBSON R.: Über den tschechischen Vers unter besonderer Berücksichtigung des russischen Verses. Bremen: K-Presse 1974, 203 S.

7. slovakische Verskunde

3195 Strofa a rytmus. Bratislava: SAV 1972, 229 S. (*Litteraria* 14)

3196 ŠTRAUS F.: Dvanásť'slabičný verš staršej slovenskej poézie. In: *Literárny barok,* Bratislava 1971, 232–262

3197 TURČÁNY V.: Rým v slovenskej poézii. Bratislava: Veda 1975, 439 S.

8. serbokroatische Verskunde

3198 TOMANOVIĆ V.: Međusobni odnosi srpskohrvatskoga jezika i versifikacije. In: *Makedonski jazik* 13/14, 1962/63, 33–50

3199 FRANIČEVIĆ M.: Pet stoljeća hrvatskog vezanog sticha. In: *Forum* 1, 1968, 7, 77–89

3200 FRANIČEVIĆ M.: O stihu hrvatske književnosti 17 stoljeća. In: *Rad JAZU* 362, 1972, 5–76

3201 FRANIČEVIĆ M.: Dva priloga o hrvatskoj versifikaciji. In: *Rad JAZU* 380, 1978, 5–76

3202 KOŠUTIĆ R.: O tonskoj metrici u novoj srpskoj poeziji. Subotica: Minerva [2]1976, 320 S.

3203 RUŽIĆ Ž.: Srpski jamb i narodna metrika. Beograd: Institut za književnost i umetnost 1975, 496 S.

3204 BATINIC P.: The Meter of the Serbo-Croatian Oral Epic Decasyllable. Diss. Columbia-U 1975, 117 S.

3205 FRANIČEVIĆ M.: Nova čakavska versifikacija. In: *Rad JAZU* 361, 1971, 5–28

9. slovenische Verskunde

3206 OCVIRK A.: Evropski verzni sistemi in slovenski verz. Ljubljana: DZS 1980, 140 + 157 S. (*Literarni Leksikon* 9/10)

3207 ISAČENKO A.V.: Slovenski verz. Ljubljana: Partizanska knjiga [2]1975, 104 S.

3208 ZADRAVEC F.: Slovenski verz od 1895 do 1920. In: *Slavistična Revija* 27, 1979, 1, 1–32

3209 MERHAR B.: Še kaj o slovenski rimi. In: *Jezik in slovstvo* 1966, insges. 24 S.

10. makedonische Verskunde

3210 STALEV G.: Makedonskiot vers. Skopje: Makedonska kniga 1970, 317 S.

3211 STALEV G.: Stihot na makedonskata narodna poezija. In: *Makedonska književnost vo književnata kritika* 1, 1973, 295–353

3212 KAROVSKI L.: Zvukovata organizacija (fonikata) na poetskiot jazik na makedonskata narodna pesna. In: *Sovremenost* 1979, 7/8, 18–43

11. bulgarische Verskunde

3213 SLAVOV A.: Zarys wersyfikacji bułgarskiej. Wrocław: Ossolineum 1974, 122 S. *(Poetyka)*

3214 KUNČEVA R.: Bъlgarski osmosričnik. In: *Literaturna misъl* 1979, 2, 47–70

3215 LJUBENOV L.: Rimata i stichotvornoto majsterstvo. Sofija: Bъlgarski pisatel 1970, 149 S.

3216 DODOVA-COCOVA M. I.: Izučavane na stichotvornija ezik. Sofija: Narodna prosveta 1980, 103 S.

3217 KUNČEVA R. T.: Vlijanie russkoj poezii na stanovlenie bolgarskogo sillabo-toničeskogo stichosloženija. Diss. Kand. Leningrad 1979 (*Avtoreferat* 29 S.)

3218 KUNČEVA R. T.: Bъlgarski jambičeski razmeri. In: *Literaturna misъl* 24, 1980, 8, 15–30

XXX. STILISTIK

3219 VINOGRADOV V. V.: O teorii chudožestvennoj reči. Moskva: Vysšaja škola 1971, 240 S.

3220 ČIČERIN A. V.: Očerki po istorii russkogo literaturnogo stilja. Moskva: Chud. literatura 1977, 445 S.

3221 ČERNUCHINA I. Ja.: Očerk stilistiki chudožestvennogo prozaičeskogo teksta. Faktory tekstoobrazovanija. Voronež: U 1977, 207 S.

3222 POSPELOV G. N.: Chudožestvennaja reč'. Moskva: U 1974, 238 S.

3223 ALEKSANDROVA O. I.: Russkoe poetičeskoe slovotvorčestvo. In: *Naučnye trudy PI Kujbyšev* 218, 1978, 3–73

3224 Jazykovye processy sovremennoj russkoj chudožestvennoj literatury. Proza. Poezija. Moskva: Nauka 1977, 335 + 390 S.

3225 ZETT G. T.: Der Instrumental des Vergleichs in der russischen Dichtung. Köln: Böhlau 1977, 232 S. (*SF* 20)

3226 ČIČERIN A. V.: Ritm obraza. Stilističeskie problemy. Moskva: Sov. pisatel' ^{2}1980, 335 S.

3227 ODINCOV V. V.: Stilistika teksta. Moskva: Nauka 1980, 263 S.

3228 Styl' piśmennika. Minsk: Navuka i technika 1974, 447 S.

3229 PASZEK J.: Stylistyka. Katowice: U 1974, 216 S.

3231 MISTRÍK J.: Štylistika slovenského jazyka. Bratislava: SlPN 1970, 415 S.

3232 MIKO F.: Text a štýl. Bratislava: Smena 1970, 167 S.

3233 TOMIŠ K.: O štýle slovenskej prózy. Bratislava: Veda 1975, 144 S.

3234 MIKO F.: Od epiky k lyrike. Štylistické prierezy literatúrou. Bratislava: Tatran 1973, 291 S.

3235 MIKO F.: Štýlová konfrontácia. Bratislava: Slovenský spisovatel 1976, 351 S.

3236 ĆORAC M.: Stilistika srpskohrvatskoga književnoga jezika. Beograd: Naučna knjiga 1974, 303 S.

3237 SCHMID B.: Stilelemente der mündlichen Literatur in der vorrealistischen Novellistik der Serben und Kroaten. München: Sagner 1974, 309 S. (*SB* 74)

3238 JOVIĆ D.: Lingvostilističke analize. Beograd: Društvo za shrv. jezik i književn. 1975, 216 S.

3239 PETKOVIĆ N.: Jezik u književnom delu. Beograd: Nolit 1975, 455 S.

XXXI. SPRACHGESCHICHTE

3240 Slovanské spisovné jazyky v době obrození. Praha: U 1974, 237 S.

3240a DULIČENKO A.D.: Slavjanskie literaturnye mikrojazyki. Tallin: Valgus 1981, 323 S.

3240b ISSATSCHENKO A.V.: Geschichte der russischen Sprache. 1. Von den Anfängen bis zum Ende des 17. Jahrhunderts. Heidelberg: Winter 1980, 348 S.

3241 Geschichte der russischen Literatursprache. Leipzig: Enzyklopädie 1973, 192 S.

3242 VEYRENC Ch. J.: Histoire de la langue russe. Paris: PUF 1970, 125 S.

3243 KOVALEVSKAJA E.G.: Istorija russkogo literaturnogo jazyka. Moskva: Prosveščenie 1978, 383 S.

3244 BARTOSIEWICZ A.: Istorija russkogo literaturnogo jazyka. Warszawa: PWN 1973–1976, 104 + 164 S.

3245 COMRIE B., STONE G.: The Russian Language Since the Revolution. Oxford: Clarendon P. 1978, 269 S.

3246 SELIŠČEV A.M.: Jazyk revoljucionnoj epochi. Leipzig: Zentralantiquariat 1973, 248 S. (RdA Moskva 1928)

3247 VINOGRADOV V.V.: Osnovnye problemy izučenija, obrazovanija i razvitija drevnerusskogo literaturnogo jazyka. Leipzig: Zentralantiquariat 1974, 138 S. (RdA Moskau 1958)

3248 PLJUŠČ P.P.: Istorija ukrajinśkoji literaturnoji movy. Kyjiv: Vyšča škola 1971, 423 S.

3249 ČORNYJ S.: Istorija ukrajinśkoji literaturnoji movy 20 storiččja. München: UVU 1975, 109 S. *(Skr.)*

3250 ŽURAŬSKI A.I., KRAMKO I.I.: Charaktar znešnich ŭzaemaadnosin belaruskaj litaraturnaj movy z inšymi slavjanskimi movami ŭ počatkovy peryjad jae farmiravannja. Minsk: Navuka i technika 1973, 40 S.

3251 LEHR-SPŁAWIŃSKI T.: Język polski. Pochodzenie. Powstanie. Rozwój. Warszawa: PWN ²1978, 451 S.

3252 KLEMENSIEWICZ Z.: Historia języka polskiego. Warszawa: PWN ³1976, 850 S. (dass. ⁴1980)

3253 ŠLOSAR D., VEČERKA R.: Spisovný jazyk v dějinách české společnosti. Praha: SPN 1979, 142 S. *(Skr. U Brno)*

3254 KRAJČOVIČ R.: Náčrt dejín slovenského jazyka. Bratislava: SlPN ^{2}1971, 190 S.

3254a KRAJČOVIČ R.: Svedectvo dejín o slovenčine: Martin: Matica. 1980, 265 S. *(Bildband, Text auch russ. u. engl.)*

3255 RUŽIČKA J.: Slovenčina. Spisovná slovenčina v Československu. Bratislava: SAV 1970, 252 S.

3256 STANISLAV J.: Dejiny slovenského jazyka. 6 Bde. Bratislava: SAV 1967–1973

3257 FRANOLIC B.: La langue littéraire croate. Aperçu historique. Paris: Nouvelles Editions Latines 1972, 40 S.

3258 VINCE Z.: Putovima hrvatskoga književnog jezika. Zagreb: Liber 1978, 648 S.

3259 IVIĆ P.: Srpski narod i njegov jezik. Beograd: Srpska književna zadruga 1971, 327 S. (*SKZ* 429)

3260 VUKOVIĆ J.: Književni jezik danas. Sarajevo: Veselin Masleša 1972, 320 S.

3261 TOPORIŠIČ J.: Slovenski knjižni jezik. 4 Bde. Maribor: Obzorja 1966–1973

3262 KONESKI B.: Od istorijata na jazikot na slovenskata pismenost vo Makedonija. Skopje: Makedonska kniga 1975, 141 S.

3263 ANDREJČIN L.: Iz istorijata na našeto ezikovo stroitelstvo. Sofija: Narodna prosveta 1977, 250 S.

3264 RUSINOV R.: Istorija na novobъlgarskija knižoven ezik. Veliko Tъrnovo: U 1976, 201 S.

3265 RUSINOV R.: Istorija na sъvremennija bъlgarski knižoven ezik. (20 vek). Veliko Tъrnovo: U 1976, 131 S. *(Skr.)*

3266 POPOVA V.: Problemi ot istorijata na bъlgarskija knižoven ezik. Sofija: U 1976, 615 S.

3267 VASILEV S. P.: Stroiteli na rodnata reč. 4. Sofija: Bъlgarski pisatel 1971, 160 S.

3268 Edinstvo bolgarskogo jazyka v prošlom i nastojaščem. Sofija: BAN 1980, 63 S.

XXXII. GESCHICHTE, KULTURGESCHICHTE

3269 SKOWRONEK J. u. a.: Historia Słowian południowych i zachodnich. Warszawa: PWN 1977, 770 S.

3270 WALDMÜLLER L.: Die ersten Begegnungen der Slawen mit dem Christentum und den christlichen Völkern vom 6. bis 8. Jhdt. Amsterdam: Hakkert 1976, 726 S. (*Enzyklopädie der Byzantinistik* 51)

3271 Handbuch der Ostkirchenkunde. Düsseldorf: Patmos-Verl. 1971, 840 S.

3272 PICCHIO R.: L'Europa orientale dal Rinascimento all'età illuministica. Milano: Vallardi 1970, 353 S.

3273 OBOLENSKY D.: The Bogomils. Twickenham: A. C. Hall 1972, 331 S. (RdA 1948)

3274 KIMBALL St. B.: The Austro-Slav Revival. A Study of the 19th Century Literary Foundations. Philadelphia 1973, 83 S. (*Transactions of the American Philosophical Society* 73/4)

3275 KOLEJKA J.: Slavjanskie programmy i ideja slavjanskoj solidarnosti v 19 i 20 vekach. Praha: SPN 1964, 261 S. (*Spisy FF Brno* 98)

3276 STÖKL G.: Russische Geschichte. Stuttgart: Kröner ^{3}1973, 900 S.

3277 AUTY R. (Hg.): An Introduction to Russian History. Cambridge: U 1976, 419 S.

3278 Handbuch der Geschichte Rußlands. Stuttgart: Hiersemann 1976 ff.

3279 HÖSCH E.: Die Kultur der Ostslaven. Wiesbaden: Athenaion 1977, 373 S. (*Handbuch der Kulturgs.* II/11)

3280 Očerki russkoj kul'tury 17 veka. 2. Duchovnaja kul'tura. Moskva: U 1979, 342 S.

3281 Očerki istorii russkoj kul'tury vtoroj poloviny 19 veka. Moskva: Prosveščenie 1976, 430 S.

3282 Russian Modernism. Culture and the Avant-garde. Ithaca: Cornell UP 1976, 256 S.

3283 LEVAŠEVA O. u. a.: Istorija russkoj muzyki. Moskva: Muzyka 1980 ff.

3284 HÖSCH E.: Orthodoxie und Häresie im alten Rußland. Wiesbaden: Harrassowitz 1975, 321 S.

3285 DÖPMANN H.-D.: Die Russische Orthodoxe Kirche in Geschichte und Gegenwart. Köln: Böhlau 1977, 372 S.

3286 GRAY C.: Die russische Avantgarde der modernen Kunst. 1863–1922. Köln: Du Mont 1963, 316 S.

3287 DOROŠENKO D.: A Survey of Ukrainian History. Winnipeg: Humeniuk 1975, 886 S.

3288 Ukraina. Terazniejszość i przeszłość. Kraków: U 1970, 437 S.

3289 KOZIK J.: Ukraiński ruch narodowy w Galicji w latach 1830–1848. Kraków: WL 1973, 308 S.

3290 BACJURA T.: Zakarpatoukrajinśka intellihencija v Rosij v peršij polovyni 19 v. Bratislava: SPN 1971, 226 S.

3291 MAGOCSI P. R.: The Shaping of a National Identity. Subcarpathian Ruś, 1848–1948. Cambridge, Mass.: Harvard UP 1978, 653 S.

3292 Zarys historii Polski. Warszawa: PIW 1979, 860 S., Ktn.

3293 HALECKI O.: A History of Poland. London: Routledge + Kegan 1978, 407 S.

3294 Historia Polski. Warszawa: PWN 1958ff. (1978 Bd. 4/4, 1935–1939)

3294a SUCHODOLSKI B.: Dzieje kultury polskiej. Warszawa: Interpress 1980, 638 S.

3295 Wkład Polaków do kultury świata. Lublin: TN KUL 1976, 883 S.

3296 BARYCZ H.: Z epoki renesansu, reformacji i baroku. Warszawa PIW 1971, 796 S.

3297 Historia nauki polskiej. Wrocław: Ossolineum 1970ff.

3298 Historia kościoła w Polsce. Poznań: Pallotinum 1974ff.

3299 Geschichte der Sorben. 3 Bde. Bautzen: Domowina 1974–1977

3300 ŠOŁTA J.: Abriß der sorbischen Geschichte. Bautzen: Domowina 1976, 270 S.

3301 PIOTROWSKI B.: Rządy niemieckie Saksonii i Prus a ruch narodowo-kulturalny Serbów Łużyckich 1815–1919. Poznań: U 1971, 188 S.

3302 STONE G.: The Smallest Slavonic Nation. The Sorbs of Lusatia. London: Athlone P. 1972, 211 S.

3303 TUREK R.: Böhmen im Morgengrauen der Geschichte. Wiesbaden: Harrassowitz 1974, 262 S.

3304 BRADLEY J. F. N.: Czechoslovakia. A Short History. Edinburgh: U 1971, 245 S.

3305 SLAVÍK B.: Od Dobnera k Dobrovskému. Praha: Vyšehrad 1975, 336 S.

3306 ČERNÝ V.: Pláč koruny české. Toronto: 68 Publishers 1977, 516 S. (*deutsch* Kultur im Widerstand. Bremen: K-Presse 1979ff.)

3307 Československá vlastivěda. IX/3. Hudba. Praha: Horizont 1971, 436 S.

3308 ČAPEK Th.: The Czechs in America. New York: AMS 1973, 314 S. (RdA Boston 1920)

3309 TIBENSKÝ J.: Dejiny vedy a techniky na Slovensku. Martin: Osveta 1979, 533 S.

3310 Slovensko. Bd. IV. Kultúra 1. Bratislava: Obzor 1979, 990 S.

3311 GOGOLÁK L.: Beiträge zur Geschichte des slovakischen Volkes. 3 Bde. München: Oldenbourg 1963–1972.

3312 BROCK P.: The Slovak National Awakening. Toronto-Buffalo: Toronto UP 1976, 104 S.

3313 Südosteuropa-Handbuch. 1. Jugoslawien. Göttingen: Vandenhoeck u. Ruprecht 1975, 566 S.

3314 BOŽIĆ I. u. a.: Istorija Jugoslavije. Beograd: Prosveta 1972, 606 S.

3315 CVETKO D.: Musikgeschichte der Südslaven. Kassel-Maribor: Bärenreiter 1975, 270 S.

3316 BALIĆ S.: Kultura Bošnjaka. Muslimanska komponenta. Wien: Selbstverl. 1973, 260 S.

3317 BAZALA V.: Pregled hrvatske znanstvene baštine. Zagreb: Matica 1978, 497 S.

3318 VALENTIĆ M.: Gradišćanski Hrvati od 16 stoljeća do danas. Zagreb: Povijesni Muzej Hrvatske 1970, 125 S. (*Bibliographie* 53–108)

3319 Gradišćanski Hrvati. Zagreb: Čakavski Sabor 1973, 328 S.

3320 Symposion Croaticon. Wien: Braumüller 1974, 295 S.

3321 Zgodovina Slovencev. Ljubljana: Cankarjeva založba 1979, 962 S.

3322 Istorija makedonskogo naroda. Skopje: Prosvetno delo 1975, 413 S. (*engl.* 1980)

3323 ČOLPANOV B.: I nij sme dali nešto na sveta. Sofija: Otečestven front 1972, 283 S.

3324 ANGELOV D.: Obrazuvane na bъlgarskata narodnost. Sofija: Nauka i izkustvo 1971, 415 S.

3325 ANGELOV D.: Bogomilstvoto v Bъlgarija. Sofija: Nauka i izkustvo ^{3}1980, 478 S. (*Französ.* Toulouse 1972)

3326 DUJČEV I.: Bъlgarsko srednovekovie. Sofija: Nauka i izkustvo 1972, 618 S.

XXXIII. SLAVISCHE ALTERTUMSKUNDE

3327 VÁŇA Z.: Einführung in die Frühgeschichte der Slawen. Neumünster: Wachholtz 1970, 151 S.

3328 VÁŇA Z.: Objevy ve světě dávných Slovanů. Praha: Odeon 1977, 225 S.

3329 SZYMAŃSKI W.: Słowiańszczyzna wschodnia. Wrocław: Ossolineum 1973, 255 S.
3330 TRET'JAKOV P. N.: U istokov drevnerusskoj narodnosti. Leningrad: Nauka 1970, 156 S.
3331 SULIMIRSKI T.: Prehistoric Russia. London: John Baker 1970, 509 S.
3332 BARAN V.D.: Ranni Slov'jany miž Dnistrom i Pryp'jattju. Kyjiv: Naukova dumka 1972, 241 S.
3333 HENSEL W.: Polska starożytna. Wrocław: Ossolineum 1973, 556 S.
3334 ŁOWMIAŃSKI H.: Początki Polski. Z dziejów Słowian w pierwzsym tysiącleciu n. e. 5 Bde. Warszawa: PWN 1963ff.
3335 KURNATOWSKA Z.: Słowiańszczyzna południowa. Wrocław: Ossolineum 1977, 258 S.

XXXIV. SLAVISCHE VOLKSKUNDE

3336 ROMANSKA C.: Slavjanskite narodi. Sofija: Nauka i izkustvo ^{2}1977, 276 S. *(deutsche Zusammenfassung)*
3337 KOMOROVSKÝ J.: Tradičná svadba u Slovanov. Bratislava: U 1976, 308 S.
3338 Die Slawen in Deutschland. Berlin: Akademie-Verl. ^{2}1972, 565 S.
3339 PERKOWSKI J. L.: Vampires of the Slavs. Cambridge, Mass.: Slavica 1976, 294 S.
3340 Kalendarnye obyčai i obrjady v stranach zarubežnoj Evropy. Vesennie prazdniki. Moskva: Nauka 1977, 357 S.
3341 ZDOROVEHA N. I.: Narysy narodnoji vesil'noji obrjadnosti na Ukrajini. Kyjiv: Naukova dumka 1974, 159 S.
3342 BOGATYRËV P. G.: Magičeskie dejstvija, obrjady i verovanija Zakarpat'ja. In: *P.G.B., Voprosy teorii narodnogo iskusstva,* Moskva 1971, 167–296
3343 POKROPEK M.: Atlas der Volkskunst und Folklore in Polen. Warszawa: Arkady 1980, 297 S.
3344 Etnografia Polski. Wrocław: Ossolineum 1976ff.
3345 Historia etnografii polskiej. Wrocław: Ossolineum 1973, 349 S.
3346 KUKIER R.: Ludowe obrzędy i zwyczaje weselne na Kujawach. Poznań: PWN 1975, 244 S. *(Bydg. TN)*
3347 ROBEK A.: Dějiny české etnografie. Praha: U 1976, 189 S. *(Skr.)*

3348 Die slowakische Volkskunde. Bratislava: SAV 1972, 302 S., ill.
3349 VLAHOVIĆ P.: Običaji, verovanja i praznoverice naroda Jugoslavije. Beograd: Izdavačko-grafički zavod 1972, 140 S.
3350 KURET N.: Praznično leto Slovencev. 4 Bde. Celje: Mohorjeva družba 1965–1970
3351 VAKARELSKI Ch.: Etnografija na Bъlgarija. Sofija: Nauka i izkustvo ²1978, 672 S. (¹1974)
3352 ARNAUDOV M.: Studii vъrchu bъlgarskite obredi i legendi. Sofija: BAN 1971–1972.

XXXV. SLAVISCHE MYTHOLOGIE

3353 IVANOV V.V., TOPOROV V.N.: Issledovanija v oblasti slavjanskich drevnostej. Moskva: Nauka 1974, 343 S.
3354 GEDIGA B.: Śladami religii Prasłowian. Wrocław: Ossolineum 1976, 285 S.
3355 VELECKAJA N.N.: Jazyčeskaja simvolika slavjanskich archaičeskich ritualov. Moskva: Nauka 1978, 235 S.
3356 KULIŠIĆ Š.: Iz stare srpske religije. Beograd: Srpska književna zadruga 1970, 177 S.
3357 ŁOWMIAŃSKI H.: Religia Słowian i jej upadek. Warszawa: PWN 1979, 432 S.

XXXVI. BYZANTINISTIK

3358 HUNGER H.: Die hochsprachliche profane Literatur der Byzantiner. 2 Bde. München: Beck 1978 (*Byzantin. Handbuch* 5)
3359 BECK H.-G.: Geschichte der byzantinischen Volksliteratur. München: Beck 1971, 245 S. (*Byz. Hdb.* II/3)
3360 MEYENDORFF J.: Byzantine Theology. N. York: Fordham UP 1974, 243 S.

XXXVII. GESCHICHTE DER SLAVISTIK

3361 Metodologičeskie problemy istorii slavistiki. Moskva: Nauka 1978, 340 S.

3362 Štúdie z dejín svetovej slavistiky do polovice 19 storočia. Bratislava: SAV 1978, 511 S.

3362a Istorija na slavistikata ot kraja na 19 i načaloto na 20 vek. Sofija: BAN 1981, 272 S.

3363 „Sovetskoe slavjanovedenie" 1979, Heft 3 u. 4 *(Aufsätze)*

3364 WRÓBLEWSKI T. S.: Slawistyka w NRD i w RFN na tle historycznego rozwoju. Poznań: Instytut Zachodni 1973, 456 S.

3365 Slawistik in der DDR. Berlin: Akademie-Verlag 1977, 154 S.

3366 KUDĚLKA M.: Československá slavistika v letech 1918–1939. Praha: Academia 1977, 472 S.

3367 MACIEJEWSKI J.: Uniwersyteckie tradycje filologii polskiej w Poznaniu. In: *Studia Polonistyczne* 2, 1975, 7–58

3368 Studia z dziejów rusycystyki historycznoliterackiej w Polsce. Wrocław: Ossolineum 1976, 154 S.

3369 Slavica na Universitě J. E. Purkyně v Brně. Brno: U 1973, 304 S.

3370 BEŠTA T.: 50 let polonistiky na UK. Praha: U 1977, 250 S.

3371 PÓTH I.: 100 Jahre Slavistik in Ungarn. 1849–1945. In: *Hungaro-Slavica* 1978, 257–264

3372 Očerki po rannemu periodu slavjanovedenija v Švecii. Lund: U 1975, 113 S.

3373 BOVUA D.: Osnovnye etapy razvitija francuzskoj slavistiki. In: *Sovetskoe slavjanovedenie* 1976, 6, 87–95

3374 TILNEY Ph. V. R.: Slavic Folklore Studies in 19th Century Britain. In: *Canadian Slavonic Papers* 18, 1976, 312–326

3375 TAKAJUKI I.: Istorija i sovremennoe sostojanie slavjanovedenija v Japonii. In: *Sovetskoe slavjanovedenie* 1980, 2, 93–105

3376 MIHĂILĂ G.: Slavistica româneasca în anii 1944–1974. In: *Analele U Bucureşti. Filol.* 25, 1976, 63–82; *Romanoslavica* 19, 1980, 481–507

XXXVIII. BIBLIOGRAPHIEN

1. Literatur über Bibliographie

3377 DIOMIDOVA G. N.: Bibliografija. Obščij kurs. Moskva: Kniga 1978, 240 S.

3378 LOGAR T.: Uvod u bibliografiju. Sarajevo: Svjetlost 1973, 308 S. (*sloven.* 1970)

3379 LAUFER Ju. M.: Teorija i metodika sovetskoj literaturnoj bibliografii. Moskva: Kniga 1978, 240 S.

3380 KORŠUNOV O.P.: Problemy obščej teorii bibliografii. Moskva: Kniga 1975, 189 S.

3381 BARSUK A.I.: Bibliografovedenie v sisteme knigovedčeskich disciplin. Moskva: Kniga 1975, 205 S.

3382 WHITBY Th. J., LORKOVIC T.: Introduction to Soviet National Bibliography. Littleton: Libraries Unlimited 1979, 229 S.

3383 OČAK J.: Teorija bibliografije croatice. Zagreb: Liber 1977, 129 S.

3384 WINCHELL C.: Guide to Reference Books. Chicago: American Library Association [9]1976, 1051 S.

2. Bibliographie der Bibliographien

3385 ŻYDANOWICZ Z.: Bibliografie narodowe bieżące. Warszawa: Stow. Bibliotekarzy Polskich 1973, 109 S.

3386 FRITSCH H.: Slawistische Fachbibliographien aus der DDR. 1945–1969. Jena: U 1974, 67 S.

3387 BRUHN P., THIEDE V.: Bibliographien zum Schrifttum aus und über Rußland. Berlin-Wiesbaden: Harrassowitz i.K. 1977ff.

3388 SIMMONS J.S.G.: Russian Bibliographies, Libraries and Archives. Oxford: A.C. Hall 1973, 92 S.

3389 UL'JANINSKIJ D.: Biblioteka D.V. Ul'janinskogo. Bibliografičeskoe opisanie. Newtonville-Bruxelles: Oriental Research Partners 1976 (RdA 1911–1915)

3390 Bibliografia bibliografii i nauki o książce. 1971. 1. Bibliografia bibliografii polskich. Warszawa: Biblioteka Narodowa 1976, 207 S.

3391 SHILSTONE M., ZALEWSKI W.: Current Bibliographies in Russian-Soviet Area Studies. In: *Russian Review* 37, 1978, 3, 313–322

3392 TYUKOSOVÁ G.: Bibliografia slovenských bibliografií za rok 1974. Martin: Matica 1979, 312 S., *dass. f. 1975,* Martin 1979, 343 S. *dass. f. 1978*, Martin 1979–1980, 75 + 218 S.

3393 Soupis českých bibliografií. Praha: Státní knihovna *laufend*

3394 Bibliografija jugoslovenskih bibliografija 1956–1960. Beograd: Jugoslovenski bibliografski institut 1975, 295 S.

3395 BULOVEC Št.: Bibliografija slovenskih bibliografij 1561–1973. Ljubljana: NUK 1976, 229 S.

3396 TERRY G.M.: A guide to bibliographies of theses and dissertations in the field of Slavonic and EE studies. Glasgow: U 1976, 28 S.

3. Bibliographie zur Literaturwissenschaft. Allgemein

3397 Novaja inostrannaja literatura po obščestvennym naukam. Literaturovedenie. Moskva: INION ANSSSR 1954ff.

3398 Novaja sovetskaja literatura po obščestvennym naukam. Literaturovedenie. Moskva: INION ANSSSR 1953ff.

3399 KROLL W.: Bibliografija poljske znanosti o književnosti. In: književna komunikacija, Zagreb 1979, 405–449 (*Umjetnost Riječi* 18, 1974, 2–4)

3400 Osnovnye proizvedenija inostrannoj chudožestvennoj literatury. Moskva: Kniga 1980, 800 S.

3401 BAGRIJ A.V.: Formal'nyj metod v literature. Leipzig: Zentralantiquariat 1973, 268 + 209 S. (RdA Vladikavkaz 1924–1927)

3402 EIMERMACHER K.: Arbeiten sowjetischer Semiotiker der Moskauer und Tartuer Schule. Auswahlbibliographie. Kronberg: Scriptor 1974, 195 S.

3403 EIMERMACHER K., SHISHKOFF S.: Subject Bibliography of Soviet Semiotics. Ann Arbor: U 1977, 178 S.

3404 LIBMAN V.A., PIROGOVSKAJA B.P.: Vzaimosvjazi i vzaimodejstvie literatur mira. (1966–1970). Moskva: AN 1973, 298 S. *(Skr.) dass. f. 1971–1975.* Moskva: INION ANSSSR 1979

3405 Výberová bibliografia teórie slovenskej komparatistiky (od roku 1945). In: *Slavica Slovaca* 10, 1975, 2, 116–123

3406 Rapports de la littérature Roumaine avec les littératures européennes et nord-américaines. Esquisse bibliographique. Bucureşti: Akademie 1973, 98 S.

3407 OZNOBIŠIN D. V.: Literaturnye pamjatniki. Spravočnik. Moskva: Nauka 1978, 129 S.

3408 SVOBODOVÁ J.: Divadlo ve světě. Praha: Divadelní ústav 1972, 143 S. *(Skr.)*

3409 Sovremennaja dokumental'naja proza za rubežom. Annotirovannyj ukazatel' literatury. Moskva: Biblioteka inostrannoj literatury 1975, 307 S.

3410 Tema molodeži v sovremennoj zarubežnoj literature. Annotirovannyj ukazatel' literatury. Moskva: Biblioteka inostrannoj literatury 1975, 330 S.

3411 MAKSYMOWICZ St., RATAJEWSKI J.: Prasoznawstwo. Katalog druków ze zbiorów BU. Wrocław: U 1977, 232 S.

3412 SEREBRJANAJA E. I.: Istorija zarubežnoj domarksistskoj filosofii. Ukazatel' literatury, izdannoj v SSSR na russkom jazyke v 1968–1972 gg. Moskva: INION AN SSSR 1975, 172 S.

3413 KANDEL' B. L.: Bibliografija bibliografii po chudožestvennoj literature i literaturovedeniju v Sov. Sojuze. In: *Voprosy istorii i metodiki universal'noj i otraslevoj bibliografii bibliografii*, L. 1980, 30–41

3414 MEL'C M. Ja.: Bibliografija avtoreferatov dissertacij po problemam fol'klora narodov RSFSR 1957–1963. In: *Fol'kloristika Rossijskoj Federacii*... Leningrad 1975, 185–203

3415 KIPSOVÁ M.: Svetová história v krásnej literatúre. Bratislava: U 1971, 165 S. *(Skr.)*

3416 Tema Vtoroj mirovoj vojny v zarubežnoj chudožestvennoj literature. Annotirovannyj ukazatel' literatury socialističeskich stran. Moskva: Biblioteka inostrannoj literatury 1976, 284 S.

3417 Žizń zamečatel'nych ljudej. Katalog 1933–1973. Moskva: Molodaja gvardija 1974, 286 S.

3418 FLORESCU R., McNALLY R.: Dracula. A bibliography. New York: Hawthorn 1973, 252 S.

4. gesamtsowjetische literarwiss. Bibliographie

3419 Sovetskie pisateli – laureaty Leninskoj i Gosudarstvennoj premii SSSR. Bibliografija perevodov na inostrannye jazyki. Moskva: Biblioteka inostrannoj literatury 1972, 326 S.

3420 Literatura i fol'klor narodov SSSR. Ukazatel' otečestvennych bibliografičeskich posobij i spravočnych izdanij 1926–1970. Moskva: Kniga 1975, 238 S. (*mit Nachtrag für 1971–1973*)

3421 KUŠNEREVA Z.: Fol'klor narodov SSSR. Bibliografičeskie istočniki na russkom jazyke. 1945–1963. Moskva: Leninbibliothek 1964, 27 S.

3422 BINKEVIČ E. R.: Ustnoe tvorčestvo narodov SSSR. Leipzig: Zentralantiquariat 1972, 95 S. (RdA 1940)

3423 TITOVA S.D.: Etnografija. Bibliografija russkich bibliografij po etnografii narodov SSSR. 1851–1969. Moskva: Kniga 1970, 143 S.

5. Bibliographie der Slavistik

3424 European Bibliography of Soviet, East European and Slavonic Studies. 1. 1975 Birmingham: U 1977ff.

3425 Novaja sovetskaja i inostrannaja literatura po obščestvennym naukam. (3) Problemy slavjanovedenija i balkanistiki. Moskva: INION AN SSSR 1976ff. *(Titeländerung)*

3426 TERRY G. M.: East European Languages and Literatures. A Subject and Name Index to Articles in English Language Journals. Oxford usw.: Clio Press 1979, 298 S.

3427 WINKELS D. R.: A Subject Guide to Slavic and East European Serials. Pittsburgh: U 1975, 108 S.

3428 New York Public Library. Dictionary Catalog of the Slavonic Collection, 44 Bde. Boston: Hall ²1974. *Für die Erwerbungen des Jahres 1978 fortgesetzt als* „Bibliographic Guide to Soviet and EE Studies", 3 Bde., ebdt. 1979.

3429 Slavic History and Literatures. Widener Library Shelflist. Cambridge, Mass.: U 1971, 853 + 711 + 716 + 716 S.

3430 PESCHL O.: Katalog der Bestände auf dem Gebiet der slawischen Philologie einschließlich der Belletristik. Universitätsbibliothek Wien. Boston: Hall 1972, 471 S.

3431 HALAŠA P., KUZMÍK J.: Katalóg slavistických kníh Národnej knižnice Matice Slovenskej. Martin: Matica 1972ff.

3432 Katalog slavistické literatury (1963–1968) vystavené na VI Mezinárodním sjezdu slavistů v Praze. Praha: Slov. knihovna 1970, 287 S.

3433 Slavjanskie kul'tury v epochu formirovanija i razvitija nacij 18 i 19 v. Bibliografičeskie materialy. Moskva: AN 1974, 157 + 192 S. *(Ausstellungskatalog)*

3434 HORAK St. H.: Russia, the USSR, and Eastern Europe. Bibliographic Guide to English-Language Publications 1964–1974. London: Libraries Unlimited 1978, 500 S.

3435 Sovremennye slavjanskie kul'tury. Razvitie, vzaimodejstvie, meždunarodnyj kontekst. Ukazatel' literatury 1970–1978 godov. 7 Bde. Moskva: AN INION 1979

3436 Osteuropa-Institut München. Alphabetischer Katalog. Autorenkatalog in 9 Bänden. München: Omnia 1975ff.

3437 HANUŠ I. J.: Literatura příslovnictví slovanského a německého. Leipzig: Zentralantiquariat 1970, 168 S. (RdA Prag 1855)

3438 GOLENIŠČEV-KUTUZOV I. N.: Il Rinascimento italiano e le letterature slave dei secoli 15 e 16. vol. 2. Bibliografia generale. Supplemento bibliografico 1962–1972. Milano: Vita e pensiero 1973, 286 S.

3439 BENEŠOVÁ S., LEŠKOVÁ Z.: Bibliografie prací z oboru porovnávacího studia slovanských jazyků. Praha: ČSAV 1973, 239 S.

3440 VELINSKÁ E.: II. Mezinárodní sjezd slavistů. Warszawa 1934. Praha: Slov. knihovna 1972, 76 S.

3441 VELINSKÁ E.: III. Mezinárodní sjezd slavistů. Praha: Slovanská knihovna 1978, 98 S.

3442 VELINSKÁ E.: VII. Mezinárodní sjezd slavistů. Warszawa 1973. Praha: Slov. knihovna 1976, 344 S.

3443 STRNADEL J., KŘEPINSKÁ M.: Slovanská knihovna a slavistika. Praha: Slov. knihovna 1979, 211 S.

3444 LEWANSKI R. C.: A Bibliography of Slavic Dictionaries. 4 Bde. Bologna: Ed. compositori u. a. 1972–1973

6. Bibliographie der Slavistik in einzelnen Ländern

6.1. Angelsächsischer Raum

3445 The American Bibliography of Slavic and East European Studies. *Zuletzt:* for 1976, Columbus, Ohio 1979, 231 S.

3446 SIMMONS J. S. G.: Theses in Slavonic Studies Approved for Higher Degrees by British Universities. In: *Oxford Slavonic Papers* NS 6, 1973 ff.

3447 BARRATT G.: Doctoral Dissertations in the Slavic Field Accepted by Canadian Universities 1950–1975. In: *Canadian Slavonic Papers* 18, 1976, 2, 187–198

3448 DOSSICK J. J.: Doctoral Dissertations on Russia, the Soviet Union and Eastern Europe. 1960–1975. New York: Garland 1976 370 S. *(USA, England, Canada)*

3449 ŽEKULIN N. G.: Canadian Publications on the Soviet Union and Eastern Europe for 1977, 1978. In: *Canadian Slavonic Papers* 1978 u. 1979

3450 DOROTICH D.: A Bibliography of Canadian Slavists 1951–1971. Saskatoon: U 1972, 31 S.

3451 VALOIS P., HNIK T.: Soviet, East European and Slavonic Studies in Britain. Glasgow: Institute of Slavic and EE Studies 1972–1975

6.2. Bulgarien

3452 Bibliografija na slavjanskoto literaturoznanie i folklor v Bъlgarija 1966–1970. Sofija: U 1973, 915 S. *(Skr.)*

3453 Bibliografija na slavjanskoto literaturoznanie i folklor 1971–1975. Sofija: U 1978, 1189 S.

6.3. Deutschsprachiger Raum

3454 KRESTAN L., WUNDSAM K.: Dokumentation zur Österreichischen Akademie der Wissenschaften 1847–1972. Die Schriften der Philosophisch-Historischen Klasse. Wien: Böhlau 1972, 350 + 125 S.

3455 KAISER E., HÖCHERL A.: Materialien zu einer slavistischen Bibliographie. Arbeiten der in Österreich, der Schweiz und der BRD tätigen Slavisten (1963–1973). München: Sagner 1973, 273 S.

3456 BAMBORSCHKE U.: Bibliographie slavistischer Arbeiten aus deutschsprachigen Fachzeitschrifen 1964–1973, einschließlich slavistischer Arbeiten aus deutschsprachigen nichtslavistischen Zeitschriften sowie slavistischen Fest- und Sammelschriften 1945–1973. Wiesbaden: Harrassowitz 1976ff.

3457 POHRT H.: Bibliographie slawistischer Publikationen aus der DDR. 1968–1972. Berlin: Akademie-Verl. 1974, 299 S.

3458 GUTSCHMIDT K. u. a.: Bibliographie slawistischer Publikationen aus der DDR 1973–1977. Berlin: Akademie-Verlag 1979, 263 S.

6.4. Skandinavien, Finnland

3459 List of books and articles published by Scandinavian slavicists and baltologists. In: *Scando-Slavica* 8, 1962ff.

3460 SPANGSHUS Ch. N.: Dano-Slavica. In: *Svantevit* (Aarhus) 1, 1975ff.

3461 EGEBERG E.: Norwegian Literature on the Culture of the Slavonic and Baltic Nations. Oslo: U 1973ff.

6.5. Polen

3462 Bibliografia polskich prac z zakresu slawistyki 1968–1972. Warszawa: PWN 1973, 402 + 534 S.

6.6. UdSSR

3463 Sovetskoe slavjanovedenie. Literatura na russkom jazyke 1963–1968 gg. 7 Bde. Moskva: INION ANSSSR 1973–1976 *(mit Autorenregister)*

3464 Bibliografičeskie materialy k knižnoj vystavke ot SSSR na VII Meždunarodnyj sъezd slavistov. Moskva: INION ANSSSR 1973, 213 S.

3465 Sovetskoe slavjanovedenie. Ukazatel' literatury o zarubežnych slavjanskich stranach 1974–1977 godov. 7 Bde. Moskva: INION ANSSSR 1978 ff.

3466 Institut slavjanovedenija i balkanistiki 1947–1977. Moskva: Nauka 1977, 116 S.

3467 Slavjanskoe jazykoznanie. Ukazatel' literatury, izdannoj v SSSR s 1966 po 1970 god. Moskva: Nauka 1973, 448 S. *(mit Ergänzungen für frühere Jahre)*

3468 Slav'janśka filolohija na Ukrajini 1968–1976. Kyjiv: Akademija 1978 ff. *(Band 2/1, 1979, slavische Literaturen außer der ukrainischen; 2/2, 1979, allgemeine slav. Litwiss., ukrain. Lit.)*

6.7. Tschechoslovakei

3469 BEČKA J., VACHOUŠKOVÁ A.: Bibliografie československé slavistiky 1961–1966. Praha: Národní knihovna 1968, 977 S.

3470 VACHOUŠKOVÁ A., SOFROVÁ H.: Česká literární věda 1970. Slavistika. Praha: ČSAV 1973, 187 S.

3471 DUCHAJOVÁ E.: Slovenská slavistika 1968. Martin: Matica 1970, 336 S.

6.8. Italien, Frankreich, Belgien

3472 CAPALDO M., MAVER – LO GATTO A.: Bibliografia slavistica italiana 1973–1978. Roma: Associazione italiana degli slavisti 1978, 18 S.

3473 SEYDOUX M., BIESIEKIERSKI M.: Répertoire des thèses concernant les études slaves, l'URSS et les pays de l'Est européen et soutenues en France de 1824 à 1969. Paris: Institut d'Etudes Slaves 1970, 157 S. *(weitergeführt in Cahiers du monde russe et soviétique)*

3474 LOTHE J., van DAMME J.: Belgische Slavistiek. 1944–1974. Gent: U 1975, 29 S.

6.9. Ungarn

3475 FRIED I.: Auswahlbibliographie der ungarischen literaturwissenschaftlichen Slawistik. 1959–1975. In: *Studia Slavica* (Budapest) 23, 1977, 391–451

7. Südosteuropa- (Balkan-) Bibliographie

3476 Südosteuropabibliographie. IV (1961–1965). München: Oldenbourg 1971 ff.

3477 Historische Bücherkunde Südost-Europa. München: Oldenbourg 1978ff.

3478 LAZAROV M.: Bъlgarija na Balkanite. 1944–1974. Sofija: BAN 1975, 382 S.

3479 ŠANDANOVA L., ANGELOVA S.: Petnaest godini Institut za balkanistika 1964–1978. Sofija: BAN 1979, 217 S.

3480 Bibliographie d'Etudes Balcaniques 1966ff. Sofija: BAN 1968ff.

3481 DEMADES K. A.: Balkanike bibliographia. Thessalonike: Hidryma meleton Chersonesu tu Haimu 1973ff.

3482 DOROVSKÝ I., ROMPORTLOVÁ M.: Bibliografie české balkanistiky. 1969–1971. Brno: U 1973, 155 S. *(Skr.); dasselbe* für 1972–1974, 1975, 196 S.

3483 MATKOVSKI A.: Bibliografija na patopisi za Balkanskiot poluostrov vo vreme na turskoto vladenie. 1371–1900. Skopje: Institut za nacionalna istorija. *Glasnik*. 15, 1971, 120 S.

3484 MOŽAEVA I. E.: Južnoslavjanskie jazyki. Annotirovannyj bibliograf. ukazatel' 1835–1965. Moskva: Nauka 1969, 182 S. *(russischsprachige Titel)*

8. Bibliographie zur Übersetzungswissenschaft

3485 Bibliografija. In: *Masterstvo perevoda*. Moskva: Sovetskij pisatel', 1, 1959ff.

3486 BAUSCH K.-R.: The Science of Translation. An Analytical Bibliography. Tübingen: U 1970ff.

9. Bibliographie zur slavischen Volkskunde

3487 MEL'C M. Ja.: Fol'klor zapadnych i južnych slavjan. Materialy opublikovannye na russkom jazyke v sovetskoj i zarubežnoj pečati 1962–1966. In: *Istoričeskie svjazi v slavjanskom fol'klore,* Moskva 1968, 348–376

3488 MEL'C M. Ja.: Svjaź professional'nogo iskusstva zapadnych i južnych slavjan s fol'klorom. In: *Russkij fol'klor* 18, 1978, 210–223

10. Bibliographien zur Osteuropäischen Geschichte

3489 MEYER K. u. a.: Bibliographie zur osteuropäischen Geschichte. Verzeichnis der zwischen 1939 und 1964 veröffentlichten Literatur in westeuropäischen Sprachen zur osteuropäischen Geschichte bis 1945. Berlin-Wiesbaden: Harrassowitz i. K. 1972, 448 S.

3490 HELLMANN M.: Osteuropa in der historischen Forschung der DDR. Düsseldorf: Droste 1972, 361 + 406 S.

3491 *Revue des Etudes Slaves* 52, 1979, 411–441

11. Kyrillomethodianische Bibliographie

3492 KIRMAGOVA A., PAUNOVA A.: Bibliografija na bъlgarskite publikacii, izlezli okolo čestvuvaneto na 1100-godišninata ot smъrtta na Konstantin filosof. In: *Konstantin Kiril filosof,* Sofija: BAN 1971, 373–414

3492a MOŽAEVA I.E.: Bibliografija po kirillo-mefodievskoj problematike. 1945–1974. Moskva: Nauka 1980, 223 S.

12. Bibliographien zur Geschichte der Slavistik

3493 Historia slawistyki. Bibliografia. In: *Rocznik Slawistyczny laufend*

3494 WYTRZENS G.: Bibliographische Materialien zur Geschichte der literaturwissenschaftlichen Slavistik. Bibliographie von Schriftenverzeichnissen. Wien: Institut für Slawistik 1979, 60 S. *(Skr.)* Dass. erweitert in: *Wiener Slavist. Jahrbuch* 26, 1980, 183–209 *(A–K)*

13. Bibliographien über Rußland und die Sowjetunion allgemein

3495 de BONNIÈRES F.: Guide de l'étudiant en Russe. Paris: Institut d'Etudes Slaves 1977, 220 S.

3496 ARMAND M. u. a.: Travaux et publications parus en français sur la Russie et l'URSS. In: *Cahiers du Monde Russe et Soviétique (für 1963–1974)*

3497 BRUHN P.: Russika und Sowjetika unter den deutschsprachigen Hochschulschriften (1961–1973). Wiesbaden: Harrassowitz 1975, 179 S.

3498 DOSSICK J. J.: Doctoral Research on Russia and the Soviet Union 1960–1975. New York: Garland 1976, 369 S.

3499 JONES D. L.: Books in English on the S.U. 1917–1973. New York: Garland 1975, 345 S.

3500 Rusistika v GDR. Bibliografičeskij ukazatel' literatury 1967–1977 godov. Berlin: Volk u. Wissen 1979, 338 S.

3501 Bibliografičeskij ukazatel' literatury po rusistike, opublikovannoj v Učenych zapiskach i Trudach vuzov GDR 1972–1975. Greifswald: U 1976, 44 S.

3502 SCHULTHEISS Th. (Hg.): Russian Studies 1941–1958. A Cumulation of the Annual Bibliographies from the Russian Review. Ann Arbor: Pierian Press 1972, 395 S.

3503 FESENKO A.: K istorii russkoj bibliografii za rubežom. In: *Novyj žurnal* 111, 1973, 292–297

3504 Bibliografia rusycystyki polskiej. 1945–1975. 3 Bde. Warszawa: PWN 1976.

3505 GRIERSON Ph.: Books on Soviet Russia 1917–1942. A Bibliography and Guide to Reading. Twickenham: A.C. Hall 1969, 368 S. (RdA 1943)

3506 de BONNIÈRES F.: Histoire de la bibliographie russe des origines à 1917. Paris: Inst. d'Etudes Slaves 1978, 332 S.

3507 HEILIGER W.S.: Bibliography of the Soviet Social Sciences 1965–1975. Troy: Whitston Publ. 1978, 996 S.

3508 BRUHN P.: Rußland und die Sowjetunion im deutschsprachigen Schrifttum. Bibliographisches Jahrbuch 1974. Wiesbaden: Harrassowitz i.K. 1978 ff.

3509 ZALEWSKI W.: Reference Materials in Russian-Soviet Area Studies. In: *The Russian Review* 34, 1975 ff.

3510 WENDT Ch. u.a.: Bibliographie der in den Wissenschaftlichen Zeitschriften der Universitäten und Hochschulen der DDR veröffentlichten Beiträge zur Russistik. I. 1951–1967; II. 1968–1973. Greifswald: U 1978–1979, 84 + 98 S.

3511 Catalogue de la Section des Russica, ou écrits sur la Russie en langues étrangères. Amsterdam: Schippers 1964, 853 + 772 S. (RdA 1873)

3512 RUBAKIN N. A.: Sredi knig. Cambridge: Oriental Research Partners 1972, 709 + 1011 + 230 S. (RdA Moskva 1911–1915)

3513 Ukazatel' bibliografičeskich posobij po Sibiri i Dal'nemu Vostoku. Novosibirsk: AN SSSR 1978, 194 S.

3513a BAZELA E. u.a.: Rossica, ukrainica, białorutenica na łamach „Wiadomości Literackich". In: *Studia Polono-Slavica-Orientalia. Acta litteraria* 3, 1976, 130–161

14. Bibliographien zur russischen Literatur

14.1. allgemein

3514 WYTRZENS G.: Bibliographie der russischen Autoren und anonymen Werke. Frankfurt: Klostermann 1975, 282 S.

3515 Revue des Etudes Slaves 52, 1979, 527–643

3516 KANDEL' B. L. u.a.: Russkaja chudožestvennaja literatura i literaturovedenie. Ukazatel' spravočno-bibliografičeskich posobij. Moskva: Kniga 1976, 736 S.

3517 Bibliografija chudožestvennoj literatury i literaturovedenija. Moskva: Kniga 1971, 400 S.

3518 LAUFER Ju. M.: Teorija i metodika sovetskoj literaturnoj bibliografii. Istoriografičeskij očerk. Moskva: Kniga 1978, 239 S.

3519 LEBEDEVA E. D.: Tekstologija russkoj literatury 18–20 vekov. Ukazatel' sovetskich rabot na russkom jazyke 1917–1975. Moskva: INION – ANSSSR 1978, 207 S.

3520 SRBOVÁ E.: Bibliografie jugoslávských literárněvědných prací o ruské literatuře 19 století (po roce 1945). In: *Zbornik za slavistiku* 9, 1975, 153–177

3521 Literaturovedčeskie i metodičeskie raboty v izdanijach Pedinstitutov RSFSR 1948–1968. 1972–1974 in den *Učenye zapiski* der Pädagogischen Institute *Kujbyšev, Leningrad, Tula, Vologda, Ivanovo, Moskau*

3522 MEZ'ER A. V.: Russkaja slovesnost' s 11 po 19 stoletie vključitel'no. Leipzig: Zentralantiquariat 1972, 167 + 653 S. (RdA 1899–1902)

3523 GOLICYN N. N.: Bibliografičeskij slovaŕ russkich pisatel'nic. Leipzig: Zentralantiquariat 1974, 382 S. (RdA St. Pbg. 1889/91)

3524 ZATUŠEVSKAJA I. A.: Russkaja chudožestvennaja literatura, izdannaja v Sovetskoj Moldavii (1924–1975). Kišinëv: Štiinca 1979, 210 S.

14.2. Bibliographien zur Verskunde

3525 GINDIN S. I.: Obščee i russkoe stichovedenie. Sistematičeskij ukazatel' literatury izdannoj v SSSR na russkom jazyke 1958–1974. In: *Issledovanija po teorii sticha*. Leningrad 1978, 152–222

3526 LILLY I. K., SCHERR B. P.: Zarubežnaja literatura po russkomu stichovedeniju, izdannaja s 1960 goda; *ebdt.* 223–231

3527 SMITH G. S.: A Bibliography of Soviet Publications on Russian Versification since 1958. In: *Russian Liter. Triquarterly* 6, 1973, 679–694

3528 SMITH G. S.: A select bibliography of works on Russian versification published outside the Soviet Union. In: *Newsletter* (Study Group on 18 cty. Russia), 1, 1973, 43–48

3529 BAEVSKIJ V. S., GINDIN S. I.: Dopolnitel'naja bibliografija sovetskich učenych po obščemu i russkomu stichovedeniju za 1958–1972 gody. In: *Problemy stichovedenija*, Erevan 1976, 241–276

3530 LILLY I. K., SCHERR B. P.: Russian Verse Theory since 1960. A Commentary and Bibliography. In: *International Journal of Slavic Linguistics and Poetics* 22, 1976, 75–116

14.3. Bibliographien zur altruss. Literatur

3531 Bibliography. In: *Russia Mediaevalis* (München) 1, 1973ff.

3532 DROBLENKOVA N. F.: Bibliografija rabot po drevnerusskoj literature, opublikovannych v SSSR. 1958–1967 gg. Leningrad: Nauka 1978–1979, 206 + 277 S.

3533 KAZAKEVIČ A. N.: Sovetskaja literatura po letopisaniju 1960–1972 godov. In: *Letopisi i chroniki* 1976, 294–356

3534 (Letopisi) *Revue des Etudes Slaves* 52, 1979, 368–375

3535 POLENOV D.V.: Bibliografičeskoe obozrenie russkich letopisej. Leipzig: Zentralantiquariat 1974, 150 S. (RdA St. Pbg. 1850)

3536 DROBLENKOVA N. F.: Bibliografija sovetskich russkich rabot po literature 11–17 vekov za 1917–1957 gody. Leipzig: Zentralantiquariat 1977, 434 S. (RdA Moskva-Leningrad 1961)

3537 Bibliografičeskij ukazatel' literatury po russkomu jazykoznaniju s 1825 po 1880 god. t. 5. Pamjatniki russkogo jazyka. Leipzig: Zentralantiquariat 1977, 680 S. (RdA Moskva 1957)

3538 Russkaja kul'tura 16–17 vekov v trudach sovetskich issledovatelej. Ukazatel' literatury na russkom jazyke 1918–1977 godov. Moskva: U 1979, 396 S.

14.4. Bibliographien zur russischen Literatur des 18. Jahrhunderts

3539 CLENDENNING P. H., BARTLETT R. B.: 18th Century Russia. A selected bibliography. Newtonville: Oriental Research Partners 1978, 278 S.

3540 CROSS A. G., SMITH G. S.: A bibliography of English-language scholarship on 18th century Russian literature, thought, and culture (1900–1974). In: *Russian literature in the age of Catherine the Great*, Oxford 1976, 195–221. Für 1974–1976 in: *Newsletter* Study Group on 18th Century Russia. 5, 1977, 55–65; für 1977–1979, *ebdt.* 7, 1979, 48–58.

3541 CLENDENNING P. H., BARTLETT R.: 18th Century Russia: a select bibliography of works published 1955–1980. Newtonville: Oriental Research Partners 1980, 300 S.

3542 Ukazatel' statej v izdanijach gruppy po izučeniju russkoj literatury 18 veka. In: *XVIII vek* 10, 1975, 303–314 (für 1935–1974)

3543 Dejateli russkoj kul'tury 18 veka. Rekom. BU. Moskva: Kniga 1980, 88 S.

14.5. Bibliographien zur russischen Literatur des 19. Jahrhunderts

3544 Voprosy romantizma v sovetskom literaturovedenii. Bibliografičeskij ukazatel' 1956–1968 gg. Kazań: U 1970, 172 S.

3545 KOPYLOVA V. N.: Dviženie dekabristov. Bibliografičeskij spisok literatury 1960–1975. Moskva: Biblioteka im. Lenina 1975, 38 S.

3546 ČENCOV N. M.: Vosstanie dekabristov. Leipzig: Zentralantiquariat 1975, 813 S. (RdA Moskva-Leningrad 1929)

3547 KRAJNEVA N. Ja., PRONINA P. V.: Narodničestvo v rabotach sovetskich issledovatelej za 1953–1970 gody. Moskva: AN SSSR 1971, 232 S.

3548 VLADISLAVLEV I. V.: Russkie pisateli. Leipzig: Zentralantiquariat 1973, 448 S. (RdA Moskva 1924)

14.6. Bibliographien zur russischen Literatur des 20. Jahrhunderts

3549 NIKITINA E. F.: Russkaja literatura ot simvolizma do našich dnej. Leipzig: Zentralantiquariat 1973, 544 S. (RdA Moskva 1926)

3550 MOODY F.: Ten Bibliographies of 20th Century Literature. Ann Arbor: Ardis 1977, 175 S.

3551 SHATZ M. S., ZIMMERMAN J.: A „Vekhi" Bibliography. In: *Canadian Slavic Studies* 5, 1971, 3, 355–361

14.7. Bibliographien zur Sowjetliteratur

3552 BAZANOV V. V.: Bibliografija po sovetskoj literature. In: *Russkaja literatura* 1978, 1, 204–221 *(Forschungsbericht)*

3553 MACUEV N.: Sovetskaja chudožestvennaja literatura i kritika. Ukazatel' za 1964–1965 gody. Moskva: Sovetskij pisatel' 1973, 647 S.

3554 Russkaja sovetskaja literatura. Ukazatel' knig i statej za 1968–1970 gody. Moskva: Nauka 1975, 398 S. *(mit Personalia)*

3555 Sovetskoe literaturovedenie i kritika. Russkaja sovetskaja literatura. Ukazatel' knig i statej. 1971–1973. Moskva: Nauka 1979, 461 S.

3556 Russkie sovetskie pisateli. Poety. Biobibliografičeskij ukazatel'. Moskva: Kniga 1977 ff.

3557 Russkie sovetskie pisateli-prozaiki. Bd. 1–7/2. Leningrad: Publ. biblioteka 1959–1972

3558 Sovetskaja literatura. Dramaturgija. Kinodramaturgija. Ukazatel' literatury. Moskva: Kniga 1977, 239 S.

3559 VELINSKÁ E.: Odborná literatura literárněvědná k otázkám ruské sovětské literatury ve fondech Slovanské knihovny. Praha: Slovanská knihovna 1971/72, 137 + 197 S. *(Skr.)*

3560 PAWLIK E. u. T.: Bibliografia piśmiennictwa polskiego o rosyjskiej literaturze radzieckiej za lata 1944–1969. In: *Po obu stronach granicy*, Wrocław 1972, 391–432

3561 Socialističeskij realizm v literature. Ukazatel' rabot sovetskich avtorov na russkom jazyke za 1967–1972 gody. Moskva: AN SSSR 1974, 50 S.

3562 KRENDEL' R. N. u. a.: Stranicy literaturnoj žizni. Iz vospominanij sovetskich pisatelej. Rekomendatel'nyj ukazatel' literatury. Moskva: Kniga 1972, 112 S.

3563 VLADISLAVLEV I. V.: Literatura velikogo desjatiletija. Leipzig: Zentralantiquariat 1974, 300 S. (RdA Moskva-Leningrad 1928)

3564 KOŹMIN B. P.: Pisateli sovremennoj epochi. Cambridge: Oriental Research Partners 1975, 287 S. (RdA Moskva 1928)

3565 VITMAN A. u. a.: Voseḿ let russkoj chudožestvennoj literatury 1917–1925. Letchworth: Bradda 1972, 379 S. (RdA Moskva-Leningrad 1926)

3566 ROZANOV I. N.: Putevoditel' po sovremennoj russkoj literature. Leipzig: Zentralantiquariat 1973, 359 S. (RdA Moskva 1929)

3567 MACUEV N. I.: Tri goda *(i.e. 1931–1933)* sovetskoj literatury. Leipzig: Zentralantiquariat 1976, 114 S. (RdA Moskva 1934)

14.8. Bibliographien zur Exilliteratur

3568 ZERNOV N.: Russkie pisateli emigracii. Boston: G. K. Hall 1973, 222 S. *(Philosophie, Theologie, Kulturgeschichte)*

3569 PERELEŠIN V.: Russkaja poezija v Kitae. In: *Russian Language Journal* 25, 1971, 78–83

14.9. Bibliographien zur russischen Volksdichtung

3570 MEL'C M. Ja.: Pesennye žanry russkogo fol'klora. Materialy k bibliografii. 1966–1968. In: *Russkij fol'klor* 12, 1971, 309–320

3571 MEL'C M. Ja.: Prozaičeskie žanry russkogo fol'klora. *ebdt.* 13, 1972, 296–304

3572 MEL'C M. Ja.: Istoričeskoe razvitie russkogo fol'klora. Materialy k bibliografii. *ebdt.* 16, 1976, 279–291

3573 MEL'C M. Ja.: Sobiranie i publikacija russkogo fol'klora. *ebdt.* 17, 1977, 167–175

3574 MEL'C M. Ja.: Poetika, stilistika i leksika russkogo fol'klora. *ebdt.* 14, 1974, 311–326

3575 MEL'C M. Ja.: Teorija i istorija žanrov russkogo fol'klora. *ebdt.* 19, 1979, 228–238

3576 ANDREEVA M.N.: Fol'klor Nižegorodskogo kraja. 1840–1969. Gor'kij: U 1971, 145 S.

3577 Bibliografičeskij ukazatel' fol'klornogo archiva Kafedry russkoj literatury Gor'kovskogo universiteta. Gor'kij: U 1976ff.

14.10. Bibliographien zur russischen Literatur. Genres

3578 KUNINA A.A., SACHAROVA E.M.: Roždenie sticha. Rekomendatel'nyj ukazatel' literatury. Moskva: Kniga 1973, 141 S.

3579 Biblioteka russkoj poezii I.N. Rozanova. Bibliografičeskoe opisanie. Moskva: Kniga 1975, 480 S.

3580 PETROVSKAJA V.I., SACHAROVA E.M.: „Čuvstva dobrye ja liroj probuždal". Russkie poety 19 veka. Rekomendatel'nyj ukazatel' literatury. Moskva: Kniga 1971, 190 S.

3580a SACHAROVA E.M., SEMIBRATOVA I.V.: Enciklopedija russkoj žizni. Roman i povest' v Rossii vtoroj poloviny 19 – načala 20 veka. Rekom. BU. Moskva: Kniga 1981, 382 S. *(Mit Titelregister)*

3581 Sovetskaja literatura. Poezija. Rekomendatel'nyj ukazatel' literatury. Moskva: Kniga 1977, 348 S.

3582 ŠTEJN E.: Poezija russkogo rassejanija 1920–1977. Ashford: Ladja 1978, 182 S.

3583 Sovetskaja literatura. Roman. Povest'. Rekomendatel'nyj ukazatel' literatury. Moskva: Kniga 1976, 348 S.

3584 Sovetskaja literatura. Rasskaz. Očerk. Rekomendatel'nyj ukazatel' literatury. Moskva: Kniga 1979, 304 S.

3585 GROZNOVA N. A., ŠUBIN E. A.: Russkij sovetskij rasskaz. Teorija i istorija žanra. Bibliografičeskij ukazatel' 1917–1967. Leningrad: Puškinskij dom 1975, 172 S.

3586 LJAPUNOVA I.L.: Sovetskaja fantastika. Opyt bibliografii 1957–1960 gg. In: *Fantastika* 72, Moskva 1972, 314–348

3587 LJAPUNOV B.V.: V mire fantastiki. Moskva: Kniga ^{2}1975, 207 S.

3588 SUVIN D.R.: De la tradition utopique dans la science fiction russe. In: *Communautés. Archives Internationales de la Sociologie de la Coopération et du Développement* 27, 1970, 52–78, 157–160

3589 SUVIN D.R.: Russian Science Fiction 1956–1974. Elizabethtown: Dragon P. 1976, 79 S. *Supplement* in: *Canadian-American Slavic Studies* 14, 1980, 1, 87–90

3591 OSIPOV A.N.: Iz istorii bibliografii fantastiki. In: *Sovetskaja bibliografija* 1975, 4, 44–53

3592 SACHAROVA E. M.: Mastera russkoj dramy 19 veka. Rekomendatel'nyj ukazatel' literatury. Moskva: Kniga 1975, 176 S.

3593 Russkij sovetskij dramatičeskij teatr. Annotirovannyj ukazatel' bibliografičeskich i spravočnych materialov 1917–1973. 3 Bde. Moskva: Gos. central'naja teatral'naja biblioteka 1977–1978, 565 S.

3594 KUNINA A. A., SACHAROVA E. M.: Sovetskaja literatura. Dramaturgija. Kinodramaturgija. Rekomendatel'nyj ukazatel' literatury. Moskva: Kniga 1977, 239 S.

3595 Sovetskij teatr dlja detej 1918–1972. Moskva: Bibl. im. Lenina 1978, 3 Bde.

3596 Malyj teatr SSSR. 1824–1917. Moskva: Vseross. teatr. obščestvo 1978, 782 S.

3597 Istorija dorevoljucionnoj Rossii v dnevnikach i vospominanijach. Moskva: Kniga 1976ff. *(1980 Bd. 3/2, 1857–1894)*

3598 Vospominanija i dnevniki 18–20 vekov. Ukazatel' rukopisej. Moskva: Kniga 1976, 661 S.

3600 MINCLOV S. R.: Obzor zapisok, dnevnikov, vospominanij, pisem i putešestvij... Leipzig: Zentralantiquariat 1976, 171 + 198 + 115 S. (RdA Novgorod 1911/12)

3601 NAVOLOCKAJA N. I.: Materialy k bibliografii po istorii russkoj žurnalistiki 1966–1970 godov. In: *Russkaja žurnalistika i literatura 19 veka,* Moskva 1979, 146–182

3602 Bibliographie der sowjetischen Philosophie. In: *Studies on Soviet Thought* 14, 1974, 173–186; 305–322

14.11. Stoffe

3603 PETROVA I.: Temi i obrazi v sъvetskata chudožestvena literatura. Sofija: Narodna biblioteka 1977, 360 S.

3604 SPIVAK I. A.: Provozvestniki svobody. Dekabristy v poezii. Bibliografija. In: *Voprosy russkoj literatury* (L'vov) 1976, 1, 140–148

3605 KUŠNEREVA Z. I.: Sovetskaja molodež'. Romany i povesti. Moskva: Biblioteka im. Lenina 1975, 20 S.

3606 Chudožestvennaja literatura o Velikoj Otečestvennoj Vojne 1941–1945 godov. Moskva: VAAP 1976, 61 S.

3607 DJUŽEV Ju. I.: Velikaja Otečestvennaja Vojna na Severe v sovetskoj literature. Ukazatel' za 1941–1972. Petrozavodsk: Karelija 1976, 105 S.

3608 TOŠČIGINA T. Ja.: Internacionalizm sovetskoj literatury. Moskva: Biblioteka im. Lenina 1976, 32 S.

3609 ŽELTOVA N. I.: Lenin i nauka o literature. Bibliografičeskij ukazatel' 1955–1969. Moskva: AN SSSR 1970, 230 S.

3610 TOŠČIGINA T. J.: Sovetskie pisateli o V. I. Lenine. Bibliografičeskij spisok 1970–1973. Moskva: Biblioteka im. Lenina 1974, 38 S.

3611 GOLENIŠČEVA-KUTUZOVA I. V., GUTKINA A. M.: Lenin i literaturovedenie 1917–1968. Moskva 1969, 112 S. *(Skr.)*

3612 BJELJAJEVA L. V.: Literaturoznavča Leniniana 1975–1979. In: *Radjanśke literaturoznavstvo* 1980, 5, 73–81

3613 GLAZ E. G., MERKUR'EVA A. V.: Altaj v chudožestvennoj literature. Barnaul: KI 1980, 58 S.

3614 KOŠELEVA N. L.: Chudožestvennaja literatura o Magadanskoj oblasti. Magadan: KI 1973, 164 S.

3615 ŠEVELEVA G. M.: Orlovskij kraj v chudožestvennoj literature, v memuarach i piśmach pisatelej. Orel: Privolžskoe KI 1972, 233 S.

3616 Russkie pisateli i Kabardino-Balkarija. Nal'čik: El'brus 1972, 108 S.

3617 TARTAKOVSKIJ P. I.: Russkaja poezija i Vostok. 1800–1950. Opyt bibliografii. Moskva: Nauka 1975, 180 S.

3618 KARPOV N. V., POPOV I. P.: Antireligioznye i antiklerikal'nye idei v russkoj literature 19 veka. Seminarij. Moskva: Prosveščenie 1968, 224 S. *(Gos. zaočnyj PI)*

3619 LAPINA V. V.: Obraz učitelja v sovremennoj chudožestvennoj literature. Bibliografičeskij ukazatel' 1955–1975. Sverdlovsk: PI 1977, 48 S.

3620 BORKOVSKAJA G. P.: Obraz učitelja v sovetskoj proze. RUL 1952–1978 godov. Minsk: PI inostr. jaz. 1979, 67 S.

14.12. Bibliographien zu Übersetzungen und Beziehungen

3621 PETROVA G. A.: Vzaimosvjazi russkoj i zarubežnoj slavjanskoj literatur. Knigi i stat'i 1956–1971 godov. Moskva: Biblioteka im Lenina 1972, 86 S.

3622 OGNĚVA A. (Hsg.): Češsko-russkie i slovacko-russkie literaturnye svjazi 1945–1972. Praha: Slovanská knihovna 1973, 84 S.

3623 STOCHEL H.: Literatura rosyjska w polskich wydawnictwach międzywojennych (1919–1939). In: *Po obu stronach granicy,* Wrocław 1972, 361–390

3624 ZAND N. M., EL'VOVA V. A.: Chudožestvennaja literatura stran Afriki v sovetskoj pečati 1958–1964. Moskva: Kniga 1967, 175 S.

3625 Russian Studies of American Literature. Chapel Hill: U 1969, 218 S.

3626 Proizvedenija amerikanskich pisatelej v perevodach na russkij jazyk. 1918–1975. Moskva: Biblioteka inostrannoj literatury 1976, 370 S.

3627 LIBMAN V. A.: Amerikanskaja literatura v russkich perevodach i kritike. 1776–1975. Moskva: Nauka 1977, 451 S.

3628 LINE M. B., ETTLINGER A., GLADSTONE J. M.: Bibliography of Russian Literature in English Translation to 1945. London: Methuen 1972, 74 + 95 S. (*dass.* Totowa N. J.)

3629 KRAUSE F.: 50 Jahre Sowjetmacht im Spiegel sowjetischer Belletristik. Deutsche Übersetzungen 1945 bis 1967. Berlin: Deutsche Staatsbibliothek 1968, 102 S.

3630 GOTTBERG G.: Sowjetrussische Literatur in deutschen Übersetzungen 1967–1972. Dortmund: Stadtbücherei 1972, 46 S.

3631 WASSMANN P.: Sowjetische Literatur in deutschen Übersetzungen 1972–1976. Dortmund: Stadtbücherei 1976, 44 S.

3632 GOLENIŠČEVA-KUTUZOVA I. V.: Istorija ital'janskoj literatury. Ukazatel' rabot izdannych v SSSR na russkom jazyke 1917–1975. Moskva: INION ANSSSR 1977, 382 S. *(Skr.)*

3633 Proizvedenija sovetskich pisatelej v perevodach na inostrannye jazyki. 1965–1970. 1971–1975. Moskva: Kniga 1972, 1976; 225, 168 S.

3634 LAVROV A. V.: Bibliografija rabot sektora vzaimosvjazej russkoj i zarubežnoj literatury Puškinskogo doma 1958–1975. In: *Vosprijatie russkoj kul'tury na Zapade,* Leningrad 1975, 249–264

3635 LEVINA L. R., CHOZIEVA T. M.: Bolgarskaja dramaturgija i teatr v sovetskoj pečati. 1944–1974. In: *Russko-bolgarskie teatral'nye svjazi,* Leningrad 1979, 171–207.

3636 BURKE J. M.: A Bibliography of Soviet Russian Translations of American Literature 1948–1968. Diss. Brown U 1972, 188 S.

3637 HILL S. P., DUNKELBERGER J.: Russian Drama after Chekhov. A Guide to English Translations. In: *Theater Documentation* 2, 1970, 85–108

3638 ÅKERSTRÖM H.: Bibliografija švedskich perevodov russkosovetskoj chudožestvennoj literatury. Göteborg: U 1976, 134 S.

3639 SCHANZER G. O.: Russian Literature in the Hispanic World. Toronto: U 1972, 360 S.

3640 BAGNO V. E.: Bibliografičeskie spravočniki po istorii ispanorusskich literaturnych otnošenij. In: *Russkaja literatura* 23, 1980, 1, 217–221

3641 SAVKA P. Ch.: Moldavsko-russko-ukrainskie literaturnye svjazi. Kišinev: Štiinca 1973, 208 S.

14.13. Archive

3642 GRIMSTED P. K.: Archives and Manuscript Repositories in the U.S.S.R. Moscow and Leningrad. Princeton: U 1973, 480 S. *Supplement* I. Bibliographical Addenda. Zug: Inter Documentation 1976, 217 S.

3643 CGALI. Putevoditel'. 4. Moskva: Glavnoe archivnoe upravlenie 1975, 571 S.

3644 SYRČENKO L. G.: Ličnye archivnye fondy dejatelej russkoj literatury i iskusstva v archivach SSSR. Moskva: Gosud. istoriko-archivnyj institut 1975, 166 S.

3645 Ličnye archivnye fondy v chraniliščach SSSR. Ukazatel'. Tom 3. Moskva: Kniga 1980, 544 S. *(Bd. 1 u. 2 1963)*

3646 LEVŠIN B. V.: Kratkij spravočnik po naučno-otraslevym i memorial'nym archivam AN SSSR. Moskva: Nauka 1979, 256 S.

3647 Opisanie rukopisnogo otdela biblioteki AN SSSR. 4/2. Stichotvorenija, romansy, poemy i dramatičeskie sočinenja. 17-pervaja tret' 19 veka. Leningrad: Nauka 1980, 349 S.

14.14. Bibliographien zur russischen Literatur. Regionales

Die Grenze zu regionalen Literaturlexika ist nicht scharf zu ziehen.

3648 Russkaja literatura Sibiri 17 veka-1970. Ukazatel' literatury. Novosibirsk: Nauka 1976–1977, 551 + 572 S.

3649 Pisateli Vostočnoj Sibiri. Biobibliografičeskij ukazatel'. Irkutsk: Vostočno-Sib. KI 1973–1978, 331 + 420 S.

3650 ALENKINA E. M.: Pisateli Dal'nego Vostoka. Bibliografičeskij spravočnik. Chabarovsk: KI 1973, 302 S.

3651 Pisateli Južnogo Urala. Bibliografičeskij spravočnik. Čeljabinsk: Južno-Ural'skoe KI 1966, 308 S.

3652 TJAGLENKO G. G.: Pisateli Dona. Bibliografičeskij sbornik. Rostov: KI 1976, 288 S.

3653 ASTAF'EV A. V., ASTAF'EVA N. A.: Pisateli Jaroslavskogo Kraja. Jaroslavl': Volgo-Vjatskoe KI 1974, 248 S. *(bis 1917)*

3654 Kaliningradskie pisateli. Biobibliografičeskij spravočnik. Kaliningrad: KI 1976, 111 S.

3655 TAKALA E. N., KABANOVA Ch. P.: Letopiś literaturnoj žizni Karelii. Petrozavodsk: Karelija 1978, 211 S.

3656 Pisateli gořkovčane. Gořkij: Volgo-Vjatskoe KI 1978, 78 S.

3657 PUKŠANSKAJA L. A., BORODINA V. I.: Pisateli zemli Omskoj. Ukazatel' literatury 1945–1976. Omsk: Naučnaja biblioteka 1977, 183 S.

3658 Pisateli Stavropol'ja. Stavropol': Naučnaja biblioteka 1974, 399 S.

3659 GALKOVA G. N.: Literaturnoe Zabajkalje. Čita: Oblastnaja biblioteka 1979, 116 S.

3660 LAŠČEVSKAJA V. M., SMOL'SKAJA T. M.: Pisateli Kuzbassa. Kemerovo: KI 1980, 103 S.

3661 BOGDANOVA G. T.: Proizvedenija kalužskich pisatelej 1971–1975 gg. Kaluga: Obl. biblioteka 1979, 46 S.

14.15. Bibliographien zur russischen Literatur. Varia

3662 Razvitie sovetskoj nauki za 50 let. Ukazatel' jubilejnoj literatury 1967–1969 godov. Moskva: Nauka 1972, 327 S. *(Philologie 244–253)*

3663 MARTYNOV N. G., MEŽOV V. I.: Vklad pravitel'stva, učenych i drugich obščestv na pol'zu russkogo prosveščenija. Bibliografičeskij ukazatel' knig. Leipzig: Zentralantiquariat 1975, 364 S. (RdA St. Pbg. 1886)

3664 DOBROVOL'SKIJ L. M.: Bibliografičeskij obzor dorevoljucionnoj i sovetskoj literatury po istorii russkoj cenzury. In: *Trudy Biblioteki AN SSSR i FBON AN SSSR* 5, 1961, 245–252.

3665 ROZANOV Ja. S.: Filosofsko-sociologičeskaja literatura marksizma za pervoe desjatiletie Sovetskoj vlasti. Cambridge: Oriental Research Partners 1971, 320 S. (RdA Moskva 1928)

3666 Istorija russkoj filosofii. Ukazatel' literatury izdannoj v SSSR. 1917–1967. Moskva: INION AN SSSR 1975 ff.

3667 GRIGOROVIČ N. N. u. a.: Russkaja literatura v sovetskoj muzyke. Moskva: Sovetskij kompozitor 1975 ff.

3668 PAVLOVA N. G.: Muzyka i literatura. Bibliografičeskij ukazatel' 1917–1972. Moskva: Biblioteka im. Lenina 1975 ff.

3669 ŠIPEROVIČ B. Ja.: Detskaja literatura 1967–1969. Moskva: Detskaja literatura 1973, 672 S.

3670 ŽIVOVA Z. S., MEDVEDEVA N. B.: Voprosy detskoj literatury i detskogo čtenija. 1966–1970 gody. Moskva: Detskaja literatura 1977, 319 S.

3671 Knigi dlja detej. Proizvedenija zarubežnych pisatelej v perevode na russkij jazyk. 1918–1978. Moskva: Biblioteka inostrannoj literatury 1979, 711 S.

3672 Razvitie bibliografii detskoj literatury v SSSR. Leningrad: Inst. kul'tury 1979, 93 S.

3673 KNIŽNIK I.: Čto čitat' po obščestvennym naukam. Sistematičeskij ukazatel' kommunističeskoj i marksistskoj literatury 1917–1923 godov. Twickenham: A. C. Hall 1972, 491 S. (RdA Leningrad ^{2}1924)

3674 DURDENEVSKIJ V., BERČINSKIJ S.: Opyt bibliografii obščestvennych nauk za revoljucionnoe trechletie 1918–1920. Leipzig: Zentralantiquariat 1974, 277 S. (RdA Moskva-Leningrad 1925)

3675 VEREŠČAGIN V.A.: Russkie illjustrirovannye izdanija 18 i 19 stoletij (1720–1870). Leipzig: Zentralantiquariat 1972, 347 S. (RdA St. Pbg. 1898)

3676 VEREŠČAGIN V.A. u.a.: Materialy dlja bibliografii russkich illjustrirovannych izdanij. Leipzig: Zentralantiquariat 1976, 316 S. (RdA St. Pbg. 1908–1910)

14.16. Bibliographie von Institutionen.

Es kann nur eine kleine Auswahl vermittelt werden, vor allem solcher Titel, die philologische Arbeiten erfassen oder die sich über einen längeren Zeitraum erstrecken.

3677 DMITRIEV P.A., SAFRONOV G.I.: Bibliografija rabot sotrudnikov Kafedry slavjanskoj filologii Leningradskogo GU 1958–1967, 1968–1970. In: *Slavjanskaja filologija. Sbornik statej* 1, 1969, 188–207; 2, 1972, 143–148; 4, 1979, 187–202

3678 Dissertacii, zaščiščennye prepodavateljami i vypusknikami Otdelenija slavjanskoj filologii Leningradskogo GU. In: *Slavjanskaja filologija,* 2, 1972, 149–151

3679 OJSSAR E.: Tartusskij universitet. Dissertacii, zaščiščennye v TU 1802–1918. Tartu: U 1973, 180 S.

3680 FEDOROVA O.P., LANKOVA V.S.: Bibliografičeskij ukazatel' rabot prepodavatelej Kalininskogo PI. 1917–1967. Kalinin: U 1972, 195 S.

3681 Trudy sotrudnikow Instituta istorii, filologii i filosofii Sibirskogo otdelenija AN SSSR 1961–1973. Novosibirsk: AN 1974, 370 S.

15. Auswahlbibliographie zur russischen Geschichte und Soziologie

3682 ZAJONČKOVSKIJ P.A. (Hg.): Spravočniki po istorii dorevoljucionnoj Rossii. Moskva: Kniga ^{2}1978, 639 S. (^{1}1971)

3683 Žizń zamečatel'nych ljudej. Katalog 1933–1973. Moskva: Molodaja gvardija ^{2}1976, 246 S.

3684 Raboty sovetskich istorikov za 1965–1969 gody. Moskva: Nauka 1970, 272 S.

3685 Raboty sovetskich istorikov za 1970–1974 gody. Moskva: Gos. publ. istorič. biblioteka 1975, 692 S.

3686 *Revue des Etudes Slaves* 52, 1979, 367–410

3687 CROWTHER P. A.: A Bibliography of Works in English on Early Russian History to 1800. New York: Barnes + Noble 1969, 254 S.

3688 ZALESKI E.: Mouvements ouvriers et socialistes. Chronologie et bibliographie. La Russie. I. 1725–1907; II. 1908–1917. Paris: Institut Français d'histoire sociale 1956, 462 + 489 S.

3689 KAMENEV L. (Hsg.): Social'demokratičeskie izdanija. Ukazatel' s. d. literatury na russkom jazyke 1883–1905. Cambridge: Oriental Research Partners 1971, 62 S. (RdA Moskva 1922)

3690 DOBRANICKIJ M.: Sistematičeskij ukazatel' literatury po russkoj revoljucii. Leipzig: Zentralantiquariat 1973, 152 S. (RdA Moskva-Leningrad 1926)

3691 POSTNIKOV S. P.: Bibliografija russkoj revoljucii i graždanskoj vojny 1917–1921. Katalog Russkogo zagraničnogo istoričeskogo archiva. Nendeln: Kraus 1976, 464 S. (RdA Prag 1938)

3692 CARPENTER K. E.: Russian Revolutionary Literature. Collection Houghton Library (Harvard). New Haven: Research Publications 1976, 228 S.

3693 SOMOV N. M.: Bibliografija russkoj obščestvennosti k voprosu ob intelligencii. Cambridge: Oriental Research Partners 1972, 100 S. (RdA Moskva 1927–1931)

3694 MATTHEWS M. u. a.: Soviet Sociology 1964–1975. A Bibliography. New York: Praeger 1978, 285 S.

3695 LEONTOVIČ F. I.: Literatura istorii russkogo prava. Leipzig: Zentralantiquariat 1975, 683 S. (RdA Warszawa 1902)

3696 KASINEC E.: A Bibliographical Essay on the Documentation of Russian Orthodoxy During the Imperial Era. In: R. L. Nichols, *Russian Orthodoxy Under the Old Regime,* Minneapolis 1978, 205–228

3697 MEŽOV V. I.: Krest'janskij vopros v Rossii. 1764–1864. Leipzig: Zentralantiquariat 1973, 458 S. (RdA St. Pbg. 1865)

3698 PINKUS B., GREENBAUM A. A.: Russian Publications on Jews and Judaism in the SU 1917–1967. Jerusalem: Historical Society of Israel 1970, 291 S.

3699 LANDAU A. E.: Sistematičeskij ukazatel' literatury ob evrejach na russkom jazyke... 1708–1889. Cambridge: Variorum Reprints 1971, 568 S. (RdA 1892)

16. Personalbibliographie russischer Autoren

ACHMADULINA Bella

3700 RYDEL Ch.: A Bibliography of Works by and about B. A. In: *Russian Literature Triquarterly* 1, 1971, 434–441

ACHMATOVA Anna Andreevna

3701 DRIVER S.: A. A Selected Annotated Bibliography. In: *Russian Literature Triquarterly* 1, 1971, 432–434

AFINOGENOV Aleksandr Nikolaevič

3702 A. N. A., Izbrannoe, Moskva: Iskusstvo, t. 2, 1977, 663–680

AJTMATOV Čingiz

3703 Bibliography of Works by and about Č. A. In: *Russian Literature Triquarterly* 16, 1979, 340–341

AKSËNOV Vasilij Pavlovič

3704 MEYER P.: A Bibliography of Works by and about V. P. A. In: *Russian Literature Triquarterly* 6, 1973, 695–702

ALDANOV (Landau) Mark Aleksandrovič

3705 CHRISTESCO D. u. H.: Bibliographie des œuvres de M. A. Paris: Institut d'Etudes Slaves 1976, 100 S.

ANDREEV Leonid Nikolaevič

3706 BEŠKER A. M.: Bibliografičeski pregled prijevoda djela L. A. kod jugoslavenskih naroda. In: *Croatica* 3, 1972, 275–288

ANNENSKIJ Innokentij Fedorovič

3707 INGOLD F. Ph.: A Bibliography of Works by and about I. F. A. In: *Russian Literature Triquarterly* 11, 1975, 508–532

BAGRICKIJ Eduard Georgievič

3708 BLOCH S. D.: Materialy k bibliografii izdanij proizvedenij E. B. i literatury o nem. In: *Filologičeskij sbornik,* (Alma Ata) 13/14, 1974, 3–28

3709 KOWALSKI L. H.: E. B. A Selected Bibliography. In: *Russian Literature Triquarterly* 8, 1974, 472–486, 540–542

BAKUNIN Michail Aleksandrovič

3710 PÉCHOUX P.: Bibliographie. In: *M. B. Combats et débats,* Paris 1979, 241–254

BAŽIN Nikolaj Fedotovič

3711 SBOROVSKAJA T. A.: Bibliografija proizvedenij N. F. B. In: *Žanrovoe novatorstvo russkoj literatury konca 18-načala 19 veka,* Leningrad 1974, 178–189

BELYJ Andrej

3712 NIVAT G.: L'œuvre polémique, critique et journalistique d'A. B. In: *Cahiers du Monde Russe et Soviétique* 15, 1974, 22–39

BERDJAEV Nikolaj Aleksandrovič

3713 KLÉPININE T.: Bibliographie des œuvres de N. B. Paris: Institut d'Etudes Slaves 1978, 159 S.

BITOV Andrej Georgievič

3714 SCHMID W.: Materialien zu einer B.-Bibliographie. In: *Wiener Slawistischer Almanach* 4, 1979, 481–495; 5, 1980, 327–334

BLOK Aleksandr Aleksandrovič

3715 Perepiska. Annotirovannyj katalog. Moskva: Glavnoe archivnoe upravlenie 1975–1979, 495 + 644 S.

3716 PYMAN A.: Materialy k bibliografii A. B. Zarubežnaja literatura. In: *Blokovskij sbornik,* Tartu, (1), 1964, 557–573

3717 POMIRČIJ R. E.: Materialy k bibliografii A. B. za 1958–1970 gody. In: *Blokovskij sbornik,* Tartu, 2, 1972, 528–589

3718 JOVANOVIČ Ž. P.: Prilog bibliografii A. B. u književnosti kod Srba. In: *Susreti* 6, 1958, 1, 103–107

3719 MAROJEVIĆ R.: Bibliografija članaka i beležaka o B. na srpskohrvatskom jeziku. In: *Zbornik za slavistiku* 11, 1975, 57–67

3720 MAROJEVIĆ R.: Bibliografija srpskohrvatskih prevoda poeme „12", *ebdt.* 54–57

3721 SENDICH M.: B.'s „The Twelve". A Bibliography of Criticism (1918–1970). In: *Russian Literature Triquarterly* 4, 1972, 462–472

3722 Russkie sovetskie pisateli-poety. t. 3/2. Moskva: Kniga 1980, 342 S.

3722a ČARUŠNIKOVA M. V.: Katalog tvorčeskich rukopisej A. B. In: *Ežegodnik OR Bibl. im. Lenina* 41, 1980, 135–251

BRJUSOV Valerij Jakovlevič

3723 DANIELJAN E. S.: Bibliografija V. Ja. B. 1884–1973. Erevan: U 1976, 503 S.

BRODSKIJ Josip Aleksandrovič

3724 A Bibliography of the Published Works of I. A. B. In: *Russian Literature Triquarterly* 1, 1971, 441–455

BULGAKOV Michail Afanas'evič

3725 PROFFER E.: An International Bibliography of Works by and about M. B. Ann Arbor: Ardis 1976, 133 S.

3726 WRIGHT A. C.: M. B., Toronto: U 1978, 281–310

3727 HAMANY Y.: Bibliographie de M. B. In: *Cahiers du Monde Russe et Soviétique* 1970, 2, 319–348

CHLEBNIKOV Velimir

3728 MARKOV V.: Literatura o Ch. In: *V. V. Ch., Sobranie sočinenij,* t. 3, München 1972, S. XI–XLIV

ČECHOV Anton Pavlovič

3729 OŠAROVA T. V.: Bibliografija literatury o A. P. Č. 1. 1960 jubilejnyj god. Saratov: U 1979, 201 S.

ČERNYŠEVSKIJ Nikolaj Gavrilovič

3730 SUPONICKAJA P. A., IL'INA A. Ja.: N. G. Č. Ukazatel' literatury 1960–1970. Saratov: U 1976, 160 S.

ČUKOVSKIJ Kornej Ivanovič

3731 DUTIKOV I.: K. Č. A Bibliography. New York 1975, 52 Bl.

DOSTOEVSKIJ Fedor Michajlovič

3732 BELOV S. V.: Bibliografija proizvedenij F. M. D. i literatury o nem 1966–1969. *Mit Ergänzungen* für 1917–1965. In: *Dostoevskij i ego vremja* 1971, 322–356

3733 BELOV S. V.: Bibliografija proizvedenij F. M. D. i literatury o nem. 1970–1971 gody. In: *D. Materialy i issledovanija* 1, 1974, 305–338

3734 BELOV S. V.: Bibliografičeskie materialy po F. M. D. In: *D.-Nekrasov,* Leningrad 1974, 217–233

3735 Bibliography. In: *Bulletin. International D.-Society.* 1972 ff.

3736 GROSSMAN L. P.: Seminarij po D. The Hague: Mouton 1972, 117 S. (*SPR* 215, RdA Moskva-Peterburg 1922)

3737 FREEMAN D. u. a.: Retrospektive Bibliographie zu „Prestuplenie i nakazanie" In: *Bulletin. International Dostoevsky Society* 8, 1978, 109–133

3738 *Revue des Etudes Slaves* 50, 1977, 309–317

ESENIN Sergej Aleksandrovič

3739 KARPOV E. L.: S. E. Bibliogr. spravočnik. Moskva: Vyssaja škola ²1972, 239 S.

3740 FLORIANOVÁ B.: S. E. v české literatuře (do roku 1972). Praha: Slovanská knihovna 1974, 118 S.

3741 Mc VAY G.: E. in England and N. America. In: *Russian Literature Triquarterly* 8, 1974, 518–539

3742 *Revue des Etudes Slaves* 50, 1977, 318–321

FADEEV Aleksandr Aleksandrovič

3743 CAPENKO G. K.: Proizvedenija A. A. F. v perevodach na inostrannye jazyki. Moskva: Biblioteka inostrannoj literatury 1976, 53 S.

FEDIN Konstantin Aleksandrovič

3744 GORBUNOV A.: „Serapionovy brat'ja" i K. F. Irkutsk: Vostočno-Sib. KI 1976, 279 S.

3745 ZIELIŃSKA M.: K. F. w recepcji polskiej. In: *Studia polono-slavica orientalia. Acta litteraria* 4, 1977, 227–245

FRANK Semën Ljudvigovič

3746 FRANK V.: Bibliographie des œuvres de S. F. Paris: Institut d'Etudes Slaves 1980, 105 S.

FURMANOV Dmitrij Andreevič

3747 KORČAGINA Z. N., KUPRIJANOVSKIJ P. V.: Materialy k bibliografičeskomu ukazatelju o D. A. F. za 1963–1968 gody. In: *Učenye zapiski Ivanovskogo PI* 87, 1973, 57–86

GOGOL' Nikolaj Vasil'evič

3748 KLIMKOVA L. N.: Seminarij po tvorčestvu N. V. G. L'vov: U 1970, 102 S.

GOŔKIJ Maxim

3749 G. Bibliográfia. Budapest: Allami Gorkij Könyvtár 1969, 218 S.

3750 USPENSKAJA V. E.: M. G. v pečati rodnogo kraja. 1959–1968. Gorkij: Oblastnaja biblioteka 1973, 120 S.

GRIN Aleksandr

3751 KIRKIN Ju. V.: A. G. BU proizvedenij G. i literatury o nem. 1906–1977 gody. Moskva: Kniga 1980, 64 S.

3752 LUKER N. J. L.: A Selected Bibliography of Works by and about A. G. In: *Russian Literature Triquarterly* 8, 1974, 543–565

GUMILËV Nikolaj Stepanovič

3753 SAMPSON E. in: *Russian Literature Triquarterly* 1, 1971, 433–434

HERZEN Aleksandr

3754 NABOKOVA T. I. u. a.: Bibliografija literatury ob A. I. G. 1917–1970 gody. 1. 1917–1939. Leningrad: PI 1978, 127 S.

3755 BEL'ČIKOV N.F.: Zarubežnye izdanija A.I.G. Moskva: Nauka 1974, 95 S.

3756 A.I.G. Issledovanija i materialy. Leningrad: PI 1974, 140–225 (für 1962/63)

HIPPIUS Zinaida

3757 BARDA A.: Bibliographie des œuvres de Z.H. Paris: Institut d'Etudes Slaves 1975, 127 S.

ISAKOVSKIJ Michail Vasil'evič

3758 M.V.I. Rekomendatel'nyj ukazatel' literatury. Moskva: Moskovskij rabočij 1969, 55 S.

KARAMZIN Nikolaj Michajlovič

3759 PONOMAREV S.I.: N.M.K. Materialy dlja bibliografii... Leipzig: Zentralantiquariat 1972, 159 S. (RdA St. Pbg. 1883)

KOL'COV Aleksej Vasil'evič

3760 LASUNSKIJ O.G.: A.V.K. Ukazatel' literatury 1951–1971. Voronež: U 1972, 94 S.

KOLLONTAJ Aleksandra Michajlovna

3761 A.M.K.: *Selected Writings*. London: Allison + Busby 1977, 321–331

KUPRIN Aleksandr Ivanovič

3762 AL'BERT I.D., VIŠNEVSKIJ I.P.: A.I.K. L'vov: U 1978, 92 S.

3763 THOMPSON Ch.: K. in English: A Bibliography of Works by and about Him. In: *Russian Language Journal* 30, 1976, 105, 99–108

KURBSKIJ Andrej Michajlovič

3764 *Revue des Etudes Slaves* 52, 1979, 406f.

LEONT'EV Konstantin

3765 IVASK Ju.: K.L. Bern 1974, 361–430

LERMONTOV Michail Jur'evič

3766 MILLER O.V.: Bibliografija literatury o M.Ju.L. 1917–1977 godov. Leningrad: Nauka 1980, 518 S.

3767 MUCHA B.: L. w Polsce (1841–1914). In: *Slavia Orientalis* 26, 1977, 159–175

LEVITOV Aleksandr Ivanovič

3768 ŠACHOV V.V. u.a.: A.I.L. Lipeck: Oblastnaja biblioteka 1976, 22 S.

LOMONOSOV Michail Vasil'evič

3769 PONOMAREV S. I.: Materialy dlja bibliografii literatury o L. Leipzig: Zentralantiquariat 1972, 108 S. (RdA St. Pbg. 1872)

LOSSKIJ Nikolaj Onufrievič

3770 LOSSKY B. u. N.: Bibliographie des œuvres de N.L. Paris: Institut d'Etudes Slaves 1978, 129 S.

LUNAČARSKIJ Anatolij Vasil'evič

3771 A.V.L. Ukazatel' trudov, pisem i literatury o žizni i dejatel'nosti. Moskva: Kniga 1975–1979, 384 + 188 S.

3772 POČERNJAEVA E. S.: Problemy kul'turnoj revoljucii v trudach A.V.L. In: *Istorija i istoriki 1975*, Moskva 1978, 334–348

MAČTET Grigorij Aleksandrovič

3773 FIZIKOV V.M.: Bibliografija proizvedenij G.A.M. i literatury o nem. In: *Fol'klor i literatura Sibiri* 1, 1974, 140–174

MAJAKOVSKIJ Vladimir Vladimirovič

3774 DARRING G.: M. A Bibliography of Criticism (1912–1930). In: *Russian Literature Triquarterly* 2, 1972, 510–529

3775 KOSSUTH L.: Bibliographie deutschsprachiger Veröffentlichungen über W.M. In: *Kunst und Literatur* 21, 1973 u. 22, 1974

3776 IVANOV G.K.: M. v muzyke. Moskva: Sov. kompozitor 1978, 92 S.

3777 BASKOV V., LEVINA L. S.: M. i teatr. 1963–1973. Moskva: Gosud. Centr. Teatr. Biblioteka 1973, 165 S.

MAKARENKO Anton Semenovič

3778 HILLIG G., RAUCH I.: A.S.M. Das deutschsprachige Schrifttum bis 1962. Wiesbaden: Harrassowitz 1963, 102 S.

3779 BONDARENKO L. I.: A.S.M. Spisok literatury 1963–1977. Leningrad: PI 1978, 28 S.

3780 RUDAEVA I.M., TURIČ I. M.: A.S.M. Ukazatel' trudov i literatury o žizni i dejatel'nosti. Moskva: Pedagogika 1978, 80 S.

MEYERHOLD Vsevolod Emil'evič

3781 KORŠUNOVA V.P. u.a.: Bibliografičeskij ukazatel' knig, statej... V.E.M. Moskva: Vserossijskoe teatral'noe obščestvo 1974, 63 S.

MICHALKOV Sergej Vasil'evič

3782 ALEKSACHINA I.V.: S.V.M. Moskva: Kniga 1976, 104 S.

NABOKOV Vladimir Vladimirovič

3783 ZIMMER D. E.: V.N. Bibliographie des Gesamtwerks. Hamburg: Rowohlt 1964, 52 S. (Skr.)

3784 FIELD A.: N. A Bibliography. New York: McGraw-Hill 1973, 275 S.

NAGIBIN Jurij Markovič

3785 COCHRUM E.: A Bibliography of Works by and about J. N. 1946–1978. In: *Russian Language Journal* 33, 1979, 115, 137–204

NEKRASOV Nikolaj Alekseevič

3786 DUL'NEVA K. P.: Bibliografija literatury o N. za 1959–1969 gody. In: *N. A. N. i russkaja literatura* 1821–1971, Moskva 1971, 477–504

3787 Nekrasovskij sbornik t. 6, Leningrad 1978, 179–201 *(für 1970–1974)*

3788 LAZEBA S.: M. O. N. i ukrajinška literatura. L'viv: Naučna biblioteka 1972, 112 S.

3789 IVANOV G. K.: Nekrasov v muzyke. Moskva: Sov. kompozitor 1972, 72 S.

NIKITIN Ivan Savvič

3790 MEDVEDICYNA E. D.: I. S. N. Ukazatel' literatury 1918–1973. Voronež: U 1974, 111 S.

NILIN Pavel Filippovič

3791 RUBAŠKIN A.: Glavnye knigi P.N. in: P.F.N., Ispytatel'nyj srok, Leningrad 1979, 656–669

OGNËV Nikolaj (Rozanov)

3792 JUDINA R.: N. O. Dušanbe: U 1973, 31 S.

OSORGIN Michail Andreevič

3793 Bibliographie des œuvres de M. O. Paris: Institut d'Etudes Slaves 1973, 227 S.

OSTROVSKIJ Aleksandr Nikolaevič

3794 MURATOVA K.D.: Bibliografija literatury ob A. N. O. 1847–1917. Leningrad: Nauka 1974, 285 S.

OSTROVSKIJ Nikolaj

3795 CAPENKO G. M.: N. O. Ukazatel' literatury. Moskva: Biblioteka im. Lenina 1976, 68 S.

PASTERNAK Boris Leonidovič

3796 SENDICH M.: P.s „Doktor Živago“. An International Bibliography of Criticism 1957–1974. In: *Russian Language Journal* 30, 1976, 105, 109–152. *Supplement ebdt.* 32, 1978, 113, 193–206

PLATONOV Andrej Platonovič

3797 MITRAKOVA N. M.: A.P. Materialy k biobibliografii. Voronež: Central'no-Černozemnoe KI 1969, 47 S.

PROKOPOVIČ Feofan

3799 CRACRAFT J.: F.P. A Bibliography of His Works. In: *Oxford Slavonic Papers N. S.*, 8, 1975, 1–36

PUŠKIN Aleksandr Sergeevič

3800 DOBROVOL'SKIJ L.M. u.a.: Bibliografija proizvedenij A.S.P. i literatury o nem. 1918–1936. č. 2. Leningrad: Nauka 1973, 296 S.

3801 ZAJCEVA V.V.: Knigi o P. In: *Vremennik Puškinskoj komissii* 1963ff.

3802 VACURO V. E., PNIN O. A.: P.-iana v periodike i sbornikach. In: *Vremennik Puškinskoj komissii* für 1962, 63–83; für 1963, 59–80

3803 LEVKOVIČ Ja. L.: Dokumental'naja literatura o P. 1966–1971 gody. In: *Vremennik Puškinskoj komissii* für 1971, 55–72

3804 WREATH P. J. u. A.I.: A.P. A Bibliography of Criticism in English. 1920–1975. In: *Canadian-American Slavic Studies* 10, 1976, 2, 279–304

3805 VINOKUR N. G., KAGAN R. A.: P. v muzyke. Moskva: Sov. kompozitor 1974, 375 S.

3806 ZAJCEVA V.V.: 25 puškinskich konferencij. 1949–1978. Bibliografičeskie materialy. Leningrad: Nauka 1980, 124 S.

REMIZOV Aleksej Michajlovič

3807 SINANY H.: Bibliographie des œuvres de A.R. Paris: Institut d'Etudes Slaves 1978, 255 S.

3808 LAMPL H. in: *Wiener Slawistischer Almanach* 2, 1978, 301–326

RUČ'ËV Boris Aleksandrovič

3809 B.A.R. Bibliografičeskij ukazatel'. Magnitogorsk: Gor. biblioteka 1973, 28 S.

SALTYKOV-ŠČEDRIN Michail Evgrafovič

3810 M.E.S.-Šč. Leningrad: Nauka 1976, 391–428 *(f. 1965–1974)*

3811 VLAŠINOVÁ V. u. a.: M.E.S.-Šč. v české literatuře. Praha: Slovanská knihovna 1976, 94 S.

SERGEEV-CENSKIJ Sergej Nikolaevič

3812 BYKOVA F. M.: Proizvedenija S.N.S.-C. In: *S.N.S.-C. Putevoditel' po gos. literaturno-memorial'nomu muzeju,* Simferopol' 1976, 81–102

Slovo o polku Igoreve

3813 COOPER H. R.: The Igor Tale. An Annotated Bibliography of 20th Century Non-Soviet Scholarship. White Plains: M.E. Sharpe 1978, 129 S.

SOKOLOV-MIKITOV Ivan Sergeevič

3814 KOZYŘ V. V.: I.S.S.-M. Smolensk: Oblastnaja biblioteka 1972, 28 S.

SOLŽENICYN Aleksandr Isaevič

3815 MARTIN W.: A.S. Eine Bibliographie seines Werkes. Hildesheim: Olms 1977, 184 S.

3816 FIENE D.: A.S. An International Bibliography of Writings By and About Him. 1962–1973. Ann Arbor: Ardis 1974, 168 S.

3817 *Revue des Etudes Slaves* 50, 1977, 2, 368–370

3818 NICHOLSON M.: S. in 1976. In: *Russian Literature Triquarterly* 14, 1976, 462–482

3819 SENNER W.M. u. C. L.: A.S.A Critical Bibliography of Works By and About Him in German, 1975–1978. In: *Germano-Slavica* (Waterloo) 3, 1979, 2, 127–146

SOMOV Orest Michajlovič

3820 KYRYLJUK Z.: Bibliohrafija tvoriv O. S. In: *Z.K., O.S.*, Kyjiv 1965, 145–166

STRACHOV Nikolaj Nikolaevič

3821 BUDILOVSKAJA A. L., EGOROV B. F.: Bibliografija pečatnych trudov N.N.St. In: *Trudy po russkoj i slavjanskoj filologii (Tartu)* 9, 1966, 213–229

STRUGACKIJ Arkadij und Boris Natanoviči

3822 SUVIN D.: The Literary Opus of the St. Brothers. In: *Canadian-American Slavic Studies* 8, 1974, 3, 454–463

ŠESTOV Lev

3823 BARANOFF N.: Bibliographie des œuvres de L. Ch. Paris: Institut d'Etudes Slaves 1975, 96 S.

3824 BARANOFF N.: Bibliographie des études sur L. Ch. Paris: Institut d'Etudes Slaves 1978, 78 S.

ŠMELËV Ivan Sergeevič

3825 ŠACHOVSKOJ D.M.: Bibliographie des œuvres de I. Ch. Paris: Institut d'Etudes Slaves 1980, 128 S.

ŠOLOCHOV Michail Aleksandrovič

3826 Tvorčestvo M.Š. Moskva: Nauka 1975, 299–327

3827 IL'NYĆKA L.I.: M.A.Š. i Ukrajina. L'viv: Naukova biblioteka 1978, 111 S.

3828 Knigi M.A.Š. na jazykach narodov mira. Moskva: Biblioteka inostrannoj literatury 1975, 98 S.

3829 RUDAN D.: Bibliografija priloga o M.Š. na srpskohrvatskom jeziku. In: *Zbornik za slavistiku* 11, 1975, 183–191

3830 ZAWORSKI W.: M.Sz. w polskich przekładach, nauce o literaturze i krytyce literackiej. In: *Studia polono-slavica-orientalia. Acta litteraria* 4, 1977, 189–226

ŠUKŠIN Vasilij Makarovič

3831 ŠUKŠIN V.M.: Snowball Berry Red, Ann Arbor: Ardis 1979, 235–253 *(D.M. Fiene)*

ŠVARC Evgenij L'vovič

3832 CORTEN I.H.: E.L.Š. A Selected Bibliography. In: *Russian Literature Triquarterly* 16, 1979, 333–341

TICHONOV Nikolaj Semënovič

3833 N.S.T. Bibliografičeskij ukazatel'. Leningrad: Nauka 1975, 440 S.

TJUTČEV Fedor Ivanovič

3834 KOROLEVA I.A., NIKOLAEV A.A.: F.I.T. Bibliografija proizvedenij i literatury 1818–1973. Moskva: Kniga 1978, 263 S.

TKAČEV Petr Niktič

3835 Bibliografija proizvedenij P.N.T., in *P.N.T., Sočinenija,* t. 2. Moskva: Mysl' 1976, 607–643

TOLSTOJ Aleksej Konstantinovič

3836 STAFEEV G.I.: A.K.T. Brjansk: Priokskoe KI 1969, 75 S.

TOLSTOJ Lev Nikolaevič

3837 ZAJDMAN A.D.: Literatura o L.N.T. za 1964–1966 gody. In: *Učenye zapiski U Gofkij* 102, 1970, 197–236; für 1967–1969 in: *L.N.T. Stat'i i materialy* VIII (U Gofkij) 1973, 144–169.

3838 ŠELJAPINA N.G. u.a.: Bibliografija literatury o L.N.T. 1962–1967. Moskva: Kniga 1972, 350 S.

3839 ŠELJAPINA N.G. u.a.: Bibliografija literatury o L.N.T. 1968–1973. Moskva: Kniga 1978, 231 S.

3840 NEDOSTUP N.M.: L.N.T. i Ukraina. In: *L.T. Problemy tvorčestva,* Kiev 1978, 291–309

3841 ŠELJAPINA N. G.: L.N.T. Proizvedenija L.N.T. i knigi o ego tvorčestve, vychodjaščie v Sovetskom Sojuze k 150-letiju so dnja roždenija. Moskva: Chud. literatura 1977, 24 S.

3842 BEM A. L., SREZNEVSKIJ V. I.: Bibliografičeskij ukazatel' tvorenij L.N.T. Würzburg: jal 1972, 129 S. (RdA Leningrad 1926)

3843 HALAŠA P.: L.N.T. Personálna bibliográfia. Martin: Matica 1976, 215 S.

3844 Catalogue des ouvrages de L.N.T. Paris: Imprimerie Nationale 1968, 185 S.

3845 LAZEBA E. M.: L.N.T. i Ukraina. L'vov: Naučnaja biblioteka 1978, 174 S.

3846 SACHAROVA E. M.: Bibliografičeskie ukazateli o L.N.T. In: *Sovetskaja bibliografija* 1978, 5, 78–88

3847 EGAN D. N.: L. T.: An Annotated Bibliography of English Language Sources to 1978. Folkestone: Scarecrow 1980, 303 S.

3848 TERRY G. M.: T. studies in Great Britain. In: *New Studies on Tolstoy,* London 1978, 223–254

TURGENEV Ivan Sergeevič

3849 DORNACHER K.: Bibliographie der deutschsprachigen Buchausgaben der Werke I. S. T. In: *Wissenschaftliche Zeitschrift der Pädagogischen Hochschule Potsdam* 19, 1975, 285–292

3850 MOSTOVSKAJA N. N.: Bibliografija literatury o I.S.T. 1968–1974. In: *Turgenev i ego sovremenniki,* Leningrad 1977, 237–284

TVARDOVSKIJ Aleksandr Trifonovič

3851 A.T.T. Rekomendatel'nyj ukazatel' literatury. Smolensk: Oblastnaja biblioteka 1970, 72 S.

ZABOLOCKIJ Nikolaj Alekseevič

3852 FILIPPOV G. V.: Bibliografija literatury o N.A.Z. In: *Učenye zapiski PI Leningrad* 419, 1971, 181–202

ZLATOVRATSKIJ Nikolaj Nikolaevič

3853 SEMENKIN K. G.: N.N.Z. Očerk žizni i tvorčestva. Jaroslavl': Verchne-Volžskoe KI 1976, 133–142

17. Russische Personalbibliographie nichtslavischer Autoren

ANDERSEN Hans Christian

3854 PERESLEGINA E. V.: G. Ch. A. Moskva: Kniga 1979, 109 S.

BEAUMARCHAIS Pierre

3855 P.A. Caron de B. Moskva: Kniga 1980, 168 S.

BÖLL Heinrich

3856 BRUHN P., GLADE H.: H.B. in der Sowjetunion 1952–1979. Berlin: E. Schmidt 1980, 176 S.

BRECHT Bertold

3857 B.B. Bibliografičeskij ukazatel'. Moskva: Kniga 1969, 167 S.

DANTE

3858 DANČENKO V.T.: D.A. Bibliografičeskij ukazatel' russkich perevodov i kritičeskoj literatury na russkom jazyke. Moskva: Kniga 1973, 269 S.

DREISER Theodore

3859 PARČEVSKAJA V. M.: T.D. Moskva: Kniga 1976, 119 S.

FAULKNER William

3860 LEVIDOVA I. M.: U.F. Moskva: Kniga 1979, 112 S.

FRANK Leonhard

3861 ŽITOMIRSKAJA Z. V.: L.F. Moskva: Kniga 1967, 67 S.

GARCIA-LORCA Federico

3862 BRAGINSKAJA E. V.: F.G.-L. Moskva: Kniga 1971, 84 S.

GOETHE Johann Wolfgang

3863 ŽITOMIRSKAJA Z. V.: J.W.G. Bibliografičeskij ukazatel' russkich perevodov i kritičeskoj literatury na russkom jazyke 1780–1971. Moskva: Kniga 1972, 615 S.

HEINE Heinrich

3864 STADNIKOV G. V.: G.G. na stranicach russkoj periodičeskoj pečati v 30–60e gody 19 veka. In: *Russkaja literatura i mirovoj literaturnyj process,* Leningrad 1973, 212–233

LU SIN

3865 L.S. Biobibliografičeskij ukazatel'. Moskva: Kniga 1977, 246 S.

MACHADO Antonio

3866 GIŃKO V. G.: A.M. Moskva: Kniga 1979, 111 S.

MANN Thomas

3867 VOLGINA A.A., LOPATINA N.I.: T.M. Moskva: Bibl. inostr. lit. 1980, 117 S.

MAUROIS André

3868 LEŠČINSKAJA G.I.: A.M. Moskva: Kniga 1977, 63 S.

MICHAELIS Karin

3869 SKORODENKO V. A.: K. M. Moskva: Kniga 1978, 28 S.

MULTATULI

3870 OŠIS V. V.: M. Moskva: Kniga 1971, 40 S.

NIETZSCHE Friedrich

3871 DAVIES R. D.: N. in Russia 1892–1917. A Preliminary Bibliography. In: *Germano-Slavica* 1976 u. 1977

PAVESE Cesare

3872 Č. P. Bibliografičeskij ukazatel'. Moskva: Kniga 1974, 94 S.

REED John

3873 LEVIDOVA I. M.: J. R. Bibliografičeskij ukazatel'. Moskva: Kniga ^{2}1978, 91 S.

SCHNITZLER Arthur

3874 HERESCH E.: Zur Rezeption A. Sch. in Rußland. Diss. Graz 1976, S. 72–202

SCOTT Walter

3875 LEVIN D.: V. S. v russkoj pečati 1811–1833. In: *Epocha romantizma,* Leningrad 1975, 29–67

SHAKESPEARE William

3876 LEVIDOVA I. M.: W. Sh. Bibliografičeskij ukazatel' russkich perevodov i kritičeskoj literatury na russkom jazyke 1963–1975. Moskva: Kniga 1978, 188 S.

SNOW Charles Percy

3877 LEVIDOVA I. M.: Č. P. S. Moskva: Kniga 1977, 61 S.

TWAIN Mark

3878 LEVIDOVA I. M.: M. T. Bibliografičeskij ukazatel' russkich perevodov i kritičeskoj literatury na russkom jazyke 1867–1972. Moskva: Kniga 1974, 175 S.

VOLTAIRE

3879 SIVOLAP I. I.: V. v sovetskoj literature 1917–1972 godov. In: *Francuzskij ežegodnik 1973,* Moskva 1975, 274–283

ZOLA Emile

3880 LEŠČINSKAJA G. I.: E. Z. Bibliografičeskij ukazatel' russkich perevodov i kritičeskoj literatury na russkom jazyke 1865–1974. Moskva: Kniga 1975, 344 S.

ZWEIG Stefan

3881 ŽITOMIRSKAJA Z.V.: St. Cv. Moskva: Kniga 1976, 116 S.

18. Ukrainische Bibliographie

18.1. allgemein

3882 WERES R.: Ukraine. Selected References in the English Language. Chicago: Ukrainian Research and Information Institute 1974, 318 S.

3883 BONNIERES F. de: Etudes ukrainiennes. Paris: Réunion des bibliothèques universitaires 1979, 35 S.

18.2. Regionales

3884 MAGOCSI P.R., MAYO O.K.: Carpatho-ruthenica at Harvard. Englewood: Transworld Publishers 1977, 149 S.

3885 BOYKO M.: Volyniana. Bloomington: A. Tsysaruk 1973, 163 S.

18.3. Bibliographien zur ukrainischen Literatur

3886 HOL'DENBERH L.I.: Ukrajinśka radjanśka literaturna bibliohrafija. Kyjiv: Naukova dumka 1971, 178 S.

3887 HOL'DENBERH L.I.: Bibliohrafija bibliohrafiji 1918–1969. In: *L.I.H., Ukrajinśka radjanśka literaturna bibliohrafija,* Kyjiv 1971, 107–178

3888 HOL'DENBERH L.I.: Bibliohrafični džerela ukrajinśkoho literaturoznavstva. Kyjiv: Vyšča škola 1977, 198 S.

3889 BATURYN M.L.: Bibliohrafični pokažčyki z ukrajinśkij literatury i movy. L'viv: U 1971, 56 S.

3890 REVA N.M.: Bibliohrafija ukrajinśkoji chudožnjoji literatury ta literaturoznavstva. Kyjiv: Vyšča škola 1979, 231 S.

3891 DROB'JAZKO M.F., MEŽEVYČ H.P.: Chudožna literatura. Krytyka. Literaturoznavstvo 1970–1973. Kyjiv: Dnipro 1975, 143 S.

3892 BJELJAJEVA L.V.: Knyhy z ukrajinśkoho literaturoznavstva. In: *Radjanśke literaturoznavstvo* 1971/6; 1972/5; 1974/7; 1974/8; 1975/4; 1976/5; 1977/7; 1978/8; 1979/10, 1980/9; 1981/9

3893 BABYČ Je.K., ROHOVA P.I.: Pyśmennyky Radjanśkoji Ukrajiny laureaty. (1941–1979). Kyjiv: Dnipro 1979, 110 S.

3894 HRYCKOVJAN Ja.: Ukrajinśka literatura v pol'skych perekladach ta krytyci 70ch rokiv. In: *Literatura pravdy i prohresu* 1979, 283–305

18.4. Ukrainische Literatur. Regionales

3895 KOLODEZNA S. M.: Literaturna L'vivščyna 1970–1974. L'viv: Oblastna biblioteka 1975, 64 S.

3896 Literatura i mystećtvo Radjanśkoji Bukovyny 1940–1963. Černovicy: Oblastna biblioteka 1967, 168 S.

3897 TABAČNIKOVA H. H.: Pisateli Luganščiny. Lugansk: Donbass 1968, 44 S.

3898 POLJEK V.: Literaturno-mystećka i naukova Ivano-Frankivščyna. In: *Archivy Ukrajiny* 1969, 13 S.

3899 ROTAČ P. P.: Literaturna Poltavščyna. In: *Archivy Ukrajiny* 1965–1969

18.5 Emigration

3900 ROMANENČUK B.: Bibliografija vydań ukrajinśkoji emigracijnoji literatury 1945–1970. Philadelphia: Kyjiv 1974, 96 S.

3901 ČAPLENKO N.: Bibliografija vydań žinočnoji tvorčosti poza mežamy Ukrajiny. Philadelphia: Sojuz Ukrajinok Ameryky 1974, 54 S.

18.6 Archive

3902 L'vivśka naukova biblioteka. Osobysti archivni fondy. L'viv: Naukova bibl. 1977, 187 S.

18.7. Stoffe

3903 BUTRYN M. L.: Vyzvol'na vijna ukrajinśkoho narodu pid provodom Bohdana Chmel'nyćkoho i vozz'ednannja Ukrajiny z Rosieju v chudožnij literaturi. In: *Ukrajinśke literaturoznavstvo* 33, 1979, 156–160

3904 MOROZ M. I.: Obraz Lenina v ukrainskoj sovetskoj literature. L'vov: Oblastnaja biblioteka 1970, 123 S.

3905 Juvilejna Leniniana Ukrajiny 1968–1971. Kyjiv: Naukova dumka 1978, 356 S.

3906 BUTRYN M. L.: Atejizm ukrajinśkych pyśmennykiv. L'viv: U 1976, 35 S.

3907 ROHOVA P. I.: Obraz robitnyka v ukrajinśkij radjanśkij literaturi. Kyjiv: Dnipro 1977, 56 S.

3908 SPIVAK I. A.: Lesja Ukrajinka v poeziji. Kyjiv: Znannja 1971, 25 S.

3909 BJELJAJEVA L. V.: Literaturoznavča Leniniana (1975–1979 r.). In: *Radjanśke literaturoznavstvo* 1980, 5, 73–81

18.8. Sprache

3910 HOL'DENBERH L. I., KOROLEVYČ N. F.: Ukrajinśka mova. 1918–1961. Kyjiv: Akademija 1963, 300 S.

18.9. Ethnographie, Folklore

3911 PRYLYPKO Ja. P.: Ukrajinśke radjanśke karpatoznavstvo. Kyjiv: Naukova dumka 1972, 172 S.

18.10. Geschichte

3912 MAGOCSI P. R.: An Historiographical Guide to Subcarpathian Ruś. In: *Austrian History Yearbook* 9/10, 1973/74, 201–265

3913 LIBER G., MOSTOVYCH A.: Nonconformity and Dissent in the Ukrainian SSR 1955–1975. An Annotated Bibliography. Cambridge, Mass.: Harvard Ukrainian Research Institute 1978, 284 S.

18.11. Institutionen

3914 IVAŠKEVYČ Z. A. u. a.: Systematyčny pokažčyk do vydań Černivećkoho universytetu 1948–1965. 1. Humanitarny nauky. Černivcy: U 1965, 95 S.

18.12. Personalbibliographie ukrainischer Autoren

DOVŽENKO Oleksandr

3915 KUCENKO M. V.: D. v bibliohrafiji. In: *Deržavna bibliohrafija na Ukrajini* 4, Chaŕkiv 1972, 108–121

3916 SPIVAK I. A.: Poetyčnyj obraz velykoho mytcja-humanista. In: *Ukrajinśke literaturoznavstvo* 22, 1974, 103–108

FRANKO Ivan

3917 BUTRYN M. L.: Bibliohrafija frankivśkoji bibliohrafiji 1872–1975. In: *Ukrajinśke literaturoznavstvo* 28, 1977, 116–134

3918 POHREBENNYK F.: Perekladači I. F. slov'janskymy movamy. In: *Ukrajinśke literaturoznavstvo* 32, 1979, 116–123; 34, 1980, 145–150

3919 NEČYTALJUK M. F.: Publicystyka I. F. 1875–1886. Seminarij. L'viv: U 1972, 240 S.

3920 MOROZ O. N.: I. F. Seminarij. Kyjiv: Vyšča škola ^{2}1977, 389 S.

3921 MOROZ O. N. u. M. O.: Frankoznavstvo za ... rik. In: *Ukrajinśke literaturoznavstvo* 23, 1975; 26, 1976; 28, 1977; 30, 1978; 34, 1980

3921a PAZDRO G.: Bibliografia publikacji I. F. ... w Peterburskim „Kraju“ (1885–1889). In: *Studia Polono-Slavica-Orientalia. Acta litteraria.* 6, 1980, 203–209

KRYMŚKYJ Ahatanhel

3922 DERKAČ N. M. u. a.: A. Ju. K. 1889–1971. Kyjiv: Naukova dumka 1972, 168 S.

KVITKA-OSNOVJANENKO Hryhorij

3923 HONČAR O. I.: H. K.-O. Seminarij. Kyjiv: Vyšča škola ^{2}1978, 223 S.

LESJA Ukrajinka

3924 AVRACHOV H. H.: L. U. Seminarij. Kyjiv: Vyšča škola 1971, 303 S.

3925 BULAVYĆKA M. V., MOROZ M. O.: L. U. 1884–1970. Kyjiv: Naukova dumka 1972, 392 S.

MYKYTENKO Ivan

3926 ŠUMENKO L. H.: I. M. Kirovograd: Naučna biblioteka 1972, 26 S.

NEČUJ-LEVYĆKYJ Ivan

3927 MOROZ M. I.: I. S. N.-L. L'viv: Derž. biblioteka 1968, 29 S.

PERVOMAJŚKYJ Leonid

3928 VRUBLEVŚKA M. I.: L. P. L'viv: Naukova biblioteka 1968, 24 S.

ROMANČENKO Ivan

3929 KRAVČENKO Je. Je.: I. S. R. L'viv: Naukova biblioteka 1968, 39 S.

SKOVORODA Hryhorij

3930 POLIŠČUK F. M.: H. S. Seminarij. Kyjiv: Vyšča škola 1972, 207 S.

3931 H. S. Biobibliohrafija. Chaŕkiv: U ^{2}1972, 203 S.

STEFANYK Vasyl'

3932 POHREBENNYK F. P.: V. St. Seminarij. Kyjiv: Vyšča škola 1979, 190 S.

ŠEVČENKO Taras

3933 SARANA F. K.: Materialy dó bibliohrafiji ševčenkiany. In: *Zbirnyk prać ... naukovoji ševčenkivśkoji konferenciji.* Kyjiv: AN URSR 1959 ff.

3934 MAZMAN'JANC V.: Ševčenkoznavstvo v Chaŕkivśkomu universyteti. 1882–1971. Chaŕkiv: U 1971, 35 S.

VIL'DE Iryna

3935 VOL'O M. A. u. a.: I. V. L'viv: Naukova biblioteka 1972, 66 S.

ZIZANIJ Lavrentij

3936 BOTVINNIK M. B.: Istočniki i literatura o L. Z. In: *Iz istorii knigi, bibliotečnogo dela i bibliografii v Belorussii.* 2, 1972, 200–236

19. Weißrussische Bibliographie

19.1. Allgemein.

3937 SAKOL'ČIK A. A.: Dooktjabrskaja kniga na russkom jazyke o Belorussii. Minsk: Gos. biblioteka ^{2}1976, 426 S.

3938 VASILEVSKAJA A. D. u. a.: Nauka i naučno-issledovatel'skaja rabota v Belorussii. 1918–1973. Minsk: AN 1975 ff.

3939 Selected Bibliography on Byelorussia. In: *The Journal of Byelorussian Studies* (London) *laufend*

19.2. Literatur

3940 VATACY N. B.: Mastackaja litaratura Saveckaj Belarusi 1961–1968. Minsk: Belaruś 1971, 358 S.

3941 VATACY N. B.: Belorusskoe literaturovedenie i kritika. 1945–1963. Minsk: Knižnaja palata BSSR 1964, 191 S.

3942 Litaratura i mastactva BSSR 1974. Minsk: Derž. biblioteka 1976, 140 S.

3943 SMYKAVA I. V.: Belaruski piśmenniki-laureaty. 1941–1970. Minsk: Deržavnaja biblioteka 1973, 200 S.

3944 VATACY N. B.: Belorusskaja sovetskaja dramaturgija 1917–1965. Minsk: Knižnaja palata BSSR 1966, 276 S.

3945 PRISELKOVA L.: Sovetskaja Belorussija v vospominanijach sovremennikov. Annotirovannyj ukazatel' memuarnoj literatury 1917–1972 godov. Minsk: Gosud. biblioteka 1973, 134 S.

3946 ZJANEVIČ I. C.: Metodyka belaruskaj litaratury 1906–1971. Minsk: Vyšejša škola 1977, 360 S.

3947 FAL'KOŬSKAJA I. L.: Mastackaja litaratura narodaŭ SSSR u perekladu na belaruskuju movu. 1917–1965. 1966–1975. Minsk: Knižnaja palata BSSR 1967, 1978; 176, 318 S.

19.3. Volksdichtung

3948 SOLOMEVIČ I. V.: Belorusskij fol'klor 1926–1963. Minsk: Knižnaja palata BSSR 1964, 136 S.

3949 HRYNBLAT M. Ja.: Belaruskaja etnahrafija i fal'klarystyka. 1945–1970. Minsk: Navuka i technika 1972, 387 S.

3950 BARAH L. H.: Sjužety i motivy belorusskich volšebnych skazok. Sistematičeskij ukazatel'. In: *Slavjanskij i balkanskij fol'klor* 1971, 182–235

19.4. Kinderliteratur

3951 D'JAKONOVA Z.V.: Detskaja literatura BSSR 1945–1960, 1961–1965, 1966–1970. Minsk: Gosud. biblioteka 1961–1971

19.5. Stoffe

3952 KAVALENKA M.A.: Belaruskaja litararna Leniniana. Minsk: Dzjarž. biblioteka 1976, 161 S.

19.6. sonstiges

3953 VASILEVSKAJA A.D. u.a.: Belaruskae movaznaŭstva. 1825–1965. Minsk: Navuka i technika 1967, 416 S.

3954 Biblijahrafija pa historyi Belarusi. Feadalizm i kapitalizm. Minsk: AN usw. 1969, 437 S.

19.7. Weißrussische Personalbibliographie

BAHDANOVIČ Maksim

3955 VATACY N.B.: Maksim Bahdanovič. Minsk: Dzjaržaŭnaja biblioteka 1977, 155 S.

3956 VATACY N.B.: M.B. u darevaljucyjnaj litaraturnaj krytycy. In: *Iz istorii belorusskoj bibliografii i knižnych fondov*, Minsk 1979, 53–68

BROŬKA Pjatrus

3957 VASILEŬSKI M.S., KAVALENKA M.A.: Pjatrus Broŭka. Minsk: Mastackaja litaratura ^{2}1976, 207 S.

KUPALA Janka

3957a Janka Kupala ŭ litaraturnaj krytycy i mastactvoznaŭstve. Minsk: Navuka i technika 1980, 283 S.

20. Polnische Bibliographie

20.1. allgemein

3958 DAVIES N.: Poland. Past and Present. A Selected Bibliography of Works in English. Newtonville: Oriental Research Partners 1977, 220 S.

3959 KORPAŁA J.: O bibliografiach i informatorach. Warszawa: Stowarzyszenie Bibliotekarzy Polskich 1974, 255 S.

3960 Novaja sovetskaja i inostrannaja literatura po obščestvennym naukam. Pol'skaja NR. Moskva: INION ANSSSR *(laufend)*

3961 KWIATKOWSKA H.: Bibliografie, encyklopedie i słowniki polskie. Warszawa: BN 1977, 41 S.

20.1.1. allgemein. Regionales

3962 Bibliografia Warszawy. Wydawnictwa ciągle. 1864–1903. 1904–1918. 1919–1928. Warszawa-Wrocław: Ossolineum 1971, 1973, 1977; 1880, 1961, XXXIX + 2012 Sp.

3963 BIEŃKOWSKA T., VOGEL Z.: Książki o Krakowie. Wybór publikacji z lat 1945–1971. Kraków: Miejska Bibl. Publ. 1972, 324 S.

3964 BOŻEK Z., CZARNECKA O.: Bielska bibliografia regionalna. Bielsko-Biała: Beskidzkie TSK 1979, 359 S.

20.2. Literatur

3965 CZACHOWSKA J., LOTH R.: Przewodnik polonisty. Bibliografie, biblioteki, muzea literackie. Wrocław: Ossolineum 1974, 620 S.

3966 CZACHOWSKA J., LOTH R.: Bibliografia i biblioteka w pracy polonisty. Wrocław: Ossolineum 1977, 324 S.

3967 CZACHOWSKA J.: Rozwój bibliografii literackiej w Polsce. Wrocław: Ossolineum 1980, 217 S.

3968 Bibliografia literatury polskiej. Nowy Korbut:
Oświecenie 1–4, Warszawa: PIW 1966–1972
Romantyzm 1–3, Warszawa: PIW 1968–1972
Literatura Pozytywizmu i Młodej Polski 1–4, Warszawa: PIW 1970ff. (Bd. 3 1977)
Słownik współczesnych pisarzy polskich. Seria II. 1–3, Warszawa: PWN 1977–1980

3969 Polska Bibliografia Literacka za lata 1952–1953; 1954–1955; 1972; 1973; 1974/75. Warszawa: PWN 1972–1979

3970 Katalog „Biblioteki Narodowej" 1919–1979. Wrocław: Ossolineum 1979, 152 S.

3971 ZYCHOWICZOWA S., SKRĘT R.: Bibliografia publikacji Wydawnictwa Literackiego 1953–1972. Kraków: WL 1973, 382 S.

3972 BADECKI K.: Literatura mieszczańska w Polsce 17 wieku. Warszawa: WAF 1979, 38 + 552 S. (RdA Lwów 1925)

3973 HVIŠČ J.: Bibliografia prac polonistycznych pracowników Instytutu Słowianoznawstwa SAN w Bratysławie 1975–1978. In: *Biuletyn Polonistyczny* 22, 1979, 4, 78–82

20.3. Genres

3974 Dramat staropolski. Od początków do powstania Sceny Narodowej. T. 2/1, 2/2 Wrocław: Ossolineum 1976–1978

3975 SKRZYPEK J.: Bibliografia pamiętników polskich do 1964 roku. Wrocław: Ossolineum 1976, 532 S.

3976 SAWICKA F., RUPIŃSKA J.: Bibliografia polskich wydawnictw pamiątkowych 1801–1914. Wrocław: Ossolineum 1973, 547 S.

3977 LICHAŃSKI J. u. S.: Pisarze nurtu wiejskiego we współczesnej literaturze. Warszawa: Biblioteka Narodowa 1976, 128 S. *(Skr.)*

3978 SIMON L., MARCZAK-OBORSKI S.: Bibliografia dramatu polskiego 1765–1964. Warszawa: PIW 1972, 1594 S. *(Skr.)*

3979 MISIOŁEK E.: Bibliographie théatrale polonaise. 1944–1964. 1965–1972. Warszawa: Agencja Autorska 1965, 1975; 80, 154 S.

3980 GLENSK J.: Bibliografia opracowań prasy śląskiej. 1: Do roku 1945. Opole: Instytut Śląski 1973, 137 S.

3981 Bibliografia filozofii polskiej. 3. 1865–1895. Warszawa: PWN 1971, 707 S.

3982 JADACKI J. J.: Bibliografia logiki polskiej. In: *Studia filozoficzne* 1980, 1, 161–176

3983 HOPFINGER M.: Adaptacje utworów literackich w polskim filmie okresu powojennego. In: *Problemy socjologii literatury,* Wrocław 1971, 467–489

20.4. Übersetzungen. Beziehungen

3984 RYLL L., WILGAT J.: Polska literatura w przekładach. 1945–1970. Warszawa: Agencja Autorska 1972, 369 S.

3985 Bibliografia literatury tłumaczonej na język polski w latach 1945–1976. Warszawa: Czytelnik 1977–1978, 495 + 384 S.

3986 Bibliografia tłumaczeń polskich pisarzy emigracyjnych na języki obce. 1945–1975. In: *Pamiętnik Literacki (London)* 1976, 99–130

3987 KUHNKE I.-KRAUSE F.: Polnische schöne Literatur in deutscher Übersetzung. 1900–1971. Berlin: Deutsche Staatsbibliothek 1975, 208 S.

3988 FUNKE J.: Moderne polnische Literatur. Auswahlverzeichnis. Bielefeld: Stadtbibliothek 1972, 52 S.

3989 Polnische Literatur. Eine Auswahl von Buchbesprechungen. Dortmund: Rheinisch-Westfälische Auslandsgesellschaft 1967, 74 S. *(Skr.)*

3990 STAEMMLER K.: Polnische Literatur in deutscher Übersetzung. Dortmund: Stadtbücherei ^{2}1977, 77 S. (^{1}1975)

3991 HOSKINS J.: Polish Books in English. 1945–1971. Washington: Library of Congress 1974, 170 S.

3992 BŁOŃSKA L.: Dramat amerykański na scenach polskich 1918–1978. In: *Pamiętnik Teatralny* 28, 1979, 105–154

3993 KOWZAN T.: Le théâtre français en Pologne. Choix bibliographique. 1945–1971. Paris: U 1972, 171 S.

3994 STARNAWSKI J.: Wielcy romantycy polscy na łamach „Bibliographie de France“. In: *Pamiętnik Literacki* 66, 1975, 4, 147–168

3995 SARNACKI J.: Latin American Literature and History in Polish Translation. Port Huron: Selbstverlag 1973, 93 S.

3996 PIETERS R. u.a.: Poolse Literatur in Nederlandse Vertaling. Bibliografie 1791–1976. In: *Slavica Gandensia* 4, 1977, 51–92

3997 ROED R.: Polen i norsk literatur. Oslo: Universitesforlag 1970, 41 S.

3998 CSAPLAROS I., KOROL A.: Bibliografia przekładów z literatury węgierskiej w Polsce. 1821–1917. 1961–1972. Warszawa: U 1976, 119 S.

3999 HOPP L.: Polonistyka na Węgrzech 1960–1970. In: *Biuletyn Polonistyczny* 17, 1974, 53, 74–91

20.5. Regionales

4000 Bibliografia piśmiennictwa polskiego na Śląsku. 17 i 18 wiek. Wrocław: Ossolineum 1980, 226 S. (*Śląski Korbut* 2)

4001 GLENSK J.: Związki pisarzy polskich z regionem śląskim. Opole: Instytut Śląski ^{2}1970, 66 S.

4002 RUSINSKÝ M.: Společnou cestou. Studie o polské literární tvorbě v našem kraji. Soupis literárního díla našich polských autorů. Ostrava: Krajská knihovna 1966, 12 S.

20.6. Kinderliteratur

4003 BIAŁKOWSKA B.: Literatura dla dzieci i młodzieży 1945–1970. Warszawa: Biblioteka Narodowa 1975, 404 S.

20.7. Volksdichtung

4004 KULESZA-ZAKRZEWSKA T.: Bibliografia etnograficznych prac magisterskich, doktorskich i habilitacyjnych 1945–1975. Warszawa: PWN 1979, 168 S.

20.8. Sprache

4005 GRZEGORCZYK P.: Index lexicorum Poloniae. Warszawa: PWN 1967, 286 S. *(auch über Reallexika)*

4006 TRYPUĆKO J.: 10 lat językoznawstwa polskiego 1956–1965. Uppsala: U 1973, 513 S.

20.9. Geschichte

4008 MIODUCHOWSKA M.: Materiały do bibliografii historii ruchu ludowego w latach 1864–1974. Druki zwarte wydane w Polsce Ludowej 1945–1974. Warszawa: LSW 1979, 542 S.

4009 LIPSKA H., TATAROWICZ K.: Bibliografia piśmiennictwa do dziejów UJ. Kraków: U 1967, 297 S.

4010 SKWIROWSKA S.: Bibliographie des travaux des historiens polonais en langues étrangères 1945–1968. Wrocław: Ossolineum 1971, 104 S.

20.10. Archive

4011 Katalog wydawnictw Naczelnej Dyrekcji Archiwów Państwowych 1948–1974. Warszawa: PWN 1974, 124 S.

4012 PESTKOWSKA M., STEBELSKA H.: Katalog inwentarzy archiwalnych. Warzawa: Nacz. Dyrekcja Archiwów 1971, 668 S.

20.11. Religion

4013 PSZCZÓŁKOWSKA M.: The Catholic Book in Poland 1945–1965. Warszawa: Ars Christiana 1966, 544 S.

4014 Piśmiennictwo chrześcijańskie w Polsce 1965–1970. Warszawa: Novum-Ars Christiana 1973, 206 S.

4015 Religia a literatura. Prace polskie. Lublin: KUL 1972ff.

20.12. Kunst

4016 Polska bibliografia sztuki 1801–1944. Wrocław: Ossolineum 1975ff.

4017 GRAJEWSKI L.: Bibliografia ilustracji w czasopismach polskich XIX i początku XX wieku (do 1918 r.) Warszawa: PWN 1972, 553 S.

20.13. Institutionen

4018 PIORUNOWA A. u.a.: Wydawnictwa IBL 1948–1973. Warszawa: PAN 1975, 131 S.

4019 Wrocławskie Towarzystwo Naukowe. Katalog bibliograficzny 1946–1974. Wrocław: Ossolineum 1975, 197 S.

4020 Bydgoskie Towarzystwo Naukowe. Katalog wydawnictw 1960–1973. Bydgoszcz: TN 1974, 100 S.

4021 WALCZEWSKI R., ZELLNERÓWNA E.: Katalog wydawnictw. Poznań: U 1974, 78 S. *(für 1967–1973)*

4022 Uniwersytet Warszawski 1966–1971. Materiały bibliograficzne. Warszawa: Biblioteka Uniwersytetska 1978, 240 S.

4023 LITWINOW J.: Bibliografia publikacji pracowników Instytutu Filologii Rosyjskiej i Słowiańskiej UAM 1965–1975. In: *Studia Rossica Posnaniensia* 9, 1977, 235–257

4024 FEDORKO S.: Bibliografia publikacji naukowych pracowników Wydziału Humanistycznego UMCS 1952–1971. Lublin: U 1973, 205 S.

4025 Katalog wydawnictw PAU. 3. 1947–1952. Wrocław: Ossolineum 1973, 123 S.

20.14. Personalbibliographie zur polnischen Literatur

BRONIEWSKI Władysław

4026 LICHODZIEJEWSKA F.: Twórczość W. B. Monografia bibliograficzna. Warszawa: PIW 1973, 694 + 37 S.

4027 KULYK V.P.: V. B. v URSR. L'viv: Tovarystvo radj.-pol'skoji družby 1971, 85 S.

CZERNIK Stanisław

4028 St. Cz. Życie i twórczość. Bibliografia. Ostrzeszów: Biblioteka Publiczna 1972, 240 S.

HOŁUJ Tadeusz

4029 KUNA M. in: *Owoc rodzi drzewo*. Kraków: WL 1978, 309–356

KOŁAKOWSKI Leszek

4030 L. K. Frankfurt: Börsenverein des Deutschen Buchhandels 1977, 66 S.

KRASIŃSKI Zygmunt

4031 LASOCKA B.: Z. K. Przegląd publikacji. 1945–1967. In: *Pamiętnik Teatralny* 11, 1962, 321–340; 16, 1967, 252–272

ŁYSEK Paweł

4032 BIRD Th. E.: A Bibliography of the Writings of P. Ł. In: *Queens Slavic Papers* 1, 1973, 93–101

MACH Wilhelm

4033 W. M. Człowiek i pisarz. Rzeszów: RzTPN 1968, 237–285

MICKIEWICZ Adam

4034 Materiały do bibliografii Mickiewiczianów. In: *Rocznik Towarzystwa Literackiego im. A. M. (laufend)*

4035 ODROWĄŻ-PIENIĄZEK J.: Listy do A. M. w Muzeum A. M. w Paryżu. Wrocław: Ossolineum 1968, 290 S. (*Archiwum Literackie* 12)

PRUS Bolesław

4035a TYSZKIEWICZ T.: B.P. Warszawa: PIW 1981, 204 S. (*Nowy Korbut* 17/1)

ROŹDZIEŃSKI Walenty

4036 PIASECKI W.: Bibliografia R. i jego dzieła. In: *Roździensciana*, Wrocław 1965, 6–63

SIEROSZEWSKI Wacław

4037 ROVNJAKOVA L. I.: Bibliografija russkich perevodov proizvedenij W. S., Literatura o S. na russkom jazyke. In: *Slavjanskie literaturnye svjazi*, Leningrad 1968, 160–165

TUWIM Julian

4038 STRADECKI J.: O J.T. Warszawa: Biblioteka Narodowa [2]1969, 58 S.

WITKIEWICZ Stanisław Ignacy

4039 GRZEGORCZYK P.: Dzieło pisarskie St. I. W. In: *St. I. W. Człowiek i twórca*, Warszawa 1957, 351–393

4040 SOKÓŁ L.: St. I. W. 1945–1969. Przegląd publikacji. In: *Pamiętnik Teatralny* 18, 1969, 421–452

ZAPOLSKA Gabryela

4041 CZACHOWSKA J.: Recepcja Z. w latach 1966–1971. In: *Pamiętnik Teatralny* 21, 1972, 1, 96–117

ANDERSEN Hans Christian

4042 BRZOZOWSKA Z.: Andersen w Polsce. Wrocław: Ossolineum 1970, 86–109

BALZAC Honoré de

4043 KORWIN-PIOTROWSKA Z.: B. et le monde slave. B. en Pologne. Genève: Slatkin 1976, 520 + 122 S. (RdAA Paris 1933)

21. Tschechische Bibliographie

21.1. allgemein

4044 Novaja sovetskaja i inostrannaja literatura po obščestvennym naukam. Čechoslovackaja SR. Moskva: INION ANSSSR *laufend*

4045 Katalog des Schrifttums über die Tschechoslowakei. 2 Bde. Hannover: Niedersächsische Landesbibliothek 1977/78, 1450 S.

4046 KUBÍČEK J.: Regionální bibliografie v českých zemích vydané v letech 1966–1971. In: *Česká bibliografie* 12, 1976, 231–259

4047 JEŽEK A., GALANDOVÁ L.: Bibliografie článků z komunistického a pokrokového tisku v Československu 1933–1938. Martin: Matica 1971, 1378 + 810 S.

4048 HLAVÁČEK A.: Výroční zprávy středních škol 1820–1950. Praha: Literární archiv Památníku Národního Písemnictví 1971, 574 S.

4049 BONNIÈRES F. de: Etudes tchèques. Paris: Inst. Nat. des Langues et Civ. Orientales 1976, 21 S.

4049a TOSI A. W.: Bibliografia degli studi italiani sulla Cecoslovacchia (1918–1978). Roma: Bulzoni 1980, 320 S.

21.2. Literatur

4050 PODZIMEK J.: Bibliografie české literární vědy. In: *Sborník české bibliografie* 3, 1963, 147 S.

4050a MACEK E. u. a.: Česká literární věda. 1972. Bohemistika. 1.2. Praha: Ústav pro českou a světovou literaturu 1980, 462 S. *(Skr.)*

4051 KUNDERA L.: Bibliografie autorů expresionismu. In: *Haló, je tady vichr-vichřice* 1969, 123–139

4052 SÝKOROVÁ M.: Soupis bibliografií překladů literárních děl do češtiny a slovenštiny. Brno: UK 1972, 42 S. *(Skr.)*

4053 POPOVIČ A.: Umelecký preklad v ČSSR. Výskum-Bibliografia. Martin: Matica 1971, 123 S.

4054 HOBZEK J., JANKOVIČ V.: Bibliografia pamiatkovej literatury v ČSSR za roky 1961–1965. Bratislava-Martin: Obzor 1966–1968, 108 + 89 + 51 S.

4055 Klement Gottwald v české poezii. Hradec Králové: Krajská knihovna 1971, 25 S.

4056 Bibliografie knižní filosofické literatury 1945–1970. Praha: Vysší škola ÚV KSČ 1972–1974, 219 + 236 S. *(Skr.)*

21.3. Volkskunde

4057 MÜLLEROVÁ H.: Česká národopisná bibliografie. 1953–1962. Praha: ČSAV 1976, 587 S.

4058 TRKOVSKÁ V.: Česká národopisná bibliografie 1971/72, 1973/74, 1975. Praha: ČSAV *(Skr.)*

21.4. Beziehungen u. Übersetzungen

4059 VÁVROVÁ H., TOŽIČKOVÁ J.: Anglická literatura v českých překladech. Praha: Městská knihovna 1968, 136 S.
4060 Bulharská literatura v českých překladech 1945–1972. Praha: SNTL 1974, 31 S.
4061 ROED R.: Tsjekkoslovakia i norsk litteratur. Oslo: Universitesforlag 1972, 30 S.
4062 Polská literatura v českých překladech 1945–1972. Praha: SNTL 1974, 66 S.
4063 VALENTOVÁ L.: Bibliografie překladů z rumunské krásné literatury do češtiny 1900–1975. In: *Časopis pro Moderní Filologii* 58, 1976, 6–20
4064 Ruská a sovětská literatura v českých překladech 1945–1972. Praha: SNTL 1974, 301 S.
4065 OGNEVA A. Ja.: Češsko-russkie i slovacko-russkie literaturnye svjazi 1945–1972. Praha: Slovanská knihovna 1973, 82 S. *(Skr.)*
4066 HALÍK M.: Ruské a sovětské hry. Bibliografický soupis 1867–1972. Praha: Divadelní ústav 1973, 341 S. *(Skr.)*
4067 KORZENNY J.: Czeskie i słowackie przekłady z polskiego 1960–1970. In: *Pamiętnik Słowiański* 22, 1972, 435–471
4067a POHLEIOVÁ M.: Česko-polské literární vztahy. Vyběrová bibliografie 1945–1979. Praha: Slovanská knihovna 1980, 234 S.

21.5. Geschichte

4068 ZEMAN J. K.: The Hussite Movement and the Reformation in Bohemia, Moravia and Slovakia (1350–1650). A Bibliographical Study Guide. Ann Arbor: Michigan Slavic Publications 1977, 427 S.
4069 JERABEK E.: Czechs and Slovaks in North America. New York: Czechosl. Society of Arts and Sciences in America 1976, 448 S.
4070 NOWAK Ch. M.: Czechoslovak-Polish Relations 1918–1939. Stanford: Hoover Inst. 1976, 219 S.

21.6. Regionales

4071 MACÁK A.: Bibliografie historickovlastivědné literatury Plzeňska z let 1901–1960. Plzeň: Státní Archiv 1971, 377 S.
4072 Vlastivědné publikace o Severomoravském kraji ve fondech SVKO. Olomouc: Státní Vědecká Knihovna 1968, 575 + 174 S.

21.7. Institutionen

4073 FRÝDLOVÁ P., RULF J.: Soupis diplomových prací obhájených na katedře české a slovenské literatury a literární vědy FF UK v Praze 1951/52–1967/68. In: *Příspěvky k dějinám našich literatur*, Praha UK 1970, 105–142 *(Skr.)*

4074 ŠVÁB M.: Soupis publikační činnosti pracovníků PF v Plzni 1958–1967. Plzeň: PF 1968, 146 S.

21.8. Personalbibliographie zur tschechischen Literatur

BENEŠ-TŘEBÍŽSKÝ Václav

4075 KÁDNEROVÁ J., MARIÁNKOVÁ J.: V.B.T. Kladno: Krajská knihovna 1974, 51 S.

BŘEZINA Otokar

4076 KUBÍČEK J.: O. B. Soupis literatury o jeho životě a díle. Brno: Univ. knihovna 1971, 109 S.

ČAPEK Karel

4077 K. Č.-beletrista. Brno: Knihovna J. Mahena 1978, 110 S. *(Skr.)*

ČAPEK-CHOD Karel M.

4078 RYŠÁNKOVÁ H.: K.M.Č.-Ch. Personální bibliografie. Plzeň: Knihovna města 1972, 27 S.

DURYCH Jaroslav

4079 KÖRBROVÁ Z.: J.D. In: *Příspěvky k dějinám našich literatur*. Praha: U 1970, 88–103 *(Skr.)*

HERITES František

4080 MIKUŠKOVIČOVÁ J.: F.H. České Budějovice: Krajská knihovna 1971, 31 S.

HEŘMAN František

4081 MIKUŠKOVIČOVÁ J.: F.H. České Budějovice: Krajská knihovna 1971, 19 S.

JUNGMANN Josef

4082 M. LAISKE in: *Literární archiv* 8/9, 1974, 137–196

KLÁŠTERSKÝ Antonín

4083 MIKUŠKOVIČOVÁ J.: A.K. České Budějovice: Krajská knihovna 1971, 27 S.

KLOSTERMAN Karel

4084 MIKUŠKOVIČOVÁ J.: K. K. České Budějovice: Krajská knihovna 1976, 71 S.

KOMENSKÝ Jan Amos

4085 OSIŃSKA W.: J. A. K. w Polsce. Repertorium prac K. znajdujących się w polskich księgozbiorach. Wrocław: Ossolineum 1972, 174 S.

4086 Bibliografie knižních komenian 1945–1975. Praha: Ministerstvo školství 1976, 104 S.

4087 SUŠOVÁ T.: J. A. K. Ohlas 300. vyročia úmrtia v československej tlači. Bratislava: Univerzitní knižnica 1973, 23 + 280 S.

MAHEN Jiří

4088 J. M. Literatura o jeho životě a díle. Brno: Knihovna J. M. 1972, 106 S. *(Skr.)*

4089 J. M.-beletrista. ebdt. 1979, 63 S. *(Skr.)*

NERUDA Jan

4090 KUNCOVÁ J.: Praha v životě a díle J. N. Praha: Městská knihovna 1974, 130 S. (Skr.)

4091 ŠIK H., LAISKE M.: Literatura o J. N. Praha: Odeon 1976, 236 S.

NEUMANN Stanislav Kostka

4092 Bibliografie 1918–1928. In: *Česká literatura* 23, 1975, 448–460

NOHA Jan

4093 MOURKOVÁ J.: J. N. Praha: Památník národního písemnictví 1971, 76 S.

OLBRACHT Ivan

4094 NOSEK M., LAISKE M.: Bibliografie I. O. 1. Semily: Okresní knihovna 1974, 173 S. *(Skr.)*

ŠALDA František X.

4095 MACEK E.: Soupis uveřejněné korespondence F. X. Š. In: *Literární archiv* 3/4, 1969, 461–493

WOLKER Jiří

4096 TOKSINA I. V.: J. W. Biobibliografičeskij ukazatel'. Moskva: Kniga 1980, 56 S.

22. Slovakische Bibliographie

22.1. allgemein

4097 KOTVAN I.: Inkunábuly so slovenskými vzt'ahmi. Bratislava: Univ. knižnica 1974, 96 + 76 S.

4098 PODMANICKÁ A.: Katalóg slovacikálnych kníh vydaných do roku 1918 v knižnici Matice Slovenskej. Martin: Matica 1974, 1208 S.

4099 PUMPRLA V.: Katalóg slovacikálnych kníh vydaných do roku 1800 Štátné vedecké knižnice v Olomouci. Martin: Matica 1974, 412 S.

4100 ŠTURDÍKOVÁ M.: Slovacikálni autori vo fondoch Univerzitnej knižnice v Bratislave. Bratislava: Univ. knižnica 1977ff.

4101 LACKO M.: Slovak Bibliography Abroad 1966–1975. Cleveland-Roma 1977, 436 S. (*Slovak Studies* 17)

4102 KATUŠČÁK D.: Veda a kultúra na Slovensku 1971 *(Zeitschriftenaufs.)* Martin: Matica 1977, 648 S.

22.2. Literatur

4103 Bibliografia literárnych rukopisov Matice Slovenskej. In: *Literárny archiv* 1964ff.

4104 KOVAČKA M.: Bibliografia literárnej vedy a umeleckej literatúry. Knihy. 1977. Martin: Matica 1979, 168 S. *(Skr.)*

4105 KNĚŽEK L.: Preklady z iných literatur do slovenčiny 1945–1968. Martin: Matica 1969, 723 S. *(Skr.)*

4106 BOKESOVÁ V.: Nemecká literatúra na Slovensku 1945–1974. Bratislava: Alfa 1977, 248 S.

4107 FIRCÁKOVÁ K.: Pol'ská literatúra na Slovensku 1945–1971. Bratislava: Alfa 1973, 149 S.

4108 BOKESOVÁ V.: Rumunská literatúra na Slovensku 1945–1972. Bratislava: Univ. knižnica 1974, 41 S.

4109 FEDOR M.: Slovensko-ruské literárne vzt'ahy po roku 1945. Martin: Matica 1970, 441 S. *(Skr.)*

4110 ROMAN M.: Slovenské preklady z ruské sovetské literatúry 1920–1940. Bratislava: SlPN 1970, 72 S.

4111 GEŠKOVÁ Ž.: Juhoslovanská literatúra na Slovensku 1945–1973. Bratislava: Alfa 1976, 87 S.

4112 MUNTÁG E.: Slovenská literatúra v hudobnej interpretácii (do r. 1968). Martin: Matica 1974, 286 S.

22.3. Volksdichtung

4113 KUBOVÁ M.: Bibliografia slovenskej etnografie a folkloristiky za roky 1960–1969. Bratislava: SAV 1971, 194 S.; *dasselbe laufend in: Slovenský národopis. Für 1970–1975,* Bratislava: SAV 1979, 421 S.

4114 ŠTEFÁNIK J.: Bibliografia vydaní slovenských ľudových rozprávok 1845–1974. Martin: Matica 1975, 368 + 24 S.

22.4. Kinderliteratur

4115 SLIACKÝ O.: Bibliografia literatúry pre deti a mládež 1778–1917. Bratislava: Mladé léta 1977, 307 S.

22.5. Sprache

4116 DVONČ L.: Bibliografia slovenskej jazykovedy za roky 1961–1965. Martin: Matica 1971, 804 S.

22.6. Regionales

4117 BORNEMISZOVÁ M., REPČÁK J.: Starý Kežmarok v literatúre. Poprad: Okresná knihovna 1969, 68 S.

4118 FIRCÁKOVÁ K.: Literatúra 1945–1961. Košice: Štátna vedecká knižnica 1972 *(über Ostslovakei)*

4119 Východoslovenský kraj v tlači 1972/74. Košice: Štátna vedecká knižnica 1975, 2235 S. *(Skr.) (laufend)*

4120 BREZÁNY Š. A.: Dejatelia Kysúc v kultúre, umení a vede. Martin: Matica 1971, 195 S.

4121 CEROVIĆ E. V.: Prilog bibliografiji radova o jugoslovenskim Slovacima. In: *Tradičná kultúra Slovákov vo Vojvodine.* Novi Sad 1974, 215–237

22.7. Geschichte

4122 POTEMRA M.: Robotnické hnutie na Slovensku (1901–1918). Martin: Matica 1969, 1006 S.

22.8. Stoffe

4123 Žena v literatúre. Martin: Matica 1975, 63 Bl.

22.9. Personalbibliographie zur slovakischen Literatur

ALEXY Janko

4124 HALAŠA P.: J. A. Personálna bibliografia. Martin: Matica 1974, 230 S.

CHALUPKA Janko

4125 ĎUROVČÍKOVÁ M.: Bibliografia J. Ch. in: J. Ch., Martin: Matica 1973, 147–178

GREGOR-TÁJOVSKÝ Jozef

4126 VYDROVÁ H.: J. G.-T. Personálna bibliografia. Martin: Matica 1977, 411 S. *(Skr.)*

GREGOROVÁ Hana

4127 VYDROVÁ H.: H. G. Personálna bibliografia. Martin: Matica 1974, 160 S.

HOROV Pavel

4128 SIROCHMAN E.: P. H. Súpis literatúry. Michalovce: OL'K 1965, 79 S.

HURBAN-VAJANSKÝ Svetozar

4129 TOKSINA I. V.: S. G.-V. Moskva: Kniga 1978, 90 S.

HVIEZDOSLAV

4130 TOKSINA I. V.: P. O. G. Moskva: Kniga 1974, 61 S.

JILEMNICKÝ Petr

4131 KATUŠČÁK D.: P. J. Martin: Matica 1979, 545 S.

KRASKO Ivan

4132 ZAMBOR J.: Bibliografia prác o I. K. Rimavská Sobota: Okresná knižnica 1976, 21 S.

KUZMÁNY Karol

4133 K. K. 1806–1866. Martin: Matica 1967, 245–290

ONDREJOV L'udo

4134 HALAŠA P.: L'. O. 1900–1962. Martin: Matica 1973, 102 S.

RÁZUSOVÁ-MARTÁKOVÁ Maria

4135 VISKUPOVÁ E.: M. R.-M. Personálna bibliografia. Martin: Matica 1980, 221 S.

ZÁBORSKÝ Jonáš

4136 REPČÁK J.: J. Z. Personálna bibliografia. Prešov: ŠVK 1975, 215 + 513 + 95 S. *(Skr.)*

23. Lausitzisch-sorbische Bibliographie

4137 GARDOŠ I.: Serbska bibliografia 1966–1970. Bautzen: Domowina 1974, 314 S.

4138 GARDOŠ I.: Serbska bibliografia 1971–1975. Bautzen: Domowina 1978, 437 S.

4139 GARDOŠ I.: Bibliografia literatury wo Jakube BARĆE-ĆIŠINSKIM. In: *Lětopis Instituta za serbski ludozpyt* A, 26, 1979, 87–109

4140 FASSKE H.: Auswahlbibliographie zur sorbischen Volkskunde. In: *Lětopis Reihe* C (Bautzen) *laufend*

24. Kaschubische Bibliographie

4141 HINZE F.: Bibliographische Beiträge zu einer Geschichte der kaschubischen Literatur. 1–3. In: *Zeitschrift für Slawistik* 1966–1972.

25. Gesamtjugoslavische Bibliographie

25.1. allgemein

4142 Novaja sovetskaja i inostrannaja literatura po obščestvennym naukam. SFR Jugoslavija. Moskva: INION ANSSSR *(laufend)*

4143 PETROVICH M. B.: Yugoslavia. A Bibliographical Guide. Washington: Library of Congress 1974, 283 S.

4144 HORTON J. J.: Yugoslavia. Oxford: Clio P. 1977, 210 S.

4145 TERRY G. M.: Yugoslav Studies. Twickenham: Hall 1977, 100 S.

4146 JOVANOVIĆ S., ROJNIĆ M.: A Guide to Yugoslav Libraries and Archives. Columbus: Americ. Assoc. for the Advancement of Slavic Studies 1975, 126 S.

4147 MATULIĆ R.: Books on Jugoslavia. In: *Review. Published by the Study Centre for Jugoslav Affairs* 13, 1974, 1, 58–78; 14, 1975, 167–191

25.2. Gesamtjugoslavische Volksdichtung

4148 KEKEZ J.: Bibliografija poslovica i zagonetaka. In: *Zbornik za slavistiku* 5, 1973, 183–220

4149 JANJIĆ J.: Prilog bibliografiji radova o narodnom stvaralaštvu revolucije i drugu Titu u njoj. In: *Narodno stvaralaštvo-Folklor* 15/16, 1976/77

4150 BOGAVAC M. u.a.: Bibliografija radova o narodnoj književnosti. 5 Bde. Sarajevo: Akademija Nauka BiH 1972–1979

4151 RADENKOVIĆ Lj.: Bibliografija narodnih bajanja. In: *Književna istorija* 11, 1979, 43, 545–566

4152 JOVANOVIĆ T.: Bibliografija narodnih umotvorina u „Srpsko-dalmatinskom magazinu". In: *Književna istorija* 12, 1979, 45, 175–190

25.3. Literatur

4153 COOTE M. P.: Yugoslavia: Bibliographical Spectrum. In: *Review of National Literatures* 5, 1974, 1, 127–140

4154 POPOVIĆ D.: Bibliografija savremene poezije jugoslovenskih naroda i narodnosti. In: *Delo* 24, 1978, 11, 148–163

4155 Književnosti narodnosti Vojvodine 1945–1972. Novi Sad: Matica usw. 1973, 173 S. *(Ungarn, Slovaken, Ruthenen, Rumänen)*

25.4. Übersetzungen und Beziehungen

4156 Bibliografija prevoda u SFRJ. Beograd: Jugoslov. bibliografski institut *laufend*

4157 WAGNER H. u. Z.: Jugoslavica u Poljskoj. In: *Zbornik za slavistiku* 2, 1972, 113–170

4158 Prijevodi s njemačkog jezika. 1948–1966. Göttingen: Vandenhoeck u. Ruprecht 1967, 64 S.

4159 MIHAILOVICH V., MATEJIĆ M.: Yugoslav Literature in English. A Bibliography of Translations and Criticism. 1821–1975. Cambridge, Mass.: Slavica 1976, 337 S.

4160 KERSCHE P. u. G.: Bibliographie der Literaturen Jugoslaviens in deutscher Übersetzung 1775–1977. Wien: Verlag f. Geschichte u. Politik 1978, 260 S.

4161 Književna dela naroda Jugoslavije objavlena u DR Nemačkoj 1949–1977. Bibliografija nemačkih i lužičkosrpskih prevoda. Beograd: Narodna biblioteka 1978, 67 S. *(zweisprachig)*

4162 Jugoslavische Literatur. Eine Auswahl von Buchbesprechungen. Dortmund: Südosteuropagesellschaft usw. 1968, 99 S.

4163 GALLIS A., KOMADINIĆ S.: Jugoslavija-Norveška. Oslo: Universitetsforlag 1953, 70 S.

4164 TELEĆAN M.: Contribución a la bibliografía de traduciones de literatura hispánica en Yugoslavia. In: *Studia Romanica et Anglica Zagrabiensia* 33/36, 1972/73, 807–839

4165 LOCKWOOD Y. R.: Yugoslav Folklore. An Annotated Bibliography of Contributions in English. San Francisco: Research Assoc. 1976, 105 S.

25.5. Geschichte

4166 Bibliografija rasprava i članaka 8–11 (= IV. Historija) Zagreb: Leksikografski Zavod 1965–1973 (Bd. 10: *Predmetni indeks*).

4167 The Historiography of Yugoslavija 1965–1975. Beograd: Izdavačko-grafički zavod 1975, 522 S.

4168 LISAC A.-Lj.: Prilozi jugoslavenskoj arhivističkoj bibliografiji. In: *Arhivist* 6, 1956ff.

26. Serbokroatische Bibliographie

4169 HUC M.: Narodna poezija serbiv i chorvativ v ukrajinśkych perekladach: In: *Zbornik za slavistiku* 10, 1976, 185–212

4170 STIPČEVIĆ N.: Pogled na prevode srpskohrvatskog usmenog pesništva u Italiji. In: *Zbornik za književnost i jezik* 23, 1975, 448–457

4171 CEROVIĆ E.: Bibliografija izdanja Etnografskog instituta i radova objavljenih u njima u periodu 1972–1976. In: *Glasnik Etnografskog instituta SAN* 27, 1978, 133–160

4172 ĆEMAN M., ISAKOVIĆ A.: Bibliografija radova o Hasanaginici. 1774–1974. In: *H. 1774–1974,* Sarajevo: Svjetlost 1975, 621–706

4173 BOVAN V.: Bibliografija publikacija o srpskom narodnom stvaralaštvu Kosova. In: *Narodno stvaralaštvo-Folklor* 18, 1979, 69/70

4174 PALANČANIN S.: Rusko – srpskohrvatska književna bibliografija. 1. 1918–1941. Novi Sad: Matica Srpska 1980, 399 S.

27. Kroatische Bibliographie

27.1. Literatur

4175 ŠIMIČIĆ Ž.: Croatica u časopisu „Vijenac" od 1869 do 1873. Zagreb: Liber 1975, 183 S.

4175 a ŠIMIČIĆ Ž.: Croatica u časopisu „Vijenac" za Šenoina uredništva (1874–1881). Zagreb: Liber 1977, 381 S. (*Croatica. Bibliografije* 7/8).

4176 OČAK J.: Croatica u godini 1969. In: *Croatica* 2, 1971, 231–295 und 3, 1972, 377–387

4177 OČAK J.: Croatica u godini 1970. Zagreb: Liber 1975, 156 S.

4178 Hrvatska književnost 1970. Bibliografski pregled. Zagreb: Liber 1973, 300 S. (*Croatica. Bibliografije* 4)

4178 a BENC-KIŠ A., PETRAČ B.: Croatica u 1971. Članci, studije i rasprave o hrvatskoj književnosti... Zagreb: Liber 1979, 177 S. (*Croatica. Bibliografije* 18)

4178 b PERICA B., PETRAČ B.: Croatica u 1971. Bibliografski pregled. Zagreb: Liber 1979, 256 S. (*Croatica. Bibliografije* 17)

4179 ŠARAC P.: Croatica u godini 1972. Članci etc. Zagreb: Liber 1978, 118 S. (*Croatica. Bibliografije* 14)

4179a STOJEVIĆ A.: Croatica u godini 1972. Bibliografski pregled. Zagreb: Liber 1978, 141 S. (*Croatica. Bibliografije* 12)

4180 ORAIĆ D.: Croatica u godini 1973. Članci etc. Zagreb: Liber 1975, 276 S.

4181 PERICA B.: Hrvatska književnost u godini 1973. Zagreb: Liber 1978, 292 S. (*Croatica. Bibliografije* 10)

4182 HORVAT A., JEIĆ Z.: Croatica u godini 1974. Članci etc. Zagreb: Liber 1978, 194 S. (*Croatica. Bibliografije* 11)

4182a PERICA B.: Croatica u godini 1974. Bibliografski pregled. Zagreb: Liber 1978, 186 S. (*Croatica. Bibliografije* 16)

4183 TENŽERA I., PETRAČ B.: Croatica u godini 1975. Članci etc. Zagreb: Liber 1978, 134 S. (*Croatica. Bibliografije* 15)

4183a RUČEVIĆ J., BAKARIĆ N.: Hrvatska književnost u godini 1975. Zagreb: Liber 1978, 202 S. (*Croatica. Bibliografije* 13)

4183b ISAAC S.: Croatica u 1976. Članci etc. Zagreb: Liber 1979, 213 S. (*Croatica. Bibliografije* 20)

4183c BLAŽEVIĆ J.: Croatica u 1976. Bibliografski pregled. Zagreb: Liber 1979, 168 S. (*Croatica. Bibliografije* 19)

4183d MITOK A.: Croatica u 1977. Članci etc. Zagreb: Liber 1979, 166 S. (*Croatica. Bibliografije* 22)

4183e STOJEVIĆ A.: Croatica u 1978. Zagreb: Liber 1979, 209 S. (*Croatica. Bibliografije* 23)

4184 ŽIVANČEVIĆ M.: Prinosi za bibliografiju hrvatske književnosti. In: *Zbornik za slavistiku* 16, 1979, 221–229

4185 NOVALIĆ D.: Hrvatski humanisti na Budimskom dvoru. In: *Croatica* 5, 1973, 247–251

27.2. Regionales

4186 KUZMANOVIĆ M.: Bibliografija kajkaviana. Antologiji i izbori 1933–1974. In: *Kaj* 8, 1975, 249–289

4187 JURIČIĆ Ž.: Croatian-Canadian Creative Literature. A Preliminary Checklist of Authors and Pseudonyms. In: *Canadian Ethnic Studies* 5, 1976, 1/2, 27–29

27.3. Institutionen

4188 KRITOVAC D.: Bibliografija doktorskih disertacija Sveučilišta u Zagrebu … 1880–1952. Zagreb: Referalni centar 1974, 229 Bl. *Wird fortgesetzt.*

28. Serbische Bibliographie

28.1. allgemein

4189 NIKOLIĆ J.: Bibliografija Matice Srpske 1950–1965. 1966–1970. 1971–1975. Novi Sad: Matica 1973–1979, 686, 344, 434 S.

28.2. Literatur

4190 BEKIĆ O.: Nemačka književnost u Srpskom književnom glasniku. 1901–1914. 1920–1941. In: *Godišnjak FF Novi Sad* 14, 1971, 751–761; 15, 1972, 884–894

4191 ĐUROVIĆ R.: Dramsko stvaralaštvo do 1941. Građa za bibliografiju Crne Gore. In: *Stvaranje* 31, 1976, 1, 109–131

4192 IVANOVIĆ R.: Bibliografija književnih radova Kosova i Metohije 1945–1966. In: *Zbornik FF Priština* 7, 1970, 327–344

28.3. Regionales

4193 STOJANOVIĆ N. L.: Građa za bibliografiju jugoslovenske i strane knjige o Beogradu. Beograd: Biblioteka grada 1974, 1372 S.

28.4. Institutionen

4194 Pregled doktorskih disertacija odbranjenih u Srbiji 1945–1975. Beograd: U 1977, 530 S.

4195 Popis radova nastavnika i saradnika Beogradskog universiteta objavljenih u toku 1962 ... godine. *(laufend)*

28.5. Beziehungen

4196 ADŽIĆ M.: Prilog bibliografiji o crnogorsko-italijanskim odnosima. In: *Bibliografski vjesnik* 6, 1977, 1, 39–59

28.6. Stoffe

4197 MILJANIĆ N. R.: Crnogorski autori i Crna Gora u Letopisu Matice Srpske (1825–1976). In: *Bibliografski vjesnik* 8, 1979, 1, 13–108

4198 JOVANOVIĆ J.: Crna Gora i crnogorci u „Bosanskoj Vili“ (1885–1914). In: *Bibliografski vjesnik* 9, 1980, 1, 5–71

4199 MILJANIĆ N. R.: Crna Gora i crnogorci u „Javoru“ (1862–1863, 1874–1893). *ebdt.* 73–122

4200 VUČINIĆ Lj.: Crna Gora i crnogorci u Brankovom Kolu. In: *Bibliografski vjesnik* 8, 1979, 2, 5–23

4201 JOVANOVIĆ J.: Mostarska „Zora“ o Crnoj Gori i crnogorcima. *ebdt.* 9, 1980, 5–31

4202 MILJANIĆ N. R.: Crnogorci i Crna Gora u časopisu „Danica“ (1860–1871). *ebdt.* 33–48

29. Personalbibliographie kroatischer und serbischer Autoren

ANDRIĆ Ivo

4203 I. A. Bibliografija dela, prevoda i literature. Beograd: SAN 1974, 330 S.

4204 LICHAČEVA L. P.: I. A. Moskva: Kniga 1974, 125 S.

BARAKOVIĆ Juraj

4205 ŠOKOTA M.: O dosadašnjim istraživanjima J. B. i njegovih djela. Bibliografija. In: *J. B.-u o 350-oj obljetnici smrti,* Zadar 1979, Posebno izdanje *„Zadarske revije“*, 111–125

BIHALJI-MERIN Oto

4206 O. B.-M. Biobibliografija. Beograd: Nolit 1976, 115 S.

BOJIĆ Milutin

4207 Bibliografija in: M. B. *Sabrana dela,* sv. 4, Beograd 1978, 289–341

BOŽIĆ Mirko

4208 VINSKI N., SELAKOVIĆ M.: Bibliografski podaci o M. B. In: *Kronika Zavoda za književnost i teatrologiju JAZU* 5, 1979, 12/13, 13–56

CRNJANSKI Miloš

4209 MORAČIĆ D.: Bibliografska grada o M. C. In: *Književnost i jezik* 34, 1977, 455 ff.

ĆOROVIĆ Vladimir

4210 MITROVIĆ D.: Bibliografija V. Ć. In: *Istor. glasnik* 1976, 1/2, 205–315

DAVIČO Oskar

4211 MORAČIĆ D. in: *Književnost i jezik* 26, 1979, 1, 185–195

ĐILAS Milovan

4212 MILENKOVITCH M. M.: M. Đ. An Annotated Bibliography. 1928–1975. Ann Arbor: Univ. Microfilms 1976, 45 S.

GAJ Ljudevit

4213 ŽIVANČEVIĆ M.: Literatura o Lj. G. in: *Croatica* 5, 1973, 153–167

GLIŠIĆ Milovan

4214 MORAČIĆ D.: Bibliografska građa o M. Đ. G. In: *Književnost i jezik* 27, 1980, 121–126

JANKOVIĆ de Mirievo Teodor

4215 MARINKOVIĆ B.: Literatura o srpskim piscima 18 stoleća. In: *Zbornik za istoriju Matice Srpske* 5, 1972, 187–208

JUKIĆ Ivan Franjo

4216 MILJANOVIĆ M., LILJAK A.: Prilozi za bibliografiju I. F. J. In: *Bibliotekarstvo* 17, 1971, 2, 53–62

KARADŽIĆ Vuk

4217 DOBRAŠINOVIĆ G.: Bibliografija spisa V. St. K. Beograd: Prosveta 1974, 972 S. (*Sabrana dela* 36). Dazu *Kovčežić* 12, 1975, 175–213

4218 DOBRAŠINOVIĆ G.: Vukovi korespondenti. In: *Kovčežić* 9, 1971, 62–129

KOVAČIĆ Risto

4219 MILJANIĆ N. R.: R. K. In: *Bibliografski vjesnik* 9, 1980, 1, 125–130

KRIŽANIĆ Juraj

4220 GOLJDBERG A. Lj.: Bibliografija o J. K. In: *Historijski zbornik* 21/22, 1971, 513–528

4221 BADALIĆ J.: J. K. u suvremenoj bibliografiji. In: *Radovi Zavoda za slavensku filologiju* 14, 1976, 137–142

KRLEŽA Miroslav

4222 M. K. Moskva: Kniga 1979, 95 S.

KUKALJ Vukalj

4223 VUKOVIĆ R.: Bio-bibliografija V. M. K. In: *Bibliografski vjesnik* (Cetinje) 6, 1977, 1, 77–124

KULENOVIĆ Skender

4224 ZEREMSKI V.: Bibliografija S. K. In: *Rad Matice Srpske* 11, 1975, 9–11

4225 MORAČIĆ D.: Bibliografska građa o S. K. In: *Književnost i jezik* 26, 1979, 2/3, 463–466

LAZAREVIĆ Laza

4226 MORAČIĆ D.: Bibliografska građa o L. L. In: *Književnost i jezik* 23, 1976, 4, 391–395

LESKOVAR Janko

4227 CEROVAC M.: Djela J. L. Literatura o J. L. In: *Kaj* 7, 1974, 1, 123–126

MAKSIMOVIĆ Desanka

4228 MORAČIĆ D.: Bibliografska građa o D. M. In: *Književnost i jezik* 25, 1978, 357–362

MARKOVIĆ Svetozar

4229 NAUMOV E. P.: Bibliografija issledovanij posvjaščennych S. M. In: *Sovetskoe slavjanovedenie* 1979, 3, 122–123

MATIĆ Dušan

4230 MORAČIĆ D.: Bibliografska građa o D. M. In: *Književnost i jezik* 25, 1978, 2, 247–250

MATKOVIĆ Marijan

4231 VINSKI N.: Bibliografski podaci o M. M. In: *Kronika Zavoda za književnost i teatrologiju JAZU* 6, 1980, 17, 118–127

MATOŠ Antun Gustav

4232 TADIJANOVIĆ D. in: A.G.M., *Sabrana djela,* Zagreb: Liber 1973, sv. 20, 369–459

4233 JELČIĆ D.: Literatura o M. 1896–1974. Zagreb: Liber 1976, 542 S.

MAŽURANIĆ Ivan

4234 Bibliografija. In: I. M., *Sabrana dela,* Zagreb, Liber-Matica 1979, sv. 4, 531–658

4235 MORAČIĆ D.: Bibliografska građa o I. M. In: *Književnost i jezik* 27, 1980, 2, 257–260

MILJANOV Marko

4236 ČAĐENOVIĆ J.: Bio-bibliografija M. M. In: *Bibliografski vjesnik* 8, 1979, 1, 111–152

MILJKOVIĆ Branko

4237 TEŠIĆ G.M.: Biobibliografija B.M. In: *Književna istorija* 7, 1975, 345–396

NAZOR Vladimir

4238 MIHANOVIĆ N.: Literatura o V. N. In: *Croatica* 3, 1972, 289–376 *(1898–1969)*

4239 ŽEŽELJ M.: Tragom pjesnika V. N. Zagreb: Stvarnost 1973, 553–575

4240 Bibliografija radova V. N. In: V. N., *Sabrana djela,* sv. 21, Zagreb 1977, 325–530

NENADOVIĆ Ljubomir P.

4241 RADEVIĆ M.: Prilog bibliografiji dela L. P. N. In: *Književna istorija* 10, 1977, 37, 157–180

NJEGOŠ Petar Petrović

4242 LAUŠEVIĆ D.: Bibliografija knjiga, studija, članaka i drugih napisa iz istorije Crne Gore, NOB-a, Njegošologije, etnografije i muzeologije za 1968 god. In: *Glasnik cetinjskih muzeja* 2, 1970, 215–280

OBRADOVIĆ Dositej

4243 MARINKOVIĆ B.: Prilog bibliografiji radova o D. O. In: *Kovčežić* 9, 1971; 14/15, 1977

4243a PALANČANIN S.: Data Dositeana. In: *Zbornik Matice srpske za književnost i jezik* 28, 1980, 2, 289–343

ORFELIN Zaharija

4244 MARINKOVIĆ B.: Bibliographia orpheliniana. In: *Godišnjak FF Novi Sad* 18, 1975

PAČIĆ Jovan

4245 KLEUT M.: Bibliografija J. P. In: *Zbornik za slavistiku* 7, 1974, 191–203

PETKOVIĆ-DIS Vladislav

4246 TEŠIĆ G. M.: Bibliografija V.P.D. 1903–1975. In: *Književna istorija* 7, 1975, 729–794

PETRONIJEVIĆ Branislav

4247 CEKIĆ M.: Bibliografija B. P. Beograd: Narodna biblioteka 1975, 143 S.

POPOVIĆ Jovan

4248 ZEREMSKI V.: Bibliografija J. P. Novi Sad: Biblioteka Matice Srpske 1977, 196 S.

RADIČEVIĆ Branko

4249 VESELINOV I., PETROVIĆ T.: Bibliografija B. R. Novi Sad: Matica 1974, 226 S.

SEKULIĆ Isidora

4250 MORAČIĆ D.: Bibliografska građa o I. S. In: *Književnost i jezik* 24, 1977, 2/3, 321–326

STANKOVIĆ Borisav

4251 SIMONOVIĆ R.: B. S. i njegovo književno delo. Vranje: Državni arhiv 1966–1972, 69 + 74 + 41 S.

4252 MORAČIĆ D.: Bibliografska građa o B. St. In: *Književnost i jezik* 23, 1976, 139–142

ŠENOA August

4253 ŽIVANČEVIĆ M.: Literatura o Š. In: *Godišnjak FF Novi Sad* 17, 1974, 1, 221–246

VOJNOVIĆ Ivo

4254 JOVANOVIĆ R. V.: I. V. Život i delo, Beograd 1974, 395–412

RILKE Rainer Maria

4255 CAJIĆ R., ĐURIĆ S.: R.M.R. u Jugoslaviji. 1908–1975. Beograd: Narodna biblioteka 1979, 179 S.

30. Slovenische Bibliographie

30.1. Literatur

4256 BULOVEC Š.: Bibliografija. In: J. Pogačnik, *Zgodovina slovenskega slovstva* 8, Maribor 1972, 313–419

4257 SIMONITI P.: Sloveniae scriptores latini recentioris aetatis. Opera scriptorum latinorum Sloveniae usque ad annum 1848 typis edita. Zagreb-Ljubljana: JAZU 1972, 184 S.

4258 SIMONITI P.: Bibliografija filozofskih tekstov (rokopisov in tiskov) na Slovenskem do leta 1800. Ljubljana: U 1971, 77 S.

4259 BRECELJ M. u. a.: Bibliographie. Traductions des belles-lettres slovènes. *Le Livre Slovène* 9, 1971, numéro spécial, 119 S.

4260 RANKOV M.: Slovenica u srpskim književnim časopisima između dva svetska rata. In: *Zbornik za slavistiku* 4, 1973, 147–183

4261 STERLE V.: Bibliografija o Mariboru. Maribor: U 1975 ff.

4262 Biografije in bibliografije znanstvenih in strokovnih sodelavcev SAZU Ljubljana: SAZU 1976, 478 S.

4263 KLEMENČIČ M.: Biblioteka in publikacije SAZU v letih 1952–1971. Ljubljana: SAZU 1973, 299 S.

4264 KRANJEC M., LOGAR-PLEŠKO A.: Slovenistika v 1979. In: *Jezik in slovstvo* 25, 1980, 7/8, 223–235

30.2. Slovenische Personalbibliographie

4265 CHRISTIAN H. A.: Louis Adamič. A Checklist. Kent: State UP 1971, 212 S.

4266 GERLANC B.: Bibliografija knjižnih izdaj France Bevka. In: *Bevkova knjiga,* Ljubljana, Mladinska knjiga 1972, 191–209

4267 KERSCHE P.: Simon Gregorčič v nemskih prevodih. In: *Slavistična Revija* 18, 1970, 289–298

4268 BULOVEC Š.: Prešern-ova bibliografija. Maribor: Obzorja 1975, 759 S.

31. Makedonische Bibliographie

31.1. allgemein

4269 Kumulativna makedonska bibliografija 1944–1969. Skopje: NUB 1976ff.

4270 HADŽIKIMOV V.: Retrospektivna bibliografija na Makedonija. Knigi. Skopje: NUB 1973, 289 S.

31.2. Literatur

4271 Prilog kon bibliografijata na makedonskata književna istorija, eseistika i kritika. 1945–1977. Skopje: Mak. AN 1974–1978, 623 S.

4272 MORAČIĆ D.: Makedonska literatura na srpskohrvatski vo povoenot period. In: *Literaturen zbor* 23, 1976, 2, 113ff.

31.3. sonstiges

4273 Historiographie de Macédoine 1945–1970. Skopje: Institut za nacionalna istorija, 1970–1972, 363 + 561 S.

4274 Goce Delčev. Dokumentacija. Pečet. Letopis. Hronologija izreki. Bibliografija. Skopje: Kultura 1972, 345 S.

4275 Macedonian Academy of Sciences and Arts. Publications 1968–1972. Skopje: MAN 1973, 20 S. *(auch makedonisch)*

4276 Bibliografija na trudovete od sorabotnicite na Institutot za Makedonski Jazik. In: *Spomenica Institut za Mak. Jazik 25 godini.* Skopje: Institut za Mak. Jazik 1978, 41–72

4277 Bibliografija na objavenite trudovi na nastavnicite i sorabotnicite na Filozofski Fakultet vo Skopje. In: *Godišen zbornik FF Skopje* 25, 1972/73, 453–656

31.4. Personalbibliographie zur makedonischen Literatur

4278 MORAČIĆ D.: Bibliografska građa o Slavku Janevskom. In: *Književnost i jezik* 25, 1978, 1, 123–127

32. Bulgarische Bibliographie

32.1. allgemein

4279 Novaja sovetskaja i inostrannaja literatura po obščestvennym naukam. NR Bolgarija. Moskva: INION ANSSSR *laufend*

4280 BONNIÈRES F. de: Etudes bulgares. Paris: Bibliothèque de l' Institut National des langues et littératures orientales 1978, 26 S.

32.2. Literatur

4281 Literaturovedčeski knigi izdadeni prez 1973, 1974, 1975 godina. In: *Literaturna misъl* 1973/6, 1974/6, 1975/6

4282 CVETANOVA E.: Bъlgarska literaturno-istoričeska bibliografija 1975. 1977. In: *Literaturna istorija* 1, 1977, 107ff.; 3, 1979, 4, 91–118; 4, 1980, 6, 91–123

4283 DJUGMEDŽIEVA P. u.a.: Sъvremeni bъlgarski pisateli. Preporъčitelna bibliografija. Sofija: Narodna biblioteka 1972, 312 S.

4284 Bъlgarski ezik i literatura. Preporъčitelna bibliografija. Sofija: Narodna biblioteka 1973, 392 S.

32.3. Volksdichtung

4285 NICOLOFF A.: Bulgarian Folklore and Fine Literature. Translated into English, French, and German. A Selected Bibliography. Cleveland: Selbstverlag 1971, 79 S.

4286 MEL'C M. Ja.: Bolgarskij fol'klor v sovetskoj pečati. 1967–1974. In: *Russko-bolgarskie fol'klornye i literaturnye svjazi,* t. 1, Leningrad 1976, 174–210

4287 PETKOVA S.: Izsledvanija i materiali po folklor, izlezli v Bъlgarija prez 1975 i 1976 godini. In: *Bъlgarski folklor* 3, 1977, 1, 93–102

4288 PETKOVA S.: Bъlgarska folkloristična literatura za 1977 godina. In: *Bъlgarski folklor* 4, 1978, 2, 77–86, für 1978 *ebdt.* 5, 1979, 2, 82–90 (BOJADŽIEVA St.), für 1979 *ebdt.* 6, 1980, 93–102

32.4. Genres

4289 Bibliografija na literaturata po žurnalistika, izdadena v Bъlgarija prez perioda 1944–1969 godini. Sofija: Sъjuz na bъlgarskite žurnalisti 1972, 246 S.

32.5. Stoffe

4290 Temi i obrazi v bъlgarskata chudožestvena literatura. Preporъčitelna bibliografija. Sofija: Narodna biblioteka 1974, 296 S.

4291 ŠANDANOVA L., DAVIDOVA S.: Bъlgarskite evrei i evrejskija periodičen pečat na bъlgarski ezik 1878–1974. In: *Proučavanja za istorijata na evrejskoto naselenie v bъlg. zemi. 15–20 vek*. Sofija 1980, 270–318

32.6. Übersetzungen, Beziehungen

4292 TRAJKOV V.: Bъlgarska chudožestvena literatura na čuždi ezici. 1823–1962. Sofija: Nauka i izkustvo 1964, 389 S.

4293 Bъlgarska chudožestvena literatura v prevodi. Sofija 1965 ff.

4294 ALEKSANDROV V.: Sъvetska chudožestvena literatura v Bъlgarija 1917–1944. Sofija: Narodna biblioteka 1972, 391 S.

4295 OREŠKOVA Z. u.a.: Sъvetska chudožestvena literatura v Bъlgarija 1955–1965. Sofija 1967, 504 S.

4296 ALEKSANDROV V.: Sъvetska detska literatura v Bъlgarija 1917–1967. Sofija: Dom na literaturata 1968, 222 S.

4297 Ukrajinska sъvetska chudožestvena literatura i literaturna kritika v Bъlgarija 1917–1974. Sofija: Narodna biblioteka 1974, 252 S.

4298 FURNADŽIEVA E. G.: Beloruska chudožestvena literatura v Bъlgarija 1920–1965. Sofija: Narodna biblioteka 1965, 25 S.

32.7. Sprache

4299 KONSTANTINOVA V.: Ezikovite vъprosi v bъlgarskija pečat prez 19 vek. Sofija: BAN 1979, 231 S.

32.8. Geschichte, Kulturgeschichte

4300 GEČEVA K.: Bъlgarsko kulturno vъzraždane. Materiali za bibliografija. Literatura, publikuvana v Bъlgarija 1878–1978. Sofija: BAN 1979, 115 S. *(Skr.)*

4301 LAZAROV M.: Development and Achievements of Bibliography on the History of Bulgaria. Sofia: CIBAL 1977, 99 S. *(Skr.)*

32.9. Institutionen

4302 Sto godini BAN 1869–1969. II. Profesori i starši naučni sъtrudnici. Obštestveni nauki. Sofija: BAN 1972, 396 S.

4303 VASILEVA J.: Bibliografija na izdanijata na Sofijskija universitet 1966–1970. Sofija: U 1975, 256 S.

4304 Velikotъrnovski universitet „Kiril i Metodij". Biografsko-bibliografski sbornik 1963–1972. Veliko Tъrnovo: U 1973, 191 S.

4305 Bъlgarski disertacii. Sofija: Narodna Biblioteka *laufend*

32.10. Bulgarische Personalbibliographie

4306 BEGUNOV J. K.: Građa za bibliografiju radova o Grigoriju Camblaku. In: *Književna istorija* 6, 1974, 24, 771–792

4307 URBAN Z.: Kiril Christov v Čechách. Praha: Slovanská knihovna 1978, 54 S.; *dass. bulgar.* in: *Literaturna istorija* 3, 1979, 4, 79–89

4308 LICHAČEVA L. P.: Elin Pelin. Moskva: Kniga 1977, 126 S.

4309 P.K. Javorov. Bio-bibliografija. Sofija: Narodna biblioteka 1978, 268 S.

4310 IVANOVA K.: Kliment Ochridski. Bibliografija 1878–1944. In: *K. O. Sbornik,* Sofija 1966, 58 S.

33. Handschriften

4311 VODOFF W.: La publication des catalogues de manuscrits slaves et des inventaires d'archives en U.R.S.S. In: *Journal des Savants* 1970, 29–52

4312 VAŠČENKO T. F., SABENINA A. M.: Publikacii i opisanija russkich rukopisej za rubežom s 1966 po 1970 god. In: *Vostočnoslavjanskie jazyki,* Moskva 1973, 288–299

4313 Pergamennye rukopisi Biblioteki AN SSSR. Opisanie russkich i slavjanskich rukopisej XI–XVI vekov. Leningrad: Nauka 1976, 248 S.

4314 PROTAS'EVA T.N.: Opisanie rukopisej Sinodal'nogo sobranija. I. Moskva: Gos. Istor. Muzej 1970, 245 S. *(Skr.)*

4315 PROTAS'EVA T.N.: Opisanie rukopisej Čudovskogo sobranija. Novosibirsk: Nauka 1980, 233 S.

4316 ŠAPOV Ja. N.: Vostočnoslavjanskie i južnoslavjanskie rukopisnye knigi v sobranijach Pol'skoj NR. Moskva: AN. Institut Istorii 1976, 163 + 202 S.

4317 MOŠIN V.: Ćirilski rukopisi u Povijesnom muzeju Hrvatske. Kopitareva zbirka slovenskih rukopisa i Cojsov ćirilski odlomak u Ljubljani. Beograd: SKZ 1971, 209 S. + Tafelband

4318 ŠTAVLJANIN K.: Stari srpski rukopisi Narodne biblioteke u Beogradu. In: *Bibliotekar* 1968,391–423

4319 STOJANOVIĆ Lj.: Katalog rukopisa i starih štampanih knjiga. Zbirka SKA. Leipzig: Zentralantiquariat 1974, 257 S. (RdA Beograd 1901)

4320 GEORGIEVSKI M.: Opis na slovenskite rakopisi vo Narodniot muzej vo Bitola i vo Istoriskiot muzej vo Kruševo. In: *Glasnik na Instituta za nacionalna istorija* 19, 1975, 115–143

4321 MOŠIN V.: Slovenski rakopisi vo Makedonija. Skopje: Arhiv na Makedonija 1971, 182 S.

4322 BOGDANOVIĆ D.: Katalog ćirilskih rukopisa manastira Chilandara. Beograd: SAN – Narodna biblioteka 1978, 323 + 250 S.

4323 MATEJIĆ M.: Hilandar Slavic Codices. Columbus: U 1976, 163 S.

4324 Opis na slavjanskite rъkopisi v Sofijskata Narodna Biblioteka. 4 Bde. Sofija: Narodna Biblioteka 1910–1971

4325 BIRKFELLNER G.: Glagolitische und kyrillische Handschriften in Österreich. Wien: Akademie 1975, 556 S.

4326 MEIJER Ch.: Slavjanskie rukopisi Lejdenskoj universitetskoj biblioteki. In: *Archeografičeskij ežegodnik za 1977 god,* 259–267

4327 MIHAIL P. u. Z.: Manuscrisele slave în colecţii din Moldova. In: *Romanoslavica* 18, 1972, 265–319; 19, 1980, 33–77

4328 KOTVAN I.: Rukopisy Univerzitnej knižnice v Bratislave. Bratislava: Univ. knižn. 1970, 544 S. + 24 T.

4329 Biblioteka Narodowa. Katalog rękopisów. 4, 1955 – 9, 1979. Warszawa: Biblioteka Narodowa *(Bd. 1–3 erschienen vor 1939)*

4330 Katalog rękopisów staropolskich Biblioteki Kórnickiej 16–18 wieku. Wrocław: Ossolineum 1971ff.

4331 WŁODEK Z.: Polonica w średniowiecznych rękopisach bibliotek niemieckich. Wrocław: Ossolineum 1974, 156 S.

4332 LEWAŃSKI R.: Polonica rękopiśmienne w archiwach i bibliotekach włoskich. Warszawa: Biblioteka Narodowa 1978, 310 S.

4333 Katalog rokopisov NUK v Ljubljani. Ljubljana: NUK 1975ff.

4334 Katalog rokopisov UK Maribor. Maribor: Obzorja 1978ff.

4335 SCHWARZENBERG K.: Katalog der kroatischen, polnischen und tschechischen Handschriften der Österreichischen Nationalbibliothek. Wien: ÖNB 1972, 457 S. (*Museion NF* 4)

34. Forschungsberichte

34.1. Allgemeine Literaturwissenschaft

4336 Sociologija chudožestvennoj literatury v sovremennom zarubežnom literaturovedenii. Moskva: INION ANSSSR 1976, 226 S.

4337 BRANG P.: Sociological Methods in 20th Century Russian Literary Criticism. In: *Yearbook of Comparative Criticism* 5, 1973, 209–251

4338 TRZYNADŁOWSKI J.: Teoria literatury w Polsce w latach 1945–1970. In: *Prace Literackie (U Wrocław)* 14, 1972, 53–68

4339 FARYNO J.: Zagadnienia teorii tekstu literackiego na łamach Zeszytów Naukowych Uniwersytetu Tartuskiego. In: *Pamiętnik Literacki* 62, 1971, 4, 364–381

4340 MORAWSKI S.: Estetyka i semiotyka. In: *Pamiętnik Literacki* 67, 1976, 3, 359–402

4341 MAYENOWA M. R.: Poetika v rabotach Tartuskogo universiteta. In: *Russian Literature* 2, 1972, 152–165

4342 GÜNTHER H.: „Exakte" Literaturwissenschaft und Kultur-Semiotik – zwei Tendenzen im sowjetischen Strukturalismus. In: *LiLi* 14, 1974, 137–146

4343 SEGAL D.: Aspects of Structuralism in Soviet Philology. Tel Aviv: U 1974, 148 S. *(Skr.)*

4344 TODOROV C.: La poétique en U.R.S.S. In: *Poétique* 3, 1972, 9, 102–115

4345 BARTOSZYŃSKI K.: O badaniach układów fabularnych. In: *Pamiętnik Literacki* 67, 1976, 1, 93–119

4346 MARKIEWICZ H.: Teoria literatury i badań literackich 1918–1939. In: *Pamiętnik Literacki* 70, 1979, 2, 49–60

4347 Sovremennye zarubežnye issledovanija po romantizmu. Referativnyj sbornik. Moskva: INION AN SSSR 1976, 233 S.

4348 KAISER G.R.: Tendenzen vergleichender Literaturforschung in den sozialistischen Ländern. In: *arcadia* 1978, 286–300

4349 FILIPPOV V.V.: Problema svoeobrazija realizma kak chudožestvennogo metoda i ee osveščenie v sovetskom literaturovedenii (1957–1975). In: *Russkaja literatura* 19, 1976, 2, 174–184

4350 HVIŠČ J.: Die Entwicklungstendenzen der polnischen Genologie. In: *Zagadnienia Rodzajów Literackich* 16, 1973, 1, 73–95

4351 BEKEDIN P. V.: Sovremennye sovetskie issledovanija ob epopee. In: *Russkaja literatura* 19, 1976, 1, 223–238

4352 VÁVRA J.: Přehled prací o teorii a dějinách lyriky. In: *Bulletin ruského jazyka a literatury* 18, 1974, 79–86

4353 KASPRUK A.: Poema v sučasnomu literaturoznavstvi. In: *Radjanśke literaturoznavstvo* 16, 1972, 5, 29–35

4354 MARKIEWICZ H.: Problemy powieści w polskiej krytyce i teorii literatury okresu międzywojennego. In: *Z polskich studiów slawistycznych* 5, 1978, 2, 133–143

4355 ILEK B.: Z nových sovětských prací o teorii překladu. In: *Československá rusistika* 20, 1975, 2, 60–65

4356 Teatrologia w Polsce w latach 1918–1939. Hg. E. Udalska. Warszawa: PWN 1979, 611 S. *(mit Texten)*

4357 VAJMAN S.: Vokrug sjužeta. In: *Vop.lit.* 1980, 2, 114–134

34.2. allgemein slavisch

4358 MARKOV D.F.: 25 let raboty Instituta slavjanovedenija i balkanistiki AN SSSR. In: *Sovetskoe slavjanovedenie* 8, 1973, 1, 3–20

4358 a Osteuropaforschung in der Bundesrepublik Deutschland. 1970–1980. (= *Osteuropa* 30, 1980, 8/9, 653–1078; Slavistische Literaturwissenschaft 862–872 W. Gesemann).

4359 (Forschungsberichte über alle slavischen Literaturen) In: *Slavica Slovaca* 10, 1975, 2, 109–192

4360 BAZYLOW L.: Stan badań slawistycznych w historiografii polskiej. In: *Przegląd Humanistyczny* 18, 1974, 7, 31–57

4361 JAKÓBIEC M.: Ćwierć wieku slawistyki historyczno-literackiej w Polsce Ludowej. In: *Pamiętnik Słowiański* 22, 1972, 317–344

4362 (Polnische Slavistik und Russistik.) In: *Przegląd Humanistyczny* 18, 1974, 11, 23–53, 79–94, 165–174, 174–178

4363 BOBROWNICKA M.: 25 lat literaturoznawstwa zachodnio- i południowosłowiańskiego w Polsce Ludowej. In: *Slavia Occidentalis* 30, 1973, 13–33

4364 KUDĚLKA M.: Slavistika v Muzejníku. In: *Slovanský přehled* 1977, 2, 97–114

4366 Slavjanovedenie i balkanistika za rubežom. Moskva: Nauka 1980, 199 S.

4367 SZIKLAY L.: Die Literaturen slavischer Völker in der ungarischen Literaturgeschichte und Kritik. In: *Studia Slavica* 1962, 205–248

4368 HVIŠČ J.: Vývin a súčasný stav literárnovednej slavistiky v USA. In: *Filološki pregled* 8, 1970, 3/4, 123–137

4369 MOROZOV A. A.: Novye aspekty izučenija slavjanskogo barokko. In: *Russkaja literatura* 16, 1973, 3, 7–23

4370 MYŠANYČ S. V.: Lokal'no-monohrafična doslidžennja fol'kloru. In: *Slov'janske literaturoznavstvo i fol'klorystyka* 10, 1975, 82–96

34.3. Kirchenslavische Literatur

4371 VEČERKA R.: Z německé palaeoslovenistiky posledního desítiletí. In: *Sborník prací FF Brno,* A 18, 1970, 113–126

4372 LACKO M.: Great-Moravian and Cyrillomethodian Era Researched. 1959–1970. In: *Slovak Studies* 10, 1970, 193–217

34.4.1. Russische Literatur allgemein

4373 GRIGOR'EV A. L.: Russkaja literatura v zarubežnom literaturovedenii. Leningrad: Nauka 1977, 302 S.

4374 Russkaja literatura i ee zarubežnye kritiki. Moskva: Chud. literatura 1974, 390 S.

4375 Russkaja literatura v ocenke sovremennoj zarubežnoj kritiki. Moskva: U 1973, 341 S.

4376 Zarubežnoe literaturovedenie i kritika o russkoj klassičeskoj literature. Moskva: AN 1978, 233 S.

4377 HÜBNER P.: Aufgaben und Tendenzen der sowjetischen Literaturwissenschaft auf dem Gebiet der vorrevolutionären russischen Literatur. Köln: Bundesinstitut für Ostwissenschaftliche und Internationale Studien 1968, 56 S. *(Skr.)*

4378 TVOROGOV O. V.: Slovari jazyka pisatelej. In: *Russkaja literatura* 18, 1975, 211–222

34.4.2. Russistik in einzelnen Ländern

4379 KOVALEV V. A.: Čechoslovackaja rusistika v dviženii. In: *Russkaja literatura* 17, 1974, 4, 188–197

4380 KOVALEV V. A., ROVDA K. I.: Cesty a rozcestí československé rusistiky. Praha: Lidové nákladatelství 1972, 68 S.

4381 ROVDA K. I.: Nabiraja vysotu. Novye knigi čechoslovackich rusistov. In: *Russkaja literatura* 22, 1979, 2, 175–185

4382 PANOVOVÁ E., LESŇAKOVÁ S.: 30 rokov literárne rusistiky na Slovensku. In: *Slavica Slovaca* 10, 1975, 142–155

4383 BRITIKOV A. F.: Cennye issledovanija ukrainskich učenych. In: *Russkaja literatura* 15, 1972, 4, 191–202

4384 BARSZAP M.: Russian Literature in Polish Literary Criticism 1918–1932. Diss. Ohio State U 1977, 205 S.

4385 ERŠOV L. F.: Novye raboty pol'skich rusistov. In: *Russkaja literatura* 16, 1973, 2, 223–232

4386 BASKAKOV V. N.: Literaturovedčeskaja rusistika v žurnale „Przegląd Humanistyczny“ 1970–1974. In: *Russkaja literatura* 18, 1975, 3, 224–232

4387 BASKAKOV V. N.: Izučenie russkoj literatury v poslevoennoj Pol'še. (Slavia Orientalis 1952–1972). In: *Russkaja literatura* 16, 1973, 3, 189–206; 4, 179–194

4388 ŠARYPKIN D. M.: Russkaja literatura na stranicach žurnala „Scando-Slavica". In: *Russkaja literatura* 16, 1973, 3, 214–221

4389 ŠARYPKIN D. M.: Skandinavskaja literaturnaja rusistika 1971–1975. In: *Russkaja literatura* 20, 1977, 179–191

4390 DANILEVSKIJ R. Ju.: Voprosy russkoj literatury i ee meždunarodnych svjazej v žurnale „Weimarer Beiträge" (1955–1970) In: *Russkaja literatura* 14, 1971, 4, 222–226

4391 DANILEVSKIJ R. Ju.: Novye raboty slavistov FRG. In: *Russkaja literatura* 23, 1980, 1, 210–217

34.4.3. Forschungsberichte zur altrussischen Literatur

4392 DMITRIEV L. A.: Obzor izdanij pamjatnikov drevnerusskoj literatury 1917–1978. In: *Russkaja literatura* 22, 1979, 1, 183–198

4393 BAJČEVA M.: Sъvetskata medievistika po problemite na vtoroto južnoslavjansko vlijanie v staroruskata literatura za perioda 1917–1977 godini. In: *Oktomvri i sъvremennostta* (Veliko Tъrnovo) 1978, 269–276

4394 BASKAKOV V. N.: Pamjatniki russkoj srednevekovnoj literatury v pol'skich perevodach i issledovanijach. In: *Trudy Otdela drevnerusskoj literatury* 33, 1979, 444–455

4395 GRABMÜLLER H.-J.: Die russischen Chroniken des 11.–18. Jahrhunderts im Spiegel der Sowjetforschung. 1917–1975. In: *Jahrbücher für Geschichte Osteuropas* 24, 1976, 394–416; 25, 1977, 66–90

4396 BUGANOV V. I.: Otečestvennaja istoriografija russkogo letopisanija. Moskva: Nauka 1975, 343 S.

4397 TÉTÉNYI M.: 17th Century Russian Poetry in the Light of New Literary Research. In: *Studia Slavica* 21, 1975, 45–66

34.4.4. Forschungsberichte zum 18. und 19. Jahrhundert

4398 KOČETKOVA N.D.: Russkij sentimentalizm. In: *Russkaja literatura* 21, 1978, 2, 222–230

4399 CHODOROV A. E.: Dekabristy-literatory v sovetskoj istoriko-literaturnoj nauke poslednich let. 1972–1975. In: *Russkaja literatura* 21, 1978, 2, 206–221

4400 DUBROVINA I. M.: Problemy romantiki i ee osveščenie v sovetskom literaturovedenii i kritike. Moskva: U 1977, 112 S.

4401 BASKAKOV V. N.: Russkij romantizm v sovremennoj pol'skoj nauke o literature. In: *Russkaja literatura* 20, 1977, 2, 191–203

4402 MAKEEV A. V.: Russkaja klassičeskaja literatura v krivom zerkale anglijskogo i amerikanskogo literaturovedenija. In: *Vestnik MGU, Filol.* 1980, 1, 13–23

4403 KRAJNEVA I. N.: Natural'naja škola v zarubežnoj rusistike. In: *Russkaja literatura* 20, 1977, 2, 203–213

4404 PAVLOV V. N.: Spory o slavjanofil'stve i russkom patriotizme v sovetskoj naučnoj literature 1967–1970. In: *Grani* 82, 1971, 183–211

4405 KOŠELEV V. A.: Novye raboty o russkom slavjanofil'stve. In: *Russkaja literatura* 22, 1979, 1, 199–210

4406 WOŹNIAK W.: Stan i potrzeby badań nad twórczością pisarzy narodnickich. In: *Slavia Orientalis* 28, 1979, 451–461

4407 MEŠČERJAKOV V. P.: Pervaja revoljucionnaja situacija v Rossii v trudach istorikov literatury i obščestvennoj mysli (1960–1970 gody). In: *Russkaja literatura* 21, 1978, 1, 189–198

4408 WHITTAKER R. T.: Studies in English on Modern Russian Literature 1960–1970. In: *Review of National Literatures* 3, 1972, 210–241

34.4.5. Forschungsberichte zur Sowjetliteratur

4409 GROZNOVA N. A.: Izučenie sovetskoj literatury v Puškinskom dome. In: *Russkaja literatura* 17, 1974, 2, 14–20

4410 Socialističeskij realizm v zarubežnom literaturovedenii. Moskva: INION AN SSSR 1979, 116 S.

4411 KLEMENT'EV S. V.: Novye raboty učenych socialističeskich stran o sovetskoj literature 1970–1976. In: *Vestnik MGU, Filologija,* 1977, 5, 71–77

4412 HEXELSCHNEIDER E.: Ausverkauf eines Mythos. Berlin: Union-Verlag 1974, 103 S. *(Bundesrepublik)*

4413 NIENARTOWICZ T.: Wokół sowietologii krytycznoliterackiej na łamach „Wiadomości“ londyńskich 1946–1967. In: *Slavica Wratislaviensia* 18, 1979, 99–110

4414 ANDREEV Ju. A.: Die Erforschung der Sowjetliteratur in der DDR. In: *Zeitschrift für Slawistik* 17, 1972, 200–214

4415 BELJAEV A. A.: Ideologičeskaja borba i literatura. Moskva: Sovetskij pisatel' ^{2}1977, 391 S. *(USA)*

4416 STEPHAN H.: The Rediscovery of the Left Front of the Arts in the 1960s and 1970s. In: *Canadian-American Slavic Studies* 13, 1979, 3, 332–349

4417 BAZANOV V. V.: Voprosy sovetskoj literatury v trudach voronežskich issledovatelej. In: *Russkaja literatura* 23, 1980, 2, 227–238

34.4.6. Russ. Lit. Genres

4418 ZBYROWSKI Z.: Russkaja sovetskaja poezija v Pol'še (1918–1939). In: *Russkaja literatura* 21, 1978, 3, 187–199

4419 BAZANOV V. V.: K diskussijam o poeme v sovremennoj kritike. In: *Russkaja literatura* 18, 1975, 2, 222–233

4420 ZBYROWSKI Z.: Stan badań nad dziejami poematu rosyjskiego. In: *Slavia Orientalis* 26, 1977, 395–414

4421 BAZANOV V. V.: Ob izučenii russkoj sovetskoj poemy 20ch godov. In: *Russkaja literatura* 16, 1973, 1, 165–187

4422 BUZNIK V. V.: Ob izučenii žanrov sovetskoj chudožestvennoj prozy. In: *Russkaja literatura* 18, 1975, 1, 219–230

4423 FILATOVA A. I.: Sovetskij istoričeskij roman. Itogi ego izučenija i perspektivy. In: *Russkaja literatura* 16, 1973, 1, 187–202

4424 BELAJA G.: Drugoe zrenie, drugoj sčet *(Prosa der 20er Jahre)*. In: *Voprosy literatury* 1977, 8, 224–244

4425 BRITIKOV A. F.: Problemy izučenija naučnoj fantastiki. In: *Russkaja literatura* 23, 1980, 1, 193–202

4426 ROBERTI J.-C.: Une décennie des recherches sur les débuts du théâtre russe. In: *Revue des Etudes Slaves* 52, 1979, 357–361

4427 WIATR H.: Radziecka rosyjska proza dziecięcia i młodzieżowa w opinii krytyki polskiej lat 1945–1965. Poznań: U 1978, 193 S.

4428 ROZANOVA S.: Izdajutsja memuary. In: *Vop. lit.* 1976, 8, 249–275

34.4.7. Beziehungen

4429 ZABOROV P. R.: Russkaja literatura i ee meždunarodnye svjazi v žurnale „Revue de littérature comparée". In: *Russkaja literatura* 23, 1980, 2, 238–246

4430 ROVDA K. I.: Rossija i zarubežnye slavjane v literaturnych vzaimosvjazjach. In: *Russkaja literatura* 19, 1976, 4, 197–214

4431 ROVDA K. I.: Putjami vzaimopoznanija i družby. In: *Russkaja literatura* 16, 1973, 3, 172–184 *(russ.-tschechoslowak. Beziehungen)*

4432 FISZMAN S.: Nowe aspekty badań nad rolą polskiej kultury w rozwoju kultury rosyjskiej w wieku 17. In: *For Wiktor Weintraub*, The Hague 1975, 113–133

34.4.8. Stoffe

4433 ŽELTOVA N. I.: Literaturovedčeskaja Leniniana. In: *Russkaja literatura* 1969/2, 1971/1, 1974/1, 1977/4, 1980/1

4434 BORŠČUKOV V.: Sovetskaja literatura o Velikoj Otečestvennoj Vojne v osveščenii sovremennoj buržuaznoj kritiki FRG. In: *Literatura velikogo podviga,* 3, Moskva 1980, 180–202

4435 ERMOLAEVA N., KUPRIJANOVSKIJ P.: V razdum'jach o literature i vojne. Raboty literaturovedov i kritikov, posvjaščennye teme Velikoj Otečestvennoj Vojny v literature. In: *Vop. lit.* 1976, 6, 218–235

34.4.9 russ. Volksdichtung

4436 ANIKIN V. P.: Teoretičeskie problemy istorii bylin v nauke sovetskogo vremeni. Moskva: U 1978, 95 + 97 S.

4437 GORELOV A. A.: Častuška – s raznych toček zrenija. In: *Russkaja literatura* 15, 1972, 4, 210–222

34.4.10. Forschungsberichte zur russischen Verskunde

4438 BAILEY J.: Some Recent Developments in the Study of Russian Versification. In: *Language and Style* 1972/3, 155–191

34.4.11. Forschungsberichte über russische Autoren und anonyme Werke

4439 CARR N. H.: S. T. Aksakov in Russian Literary Criticism before 1917. Diss. Boulder 1976, 405 S.

4440 GRIGOR'EV A. L.: Leonid Andreev v mirovom literaturnom processe. In: *Russkaja literatura* 15, 1972, 3, 190–205

4441 KARANCSAY L.: Bedeutung und Probleme der A.-Forschung. In: *Studia Slavica* 15, 1969, 257–286

4442 SIELICKI F.: Michał Arcybašev w Polsce. In: *Przegląd Humanistyczny* 18, 1974, 6, 131–137

4443 DOLGOV A.: Tvorčestvo Arkadija Averčenko v ocenke dorevoljucionnoj i sovetskoj kritiki. In: *Trudy Kirgizskogo U* (Frunze) 11, 1975, 167–175

4444 GILDNEROWA A.: Isaak Babel' w radzieckich i polskich pracach lat ostatnich. In: *Zeszyty Naukowe UJ, Prace Hist.-lit.* 33, 1975, 153–159

4445 JOVANOVIĆ M.: Delo I. B. u osvetlenju književne kritike i književne istorije (1916–1970). In: *Ulaznica* (Zrenjanin) 27, 1972, 21–41; 30, 1972, 58–84

4446 LEHNING A.: Michel Bakounine et les historiens. Un aperçu historiographique. In: *B. Combats et débats,* Paris 1979, 17–43

4447 BARRATT G. R.: Baratynskij in Soviet Publications. In: *Slavic and EE Journal* 14, 1970, 352–358

4448 SERMAN I. Z.: Batjuškov v issledovanijach poslednich let. In: *Russkaja literatura* 15, 1972, 2, 232–236

4449 SLOBOŽANINOVA L. M.: Pavel Bažov v literaturovedenii i kritike. In: *Russkaja literatura* 22, 1979, 1, 225–238

4450 JANECEK G.: Andrej Belyj. A Critical Review. Lexington: U 1978, 230 S.

4451 BALAŠOVA T. V.: Aleksandr Blok i Francija. In: *Russkaja literatura* 17, 1973, 2, 74–82

4452 SENDICH M.: B.s The Twelve: critical interpretations of the Christ-Figure. In: *Russian Literature Triquarterly* 4, 1972, 445–461

4453 KONIECZNY H.: A. B. w krytyce radzieckiej w okresie jubileuszowym. In: *Slavia Orientalis* 23, 1974, 91–98

4454 OTRADIN M. V.: Raboty o Brjusove 70ch godov. In: *Russkaja literatura* 18, 1975, 2, 242–249

4455 GRIGOR'EV A. L.: V. B. v zarubežnoj kritike. In: *Russkaja literatura* 16, 1973, 4, 172–179

4456 LOŠČINSKAJA N. V.: Ivan A. Bunin v anglijskich i amerikanskich issledovanijach konca 1960 – načala 1970 godov. In: *Russkaja literatura* 17, 1974, 3, 242–253

4457 GEJDEKO V.: Opirat'sja na fakty. In: *Voprosy literatury* 1974, 3, 237–246

4458 SIELICKI F.: I. B. w Polsce międzywojennej. In: *Studia Rossica Posnaniensia* 3, 1973, 25–41

4459 WICHOWA J., WOŁODŹKO A.: OM. Cvetaev-ie. In: *Slavia Orientalis* 18, 1969, 117–128

4460 LITWINOW J.: Polskie głosy o M. C. In: *Studia Rossica Posnaniensia* 2, 1971, 81–96

4461 GURAL'NIK U.: Chudožestvennyj mir Černyševskogo. In: *Voprosy literatury* 1979, 8, 225–254

4462 LISTWAN F.: Stan badań nad prozą W. Dalja. In: *Prace Rusycystyczne WSP Kraków* 5, 1978, 12–29

4463 KUČERA C.: Problemy izučenija drevnerusskogo Domostroja. In: *Wiener Slavist. Jahrbuch* 17, 1972, 125–135

4464 GRIGOR'EV A. L.: Dostoevskij v sovremennom zarubežnom literaturovedenii. In: *Russkaja literatura* 15, 1971, 1, 192–213

4465 TJUCHOVA E. V.: Istorija izučenija romana „Idiot" 1868–1968. In: *Učenye zapiski Kurskogo PI* 65, 1971, 206–232

4466 LUR'E M. M.: F. M. D. v anglijskom literaturovedenii pervoj treti 20 veka. In: *Učenye zapiski Leningradskogo PI* 522, 1971, 91–118

4467 NEUHÄUSER R.: Recent D. – Studies and Trends in D. Research. In: *Journal of European Studies* 1973, 355–373

4468 SELEZNEV Ju.: Postigaja D. In: *Voprosy literatury* 1973, 8, 218–240

4469 GERIGK H.-J.: Notes Concerning D. Research in the German Language after 1945. In: *Canadian-American Slavic Studies* 6, 1972, 2, 272–285

4470 SEDURO V.: D. v poslerevoljucionnoj emigrantskoj kritike. In: *Sovremennik* (Toronto) 1, 1967 – 21, 1971

4471 BEERMANN R.: Neuere D.-Forschung in der Sowjetunion. In: *Osteuropa* 23, 1973, 276–289

4472 SELEZNEV Ju.: Neobchodimost' D. In: *Voprosy literatury* 1980, 7, 234–262

4473 SEDURO V.: D.s Image in Russia Today. Belmont: Nordland P. 1975, 514 S.

4474 ROSEBERRY R. L.: Schillerean Elements in the Works of D. In: *Germanoslavica* 3, 1974, 17–35

4475 ANUFRIEV G. F.: Povest' „Chozjajka" v russkoj kritike. In: *Naučnye trudy Sverdlovskogo PI (Išim)* 187, 1973, 3–24

4476 McVAY G.: Sergej A. Esenin in England and North America. In: *Russian Literature Triquarterly* 8, 1974, 518–539

4477 BAZANOV V. V.: Svidetel'stvo očevidca i pamjat' istorii. In: *Russkaja literatura* 19, 1976, 1, 238–251

4478 BEL'SKAJA L. L.: Meždu dvumja jubilejami. In: *Russkaja literatura* 19, 1976, 3, 197–209

4479 ZACHAROV A. N.: Problemy poetiki E. v sovetskom i zarubežnom literaturovedenii. In: *Vestnik MGU, Filologija,* 1975, 5, 19–32

4480 KORNILOV C. I.: Obobščajuščie trudy o Fete. In: *Vestnik MGU, Filologija,* 1976, 2, 61–65

4481 CZYWKIN J.: Z radzieckich badań nad A. F. In: *Przegląd Humanistyczny* 22, 1978, 6, 67–77

4482 PURYSKINA N. G.: Ocenka chudožestvennogo metoda Fonvizina v sovetskom literaturovedenii. In: *Izvestija Voronežskogo PI* 117, 1971, 57–69

4483 PORĘBINA G.: Twórczość D. Furmanova w literaturoznawstwie radzieckim. Katowice: U 1978, 87 S.

4484 WIATR H.: Arkadij Gajdar w Polsce Ludowej (1945–1965). In: *Studia Rossica Posnaniensia* 2, 1971, 67–79

4485 MOSKOVKINA I. I.: Problemy izučenija poetiki V. M. Garšina v sovremennom sovetskom literaturovedenii. In: *Voprosy russkoj literatury* (L'vov) 1979, 2, 24–31

4486 KŠICOVÁ D.: Recepce A. S. Griboedova v českém prostředí. In: *Sborník Prací FF Brno D* 17/18, 1971, 141–166

4487 FOMIČEV S. A.: Issledovanija i interpretacii. In: *Russkaja literatura* 14, 1971, 2, 165–172

4488 LIPELIS A.: Mir geroev Aleksandra Grina. In: *Voprosy literatury* 17, 1973, 9, 242–252

4489 GRIGOR'EV A. L.: A. I. Herzen v zarubežnoj kritike (1917–1965). In: *A. I. G. Issledovanija i materialy,* Leningrad: PI 1974, 63–118

4490 LIBURSKA L.: Rocznica H-owska w literaturoznawstwie radzieckim. In: *Slavia Orientalis* 22, 1973, 83–86

4491 GLADUN S. V.: Buržuaznaja istoriografija o sociologičeskich vzgljadach A. I. G. In: *Aktual'nye problemy istorii filosofii narodov SSSR* 1979, 6, 77–93

4492 ANIKIN G. V.: Vsevolod Ivanov v zarubežnoj kritike. In: *Tipologija i vzaimosvjazi v russkoj i zarubežnoj literaturach,* Krasnojarsk 1976, 3, 101–113

4493 ROTHE H.: Die Entwicklung der Karamzin-Forschung seit ihren Anfängen. In: *Zeitschrift f. Slavische Philologie* 39, 1969, 129–147, 385–395

4494 KOVALEV V. A.: Novye zarubežnye trudy o Leonove. In: *Russkaja literatura* 16, 1973, 1, 213–217

4495 GRIGOR'JAN K. N.: O sovremennych tendencijach v izučenii romana Lermontova „Geroj našego vremeni". In: *Russkaja literatura* 16, 1973, 1, 57–78

4496 NAZAROVA L.: Obzor jubilejnoj literatury o M. Ju. L. In: *Československá rusistika* 21, 1976, 37–40

4497 MUCHA B.: M. L. w literaturze polskiej lat 1841–1914. Wrocław: Ossolineum 1975, 131 S.

4498 BORSUKIEWICZ J.: Twórczość M. L. w najnowszych opracowaniach radzieckich historyków literatury. In: *Slavia Orientalis* 28, 1979, 3, 409–413

4499 ZEMLJANOVA L. M.: Majakovskij v traktovke amerikanskich sovetologov. In: *Poet i socializm,* Moskva 1971, 372–404

4500 PETROSOV K. G.: M. v ocenke buržuaznych literaturovedov. *ebdt.* 405–421

4501 ČEREMIN G. S.: U istokov izučenija tvorčestva V. V. M. In: *Russkaja literatura* 16, 1973, 4, 156–167

4502 BELJAEV A.: Iduščij čerez gory vremeni. In: *Znamja* 1979, 11, 212–230 *(M. i. d. USA)*

4503 KAZAKOVA N. A.: Maksim Grek v sovetskoj istoriografii. In: *Vestnik istorii* 1973, 5, 149–156

4504 KOVALEV V. A.: D. N. Mamin-Sibirjak v sovetskom literaturovedenii (60–70e gody). In: *Russkaja literatura* 22, 1979, 2, 191–198

4505 BELJAEVA L. A.: D. D. Minaev v sovetskom literaturovedenii. In: *Učenye zapiski PI Kazań* 138, 1974, 139–158

4506 KOMBAJ V. A.: V. T. Narežnyj v russkoj kritike. In: *Trudy Tbilisskogo U* 5, 1972, 213–226

4507 SMIRNOV V. A.: Izučenie biografii N. A. Nekrasova (1950–1970 gody). In: *Russkaja literatura* 21, 1978, 221–233

4508 TRUŠČENKO E.: N. v sovremennom literaturovedenii. In: *Československá rusistika* 17, 1972, 135–141

4509 TAMARČENKO G.: Vremja stavit voprosy. In: *Voprosy literatury* 1974, 7, 237–271

4510 CHOLODOV E.: Vokrug Ostrovskogo. In: *Voprosy literatury* 1976, 4, 226–260

4511 PUSTOVOJT P. G.: Istoriografija izučenija tvorčestva A. F. Pisemskogo. In: *Russkaja literatura* 19, 1976, 4, 224–232

4512 PUSTOVOJT P. G.: A. F. P. v ocenke dorevoljucionnogo literaturovedenija. In: *Vestnik MGU, Filologija* 1977, 3, 44–55

4513 AGENOSOV V. V.: M. M. Prišvin v krivom zerkale „sovetologii". In: *Problemy tipologii soc. realizma,* Moskva 1979, 87–95

4514 STUPPERICH R.: Feofan Prokopovič in der neueren Literatur. In: *Festschrift für Margarete Woltner* 1967, 284–293

4515 GOLYŠEVA A.I.: Puškin v issledovanijach amerikanskich slavistov. In: *Puškinskij sbornik,* Pskov 1972, 68–83

4516 MAR'JANOV B.: Legenda o bludnom syne. In: *Nauka i religija* 1972/2, 1972/6, 1973/2

4517 ZKVOZNIKOV A. A.: Poetika P. v sovremennych issledovanijach. In: *Russkaja literatura* 19, 1976, 3, 186–197

4518 NOL'MAN M.: Kritičeskaja P-iana jubilejnogo goda. In: *Voprosy literatury* 1976, 3, 215–239

4519 ZKVOZNIKOV A. A.: Issledovanie prozy P. v poslednie gody. In: *Russkaja literatura* 18, 1975, 187–202

4520 MOLOK F. A.: P.-ij jubilej v Čechoslovakii. *ebdt.* 202–210

4521 IEZUITOVA R. V.: Lirika P. v sovremennych sovetskich issledovanijach 1959–1973. In: *Russkaja literatura* 17, 1974, 4, 163–178

4522 GRIGOR'EV A. L.: P. v zarubežnom literaturovedenii. In: *Puškin. Issledovanija i materialy* 7, 1975, 221–250

4523 MURAV'EVA O. S.: „Pikovaja dama" v issledovanijach poslednego desjatiletija. In: *Russkaja literatura* 20, 1977, 3, 219–228

4524 TVOROGOV O. V.: Izučenie jazyka i stilja P. za poslednie gody. In: *Vremennik Puškinskoj komissii 1963,* Moskva-Lgd. 1966, 87–102

4525 GOLYŠEVA A. I.: P. v amerikanskoj rusistike. P. v anglijskoj kritike 50–60ch godov. In: *Puškin i ego sovremenniki,* Pskov 1970, 197–210

4526 KARPIAK R.: P.s Little Tragedies. The Controversies in Criticism. In: *Canadian Slavonic Papers* 22, 1980, 1, 80–91

4527 CLAYTON J. D.: New Directions in Soviet Criticism on Evgenij Onegin. In: *Canadian Slavonic Papers* 22, 1980, 2, 208–219

4528 KOČETKOVA N. D.: Izučenie Radiščeva za rubežom. In: *Russkaja literatura* 18, 1975, 1, 179–187

4529 SZYSZKO T.: Saltykov-Ščedrin w piśmiennictwie polskim lat 1872–1913. Wrocław: Ossolineum 1965, 178 S.

4530 DOBROGOSZCZ M.: S.-Šč. w literaturoznawstwie radzieckim w latach 1975/76. In: *Przegląd Humanistyczny* 21, 1977, 3, 114–122

4531 MAKAŠIN S.: Posle jubileja. In: *Voprosy literatury* 1977, 10, 164–183

4532 TVOROGOV O. V.: Slovo o polku Igoreve v sovetskoj filologičeskoj nauke 1968–1977. In: *Russkaja literatura* 21, 1978, 4, 177–185

4533 BEGUNOV Ju. K.: S. o p. I. v zarubežnom literaturovedenii. In: *Russkaja literatura* 17, 1974, 2, 226–232

4534 CHVATOV A. I.: Šolochov za rubežom. In: *Russkaja literatura* 16, 1973, 1, 202–213

4535 ERŠOV L. F.: Pol'skaja periodika o Š. In: *Russkaja literatura* 19, 1976, 3, 209–213

4536 DITC V. F.: Knigi o Tichonove. In: *Russkaja literatura* 20, 1977, 1, 212–217

4537 NIKOLAEV A.: Nauka o Tjutčeve. In: *Voprosy literatury* 1977, 3, 227–251

4538 MITCHELL P. M. A.: L. N. Tolstoj in Pre-Soviet Russian Literary Criticism. Diss. Bloomington 1977, 342 S.

4539 SOROKIN B.: L. T. in Pre-Revolutionary Russian Criticism. Columbus: UP 1979, 340 S.

4540 ANČEV A.: Bъlgarskoto t-vedenie. In: *Literaturna misъl* 21, 1977, 8, 87–108

4541 L.T. u doslidžennjach radjanśkych literaturoznavciv. Kyjiv: Dnipro 1978, 262 S.

4542 ROZANOVA S.: Novoe o T. *(DDR)*. In: *Voprosy literatury* 1973, 11, 217–226

4543 ŠARYPKIN D.M.: L.N.T. v skandinavskoj literature. In: *Russkaja literatura* 18, 1975, 1, 211–219

4544 GOLOVANOVA T.P., NAZAROVA L.N.: Novye raboty francuzskich slavistov o Turgeneve. In: *Russkaja literatura* 16, 1973, 3, 221–229

4545 NAZAROVA L.N.: T-vedenie 1968–1970 godov. In: *Russkaja literatura* 14, 1971, 4, 173–190

4546 DANILEVSKIJ R. Ju.: Izučenie tvorčestva T. v stranach nemeckogo jazyka 1969–1974. In: *Turgenev i ego sovremenniki,* Leningrad 1977, 221–228

4547 TIME (Thieme?) G.A.: Raboty nemeckich slavistov o I.S.T. In: *Russkaja literatura* 22, 1979, 2, 186–189

4548 GRIGOR'EV A.L.: Gleb Uspenskij v zarubežnoj kritike. In: *Russkaja literatura* 16, 1973, 2, 209–223

4549 NAZAREVSKIJ A.A.: Zadonščina v issledovanijach poslednego desjatiletija. In: *Trudy Otdela drevnerusskoj literatury* 12, 1956, 546–575

4550 LEVIN Ju.D.: Zarubežnye raboty o perevodnom tvorčestve V.A. Žukovskogo. In: *Russkaja literatura* 16, 1973, 3, 229–235

34.5. Forschungsberichte zur ukrainischen Literatur

4551 MYKYTAŚ V.L.: Vsupereč pravdi. Kyjiv: Dnipro 1976, 319 S.

4552 Recenzija. A Review of Soviet Ukrainian Scholarly Publications. Cambridge, Mass.: U 1970 ff.

4553 BEREZOVSKÁ Z.: Literárněvědná ukrajinistika za posledních několik let. In: *Českosl. rusistika* 25, 1980, 3, 119–122

4554 KRAVEĆ H.A.: Pytannja realizmu ukrajinśkoji prozy 60–70 rokiv 19 st. v radjanśkomu literaturoznavstvi ostanńoho dvadcatyriččja. In: *Bibliotekoznavstvo ta bibliohrafija* 1970, 9, 139–153

4555 VLASENKO V.O.: Do problemy rozvytku ukrajinśkoho krytyčnoho realizmu. In: *Radjanśke literaturoznavstvo* 17, 1973, 3, 77–83

4556 DONČYK V.H.: Pravdu ne zdolaty. Kyjiv: Naukova dumka 1977, 208 S. *(Ukrain. Sowjetliteratur)*

4557 HOL'DENBERH L.I.: Mižslov'janski literaturni vzajemyny u doslidžennjach ukrajinśkych slavistiv 1968–1973. In: *Radjanśke literaturoznavstvo* 18, 1974, 6, 79–83

4558 HRYCKOWIAN J.: Literaturoznawstwo ukraińskie lat 1945–1970 o polsko-ukraińskich i ukraińsko-polskich stosunkach literackich. In: *Slavia Orientalis* 23, 1974, 357–365

4559 HRYCKOVJAN Ja.: Ukrajinśka literatura v pol'skych perekladach ta krytyci 70ch rokiv. In: *Literatura pravdy i prohressu,* Kyjiv 1979, 283–305

4560 RADOVANOVIĆ M.: Značajni prilozi o etnografsko-folklorističkim istraživanjima Rusina u Bačkoj. In: *Glasnik Etnografskog instituta* SAN 16/18, 1967/69, 165–177

4561 MYKYTAŚ V. L.: Ideolohična borot'ba navkolo spadščyny Ivana Franka. Kyjiv: Dnipro 1978, 230 S.

4562 MYKYTAŚ V. L.: Proty fal'syfikaciji spadščyny Lesji Ukrajinky. Kyjiv: Naukova dumka 1974, 158 S.

4563 Ševčenkoznavstvo. Pidsumki i problemy. Kyjiv: Naukova dumka 1975, 562 S.

4564 ODARČENKO P.: Ukrajinśke ševčenkoznavstvo 1969–1972 rokiv. In: *Sučasnist'* 1974, 7/8, 15–33.

4565 KOMYŠANČENKO M.P.: Z istoriji ukrajinśkoho ševčenkoznavstva. Tvorčist' T.Š. v ocinci dožovtnevoho literaturoznavstva. Kyjiv: U 1972, 390 S.

4566 HAVRYŠKIV B.: Nimećka š.-iana za 20 lit. In: *Žovteń* 1972, 3, 110–112

34.6. Forschungsberichte zur weißrussischen Literatur

4567 KRHOUN M.: Náčrt vývoje běloruské literární vědy. In: *Sborník prací FF Brno D* 17/18, 1971, 177–185

4568 HRYNČYK M. N.: Belaruskae veršaznaŭstva i perspektivy jaho razviccja. In: *Belaruskaja litaratura* 1979, 7, 23–37

4569 MUŠYNSKI M.: Belarusskaja tekstalohija. In: *Polymja* 1980, 1, 209–225

34.7. Forschungsberichte zur polnischen Literatur

4570 Biuletyn Polonistyczny *laufend*

4571 HUTNIKIEWICZ A.: Polska historiografia literacka w okresie drugiej niepodległości. In: *Pamiętnik Literacki* 1979, 2, 23–47

4572 STARNAWSKI J.: Edytorstwo naukowe 1944–1974. In: *Ruch Literacki* 15, 1974, 275–285

4573 UDALSKA E.: Teatrologia w Polsce w latach 1918–1938. Warszawa: PWN 1977, 343 S.

4574 ŚWIDZIŃSKI J.: Z dziejów badań nad literaturą polską w Związku Radzieckim. In: *Studia Rossica Posnaniensia* 11, 1979, 55–68

4575 AGAPKINA T.P.: Polonistyka w ZSSR. In: *Ruch literacki* 15, 1974, 337–354

4576 MACIEJEWSKI J.: Losy wojenne i odbudowa polonistyki literackiej. 1939–1950. In: *Pamiętnik Literacki* 70, 1979, 2, 61–87

4577 WINCZER P., HVIŠČ J.: 30 rokov slovenskej literárnevednej polonistiky. In: *Slavica Slovaca* 10, 1975, 163–191

4578 HERNAS Cz.: Badania naukowe literatury staropolskiej w powojennym 25-leciu. In: *Acta Universitatis Wratislaviensis* 177, 1972, 5–22

4579 KLIMOWICZ M.: Dorobek badań nad literaturą Oświecenia w 25-leciu PRL. *ebdt.* 23–36

4580 ZAKRZEWSKI B.: Badania nad literaturą romantyzmu w 25-leciu. Perspektywy dalszych badań. *ebdt.* 37–51

4581 KWIATKOWSKI J.: Badania nad poezją 20lecia międzywojennego w latach 1945–1972. In: *Pamiętnik Literacki* 64, 1973, 1, 347–365

4582 MACIĄG W.: Proza międzywojenna w zwiercadle współczesnym. *ebdt.* 365–376

4583 BŁOŃSKI J.: Literatura współczesna. Stan badań i perspektywy badawcze. *ebdt.* 376–385

4584 GAJKOWSKA C.: Czasopiśmiennictwo literackie i kulturalno-społeczne lat 1918–1939 w 30-leciu powojennym. Stan opracowań. In: *Kwartalnik Historii Prasy Polskiej* 1979, 1, 7–29

4585 PRYSZCZEWSKA-KOZOŁUB A.: O pierwszych pracach poświęconych piśmiennictwu śląskiemu. In: *Zeszyty Naukowe WSP Opole. Historia Literatury* 9, 1973, 5–22

4586 DĘBSKI J. u.a.: Z najnowszych badań nad problematyką wzajemnych polsko-rosyjskich stosunków literackich. In: *Slavia Orientalis* 20, 1971, 433–445

4587 ZBYROWSKI Z.: Polska recepcja rosyjskiej poezji radzieckiej – stan i perspektywy badawcze. In: *Przegląd Humanistyczny* 20, 1976, 1–18

4588 KRZYŻANOWSKI J.: Nasza nowoczesna nauka o literaturze ludowej. In: *Literatura Ludowa* 16, 1972, 2, 6–17

4589 GÓRSKI R.: O badaniu folkloru w ostatnim ćwierćwieczu. In: *Z zagadnień twórczości ludowej,* Wrocław 1972, 251–384

4590 POŚPIECH J.: Folklorystyka polska na Górnym Śląsku w 20-leciu międzywojennym. In: *Kwartalnik Opolski* 22, 1976, 3, 36–61

4591 STĘPIEŃ M.: Spór o spuściznę po Stanisławie Brzozowskim w latach 1918–1939. Kraków: Wydawnictwo Literackie 1976, 219 S.

4592 WILLAUME J.: Kajetan Koźmian w świetle nowszych badań. In: *Annales UMCS* (Lublin) F, 31, 1978, 87–101

4593 KOCÓWNA B.: Pokłosie roku Reymont-owskiego. In: *Pamiętnik Literacki* 65, 1974, 1, 308–319

4594 UDALSKA E.: Stan i problematyka badań nad twórczością A. Sygietyński-ego. In: *Ruch Literacki* 11, 1970, 161–170

4595 MARCHEL' U.I.: Litaratura pra Syrokomlu. In: *Kniha, bibliotečnae delo i bibliohrafija ŭ Belarusi*, Minsk 1974, 115–129

4596 DOROŠKEVIČ V.I.: Jan Wiślicki i Mikołaj Hussowski v literaturovedčeskoj nauke. In: *Knigovedenie v Belorussii*, Minsk 1977, 37–53

4597 SZPAKOWSKA M.: Przemiany w interpretacjach twórczości St. I. Witkiewicza. In: *Pamiętnik Literacki* 63, 1972, 3, 346–362

4598 PISZCZKOWSKI M.: Jan Żabczyc i jego pisma w świetle nowych badań. In: *Ruch Literacki* 1979, 2, 77–86

34.8. Forschungsberichte zur tschechischen Literatur

4599 JILEK H.: Die Wenzels- und Ludmila-Legenden des 10. und 11. Jahrhunderts. In: *Zeitschrift für Ostforschung* 24, 1975, 79–148

4600 KALISTA Z.: Neue Literatur über das tschechische Barock. In: *Die Welt der Slaven* 17, 1972, 82–117

4601 SCHALLER K.: Comenius. Darmstadt: Wissenschaftliche Buchgesellschaft 1973, 110 S. (*Erträge der Forschung* 19)

4602 POLÁK J.: Josef Václav Sládek v kritice a literární vědě. In: *Filologické studie* (Ped. fak. U Karlovy) 8, 1978, 57–88

34.9. Forschungsberichte zur slovakischen Literatur

4603 KUZMÍK J.: Vývin slovakistických štúdií na zahraničných univerzitách a ústavoch. 1. In: *Letopis Pamätníku slovenskej literatúry* 1970, 93–172

4604 RUSSOCKA J.: Literatura słowacka w ujęciu polskich pism slawistycznych okresu 20-lecia międzywojennego. In: *Pamiętnik Słowiański* 21, 1971, 325–344

4605 TICHÁ Z.: Nad výsledky bádání o literatuře barokní doby na Slovensku. In: *Česká literatura* 22, 1974, 75–79

4606 KIRSCHBAUM J.: Slovak Emigré Literary History and Criticism. In: *Most* 20, 1973, 3/4, 67–77

4607 FRIED I.: Výsledky a úlohy výzkumu slovensko-mad'arských literárnych vzt'ahov. In: *Slovenská literatúra* 26, 1979, 2, 186–193

34.10. Forschungsberichte zu den südslavischen Literaturen

4608 Südostforschung in der Bundesrepublik Deutschland und in Österreich. Boppard: Harald Boldt 1979, 195 S.

4609 Issledovanie literatur balkanskich stran v Sovetskom Sojuze. In: *Balkanskie issledovanija* 5, 1979, 184–208

4610 Naučni sastanak slavista u Vukove dane. 6/3. Beograd 1977

4611 ORGANDŽIEVA C.: Osvrt vrz izučavanata na nastuvańeto i razvitokot na južnoslovenskata epika do 1920 godina. Skopje: Makedonska kniga 1972, 125 S.

4612 REĐEP J.: Priča o boju kosovskom u literaturi. In: *Zbornik za slavistiku* 8, 1975, 60–106

4613 MLADENOVIĆ Ž.: Dosadašnje proučavanje odnosa srpskohrvatske i grčke narodne epike. In: *Makedonski folklor* 1969 (1971) 61–81

4614 MARINKOVIĆ B.: Literatura o srpskim piscima 18 stoljeća. In: *Zbornik za istoriju Matice Srpske* 11, 1975 u. 12, 1975

4615 SMAILBEGOVIĆ E.: Pregled sakupljanja i izdavanja narodnih pripovedaka u Bosni i Hercegovini. In: *Godišnjak* (Institut za jezik i književnost u Sarajevu) 6, 1977, 139–178

4616 FRANČIĆ M.: Dzieje badań nad życiem i twórczością Juraja Križanića. In: *Pamiętnik Słowiański* 19, 1969, 3–25

4617 SABLJAK T.: Pregled kritike o Antunu B. Šimiću. In: *Književnik* 1, 1959, 6, 90–106; dazu M. VAUPOTIĆ *ebdt.* 2, 1960, 9, 70–83

4618 KUDĚLKA V.: Studium slovinského divadla a dramata po druhé světové válce. In: *Slavia* 44, 1975, 379–393

4619 BRAŽINOVSKI T.: Makedonskiot folklor vo izminatite 30 godini. In: *Literaturen zbor* 24, 1977, 1, 67–90

4620 BOŽKOVA-KAVALDŽIEVA S.: Literaturnata bъlgaristika v čužbina (1944–1974). In: *Spisanie na BAN* 21, 1975, 1, 44–54

4621 Chudožestvennaja literatura Bolgarii v sovremennych issledovanijach bolgarskich i sovetskich učenych. Moskva: INION AN SSSR 1977, 275 S.

4622 BROMOWICZ D.: Polskie „bulgarica" historycznoliterackie w latach 1960–1969. In: *Zbornik za slavistiku* 1, 1970, 215–221

4623 CHYŻNY I.: Literárna bulharistika na Slovensku v rokoch 1945–1974. In: *Slavica Slovaca* 10, 1975, 174–179

4624 ROMANSKA C.: Prinosът na světskite folkloristi za proučavaneto na bъlgarskoto narodno poetično tvorčestvo. In: *50 godini Oktomvrijska socialističeska revoljucija* 1969, 65–82

35. Chroniken des Lebens und Schaffens

4625 Letopiś žizni i tvorčestva A. I. Herzena. 1812–1870. Moskva: Nauka 1974–1976, 612 + 487 S.

4626 KOSAČ-KRYVYNJUK O.: Lesja Ukrajinka. Chronologija žyttja i tvorčosti. New York: UVAN 1970, 927 S.

4627 ANISOV V. F., SEREDA Je. O.: Litopys žyttja i tvorčosti T. H. Ševčenka. Kyjiv: Dnipro ²1976, 405 S.

4628 POHREBENNYK F.: Storinky žyttja i tvorčosti Vasylja Stefanyka. Kyjiv: Dnipro 1980, 349 S.

4629 Kronika życia i twórczości Mickiewicza. 6 Bde. Warszawa: PIW 1957–1978

4630 EILE S., KASZTELOWICZ S.: Stefan Żeromski. Kalendarz życia i twórczości. Kraków: WL ²1976, 711 S.

4631 VAPCAROVA B.: Nikola Vapcarov. Letopis za života i tvorčestvoto mu. Sofija: BAN 1978, 403 S.

36. Registrierende Bibliographie

4632 SOKUROVA M. V.: Obščie bibliografii russkich knig graždanskoj pečati 1708–1955. Nendeln: Kraus 1976. 283 S. (RdA Moskva 1956)

4633 Knižnaja letopiś 1907–1964. Nendeln: Kraus 1976 *(Nachdruck)*

4634 Katalog knjiga. 25 Međunarodni sajam knjiga. Beograd 1980, 677 S. + Reg.

4635 Makedonska bibliografija. Skopje: NUB *laufend (mit Aufsätzen)*

4636 Bъlgarski periodičen pečat 1974 ff. Sofia: Narodna biblioteka 1976 ff.

4637 Letopis na statiite ot bъlgarskite spisanija i sbornici. Sofija: Narodna Biblioteka *laufend*

37. Retrospektive Bibliographie

4638 Slavic-American Imprints. A Classified Catalog of the Collection at Lovejoy Library. Edwardsville: Southern Illinois U 1972, 250 S.

4639 SCREEN J. E., DRAGE C. L.: Church Slavonic and Russian Books 1552–1800, in the Library of the School of Slavic and EE Studies. In: *Slavonic and EE Review* 57, 1979, 321–347

4639a POZDEEVA I.V. u.a.: Katalog knig kirillovskoj pečati 15–17 vekov. Naučnaja biblioteka Moskovskogo universiteta. Moskva: U 1980, 360 S.

4640 ČERNYŠEVA N.F.: Katalog russkich knig kirillovskoj pečati 16–18 vekov. Moskva: Istoričeskaja biblioteka 1972, 37 S.

4641 BYKOVA T.A.: Katalog russkoj knigi kirillovskoj pečati peterburgskich tipografij 18 veka (1715–1800). Leningrad: Publičn. biblioteka 1971, 178 S.

4642 ZERNOVA A.S., KAMENEVA T.N.: Svodnyj katalog russkoj kirillovskoj pečati 18 veka. Moskva: Biblioteka im. Lenina 1968, 567 S.

4643 Opisanie izdanij napečatannych pri Petre I. Svodnyj katalog. Dopolnenija i priloženija. Leningrad: Biblioteka AN SSSR 1972, 271 S.

4644 Istorija. Katalog izdanij 18 veka. Moskva: Istoričeskaja biblioteka 1977, 43 S.

4645 Knigi kirillovskoj pečati 15–18 veka. Katalog. Moskva: Bibl. im. Lenina 1979, 32 S.

4646 Russkie anonimnye i podpisannye psevdonimami proizvedenija pečati 1801–1926. Leningrad: Publičnaja biblioteka, 3 Bde; 1977–1979

4647 Catalogue général des livres imprimés... 1960–1969. Ser. 2. T. 2–3. Caractères cyrilliques. Russe. Paris: Bibliothèque Nationale 1973–1974, 1041 + 1151 S.

4648 MINCLOV S.R.: Redčajšie knigi napečatannye v Rossii na russkom jazyke. Leipzig: Zentralantiquariat 1972, 50 S. (RdA St. Pbg. 1904)

4649 BEREZIN N.: Russkie knižnye redkosti. Leipzig: Zentralantiquariat 1972, 341 S. (RdA St. Pbg. 1904)

4650 OSIPOV V.O.: Knigotorgovye katalogi pervoj poloviny 19 veka. Ukazatel'. Moskva: Mosk. poligrafič. institut 1976, 47 S.

4651 Svodnyj katalog russkoj nelegal'noj i zapreščennoj pečati 19 veka. Moskva: Biblioteka im. Lenina u.a. 1971, 1260 S.

4652 *dass.* Listovki 1–3, ebdt. 1977

4653 SMIRNOV-SOKOL'SKIJ N.: Moja biblioteka. Moskva: Kniga 1969, 531 + 574 S.

4654 POSADSKOV A.L.: Knižnoe delo v Sibiri 1919–1923. Novosibirsk: Nauka 1979, 352 S.

4655 RUDJANSKIJ V.: Obzor zarubežnoj literatury. In: *Golos Zarubež'ja,* München-San Francisco 1976ff.

4656 LOWY G.: Guide to Russian Reprints and Microfilms. New York: Pilvax 1973, 364 S.

4657 MAKSYMENKO F.P.: Kyrylyčni starodruky ukrajinśkych drukareń, ščo zberihajut'sja u l'vivśkych zbirkach. L'viv: Vyšča škola 1975, 127 S.

4658 Ukrainskie knigi kirillovskoj pečati 16–18 vekov. Katalog. 1. 1574 – pervaja polovina 17 veka. Moskva: Biblioteka im. Lenina 1977, 447 S.

4659 Katalog belorusskich izdanij kirillovskogo šrifta 16–17 vekov. Leningrad: Publičnaja biblioteka 1974 ff.

4660 Knigi Belorusskoj SSSR 1966–1970. Minsk: Gos. biblioteka 1973, 248 S.

4661 ESTREICHER K.: Bibliografia polska. 33 Bde. Warszawa: WAF 1977 (RdAA 1882 ff.)

4662 Tisky vydané na území Čech a Moravy v letech 1501–1800. 11 Bände. Olomouc: Universitní knihovna 1974–1978, 2301 + 218 S.

4663 KÄFER I.: Katalog českých a slovenských tlačí do roku 1800 v Universitnej knižnici v Budapešti. Martin: Matica 1976, 229 S.

4664 DOKOUPIL V.: Soupis brněnských tisků. Staré tisky do r. 1800. Brno: Státní vědecká knihovna 1978, 603 + 32 S.

4665 ŘEHÁKOVÁ M.: Soupis komunistického a dělnického tisku 1870–1938. Praha: ÚV KSČ 1974, 240 S.

4666 Bibliografie české knižní tvorby 1945–1960. Praha: SPN 1973 ff.

4667 ŠEFLOVÁ L.: Bibliografie literatury vydané českými a slovenskými autory v zahraničí 1948–1972. S dodatkem do srpna 1978. Köln-Paris: Index-Svědectví 1978, 371 S.

4668 BUBLA F.: Československé bibliofilské tisky. sv. 5, 1945–1970. Praha: Státní knihovna 1971, 536 S.

4669 ORMIS J. V.: Doplňky a opravy k Riznerovoj bibliografii. Martin: Matica 1972, 189 S.

4670 ČAPLOVIČ J.: Bibliografia tlačí vydaných na Slovensku do roku 1700. Martin: Matica 1972 ff.

4671 Bibliografia slovenských kníh 1919–1938. Martin: Matica 1979, 875 + 1040 S. Ergänzungen, Register 1980, 1458 S.

4672 RIŠKO A.: Bibliografia drobných tlačí 1960–1965. Martin: Matica 1976, 464 S.

4673 KIND-DOERNE Ch.: Sorbischer Buchdruck in Bautzen vom Ausgang des 16. bis zum Beginn des 18. Jhdts. In: *Archiv f. Geschichte des Buchwesens* 13, 1973, 4, 934–1019

4674 SCHMITZ W.: Südslavischer Buchdruck in Venedig. 16.–18. Jhdt. Gießen: Schmitz 1977, 408 S. (*Marburger Abh. z. Gs. OE* 15)

4675 VORNDRAN R.: Südslavische Reformationsdrucke in der Universitätsbibliothek Tübingen. Tübingen: Mohr 1977, 115 S.

4676 Katalog knjiga na jezicima jugoslovenskih naroda 1519–1867. Beograd: Narodna biblioteka 1973, 19 + 537 S.

4677 Katalog knjiga na jezicima jugoslovenskih naroda 1868–1972. Beograd: Narodna biblioteka 1975 ff.

4678 ŠABANOVIĆ H.: Književnost muslimana Bosne i Hercegovine na orientalnim jezicima. Biobibliografija. Sarajevo: Svjetlost 1973, 726 S.

4679 ŽIVANČEVIĆ M.: Nova fototipska izdanja. In: *Zbornik za književnost i jezik* 20, 1972, 1, 219–221

4680 KESSLER W.: Buchproduktion und Lektüre in Zivilkroatien und -slawonien zwischen Aufklärung und „Nationaler Wiedergeburt" 1767–1848. In: *Archiv für Geschichte des Buchwesens* 16, 1976, 2/3, Sp. 339–790

4681 MALBAŠA M.: Izdavačka djelatnost u Osijeku od sredine 18 do početka 20 stoljeća. In: *Osječki zbornik* 4, 1957–6, 1959; Bibliografija Osječkih izdanja 1901–1918. *ebdt.* 7, 1960, 191–248

4682 PRPIĆ G. u. H.: Hrvatske knjige i knjižice u iseljenstvu. Cleveland: Selbstverl. 1973, 72 S.

4683 HRKALOVIĆ J.: Katalog retkih srpskih knjiga 1741–1941. Beograd: Selbstverl. 1971, 229 S.

4684 NIKOLIĆ I.: Zemunska bibliografija. Knjige, listovi i časopisi 1849–1975. Zemun: Narodna biblioteka 1976, 499 S.

4685 BIKICKI M., KAĆANSKI A.: Bibliografija Novosadske štampe 1824–1918. Novi Sad: Biblioteka Matice Srpske 1977, 159 S.

4686 GRUJIČIĆ K.: Bibliografija izdavačko-štamparske djelatnosti u SR Crnoj Gori 1958–1963 g. In: *Bibliografski vjesnik* 8, 1979, 2, 25–130; für 1977 *ebdt.* 9, 1980, 49–80

4687 BERČIČ B.: Das slovenische Wort in den Drucken des 16. Jahrhunderts. In: *Abhandlungen über die slovenische Reformation,* München: Trofenik 1968, 152–268

4688 ŠKAFAR I.: Bibliografija prekmurskih tiskov 1715–1919. Ljubljana: SAZU 1978, 102 S.

4689 KOLERIĆ A., PERTOT M.: Bibliografija slovenskega tiska v Italiji od 1.5.1945 do 31.12.1954. Triest: Narodna in študijska knjižnica 1969, 123 S.

4690 REISP B.: Faksimilirane izdaje naših tiskov, rokopisov in grafičnih listov... 1909–1969. In: *Knjižnica* 14, 1970, 136–146

4691 Kumulativna makedonska bibliografija. 1944–1969. Skopje: NUB 1976 ff.

4692 DIMITROVSKI D.: Makedonska kniga 1947–1977. Skopje: Makedonska kniga 1977, 155 S.

4693 ŽELEVA-JONČEVA C. u.a.: Bъlgarski knigi. 1878–1944. Sofija: Narodna biblioteka 1978 ff.

38. Periodika-Bibliographie

4694 BIRKOS A. S., TAMBS L. A.: Academic Writer's Guide to Periodicals. 2. East European and Slavic Studies. Kent: Kent State U 1973, 572 S.

4695 WYNAR L. R.: Encyclopedic Directory of Ethnic Newspapers and Periodicals in the United States. Littleton: Libraries Unlimited 1972, 260 S.

4696 SHAFFER H. G.: Periodicals on the Socialist Countries and on Marxism. N. York: Praeger 1977, 146 S. *(englischsprachige Titel)*

4697 ANDREEVA N. F., MAŠKOVA M. V.: Russkaja periodičeskaja pečat'. Obščie i otraslevye bibliografičeskie ukazateli 1703–1975. Moskva: Kniga 1977, 183 S.

4698 Katalog periodičeskich izdanij na russkom jazyke Naučnoj biblioteki Moskovskogo universiteta. 1. Žurnaly. Moskva: U 1974 ff.

4699 Catalogue des périodiques russes des origines à 1970 conservés à la Bibliothèque nationale. Paris: Bibliothèque Nationale 1978, 565 S.

4700 STAŃKO A. I.: Russkaja periodičeskaja pečat' 18 veka. Rostov: U 1979, 126 S.

4701 BOYER A.: A Description of Selected (cf. Russian) Periodicals in the First Half of the 19th Century. In: *Russian Literature Triquarterly* 3, 1972, 465–473

4702 Letopiś periodičeskich izdanij SSSR. Moskva: Kniga 1973 ff.

4703 ŠATOV M.: Polveka russkoj periodiki 1917–1968. 4 Bde. New York: Russkaja knižnaja palata za granicej 1969–1972

4704 OSSORGUINE-BAKOUNINE T.: L'Emigration Russe en Europe. Catalogue collectif des périodiques en langue russe 1855–1940. Paris: Institut d'Etudes Slaves 1976, 341 S.

4705 VOLKOFF A.-M.: L'Emigration Russe en Europe. Catalogue collectif des périodiques en langue russe 1940–1970. Paris: Institut d'Etudes Slaves 1977, 139 S.

4706 MAICHEL K.: Soviet and Russian Newspapers at the Hoover Institution. Stanford: U 1966, 235 S.

4707 NIŽEVA O. N.: Russkie dorevoljucionnye gazety v fondach Gos. Biblioteki im. Lenina. 1702–1916. Moskva: U 1977 ff.

4708 Gazety SSSR. 1917–1960. Moskva: Kniga 1970 ff.

4709 KUZNECOV I., FINGERIT E.: Gazetnyj mir Sovetskogo Sojuza. 1917–1970 gg. Moskva: U 1972 ff.

4710 OLIFANOVA G., GORUL'KO L.: Russkaja satiričeskaja periodika 1905–1907 godov. Moskva: Kniga 1972, 57 S.

4711 Satiričeskie žurnaly Rossii perioda revoljucii 1905–1907 godov. Kiev: AN 1976, 57 S.

4712 Russkie satiričeskie žurnaly 1905–1907 godov. Katalog kollekcii. Moskva: Istorič. biblioteka ²1980, 47 S.

4713 CHOLMOV M. I.: Russkaja detskaja žurnalistika 1785–1917. Ukazatel' materialov. Leningrad: U 1979, 71 S.

4714 CHOLMOV M. I.: Bibliografičeskij ukazatel' periodičeskich izdanij dlja detej. 1785–1917. Leningrad: U 1973, 19 S.

4715 ZERNOV N.: Sborniki na religioznye i religiozno-filosofskie temy. Religioznye i cerkovnye periodičeskie izdanija. In: *N. Zernov, Russkie pisateli emigracii* 1972, 157–163, 165–172

4716 GUREVIČ M. I.: Periodičeskie i prodolžajuščiesja izdanija Moskovskogo universiteta. Moskva: U 1973, 92 S.

4717 Kataloh dorevolucijnych hazet, ščo vydavalysja na Ukrajini 1822–1916. Kyjiv: Naukova biblioteka 1971, 183 S. *(Skr.)*

4718 FEDYNŚKYJ O.: Bibliohrafičnyj pokažčyk ukrajinśkoji presy poza mežamy Ukrajiny. 7–9, 1972–1974. Cleveland: Ukrajinśkyj Muzej-Archiv 1975, 84 S.

4719 ADAMOVIČ V. S.: Podpol'nyja peryjadyčnyja vydanni na Belarusi... Minsk: Bibl.im.Lenina 1975, 126 S. *(1941–1944)*

4720 CZEMARMAZOWICZ E.: Stan prac i problemy bibliografii czasopism polskich 1901–1955. Warszawa: Biblioteka Narodowa 1978, 124 S.

4721 Katalog czasopism polskich Biblioteki Jagiellońskiej. Kraków: UJ 1974 ff.

4722 GARLICKA A.: Spis tytułów prasy polskiej 1865–1918. Warszawa: PAN 1978, 486 S.

4723 Bibliografia czasopism i wydawnictw zbiorowych za rok 1971. Warszawa: Biblioteka Narodowa 1974

4724 Bibliografia czasopism i wydawnictw zbiorowych 1972–1974. Warszawa: Biblioteka Narodowa 1978, 268 S. *(Änderungen)*

4725 ZAWADZKI K.: Gazety ulotne polskie i Polski dotyczące 16–18 wieków. Wrocław: Ossolineum 1977 ff.

4726 DĘBICKA D.: Prasa socjalistyczna w Polsce w latach 1918–1939. Warszawa: Archiwum PZPR 1974, 133 S.

4727 JAROWIECKI J.: Katalog krakowskiej prasy konspiracyjnej 1939–1945. Kraków: WSP 1978, 183 + 33 S.

4728 GLENSK J.: Bibliografia opracowań prasy śląskiej. Opole: Instytut Śląski 1973–1976, 137 + 182 S.

4729 PILCH A.: Czasopiśmiennictwo na Śląsku Cieszyńskim w latach 1848–1920. In: *Studia i Materiały z Dziejów Śląska* 3, 1960, 451–492.

4730 KASZUBINA W.: Bibliografia prasy Łódzkiej 1863–1944. Warszawa: PWN 1967, 278 S.

4731 WOLKSA H.: Katalog czasopism lubelskich. Lublin: Biblioteka Publiczna 1974, 144 S.

4732 KOWALIK J.: Bibliografia czasopism polskich wydawanych za granicami kraju od września 1939. 4 Bde. Lublin: KUL 1976

4733 WEPSIĘC J.: Polish American Serial Publications 1842–1966. Chicago: Selbstverl. 1968, 191 S.

4734 RACZKOWSKA J.: Prasa polonijna w Stanach Zjednoczonych po drugiej wojnie światowej. In: *Problemy Polonii Zagranicznej* 9, 1975, 405–419

4735 RAPACKA L.: Liste alphabétique des périodiques clandestins publiés par l'émigration Polonaise en France 1832–1833. In: *Revue des Etudes Slaves* 48, 1969, 59–71

4736 PASAK T.: Soupis legálních novin, časopisů a úředních věstníků v českých zemích z let 1939–1945. Praha: U 1980, 441 S.

4737 JILEMNICKÝ F., STEJSKALOVÁ E.: Noviny a časopisy v českých krajích 1969–1971. Praha: Státní knihovna 1971, 346 S.

4738 KUBÍČEK J.: Bibliografie periodik Jihomoravského kraje 1945–1965. Brno: Universitní knihovna 1975, 398 S.

4739 KUBÍČEK J., ŠIMEČEK Z.: Brněnské noviny a časopisy od doby nejstarší až do roku 1975. Brno: Universitní knihovna 1976, 594 + 54 S.

4740 VACHTOVÁ J.: Soupis časopisů Jihočeského kraje 1945–1965. Praha: Státní knihovna 1970, 197 S.

4741 HOSTÍČKOVÁ J., VACHTOVÁ J.: Soupis časopisů Západočeského kraje 1945–1965. Praha: Státní knihovna 1972, 191 S.

4742 Periodika československých vědeckých institucí. Olomouc: Státní vědecká knihovna 1971, 156 + 131 S.

4743 JANŮ M.: Bibliografia časopisov a novín vychádzajúcich na Slovensku v rokoch 1961–1965. Martin: Matica 1971, 366 S.

4744 TODOROVIĆ-ĐERIĆ B.: Catalogue of Newspapers and Magazines in Yugoslavia. Beograd: Jugoslovenska knjiga 1970, 227 S.

4745 Karlovačke novine i časopisi od prvih početaka do danas. Karlovac: Gradska biblioteka (1978), (17 S.)

4746 MOROVIĆ H.: Građa za bibliografiju Splitske periodike. Novine 1875–1941; 1944–1969. Split: Naučna biblioteka 1968, 48 + 54 S.

4747 RADENIĆ A.: Socijalistički listovi i časopisi u Srbiji 1871–1918. Beograd: Rad 1977, 587 S.

4748 MIRČETIĆ D.: Niška štampa 1871–1971. Niš: Gradina 1977, 185 S.

4749 LUKETIĆ M.: Crnogorski književni časopisi 1871–1891. Cetinje: Narodna biblioteka 1978, 188 S.

4750 BAJEC J.: Slovenski časniki in časopisi. 1937–1945. Ljubljana: NUK 1973, 360 S.

4751 Bulharská periodika v Slovanské knihovně. Praha: Slov. knihovna 1977, 172 S. *(Skr.)*

4752 SPASOVA M. V.: Bъlgarski periodičen pečat 1944–1969. 3 Bde. Sofija: Narodna biblioteka 1975

39. Bibliographie der Zeitschrifteninhalte

39.1. Zeitschriften in nichtslavischen Sprachen

4753 TERRY G. M.: A Subject and Name Index to Articles on Slavonic and EE Languages and Literatures, Music and Theatre, Libraries and the Press, Contained in English Language Journals, 1920–1975. Nottingham: U 1976, 198 S.

4754 CAHIERS DU MONDE RUSSE ET SOVIETIQUE. Sommaire des volumes 1–10. Paris: Mouton 1971, ohne Pagination

4755 KÄMMERER J.: JAHRBÜCHER FÜR GESCHICHTE OSTEUROPAS. Register Neue Folge 1–20, 1953–1972. Wiesbaden: Steiner 1976, 236 S.

4756 GLADNEY F. Y.: 15-Year Index to the SLAVIC AND EAST EUROPEAN JOURNAL 1957–1971. Urbana: AATSEL 1972, 80 S.

4757 LA RUE P. E., STRONG J. W.: Index to CANADIAN SLAVONIC PAPERS 1–15. Ottawa, 1974, 88 S.

4758 SIMMONS J. S. G.: OXFORD SLAVONIC PAPERS 1–13, 1950–1967. In: *Oxf. Slavon. Papers NS* 12, 1979, 135–151

4759 SOKOL I. M., KRZYŻANOWSKI L.: Index to the POLISH REVIEW 1956–1966. New York, 1967, 63 S.

4760 CLOSE V.: The RUSSIAN REVIEW. A new cumulative name and subject index 1941–1971. Stanford: Hoover Institution 1973, 219 S.

4761 RICERCHE SLAVISTICHE 1–19. In: *Ricerche Slavistiche* 20/21, 1973/74, 9 S.

4762 Index of SCANDO- SLAVICA 1–13. In: *Scando-Slavica* 14, 1968, 257–275

4763 PROFFER C. R., MOODY F.: Index to RUSSIAN LITERATURE TRIQUARTERLY 1971–1976. Ann Arbor: Ardis 1978, 64 S.

4764 STUDIA CROATICA. Indice General 1970–1976. Buenos Aires: Instituto Croato 1979, 19 S.

39.2. Russische Zeitschriften

4765 MASANOV Ju. u. a.: Ukazateli soderžanija russkich žurnalov i prodolžajuščichsja izdanij 1755–1970 godov. Moskva: Kniga 1975, 439 S. *dass. mit Ergänzungen für 1971–1978 als Reprint* Newtonville: Oriental Research Partners 1979, 452 S.

4766 ARMAND M., THILIAN A.: Inventaire des tables cumulatives de périodiques russes se trouvant dans les bibliothèques Parisiennes. In: *Cahiers du monde russe et soviétique* 13, 1972, 406–466

4767 POPOV V. A.: Sistematičeskij ukazatel' statej pomeščennych v periodičeskich izdanijach 1830–1884. Twickenham: A. C. Hall 1974, 261 S. (RdA St. Pbg. 1885)

4768 ALFEROVA L. N.: SOVETSKAJA BIBLIOGRAFIJA. Sistemat. ukazatel' soderžanija 1933–1970. Moskva: Kniga 1972, 209 S.; für 1971–1975 in: *Sovetskaja bibliografija* 1976, 1, 54–101

4769 EL'ZON M. D.: Literaturnaja kritika i istorija literatury v žurnale RUSSKOE BOGATSTVO 1895–1918. Chronologičeskij ukazatel' anonimnych recenzij s raskrytiem avtorov. In: *Literaturnoe nasledstvo* 87, 1977, 656–691

4770 BULLETIN RUSKÉHO JAZYKA A LITERATURY. Soupis článků 16–20. In: *Bulletin rusk. jaz. i. lit.* 20, 1976, 145–148

4771 SEVERNYE CVETY 1826–1832. In: *VACURO V. E., S. Cv.*, Moskva, Kniga 1978, 277–285

4772 Alfavitnyj ukazatel'. In: SEVERNYE CVETY, Bd. 5, München 1972, 225–232 *(Symbolismus)*

4773 ARTEMOVA A. N.: GRANI... Soderžanie žurnala 1–100, 1946–1976, s priloženiem soderžanija vsech samizdatovskich žurnalov, sbornikov napečatannych v „G." Frankfurt: Posev 1977, 144 S.

4774 KRAJNEVA N. Ja., PRONINA P. V.: ISTORIJA SSSR. Ukazatel' soderžanija 1957–1976. Moskva: Nauka 1978, 160 S.

4775 SENDICH D. L.: 31 Year Index to the RUSSIAN LANGUAGE JOURNAL 1947–1977. In: *Russian Language Journal* 32, 1978, 111, 131–192

4776 KURANT I. L., PARČEVSKAJA B. M.: INOSTRANNAJA LITERATURA 1955–1974. Moskva: Izvestija 1977, 367 S.

4777 Žurnal RUSSKAJA LITERATURA za 1958–1973 gody. Leningrad: Nauka 1975, 176 S.

4778 ROTHE H. (Hg.): RUSSKAJA MYSL' 1905–1918. Gießen: Schmitz 1977, 383 S. (*Bausteine* 10)

4779 PROMETEJ. Perečeń materialov. Otzyvy. 1–9. In: *Žizń zamečatel'nych ljudej. Katalog 1933–1973,* Moskva: Molodaja gvardija 1974, 258–273

4780 RICHARDSON W. H.: Major Literary and Artistic Essays Appearing in ZOLOTOE RUNO. In: *W.H. R., Z. R. and Russian Modernism,* Diss. UC Berkeley 1976, 408–424

4781 FRANTZ Ph.: SBORNIK OTDELENIJA RUSSKOGO JAZYKA I SLOVESNOSTI. Ukazatel' 1–101. Nendeln: KTO 1978, 120 S.

4782 EVANS J.: Guide to the AMERIKANSKY RUSSKY VIESTNIK. 1894–1914. Cambridge, Mass.: Harvard U 1979, 225 S.

4783 POWELL A. S.: VOPROSY ISTORII. Author Index 1945–1975. Nendeln: KTO 1977, 480 S. Subject Index 1945–1974, *ebdt.* 1977, 1168 S.

4784 GEL'FAND N. V., PIROGOVSKAJA V. P.: VOPROSY LITERATURY za 20 let. 1957–1976. Moskva: Izvestija 1978, 348 S.

4785 NEČAEVA V. S.: Chronologičeskaja rospiś žurnalov VREMJA i EPOCHA. In: V. S. N., Žurnal M. M. i F. M. Dostoevskich „Epocha" 1864/65, Moskva 1975, 233–302

4786 POWELL A. S.: ISTORIČESKIE ZAPISKI. Index 1–90, 1937–1972. Nendeln: KTO 1976, 103 S.

4787 BOGRAD V. E.: Žurnal OTEČESTVENNYE ZAPISKI 1868–1884. Moskva: Kniga 1971, 734 S.

4788 SETNICKAJA O. N., KUTJAKOVA T. N.: Ukazatel' k UČENYM ZAPISKAM Moskovskogo gos. Pedinstituta im. Lenina 1966–1969. Moskva: PI 1973, 110 S.

4789 CHRISTOFOROVA T. S., KRESTININA A. A.: Ukazatel' k UČENYM ZAPISKAM Omskogo PI (1941–1969 gody). Omsk: PI 1971, 123 S.

4790 Ukazatel' 101 knigi NOVOGO ŽURNALA 1942–1970. New York: The New Review 1971, 60 S. (*Sep. aus NŽ* 101)

39.3. ukrainische Zeitschriften

4791 REVA N. M.: ŽYTTJA I REVOLJUCIJA 1925–1934. L'viv: AN 1970, 163 S.

39.4. polnische Zeitschriften

4792 ROSZKOWSKA-SYKAŁOWA W.: ATHENAEUM J. I. Kraszewskiego 1841–1851. Wrocław: Ossolineum 1974, 34 + 64 S.

4793 Indeks zawartości DIALOGU 1956–1970. Als *Dialog* 17, 1972, *Numer specjalny* 232 S.

4794 FEDOROWICZ W.: JĘZYK POLSKI. 1–50. Kraków (*JP Zeszyt jubileuszowy* 1971, 167 S.)

4795 DANILEWICZ-ZIELIŃSKA M.: Bibliografia. KULTURA 1958–1973. ZESZYTY HISTORYCZNE 1962–1973. Działalność wydawnicza. Paris: Instytut Literacki 1975, 432 S. (*Biblioteka Kultury* 257)

4796 DOKTOR K.: Bibliografia zawartości LUDU SŁOWIAŃSKIEGO 1929–1938. In: *Zeszyty Naukowe UJ* 340, 1974, 255–268

4797 Bibliografia zawartości NAUKI POLSKIEJ 1953–1978 (R. 1–26) Wrocław: Ossolineum 1981, 256 S.

4798 TAUBER-ZIOŁKOWSKI A.: OFICYNA POETÓW 1–25. London: Oficyna Poetów i Malarzy 1973, 114 S.

4799 MACIEJEWSKA M. K.: PAMIĘTNIK TEATRALNY 1952–1972. Wrocław: Ossolineum 1976, 144 S.

4800 TREDER J.: 70 lat PORADNIKA JĘZYKOWEGO. 1901–1970. Warszawa: PWN 1972, 266 S.

4801 Spis zawartości poszczególnych zeszytów PRAC LITERACKICH 1–14. In: *Prace Literackie (U Wrocław)* 15, 1973, 243–247

4802 PELCOWA J.: Bibliografia zawartości PRZEGLĄDU BIBLIOTECZNEGO 1927–1976. Wrocław: Ossolineum 1978, 189 S.

4803 PASZKIEWICZ L., TOMASZEWSKI W.: Bibliografia zawartości PRZEGLĄDU ZACHODNIEGO 1956–1965. Poznań 1967, 147 S.

4804 LANG K.: Bibliografia ROCZNIKA ŁÓDZKIEGO (1928–1933), ROCZNIKA ODDZIAŁU ŁÓDZKIEGO PTH (1928–1939) i ROCZNIKA ŁÓDZKIEGO (1958–1979) Warszawa-Łódź: PWN 1979, 65 S.

4805 STACHOWSKA K.: ROCZNIK BIBLIOTEKI PAN W KRAKOWIE 1955–1974. In: *Rocznik Biblioteki PAN w Krakowie* 20, 1974, 27–71

4806 ANTKOWSKI F.: Spis treści i indeksy SLAVIA OCCIDENTALIS 1–20, 1921–1960. In: *Slavia Occid.* 20, 1960, 221–271

4807 KRAWCZYK-URBAŃSKA B., KRAUS-BUCZYŃSKA D.: Bibliografia zawartósi TĘCZY 1927–1931, 1932–1939. In: *Bibliografia wydawnictw Księgarni św. Wojciecha* 1895–1969, Poznań 1970, 511–636

4808 VERBUM 1934–1939. I. Lublin: TN KUL 1976, 491 S.

4809 Spis zawartości ZAPISKI HISTORYCZNE 1908–1974. Toruń: TN 1974, 62 S.

39.5. tschechische Zeitschriften

4810 Acta a sborníky University Palackého 1948–1971. Olomouc: Státní vědecká knihovna 1972, 377 S.

4811 BARTŮŠKOVÁ S. u.a.: Literární rubrika ROVNOSTI v letech 1918–1928. Praha-Brno: SPN 1971, 297 S.

4812 VESELSKÁ J.: Bibliografie časopisu TĚŠÍNSKO. Frýdek-Místek: Vlastivědný ústav 1976, 274 S.

39.6. slovakische Zeitschriften

4813 GALANDOVÁ L.: Bibliografia článkov zo slovenských časopisov 1918–1948. Dramaticko-inscenačné umenie, divadlo, film, rozhlas na Slovensku 1918–1928. Martin: Matica 1979, 774 S.

4814 KUBOVÁ M.: Register časopisu SLOVENSKÝ NÁRODOPIS 1–25, 1953–1977. In: *Slovenský národopis* 26, 1978, 1, 169ff.

4815 HRONEC V.: Bibliografia NOVÉHO ŽIVOTA 1949–1973. Novi Sad: Obzor 1974, 148 S.

4816 Inventár príspevkov do SLOVENSKÝCH POHL'ADOV 1922–1952. Martin: Matica 1975, 369 S.

39.7. Gesamtjugoslavische und serbokroatische Zeitschriften

4817 LALIĆ A., MAKSIN J.: Bibliografija JUGOSLOVENSKOG ISTORIJSKOG ČASOPISA 1935–1939. In: *Jugoslov. ist. časop.* 1973, 3/4, 207–275

4818 ĆURIĆ H., KOSORIĆ S.: Inhaltsverzeichnis der archäologischen und geschichtlichen Werke veröffentlicht im GLASNIK ZEMALJSKOG MUZEJA 1914–1967. In: *Wissenschaftliche Mitteilungen des Bosnisch-hercegovinischen Landesmuseums 1 A*, 1971, 129–162

4819 ĆORIĆ B.: NADA. Bd. 2. Sarajevo: Svjetlost 1978, 815 S. *(1895–1903)*

4820 Bibliografija PREGLEDA 1910–1912, 1927–1942. Sarajevo: Narodna biblioteka 1967, 240 S.

4821 ĐURIČKOVIĆ D.: BOSANKSA VILA 1885–1914. 3 Bde. Sarajevo: Svjetlost 1975

4821a FLAKER V.: Časopisi hrvatskoga modernističkog pokreta. Zagreb: Hrvatsko filološko društvo 1977 (HRVATSKA MISAO 1897, 89–100; NOVO DOBA 1897, 104–121; GLAS 1899–1900, 124–132, MLADOST 1898, 137–149; HRVATSKI SALON 1898–1899, 151–157; ŽIVOT 1900–1901, 161–203; NOVA NADA 1897–1899, 212–242)

4822 OBRADOVIĆ B.: Bibliografija časopisa KORIJEN (1955–1959) – PUTEVI (1960–1974). In: *Putevi* 21, 1975, 426–570

4823 LONČAR M.: Sveukupni sadržaj časopisa DANAS *(Mit Pseudonymenlexikon)*. In: *Danas* (Reprint) Zagreb: Liber 1972, 83–86

4824 PALANOVIĆ E.: Bibliografija GLASA KONCILA 1962–1973. Zagreb: Nadbiskupski duhovni stol 1973, 478 S.

4825 Bibliografija JEZIKA 1–20. Zagreb: Hrvatsko filološko društvo 1974, 51 S.

4826 KUZMANOVIĆ M.: Bibliografija kajkaviana časopisa KAJ 1968–1972. Zagreb: KUD Ks. Š. Đalski 1973, 54 S.

4827 MAŠTROVIĆ V.: Bibliografija rasprava, članaka i književnih priloga NARODNOG KALENDARA i SVAČIĆA. In: *Radovi Instituta JAZU u Zadru* 2, 1957, 28–311

4828 UJČIĆ V.: Puljski HRVATSKI LIST 1915–1918. Pula 1967, 42 S. *(Sep. aus Istarski mozaik)*

4829 ČUKOVIĆ Č.: Bibliografija MOGUĆNOSTI 1954–1974. Split: Čakavski sabor 1974, 146 S.

4830 Indeks RADOVA Instituta JAZU u ZADRU 1–20. Zadar: JAZU 1974, 200 S.

4831 BAKLAIĆ S.: 30 godina REPUBLIKE 1945–1975. In: *Republika* 31, 1975, 1173–1547

4832 STUDIA ROMANICA (ET ANGLICA) ZAGRABIENSIA Index 1–28, 1956–1969. In: Nr. 29/32, 1970/71, ohne Pagination

4833 Bibliografija UMJETNOSTI RIJEČI 1957–1977. In: *Umjetnost riječi* 21, 1977, 245–280

4834 BEZIĆ E.: Bibliografija godišnjaka NARODNA UMJETNOST 1962–1973. In: *Nar. umjetnost* 11/12, 1975, 635–660

4835 SIMIČIĆ Ž.: Croatica z časopisa VIJENAC 1869–1873. Zagreb: Liber 1975, 183 S.

4836 MORAČIĆ D.: Bibliografija radova objavljenih u časopisu KNJIŽEVNOST I JEZIK 1954–1978. In: *Knjiž. i jezik* 26, 1979, 4, 472–656

4837 DOBRAŠINOVIĆ G.: Popis radova objavljenih u KOVČEŽIĆU. In: *Kovčežić* 12, 1975, 159–173

4838 TREĐAKOV S.: Sadržaj LETOPISA MATICE SRPSKE 1951–1960. Novi Sad: Matica 1977, 503 S.

4839 LJUBIBRATIĆ Đ.: MATICA. Sadržaj i predmetni registar. Novi Sad: Matica 1976, 185 S.

4839a CAJIĆ R.: PREODNICA (1873–1874) In: Preodnica (Reprint) Beograd 1979, S. XVII–XXVI

4840 ZEREMSKI V.: Bibliografija SCENE, 1965–1974. In: *Scena* 11, 1975, 1–43

4841 ZEREMSKI V. u.a.: SEDMICA. Sadržaj i predmetni registar. Novi Sad: Matica 1972, 182 S.

4842 ŠČEKIĆ V.: Bibliografija časopisa ULAZNICA 1967–1976. Zrenjanin: Centar za kulturu 1977, 53 S.

4843 BUJAS M.: Registar prvih 20 godina ZBORNIKA MATICE SRPSKE ZA KNJIŽEVNOST I JEZIK 1953–1972. In: *Zbornik*... 20, 1972, 3, 420–711

4844 LEDINEK-MUNDA S.: Bibliografija „LUČE" 1895–1900, „KNJIŽEVNOG LISTA" 1901–1902, „DANA" 1911–1912. Cetinje: Centr. narodna biblioteka 1979, 184 S.

4845 ŠUKOVIĆ R.: Godišnjak ORLIĆ ... In: *Bibliografski vjesnik* (Cetinje) 6, 1977, 1, 30–38

4846 MARTINOVIĆ D. J.: „PROSVJETA" 1889–1901. Cetinje: Centr. narodna biblioteka 1979, 339 S.

4847 ADŽIĆ M., VUKMIROVIĆ O.: Bibliografija STVARANJA 1946–1976. In: *Stvaranje* 31, 1976, 11/12, 225 S.

4848 ŠUKOVIĆ R.: GRLICA (1889–1893, 1896–1897) In: *Bibliografski vjesnik* (Cetinje) 6, 1977, 2/3, 5–29

4850 PETRUŠIĆ V. M.: Bibliografija RAZVRŠJA, VALJAKA i GRANITA. *ebdt.* 60–89

4851 ŠUKOVIĆ R.: Veliki ilustrovani kalendar BOKA (1909–1914). In: *Bibliografski vjesnik* 7, 1978, 3, 5–48

4852 VUJANOVIĆ Z.: Bibliografija SUSRETA. Cetinje: Centralna narodna biblioteka 1977, 185 S.

39.8. slovenische u. makedonische Zeitschriften

4853 DOBROVOLJC F.: Bibliografija zbirke NAŠA BESEDA. Ljubljana: Mladinska knjiga 1977, 435 S.

4854 ŠKULJ E.: Bibliografsko kazalo CERKVENEGA GLASBENIKA 1878–1945. Ljubljana: Družina 1978, 115 S.

4855 VIDOVIČ-MIKLAVČIČ A.: Bibliografija časopisa KRONIKA SLOVENSKIH MEST 1934–1940. In: *Kronika Inštituta za zgodovino delavskega gibanja* 22, 1974, 3, 203–240

4856 PLENIČAR B.: MLADI SVET 1951–1958 – OTROK IN DRUŽINA 1959–1971. Ljubljana: Mladinska knjiga 1972, 273 S.

4857 BURKELJC V.: NOVA POT 1949–1970. Mekinje: Selbstverl. 1976, 168 S.

4858 ANDONOVSKA Je.: Pregled na prilozite vo spisanieto MAKEDONSKI FOLKLOR 1–10 (1968–1977). In: *Makedonski folklor* 11, 1978, 21/22, 321–397

4859 Sadržaj 1–10 godišta ŽIVA ANTIKA. In: *Živa Antika* 10, 1960, 413–428

4860 Pregled na objavenite trudovi vo GODIŠNIot ZBORNIK na Filozofskiot fakultet na Univerzitetot vo Skopje 1,1948 – 23,1971. In: *FF U Skopje, Jubileen God. zb.* 24/25, 1972/73, 429–660

39.9. bulgarische Zeitschriften

4861 ILINOVA D. L.: Bibliografija na spisanie LITERATURNA MISъL 1957–1976. Sofia: BAN 1977, 93 S.

XXXIX. SLAVISCHE TEXTSAMMLUNGEN

4862 MAREŠ F. V.: An Anthology of Church Slavonic Texts of Western (Czech) Origin. München: Fink 1979, 230 S. *(FS 127)*

4863 ROTHE H.: Die älteste ostslavische Kunstdichtung 1575–1647. Gießen: Schmitz 1976/77, 235 + 533 S. (*Bausteine* 7)

4864 TICHONRAVOV N. S.: Pamjatniki otrečennoj russkoj literatury. The Hague: Mouton 1971/72, 325 + 461 S. (RdA St. Pbg. 1863–1894). dass. London: Variorum Reprints 1973

4865 Rannjaja russkaja dramaturgija. 5 Bde. Moskva: Nauka 1972–1976

4866 Russkaja epigramma vtoroj poloviny 17 – načala 20 veka. Leningrad: Sov. pisatel' 1975, 968 S. *(BPBS)*

4867 Russkaja basnja 18–19 vekov. Leningrad: Sov. pisatel' 1977, 654 S. *(BPBS)*

4868 ZAPADOV V. A. (Hg.): Russkaja literatura 18 veka 1700–1775. Moskva: Prosveščenie 1979, 447 S.

4869 ORLOV P. A. (Hg.): Russkaja sentimental'naja povest'. Moskva: U 1979, 335 S.

4870 REJSER S. A. (Hg.): Vol'naja russkaja poezija 18–19 vekov. Moskva: Chud. lit. 1975, 620 S.

4871 KULEŠOV V. I.: Russkaja literaturnaja kritika 18 veka. Moskva: Sov. Rossija 1978, 399 S.

4872 NEUHÄUSER R.: The Romantic Age in Russian Literature. Poetic and esthetic norms. München: Sagner 1975, 300 S. (*SB* 92)

4873 DUDEK G. (Hg.): Die Dekabristen. Leipzig: Insel 1975, 595 S.

4874 Russkie estetičeskie traktaty pervoj treti 19 veka. Moskva: Iskusstvo 1974, 550 + 648 S.

4875 POLJAKOV M. (Hg.): Russkaja teatral'naja parodija 19 – načala 20 veka. Moskva: Iskusstvo 1976, 832 S.

4876 BARAŃSKI Z., LITWINOW J.: Rosyjskie manifesty literackie. Poznań: U 1974ff. (1977 Bd. 3, 1920–1930)

4877 EŽOV I. S., ŠAMURIN E. I. (Hg.): Russkaja poezija 20 veka. München: Fink 1972, 66 + 671 S. (RdA Moskva 1925)

4878 IVASK G., TJALSMA H. W. (Hg.): Antologija peterburgskoj poezii epochi akmeizma. München: Fink 1973, 220 S.

4879 Serapionovy brat'ja. V: F. Scholz. München: Fink 1973, 39 + 237 S. (RdA Berlin 1922)

4880 TJALSMA H. W. (Hg.): Antologija emigrantskoj poezii 1917–1975. München: Fink 1979, 14 + 188 S. (*Centrifuga* 37)

4881 KUŹMINSKIJ K. K., KOVALËV G. L.: Antologija novejšej russkoj poezii u Goluboj Laguny. 5 Bde. Newtonville: Oriental Research Partners 1980 ff. (*engl. Nebentitel*: The Blue Lagoon Anthology of Modern Russian Poetry.)

4882 Sobranie narodnych pesen P. V. Kireevskogo. Zapisi Jazykovych. Leningrad: Nauka 1977 ff.

4882a Novgorodskie byliny. Moskva: Nauka 1978, 456 S. *(LP)*

4883 SPERANSKIJ M. N.: Byliny. West Vancouver: Herculaneum P. 1973/74, 528 + 640 S. (R)

4884 NOWIKOWA I. (Hg.): Byliny. Hamburg: Buske 1977, 190 S.

4885 Istoričeskie pesni 18 veka. Leningrad: Nauka 1971, 356 S.

4886 Istoričeskie pesni 19 veka. Leningrad: Nauka 1973, 282 S.

4887 KOLPAKOVA N. P. (Hg.): Lirika russkoj svad'by. Leningrad: Nauka 1973, 323 S. *(Literaturnye pamjatniki)*

4888 Russkie plači. (Pričitanija). Leipzig: Zentralantiquariat 1976, 36 + 264 S. (*BPBS*, RdA Moskva–Lgd. 1937)

4889 KABRONSKIJ V. (Hg.): Nepodcenzurnaja russkaja častuška. New York: Russica Publishers 1978, 220 S.

4890 Russkie narodnye skazki Karel'skogo Primor'ja. Petrozavodsk: Karelija 1974, 423 S.

4891 Skazki Prilen'ja. Irkutsk: PI 1974, 132 S.

4892 Russkie narodnye skazki Sibiri o bogatyrjach. Novosibirsk: Nauka 1979, 703 S.

4893 Tradicionnyj fol'klor Vladimirskoj derevni v zapisjach 1963–1969 godov. Moskva: Nauka 1972, 215 S.

4894 POTANINA R. P.: Russkie svadebnye pesni Sibiri. Novosibirsk: Nauka 1979, 334 S.

4895 SNEGIREV I. M.: Russkie v svoich poslovicach. Leipzig: Zentralantiquariat 1971, 858 S. (RdA Moskva 1831–1834)

4896 RORLICH H. S.: The Lyrical Songs of the Russian Settlers in Dobrudja. Diss. U of Wisconsin 1977, 218 S.

4897 GALKIN P. D., KALUCKIJ E.: Ural'skie častuški. Sverdlovsk: SrUKI 1979, 110 S.

4898 Kalužskij fol'klor. Tula: POKI 1979, 267 S.

4899 SLAVUTYČ J. (Hg.): Antolohija ukrajinśkoji poeziji v Kanadi. 1898–1973. Edmonton: Slovo 1975, 159 S.

4900 Koordynaty. Antolohija sučasnoji ukrajinśkoji poeziji na Zachodi. München: Sučasnist' 1975, 401 + 487 S.

4901 RUDLOVČÁKOVÁ H.: Chrestomatija zakarpatśkoji ukrajinśkoji literatury 19 stolittja. Košice: U 1976, 253 S.

Ukrajinśka narodna tvorčist' (Kyjiv: Naukova dumka):

4902 Vesillja 1970ff.

4903 Spivanky-Chroniky-Novyny. 1972, 558 S.

4904 Rekrutśki ta soldatśki pisni. 1974, 624 S.

4905 Čumaćki pisni. 1976, 542 S.

4906 Kazki pro tvaryn. 1976, 573 S.

4907 Pisni literaturnoho pochodžennja 1978, 494 S.

4908 Antolohija ukrajinśkoji liryky. I – do 1919. Oakville: Mosaic P. 1978, 440 S.

4909 Ukrainian Dumy. Toronto-Cambridge: Can. Institute of Ukrainian Studies. 1979, 219 S.

4910 Ukrainskie narodnye dumy. Moskva: Nauka 1972, 560 S. *(Texte ukr.)*

4911 Ukrainśki narodni pisni v zapysach Zoriana Dolengy-Chodakovśkoho. Kyjiv: Naukova dumka 1974, 781 S.

4912 Ukrajinśki narodni pisni v zapysach O. ta F. Bodjanśkych. Kyjiv: Naukova dumka 1978, 376 S.

4913 Pisni Podillja. Zapysy Nasti Prysjažnjuk 1920–1970. Kyjiv: Naukova dumka 1976, 523 S.

4914 Bukovynśki narodni pisni. Kyjiv: Naukova dumka 1963, 677 S.

4915 REBOŠAPOK I.: Vidhomony vikiv. Bucureşti: Kriterion 1973, 365 S. *(Ukr. Folklore aus Rumänien)*

4916 Ruski narodni pisni u zapisoch V. M. Hnatjuka. Novi Sad: Ruske Slovo 1972, 274 S. *(Banat)*

4917 HIRJÁK M.: Ukrajinśki narodni kazky Schidnoji Slovaččyny. Prešov: SPN 1978

Belorusskaja narodnaja tvorčaść (Minsk: Navuka i technika):

4919 Pesni saveckaha času. 1970, 575 S.

4920 Radzinnaja paezija. 1971, 782 S.

4921 Dzicjačy fal'klor. 1972, 734 S.

4922 Zahadki. 1972, 447 S.

4923 Žniŭnyja pesni. 1974, 815 S.

4924 Kupal'skija pesni. 1974, 206 S.

4925 Prykazki i prymaŭki. 2 Bde. 1976

4926 Čaradzejnyja kazki. 1978, 696 S.

4927 Pesni pro kachanne. 1978, 616 S.

4928 Vjaselle. Abrjad. 1978, 636 S.

4929 Vesnavyja pesni. 1979, 608 S.

4930 Vysloŭi. 1979, 517 S.
4931 Valačobnyja pesni. 1980, 560 S.
4932 Pesni narodnych svjat i abradaŭ. Minsk: U 1974, 462 S.
4933 ZACHARAVA V.A.: Belaruski fal'klor u sučasnych zapisach. Bresckaja voblast. Minsk: U 1973, 302 S.
4934 GROCHOWIAK S., MACIEJEWSKI J. (Hg.): Poezja polska. Warszawa: PIW 1974, 456 + 668 S.
4935 Poeci polscy od średniowiecza do baroku. Warszawa: PIW 1977, 920 S.
4936 LIBERA Z. (Hg.): Poezja polska 18 wieku. Warszawa: Czytelnik 1976, 496 S.
4937 MACIEJEWSKI J. (Hg.): Literatura Barska. Wrocław: Ossolineum ^{2}1976, 400 S. (*BN I*/108)
4938 WALICKI A. (Hg.) Filozofia i myśl społeczna w latach 1831–1864. Warszawa: PWN 1977, 1071 S.
4939 JASTRUN M. (Hg.): Poezja Młodej Polski. Kraków: Wyd. Literackie ^{2}1976, 527 S.
4940 KUNSTMANN H. (Hg.): Materialien zum polnischen Expressionismus. Würzburg: jal 1974, 276 S.
4941 Antologia polskiego futuryzmu i Nowej sztuki. Wrocław: Ossolineum 1978, 125 + 321 S. (*BN* I/230)
4942 KAJTOCH J., SKÓRNICKI J.: Debiuty poetyckie 1944–1960. Warszawa: Iskry 1972, 640 S.
4943 LAM A.: Kolumbowie i współcześni. Antologia poezji polskiej po roku 1939. Warszawa: Czytelnik ^{2}1976, 509 S.
4944 SZCZAWIEJ J.: Poezja Polski walczącej 1939–1945. Warszawa: PIW 1974ff.
4945 Antologia dramatu. Warszawa: PIW 1976, 473 + 404 S. *(seit 1945)*
4946 SZCZAWIEJ J.: Antologia współczesnej poezji ludowej. Warszawa: LSW ^{2}1972, 1051 S.
4947 KOLBERG O.: Ruś Czerwona. I–II/2. Warszawa: LSW 1962–1979 (*Dzieła wszystkie* 56 u. 57)
4948 KONOPKA J.: Pieśni ludu krakowskiego. Wrocław: Ossolineum 1974, 165 + 52 S. (RdA 1840)
4949 PAULI Ż.: Pieśni ludu polskiego w Galicji. Wrocław: Ossolineum 1973, 234 + 53 S. (RdA 1838)
4950 MALINOWSKA L.: Bajki śląskie. Warszawa: PIW 1973, 482 S.
4951 WÓJCICKI K.W.: Klechdy i starożytne podania i powieści ludu polskiego i Rusi. Warszawa: PIW 1972, 361 S.

4952 BUKOWSKA-GROSSE E., KOSCHMIEDER E. (Hg.): Polnische Volksmärchen. Köln: Diederichs 1975, 310 S.

4953 KOLBERG O.: Przysłowia. Warszawa: LSW ^{2}1977, 633 S. (*Dzieła wszystkie* 60)

4954 Nowa księga przysłów i wyrażeń przysłowiowych polskich. 4 Bde. Warszawa: PIW 1969–1978

4955 FOLFASIŃSKI S. (Hg.): Polskie zagadki ludowe. Warszawa: LSW 1975, 453 S.

4956 Tisíc let české poezie. 3 Bde. Praha: Českosl. spisovatel 1974

4957 VÁCLAVEK B., SMETANA R.: Český národní zpěvník. Praha: Melantrich 1940, 444 S.

4958 Sborový zpěv. 30 let české poezie. Praha: Českosl. spisovatel 1975, 400 S.

4959 BURIÁNEK F. (Hg.): Čítánka české literární kritiky. Praha: Českosl. spisovatel 1974, 435 S.

4960 SEEHASE I.: Von der Verantwortung der Kunst. Dokumente 1918–1978. Berlin: Akademie-Verlag 1976, 370 S.

4961 PLCH J.: Antologie z české literatury národního obrození. Praha: SPN 1978, 425 + 63 S.

4962 Já miluji, nesmím povídati. *(Barocklyrik)* Bratislava: Tatran 1977, 468 S.

4963 MINÁRIK J.: Piesne a verše pre múdrych i bláznov. Výber z rukopisnej anonymnej svetskej poezie. Bratislava: Tatran 1969, 614 S.

4964 MINÁRIK J.: Amor diktoval. Výber zo slovenskej rukopisnej l'ubostnej poézie. Bratislava: Tatran 1979, 371 S.

4965 KOVÁČ B.: Rozpäté krídla. Antológia slovenskej poézie 19 st. Bratislava: Tatran 1975, 329 S.

4966 Slovenské spevy. 3 Bde., Dodatky. Bratislava: Opus 1972–1978

4967 BRTÁŇ R.: Historické spevy a piesne. Bratislava: Tatran 1978, 253 S.

4968 DOBŠINSKÝ P.: Prostonárodné slovenské povesti. Bratislava: Tatran 1973, 437, 471, 558 S.

4969 FRANCISCI-RIMAVSKÝ J.: Slovenskje povesti. Martin: Matica 1975, 126 + 22 S. (RdA 1845)

4970 Antológia slovenskej poézie 20 storočia. Bratislava: Slov. spisovatel' 1979, 429 S.

4971 Poézia vojvodinských Slovákov od 18 do 20 storočia. (Hg. V. Hronec.) Novi Sad: Obzor 1976, 280 S.

4972 NEUREITER F.: Kaschubische Anthologie. München: Sagner 1973, 281 S. (*SB* 61)

4973 Modra struna. Antologia poezji kaszubskiej. (V.: J. Drzeżdżon.) Gdańsk: Wydawnictwo Morskie 1973, 366 S.

4974 BUTLER Th. (Hg.): Monumenta serbocroatica. Ann Arbor: U 1980, 503 S. *(zweisprachig)*

4975 Bosanskohercegovačka književna hrestomatija. Sarajevo: Zavod za izdavanje udžbenika 1971–1974, 348 + 240 + 276 S.

4976 KORDIĆ I.: Antologija bosanskohercegovačke poslijeratne poezije. Sarajevo: Svjetlost 1976, 283 S.

4977 BOGIŠIĆ R.: Leut i trublja. Antologija starije hrvatske poezije. Zagreb: Školjska knjiga 1971, 372 S.

4978 ŠOJAT O. (Hg.): Hrvatski kajkavski pisci (16.–17. stolj.) Zagreb: Zora-Matica 1977, 389 + 16, 453 S. (*Pet stoljeća* 15/1,2)

4979 Zbornik stihova i proze 18 stoljeća. Zagreb: Zora-Matica 1973, 368 S. (*Pet stoljeća* 19)

4980 Antologija hrvatskog humora. Zagreb: Društvo hrvatskih humorista 1973 ff.

4981 GRAKALIĆ M., OSMAK M.: Mare nostrum. Antologija hrvatske poezije o moru. Zagreb: Znanje 1971, 444 S.

4982 KUZMANOVIĆ M.: Antologija novije kajkavske lirike. Zagreb: Kajkavsko spravišče 1975, 295 S. (*auch in Zs. „Kaj“* 1975, 3/5)

4983 KIKIĆ G.: Antologija poezije bunjevačkih Hrvata. Zagreb: Matica 1971, 331 S.

4984 KIKIĆ G.: Antologija proze bunjevačkih Hrvata. Zagreb: Matica 1971, 502 S.

4985 HÖRMANN K.: Narodne pjesme muslimana u Bosni i Hercegovini. 3 Bde. Sarajevo: Svjetlost 1976. (Bd. 3 *Studija v. D. Buturović*)

4986 Srpske narodne pesme iz neobjavljenih rukopisa Vuka Stef. Karadžića. Beograd: SANU 1973, 486 + 314 + 295 S.

4987 MILOŠEVIĆ V.: Bosanske narodne pjesme. Banja Luka: Narodni Muzej 1961–1964

4988 MILOŠEVIĆ V.: Stare narodne pjesme Muslimana Bosne i Hercegovine. Sarajevo: Svjetlost 1976, 758 S.

4989 Soj i odžak ehli-islama. München-Barcelona: Hrvatska Revija 1974, 233 S. *(Volkslieder)*

4990 ĐURIĆ V.: Antologija narodnih junačkih pesama. Beograd: SKZ 1971, 772 S.

4991 ZOGOVIĆ R.: Crnogorske epske pjesme raznih vremena. Titograd: Grafički zavod 1970, 479 S.

4992 BOVAN V.: Antologija srpske narodne epike Kosova i Metohije. Priština: Jedinstvo 1974, 391 S.

4993 NEDIĆ V.: Antologija narodnih lirskih pesama. Beograd: SKZ ^{2}1977, 282 S.

4994 VUKÂNOVIĆ T. P.: Narodne tužbalice. Vranje: Museum 1972, 224 S.

4995 Pisme novljanskog kola i druge narodne pisme. Novi Vinodolski: Narodna čitaonica 1977, 320 S.

4996 Narodne pjesme otoka Hvara. Split: Čakavski sabor 1976, 800 S.

4997 Pučki igrokazi 19 stoljeća. Zagreb: Zora-Matica 1973, 578 S. (*Pet stoljeća* 36)

4998 MILOJKOVIĆ M.: U tami blago. Legende iz naših krajeva. Beograd: Prosveta 1974, 468 S.

4999 VUKANOVIĆ T. P.: Srpske narodne epske pesme. Vranje: Radnički U 1972, 365 S.

5000 VUKANOVIĆ T. P.: Srpske narodne poslovice. Vranje: Radnički U 1974, 187 S.

5001 CVETANOVIĆ V.: Srpske narodne poslovice sa Kosova i Metohije. Priština: Jedinstvo 1976, 138 S.

5002 VUKANOVIĆ T. P.: Srpske narodne zagonetke iz jugoistočne Srbije i Kosova. Vranje: Museum 1970, 146 S.

5003 PAVIČEVIĆ B.: Kazivanje starih Trebješana. Nikšić: Zajednica kulturnih ustanova 1973, LXVIII + 320 + XVI S.

5004 PAVLOVIĆ M.: Antologija srpskog pesništva. 12–20 vek. Beograd: SKZ ^{2}1971, 90 + 298 S.

5005 TRIFUNOVIĆ Đ.: Primeri iz stare srpske književnosti. Beograd: Slovo ljubve 1975, 250 + 114 S.

5006 Poezija baroka. 17 i 18 vijek. Titograd: Pobjeda 1976, 465 + 16 S.

5007 Proza baroka. Titograd: Pobjeda 1978, 592 S.

5008 STOJOVIĆ M.: Antologija crnogorske poezije 20 vijeka. Cetinje: Obod 1972, 205 S.

5009 SELENIĆ S.: Antologija savremene srpske drame. Beograd: SKZ 1977, 81 + 722 S.

5010 Srpska književna kritika. Novi Sad-Beograd: Matica-Institut za književnost i umetnost 1975 ff.

5011 GSPAN A.: Cvetnik slovenskega umetnega pesništva do srede 19 stoletja. Ljubljana: Matica 1979, 423 + 477 S.

5012 MATIČETOV M.: Rožice iz Rezije. Trst-Ljubljana: SAZU 1972, 208 S.

5013 NOVAK V.: Izbor prekmurskega slovstva. Ljubljana: Zadruga katoliških duhovnikov 1976, 191 S.

5014 PATERNU B. u. a.: Na zeleni strehi vetra – Auf dem grünen Dach des Windes. Slowenische Lyrik der Gegenwart. Klagenfurt: Heyn 1980, 254 S. (*zweisprachig*)

5015 Makedonskata drama meǵu dvete svetski vojni. Skopje: Makedonska kniga 1977, 299 + 352 S. (Hg. A. Aleksiev)

5016 CEPENKOV M. K.: Makedonski narodni umotvorbi. 10 Bde. Skopje: Makedonska kniga 1972

5017 ŠAPKAREV K. I.: Izbrani dela. 5 Bde. Skopje: Misla 1976

5018 VRAŽINOVSKI T.: Makedonski narodni prikazni za životni. Skopje: Makedonska kniga 1977, 134 S.

5019 VERKOVIĆ S.: Makedonski narodni pesni. Skopje: Makedonska kniga 1961, 354 S.

5020 RISTOVSKI B. u.a.: Makedonski revolucionerni pesni. Skopje: Institut za folklor 1975, 256 S.

5021 ESCHKER W.: Mazedonische Volksmärchen. Köln: Diederichs 1972, 280 S.

5022 BRONISCH H.: Moderne makedonische Lyrik. Tübingen: Erdmann 1978, 172 S.

5023 Makedonski pečalbarski narodni pesni. Hg. L. Karovski. Skopje: Institut za folklor 1979, 277 S.

5024 Makedonski pesni za narodnoosloboditelnata borba. Skopje: Institut za folklor 1980, 444 S.

5025 Bulgarische Dramen. H.: W. Köppe. Berlin: Henschel 1975, 505 S.

5026 Bъlgarski junaški epos. Sofija: BAN 1971, 1050 S. (*Zbornik za narodni umotvorenija* 53)

5027 STOIN V.: Narodni pesni ot Samokov i Samokovsko. Sofija: BAN 1975, 623 S.

5028 RAJČEV A.: Narodni pesni ot Srednite Rodopi. Sofija: BAN 1973, 650 S.

5029 KAČULEV I.: Narodni pesni ot severoistočna Bъlgarija. Sofija: BAN 1973, 836 S.

5030 KAUFMAN N., TODOROV T.: Narodni pesni ot rodopskija kraj. Sofija: BAN 1970, 970 S.

5031 Bulgarische marxistische Literaturtheorie und Literaturkritik 1891–1941. Berlin: Akademie-Verlag 1978, 409 S.

PERSONENREGISTER